文明的末世

歷史發展的終極困境

王世宗　著

三民書局

國家圖書館出版品預行編目資料

文明的末世：歷史發展的終極困境／王世宗著.－－初
版一刷.－－臺北市：三民，2016
面；　公分

ISBN 978-957-14-6200-4　（平裝）

1.文明史 2.歷史哲學

713　　　　　　　　　　　　　　　　105018876

© 文明的末世
—— 歷史發展的終極困境

著 作 人	王世宗
責任編輯	呂孟欣
美術設計	李唯綸

發 行 人	劉振強
發 行 所	三民書局股份有限公司
	地址　臺北市復興北路386號
	電話　(02)25006600
	郵撥帳號　0009998-5
門 市 部	(復北店)臺北市復興北路386號
	(重南店)臺北市重慶南路一段61號

| 出版日期 | 初版一刷　2016年11月 |
| 編　　號 | S 710540 |

行政院新聞局登記證局版臺業字第○二○○號

http://www.sanmin.com.tw 三民網路書店
※本書如有缺頁、破損或裝訂錯誤，請寄回本公司更換。

獻　給

所有為追尋生命意義而受苦的靈魂

自　序

　　文明的末世是歷史發展的終極困境，其中道理是優良不是完美而改善無法臻於至善，文明能增進知識及提升人格，乃不能使人擁有全知而成為完人，故歷史的進化終究有時，當人力的極限已達而人類難以維持其極致狀態，文明便陷入末世，永無復興改造之望。改良一事的存在暗示二情，一是改良者與受改良者本有缺陷，此即原罪，二是改良者具備潛能（更勝於受改良者），此為天資，兩者並觀可見人的靈性是不足的神格，所以文明得以發展，但不能由改良通達全能。文明為求道的創作，求道不進則退，此因天人交戰無有中庸之道可依，故文明達到全盛之後開始衰退，然其頹勢並非惡化不止，畢竟歷史的傳統遺緒猶在，末世是「上不去也下不來」的精神窘況，而非世界末日的生存危機。

　　文明歷史自「上古」開業、至「古典」定案、經「中古」反常、而於「現代」重光，在此人文的成就無以復加，世間的開化不能更盛，這大約是當十九世紀之時；其後大眾化興起，菁英主義敗壞，反理性思潮流行，人格物化，文化的素質日漸低落，甚至「後現代」主義當令，一切道學正統均遭質疑，各種末世的亂象於是叢生；同時物質文明卻發達不已，科學掛帥導致工商掛帥（反之亦然），民生經濟大有改善，令人深感「時代進步」而來日可觀，殊不知這是末世的誤導性現象，其效是更增愚者的迷惘與智者的虔誠。文明的末世有礙於傳道卻有利於求道，這是生活感受不佳但學習條件最佳的時機，仁人君子

於此當思「生於憂患而死於安樂」之義，以「通古今之變」的歷史知識獨善其身且兼善天下，雖然濟世者不能認為其力可以改變時勢。

文明的末世不是可喜的事，卻是必然的事，若人認命則一切注定的事莫非佳音，如此文明的末世也算好事，所謂「隨遇而安」實為「聽天由命」。此說不是詭辯，而是正視真相的觀點，人固然可以渾渾噩噩過日子，但事實總有它的作用，文明末世並非難以察覺，其影響且非微小，只因凡夫糊塗成性，所以至今沒人發現（若大眾深為末世所惱則末世當即化解），聞訊者今後若仍執迷不悟，便是一意孤行，無可救藥。文明末世不是大眾易於接受的說法，然而若稱文明將達到完美的境界，則相信者恐無，這表示凡人罕能徹底講理，也無法全然率性，人生之苦實在是左右為難，令人不知如何是好。有始有終在道德意義上是良善之事，但以真理而言並非美好，蓋真理為永恆，永恆乃無始無終而超越時空，故歷史中的事無一是絕對美好，文明自非例外。

文明的末世是文明素質無法更加提升而歷史卻繼續進行的空洞餘生，此非末世之人所感而末世之亂是以益增，惡性循環誠為末世的時代性，於是有所覺悟可免於沈淪，但不足以撥亂反正，末世的悲觀實甚正當（盛世的悲觀何嘗不然）。雖然，「善惡好壞」的問題層次不及「對錯真假」，感受不佳的事以知識視之則無不富有價值，末世既是求知的良機，有識者不能不愛，縱使其愛極苦而代價甚鉅。

「文明的末世」一題旨在論道，其次勸善，前者可能成功而後者必將失敗，因為有知乃有德，世人理智不強所以善舉不多，末世之人更以物榮政寬而自得其樂甚至自鳴得意，毫無大

難臨頭的危機感，況且傳道於今若得奏效，則末世丕變而不為末世矣，此乃錯亂甚至矛盾之情，可見醒世是「知其不可而為之」的事。末世雖不是人間毀滅的時候，卻是人性互長最烈的時候，亦即人慾放縱最盛的時候，身處末世不當自卑而應自愛，更不該自大；然而不知末世為何者方可能構成末世之眾，其自我陶醉簡直是天然的病態，以致深切反省的人唯有堅持抵死不從的絕俗對抗，深恐因正義不彰而灰心喪志，更使小人得逞。誠然，「親者痛、仇者快」若為不當，必是因為君子相親以德而嫉惡如仇。

文明的末世沒有重振的可能，只有消失的命運，然歷史的意義於此並無落空之虞，蓋人雖不久存，但靈魂永恆，或說人雖有失，然生人者為全能，而造物之主豈有多餘無用的作為，可見人具天分，不可能因其缺陷而一事無成。完美與不完美無關，而不完美與完美有涉，因為完美不是由不完美改良而成，不完美卻是以完美為本而生，易言之，完美是不完美出現的原由及改變的目的。如此，文明發展是求天人合一，結果竟是自絕生路，其不合理實有道理，此即人具原罪而神意又在真理之上，上帝既有安排，歷史便非偶然，何況偶然亦是一理，世事畢竟有理，雖然人不知其義。由此可知，文明的末世是歷史最大的教訓及啟示，人不能知道更多便是發覺極限，以人所能知應付人所不能知，縱然力有未逮也無愧於心，原來負不了責便無須負責，這是不完美的生命皆有的特權。顯然，無知若非由於惡意，竟是一種人生保障，正如死亡對好人而言並非打擊。

《文明的末世》是「文明叢書」的最後一部，它繼《古代文明的開展》（文化絕對價值的尋求）、《現代世界的形成》（文明終極意義的探求）、《歷史與圖像》（文明發展軌跡的尋思）、

《真理論述》（文明歷史的哲學啟示）、《必然之惡》（文明觀點下的政治問題）、以及《東方的意義》（中國文明的世界性精神）而來，共同完成全面的問道學業，這不意謂終極真相由此已經如實呈現（真理具有超越性），但為人的任務至此可謂善盡。從此之後我欲無言卻將為說不止，因為認命必要忍耐而忍耐不能無為，世人如有良心也該勉強自己多做好事，否則枉為末世的受害者而一無領悟，最是可悲。

　　完美不存於世間，但完美的概念竟存於人心，這表示人間的完美不是完美的世界，而是各人在不完美的條件下將所務做到至善，此非集天下各種極致成就於一身，卻是表現個人處境與遭遇中為所當為的典範，亦即「藉我成道」。雖然，文明末世的首務不是立德而是覺悟，這不是因為「哲人日已遠」，而是因為「典型在夙昔」，此時有志者事不竟成，但有識者學可畢業，既然真高於善而含有善，末世的讀書人即使無法學以致用，也能由知行合一報命。

　　作者衷心祝福其志不餒的讀者。

王世宗

臺北花園新城挹塵樓 2016 年 10 月

文明的末世

——歷史發展的終極困境

自　序

第一部　問題意識

第一章　文明的目的與止境 ………………………………… 1
　　第一節　文明的原理與取向 ……………………………… 3
　　第二節　文明的原罪與成就 ……………………………… 10
　　第三節　文明發展的極限 ………………………………… 16

第二章　歷史演化的進程 …………………………………… 21
　　第一節　進步的宿命 ……………………………………… 23
　　第二節　循環的假象 ……………………………………… 29
　　第三節　現代的結束 ……………………………………… 34

第三章　歷史的終結 ………………………………………… 43
　　第一節　歷史的情理與虛實 ……………………………… 45
　　第二節　人類探索的極限 ………………………………… 52
　　第三節　歷史結論與終極真相 …………………………… 59

第四章　末世論與進步觀 …………………………………… 65
　　第一節　末日感受與永生期望 …………………………… 67
　　第二節　進步觀念與極限思維 …………………………… 76

　　　　第三節　末世的進步及其幻滅 ⋯⋯⋯⋯⋯⋯ 85

第五章　末世的亂象 ⋯⋯⋯⋯⋯⋯⋯⋯⋯⋯⋯⋯⋯ 93
　　　　第一節　末世亂象的歷史性 ⋯⋯⋯⋯⋯⋯ 95
　　　　第二節　末世亂象的特質與通病 ⋯⋯⋯⋯ 113
　　　　第三節　末世亂象的持續性 ⋯⋯⋯⋯⋯⋯ 134

第六章　歷史學的反省 ⋯⋯⋯⋯⋯⋯⋯⋯⋯⋯⋯⋯ 145
　　　　第一節　史學的末世與末世的史學 ⋯⋯⋯ 147
　　　　第二節　史學的自我超越性 ⋯⋯⋯⋯⋯⋯ 158
　　　　第三節　歷史的結論與文明的真相 ⋯⋯⋯ 169

第二部　心靈境域
第七章　真理信仰的困境 ⋯⋯⋯⋯⋯⋯⋯⋯⋯⋯⋯ 179
　　　　第一節　上帝信仰的極限 ⋯⋯⋯⋯⋯⋯⋯ 181
　　　　第二節　超越性真理的體認障礙 ⋯⋯⋯⋯ 197
　　　　第三節　求道困頓的文明意義 ⋯⋯⋯⋯⋯ 210

第八章　知識極限 ⋯⋯⋯⋯⋯⋯⋯⋯⋯⋯⋯⋯⋯⋯ 219
　　　　第一節　求知方法的缺陷與限制 ⋯⋯⋯⋯ 221
　　　　第二節　知識建構的困難及偏差 ⋯⋯⋯⋯ 233
　　　　第三節　超越性問題存在的意義 ⋯⋯⋯⋯ 244

第九章　道德常態 ⋯⋯⋯⋯⋯⋯⋯⋯⋯⋯⋯⋯⋯⋯ 253
　　　　第一節　道德的恆常性與有限性 ⋯⋯⋯⋯ 255
　　　　第二節　道德的標準化與社會化 ⋯⋯⋯⋯ 267

　　　　第三節　文明末世的道德窮相 ———————— 276

第十章　美感止境 ————————————————— 287
　　　　第一節　美感體認的極限 ———————————— 289
　　　　第二節　藝術創作的限制 ———————————— 302
　　　　第三節　美術發展的末路 ———————————— 312

　　第三部　現實情勢

第十一章　政治的末世 ———————————————— 321
　　　　第一節　政治的惡性與偏限性 ——————————— 323
　　　　第二節　國際關係與政治原罪的惡化 ———————— 339
　　　　第三節　末世的政治困境及危機 ————————— 353

第十二章　經濟的末世 ———————————————— 363
　　　　第一節　經濟的物質性與價值問題 ———————— 365
　　　　第二節　經濟發展的有限性與道德問題 —————— 376
　　　　第三節　末世的經濟困境與亂象 ————————— 388

第十三章　社會的末世 ———————————————— 399
　　　　第一節　社會的世俗性與原始性 ————————— 401
　　　　第二節　社會變遷與大眾化發展 ————————— 414
　　　　第三節　末世的社會病態 ———————————— 425

第十四章　文化的末世 ———————————————— 437
　　　　第一節　文化發展的潛力及其極限 ———————— 439
　　　　第二節　文化發展的趨勢及其危機 ———————— 452

第三節　末世的文化亂象 ⋯⋯⋯⋯⋯⋯⋯ 464

第十五章　結論：文明末世的永恆性意義 ⋯⋯⋯⋯⋯ 477

課　題　索　引 ⋯⋯⋯⋯⋯⋯⋯⋯⋯⋯⋯⋯⋯ 495

第一章

文明的目的與止境

天道與人性的接觸：
萬神廟中的紅男綠女

第一章　文明的目的與止境

第一節　文明的原理與取向

「世界」是「世之界」（有如「世間」是「世之間」），此義不表示世界有其極限，蓋世界之大與想像力或見識相等，想像力或見識有限則世界侷限於此。「世界」的定義實與「宇宙」相同，它包括物質世界與精神世界，一般人趨向經驗主義，故以為世界即是空間，這誠然是自我設限或故步自封（例如科學的宇宙論遠較哲學的宇宙論為具體）。其實「世」的含意可為空間（故曰「世上」）亦可為時間（如稱「世代」），相對而言空間是物質性的世界而時間是精神性的世界，然即使空間為有限（此事實不可思議），時間的作用可使空間變成無限，故人類的生存空間本不廣大，但因時代承繼（古今延續）不絕，有限的人間竟可承載無數的人，提供近乎永久無窮的生活環境。再者，精神的層次在物質之上，所以時間的地位高於空間，亦即時間為主而空間為從，空間是時間的產物（距離需時以跨越），而知識是精神的表現，其與時間的性質相同，可以凌駕空間，故「秀才不出門，能知天下事」。由此可見，「世」之「界」決定於個人的認知，無知者的世界極其狹小，深思者的世界則無比廣闊，世之有界乃因人之無知 1。

---

1. 'Alexander wept when he heard from Anaxarchus that there was an
   infinite number of worlds. When his friends asked if any accident had
   befallen him, he answered: "Do you not think it is a matter worthy of

　　文明是歷史的成果，歷史是時間的產物，時間無始無終 2，歷史卻有侷限，雖然精神上文明乃為永恆。時間綿延不絕，所謂「時間的結束」僅可因人設定時間範圍而出現，此即在恆常的時間中計算一段時間的逝去，這個過程其實無法截斷時間，更遑論結束時間。時間的開始與結束皆不是人所能理解的事，亦即對人而言時間既無開始亦無結束，如此歷史似乎亦將無窮發展，而文明連帶永遠進行。雖然，人為有限的生命，不可能無限生存，並且人無法思量時間的起滅，這絕不表示時間為永恆，蓋永恆者不具始末而超越時空，時間畢竟將以人所不能想像的「情境」消失，因它只不過是上帝為人設計的宇宙因素而已 3。易言之，文明歷史的意義是精神性的，物質條件雖為其存在之所需，但非其生長之保障。文明顯然有其極限，文明的極限是其精神的困頓，而因文明與人格修養一樣不進則退，所以文明的極限是文明的沈淪，雖然歷史或時間的結束完全不能預期。於是可知，文明的末世是自文明不再上進之時開始，它有如要死不活的人以行屍走肉生存，不同的是人終究要死而文

----

lamentation that when there is such a vast multitude of them, we have not yet conquered one?"' Plutarch, *On the Tranquility of Mind*, iv.

2. 萬事萬物皆為有限，時間與空間亦當如此，然而時間與空間不論是有限或無限均不可思議。若說時間為有始有終，這不是人的經驗所及；若說時間有始無終或無始有終，這是自相矛盾；若說時間無始無終，這令人費解，雖不可謂為合理，但絕不是無理。時間與空間是有限世界中不受限的「東西」，這是神啟示人的奇蹟，其義是真理真相具有超越性。

3. 'Whereas the type is eternal and nought that is created can be eternal, [God] devised for it a moving image of abiding eternity, which we call time.' Plato, *Timaeus*, 37c–38b.

明之死乃在人之後，這「使人」誤以為文明是不滅的。

　　歷史是時間的產物，時間本身並無變化性，然人的**時間感**則是基於對變化的察覺，所以歷史是事情演變的進程，一成不變則無歷史可言。常人所謂「時間過得快」可能是因事情變化大，也可能是因事情變化小，反之，所謂「時間過得慢」亦然，蓋人既具時間觀或已有計時之制，時間對人而言直如外在恆常之相，不因人因事而變異，故時間感的差別對時間觀無有影響，亦即不論人感覺時間過得快或慢，其對時間究竟流逝多少曾無懷疑或錯認，然事情變化的大小造成時間感的強弱，時間感強則覺歷時已久，時間感弱則覺歷時不久，但感覺與事實常不相符，兩相對比之下往往使人訝異或慨歎，加以各人當時的期望或心情不同，於是乃有時間過得快或慢的「不合理且不一致」說法4。由此可見，事實 (fact) 與意見 (opinion) 不同，而意見未必不如事實，因為事實不及真理而高明的意見（見識）是對真理的領悟，同時可知科學不足以解釋人文，也非文明的最高成就，畢竟文明是以人為主角。時間觀（科學認知）是時間感（人文意識）的基礎，文明是高級的文化，提升與解釋文明須具敏銳的時間感而非僅依精確的時間觀，儘管時間感不當違背時間觀。

　　歷史既然有所變化，文明當然有其興亡，因為時間與空間是現實世界中的因素，現實的即是有限的，**受制於時空條件的變化即不是永恆的**5，雖然變化與永恆並非不容。歷史是人事

---

4. 'O gentlemen! The time of life is short; / To spend that shortness basely were too long.' William Shakespeare, *Henry IV*, Part I (1598), v, ii, 81.

5. 'The innocent and the beautiful have no enemy but time.' W. B. Yeats, 'In memory of Eva Gore-Booth and Con Markiewicz' (1927), st. 2.

變化的過程，文明是其上進的軌跡，變化可能不斷，但上進唯有一途，而人是有缺陷的生命，其上進必有極限，所以文明顯然較歷史短壽；這表示文明窮盡之後歷史可能繼續發展，歷史終結之說若可，必當出自文明的定義，此即視沈淪的歷史為無物。歷史是時間的產物，歷史學是時間感所建（時間感是解釋性觀點），時間是物質條件，時間感則為精神表現，如此歷史是有限的，歷史知識卻具有永恆性（不即是永恆），而歷史知識的主張擁護文明，故文明雖不如歷史長壽，卻較之「更為永恆」。不論如何，文明憑藉歷史而生，歷史依附時間而存，時間與永恆相對（時間性與永恆性相反），所以文明歷史是有限的生命，雖然其追求是無限的境域。

　　物質不永，但精神不是一切，物質與精神並不衝突，雖然其層次高低不同，且難以兩全；以事實而言，生命是物質與精神的結合，精神與物質的分離雖不致精神消滅，但生命卻因此結束。文明是一個觀念而不是一個物品，可視為精神而不可視為物質，然文明的精神性雖甚重於物質性，但文明是精神支配物質的表現，「巧婦難為無米之炊」，缺乏物質畢竟不能造就文明。物質不可能勝於精神，但唯心主義因忽視物質而不可能為正確，即使唯心主義相對於唯物主義是「比較對」的主張。唯物主義是自相矛盾的說法，因為唯物主義本身即是一種思想觀念，而非一件物品，若唯有物質為真，則唯物主義亦必不實。唯物主義的精神性使其說自我推翻，這比「重視物質」的價值觀錯誤更大，然而唯心主義也未符合真相真理，這顯示文明必然不能永恆，因為文明不是一個觀念而已，它須寄託於物質而發展，物質既為有限，文明乃無法為無限，所謂「精神永恆」其實是因「物質不永恆」而發（有如「非物質不滅而是能量不

滅」），文明是一種生命，不能以精神獨立，故文明的末世可能起於精神頹廢，也可能由於物質匱乏，雖然物質匱乏的感受亦屬於精神。人具靈魂亦具肉體，人生也是物質現象之一面，文明是人類歷史的成績，人不能好好活著（上進）、甚至不能生存，則文明隨之衰落，何況求生與求道常無法兼顧，文明的極限顯然出於人間本質上的不完美，可見文明的末世早已注定。

文明尋求開化，更進一步是為得道，真理具有超越性，所以「止於至善」永無止境，當人發現此事時，更將發現此一探索乃是不理想的世界才有的事，有此發現誠屬理所當然。在精神意義上，吾人應視文明為永恆，這是知識的取向，也是道德的立場，若人不以為然則為不文明或反文明的態度，由此可知**發現或承認文明有其末世是文明的**（高尚的）。易言之，人愈反對文明末世之說愈是無知的表現，亦即愈是野蠻，而此種蠻橫的表現必出於文明的盛世，因為智者在文明盛世時發現文明的極限，而愚者於此卻充滿樂觀信心。文明的發展不可能為循環之勢，因為文明是人類求道的歷程，其目的是天人合一的境界，求道可能陷入迷惑，卻不可能反覆轉變，所以文明的方向始終如一，文明的盛世即是歷史的末期。「夕陽無限好，只是近黃昏」，凡人難以相信或接受此事，故說「歷史的末期是文明的盛世」較受歡迎，而說「文明的盛世是歷史的末期」則廣遭質疑。其實，「極致」與「極限」雖有別，然以現實而論，極致反映極限，儘管個別的極限大都不是極致。

宇宙由精神與物質組成，則事物有質與量兩面，質與量不能隔絕但非互長，質變未必與量變相和，而量變未必造成質變。然「未必」與「一定」相對，而非與「不可能」相反，未必即為「可能」，所以質變與量變有關，即使二者呈現無關的樣子，

這也可增進吾人對質與量的體認，可知質與量若即若離。依邏輯而論，質與量為二事，不應等同視之，如此質變絕不與量變一致，但真理具有超越性而世間為有限，「不邏輯」的情況事實上存在且可能暗示真相，這是「量變造成質變」所以偶爾可見的緣故。量變所以可能造成質變，這是有限世界探索無限境界的感受，蓋量為物質性而質為精神性，量展示有限的現實條件而質隱含無限的理想意義，求道由事悟理，於此經驗的充實引發理性的認識非屬無稽，合情以至合理絕不荒唐。以層次而言，量在質之下，「以量思質」是可行的求知之道（數學的真理觀即然），所以「量變造成質變」可能為正確的見識或觀感，雖然「以質論量」更是恰當的作法。不過「量變造成質變」一說流行，「質變造成量變」之說卻極罕聞，這不表示前者的真實性或真理性遠高於後者，而是因為凡人不信道，故不習於「由上而下」論理。若知萬事萬物的存在必含神意真理，則知「質變造成量變」乃為天道，惟神意真理具有超越性，不必呈現常規，所以質變也僅可能造成量變而非必然，且因神意的超越性又甚高於真理，故「質變造成量變」之說較適於解釋真理，而較不宜於解釋神意。求知是常事而得道是非常之事，「量變造成質變」之說理當遠盛於「質變造成量變」之見，常人既不知真理為何，亦即不知事物變化之道，則豈可能奢談「質變造成量變」。相對而論，文明為質而歷史是量，喜好或研究歷史者比比皆是，但能從歷史中體悟文明之義或能以文明觀念評論歷史者則寥寥可數，這也可謂合理。

　　時間造成先後之別，於是因果觀念成為人對世事主要的認知依據，先者雖未必為因而後者未必為果，然因必在果之前，因果的判斷是否正確是一回事，以先後因果的理解方式論事幾

乎是人唯一的看法，這顯與時間感息息相關。時間與空間俱非先天性的概念（時空不屬於終極真相），但人一出世即處於時空之中而不識非時空性的世界，因此時空感簡直是與生俱來的成見，它是人建立知識的先決條件。對人而言，有時間則有因果，有因果則有目的，有目的則有意義，如此因果論與目的論自然成為文明歷史的認識方法。時間與空間是現實世界的現象，故時空實為有限，雖然人以時空的性質去思量，根本無法想像「有限的時空」是怎麼一回事，這顯示時空觀似有自相矛盾之虞，其實則是暗示真相真理具有超越性，而非表示時空觀念為錯誤，畢竟時空觀是知識的基礎，放棄時空觀則是非判斷也將落空（無著落）。相對而論，因果較目的更受制於時間因素，因果繫於時間，因果觀基於時間感，而目的則有超越時間的精神，其終極性意義乃追求永恆，即使目的仍含有時間性。總之，目的論的境界高於因果論，歷史表現因果而文明暗示目的，因果啟示目的，所以歷史所示是文明的價值。然而因果與目的關連，因果論與目的論無法絕對分離，文明的目的難以解脫歷史的因果，以致永無臻於完滿之時，故文明末世可能已出而歷史猶無止息之跡。

　　文明的目標為可望而其目的則不可知，目標乃是階段性（時間性）的終點，目的卻為終極性的成功，文明的目的是天人合一，而天人合一是不可知的情境，因為這是人的追求而非天的定案，但人具天性，所以天人合一雖無法達成，其方向的確定卻可無疑。生死相對，生為佳而死為不佳，所以生命具有意義，而生命意義即使難知，自殺必為不當或為錯誤；文明是為人意義的表現，自殺為反文明，故生命意義即便不明，人須為生以確立之，此即人有認定文明目的之責，而確定文明的目的事實

上是提升文明的層次。求生與求道有時無法兩全，但大都可以兼顧，因為真理貫通萬事萬物，在求生中人亦能求知與修養，只有當人不顧天理時，求生才與求道相妨，然當事者若不知有道，也不可謂求生與求道有所衝突。由此可見生活與文明並非二事，生活若能體現生命的價值即為文明，幽雅的生活方式(way of life) 便是生活格調 (life style)，為生也可行道；儘管深知人生目的為何者極少，能好好過一生的人頗不少，方向正確必有所進步，目標無法達成並非徒勞無功。凡人皆相當有知，而非毫無所知，但不可能全知，所以文明的目標可望而其目的則不可知，畢竟文明的目的乃是上帝所立而非人類所定。所謂人皆相當有知意謂人皆具有天性，而人不可能全知表示人不具充分的天性，因此人可以且應該求道。求生既與求道得以並進，文明實為人的責任與優點──相對於萬物所有則堪稱特權──但生命的型態不是永恆，生存必然受限，實用則為有限，故文明的精神有極致而無極限，文明的終點卻可望而不可及。因人有不可克服的缺陷，自制只是防守，禁慾不是進化，修行不等於追求，道高人卑，「人能弘道，非道弘人」，殉道有時成為行道之責，而這並非得道的結果，可知歷史是文明的代價，雖然歷史較文明更可長存。

第二節　文明的原罪與成就

　　文明是人上進的呈現，文明求真求善求美，若相對於野蠻，文明便是開化，但文明的目標不止於開化，因為「人為萬物之靈」僅為文明得以發展的基礎條件而非最終成果。人能上達，這表示人有先天的優點，但又不盡良善，亦即人活在一個不完

美的世界，而圖加以改善或自我提升。人有此警覺，即是原罪感，蓋理想的期望反映不理想的現狀，而人具有良心，所以不符理想者即被視為「惡」而非「相當好」，可見原罪出於原善，人有天心才自認有罪。惡為善之不足，正如「壞」是「不夠好」，若世間一切皆完善，則人不可能有善惡觀，反之一切皆不完善，人乃有分別善惡的意識。然完善即是至善，而不完善不是至惡，因為惡僅為善之不足而非獨立於善之外的本質6，善已然存在，純粹或徹底的惡不可能出現，故有惡即有善、有善即有惡，此非相對主義或二元觀，而是求道所以可能的因素，也就是「文明的環境」7。總之，原罪是人求好心切之下的感受，此種感受是「不太妙的」，它暗示「可為」是程度的問題，即使「大有可為」也不可能心想事成。

原罪的存在使文明又有希望又有絕境，因為文明要求無限的進化，而進化實為有限。原罪固然是人的自省心得，但若人有原罪，則人之外的萬事萬物亦必有其缺陷，簡言之，一旦人發現其自身並非完美，便可知世界為不完美，這與其說是由「人為萬物之靈」一義推論而得，無寧說是由「人非宇宙主宰」一事斷定，因為人既不完美則人必是被造之物而非造物主，而上帝為完美即表示上帝之外一切均不完美。原罪之感唯人有之，此因萬物無此靈性，所以人自覺不良便知世上無完善之事物，由此可見所謂原罪乃是人在失望之餘追本溯源的說法，原罪的真諦或廣義其實是「無所不在的缺陷」。文明以人為主角，人有

---

6. 'For evil has no positive nature; but the loss of good has received the name evil.' Augustine of Hippo, *The City of God*, xi, 9.

7. 'God judged it better to bring good out of evil than to suffer no evil to exist.' Augustine of Hippo, *Enchiridion* (c.420), ch. 27.

原罪所以文明的原罪是無法盡善盡美，尤不幸者大眾的無知是人類之原罪，以致文明的絕境發生於最樂觀的時代，不僅不為人所知且因此惡化。

　　不論人對於原罪是否有所察覺，原罪的作用隨時隨地呈現於人的行為中，省思歷史尤可發現顯著之例，因為關乎人類社會整體之事更易顯示圓滿為無望。常人不知原罪為何物，但大都對其所處的環境感到不滿，而深思文明的人亦不可能對文明滿意，烏托邦 (utopia) 的提出便是此種心情的反映，然文明若有缺陷則無法真正改正，因為文明是上進向化的活力，它既有善意且有能力，而猶有不足之處，這必是本來（先天性）的缺失，永不能克服。史上的烏托邦思想皆非完美國度的設想，而是因應現實所提出的局部改良意見，或是避世心態的自白，這是對於人間不可能化為淨土的承認，然則烏托邦式的改革建議即無可能成功，因為文明的缺陷既是原罪所致，一事可以改正則萬事皆可以改正，片面的改造只是聊表心意而非希望無窮，難怪烏托邦主張歷來不斷被提出，亦即不斷被放棄。天堂與地獄的觀念也是原罪感受的間接表達，蓋天堂與地獄之說暗示世間為「比上不足比下有餘」之地，此域雖不盡善但也非至惡，也就是有缺陷的世界，於是天堂為人所期乃因理想，而地獄為人所畏則因邪念，因為沈淪墮落本是人可以防止的事，自我放縱者其實「放不開」。一般侈談天堂與地獄的人對於人世的改善實心力無多，這固然是因其缺乏盡力負責的精神，但也含有「事不可為」的無奈，而這確非無理，所以期望來世是自然的事，而好論此事者大約善多於惡，畢竟其說猶有善惡報應的道德意念。天堂與地獄的信徒大部分偏重天堂而忽略地獄，因為此輩必自信（自我暗示）能上天堂，無知與自私使其以地獄一說勸

善的努力不強，何況對於現實的失望使人認為淑世的意義甚為
有限。在社會改良的問題上，相對於教徒「悲觀之下的樂觀」，
務實而不信神的人表現了「樂觀之中的悲觀」，功利主義者所號
召的「最大多數人的最大幸福」(the greatest happiness of the
greatest number)，顯然是棄「質」就「量」的建議，於此完美
已非目標，社會性的正義取代公道，其說默認原罪，卻連帶否
認「原善」，以致造成「多數暴力」，加速文明的滅亡。由此可
見，文明的沒落雖本是文明的原罪，但對此缺乏正確認知而推
展錯誤的政策者，須負毀滅文明的罪名。

　　人無法獨立，不僅個人無法獨立，人類亦無法獨立，因為
人非創造者或主宰，真正獨立者為上帝，故人的存在必有所依
賴 8。生命是精神與物質的結合，儘管精神重於物質，但次要
也是必要，人生不能沒有物質條件支撐，精神文明也需物質文
明維持。人為萬物之靈，萬物之靈能支配萬物，但無法離開萬
物，這不僅是因物質需求，也是由於精神寄託，即使人在精神
上無所追求，也不能處於無神的狀態，因為使用物質便要費神，
做事既有利益也有意義，否則人不可能在營生之外更有所為，
可見人為萬物之靈實為一項任務，這即是文明發展的潛力。萬
物在世均有其價值及定位，然無一具有絕對或全面的重要性，
此即萬物皆依賴其他以生，唯一獨立而不可或缺者乃是上帝，
所以萬物各自的角色決定其地位，有地位即有價值，但價值無
不有窮，人為萬物之靈，這是崇高的地位，卻非自由之身。萬

---

8. 'God will not be alone in eternity, but with the creature. He will allow it
to partake of His own eternal life. And in this way the creature will
continue to be, in its limitation.' Karl Barth, *Church Dogmatics* (1936),
III, iii.

物皆為上帝設定，愈有靈性愈有不知所措之感，因為萬事亦為
上帝注定，而萬物之靈也無法知曉神意，所以精神強盛卻乏追
求便有苦惱，於是文明可謂是人「無聊」之作，也就是無法自
主的企圖所致之成就。文明或許不能使人偉大，但無所事事必
使人毀滅，文明是人自救的事業（沒有文明則人無法生存），雖
然文明創建者並無此感。文明成就愈高愈顯文明成就有限，這
便是因文明不是一種發明而是一種發現，人既不是獨立的生命，
自無可能創造什麼，文明其實是人被設計的自助活動，不論其
成就如何皆可稱成功，因為人類不僅藉文明而存活，且由此更
覺自尊。然而全能者必自主，「完成任務」是能力的證明也是能
力有限的證明，文明是人所執行的天命，當然有其極限，即使
過程順利也不表示結果如意，文明止境兼有成敗二意象9。

　　文明始於求生而至於求道，求生是為安全，求道近乎自由，
求生與求道可以並進但不能常兼，**安全與自由未必相違但難以
兩得**，此非本質性矛盾而是技術性衝突，蓋求道可於求生中進
行，然有時必須犧牲性命，而絕對的自由必定安全無虞，然自
由與安全皆未徹底時只能相權抉擇，這是在不完美的世界中因
條件有限所致的相互排斥性（例如專業只能挑選而不能全功），
不是其道本不相容，正如義利兩全不易，然可盡力成全。安全
與自由無法兼備，這是現實的問題，不是理想的錯誤，而文明
由安全的確保出發，進而尋求自由的價值，這使安全與自由的
緊張性有增無減，因為文明的成就必使安全提升，然文明的要
求是上進，為求安全而放棄自由是退卻，為求自由而犧牲安全
卻可能是自殺，於是冒險性隨文明進化愈來愈大。如此，文明

---

9. 'All human things are subject to decay, /And, when fate summons, monarchs must obey.' John Dryden, *Mac Flecknoe* (1682), l.1.

末世可能出於人因不欲冒險所致之發展停滯，也可能由於冒險失敗造成滅亡，而實際上前者才是主因，因為文明的末世是精神性沈淪，不是物質性毀壞，文明的價值觀不以成敗論英雄，若人以理想冒險而斷送生命，此乃文明的極致表現，可歌可泣而非可悲可歎。具體而言，文明的末世是因大眾化而起，大眾的立場相對於菁英是偏重安全，於是物質享受成為文明主旨，精神冒險廣受忽略，文明的末世竟是歌舞昇平的時代，這確是「美麗的誤會」。「保險」(insurance) 自十四世紀出現，近來愈為興盛，「探險」(exploration) 自古有之，至十九世紀盛極而衰，如今竟成休閒消遣的遊戲，文明的末世一方面是能力高強，另一方面卻是心態低俗，此時問題顯然不是欲振乏力而是自甘墮落。在飲食上，人從致力於「維生」進步至「享受」，由此卻發現盡情吃喝頗為「害身」，於是轉而注重「節制」，常有「忌口」之情，然放縱者自得其樂，孤芳自賞者則偏執病態，以致現代人不是太胖就是太瘦，對此文明進步的用處竟是在自我扭曲之時加以治療 (減肥或整容)，可見安全與自由的輕重不能恰當拿捏便將兩失，而生活大致安穩後不追求生命意義便是慢性自殺。

　　文明是開化的表現，開化是上進的行動，上進是改善的行為，而改善不可能達成至善，因為至善即是完美，而完美不含不完美，也就未經改善的過程或不具改進的問題。由此可知，「最佳」並非「完美」，「極致」隱含「極限」，文明的成就暗示其失敗，最高的文明呈現文明的困境。文明的要求是「止於至善」，這是永無停息的努力，然「不斷」不是「永恆」，文明的精神是光明偉大的，但文明的性質是美中不足的，「太好了」是超出一般的期望，而非「過於美好」，「好不可能過分」(It cannot be too good to be better.)，因為事實永不如理想，而做到

更好是人永久的責任，這便是原罪的作用。具有缺陷便無法臻於完美，求道之事若在，得道乃無可能，**文明的理想性已顯示文明不能化為真理**，這固然是永遠的缺憾，但也造成文明發展的無限性，使人高貴而感永恆。於是文明意義上的大功告成是文明止境的到來，以及世人由此所體會的「盡力」意境，這包括維持人類的最佳狀況而任憑上帝處置，同時絕無求善不成轉而為惡的念頭。簡言之，文明的極致成就是文明極限的發覺，理想上這應是人類的共識，實際上這只是智者的獨見，因為人類的原罪包括無力盡知與智愚有差。

第三節　文明發展的極限

文明為唯一，易言之，文明具有普世性，然則東方落後於西方而非各有其途，故東方文化不是文明末世時的另一選擇或出路。文明的進步是憑提升而非累積，雖然累積可能是提升的基礎，但量變未必造成質變，提升是有所追求所致，累積是目標不高或目的不明的預備工夫，其結果不可奢望。進化是突破現狀，然其成就畢竟有限，累積是擴充現有，而其勢似為無窮，但世間終非無限，文明不能永恆，故人須於累積中提升，不能以累積提升。世界文明即是人類文明，人同此心，心同此理，人類量大質一，世界文明是單一文明，不是眾文化之集體。文明是精神含意，不能以形式定義，精神取向為唯一，所以文明不應為數眾多，而是放諸四海皆準，東西文明或古今文明之稱只為歷史討論之便，非謂文明多元。文明一說本是價值解釋，價值有高低，但其道一以貫之，無有衝突（大價值與小價值的關係不是矛盾），故本質上文明即是世界（性）文明，也就是人

類文明，以文明為多數實是邏輯性的錯誤。如此，任何一地的
文明發展皆對世人有利，而**最高文明的困境是全人類的危機**10，
文明的末世不呈現於世界各地，但其無望卻是無所逃於天地之
間，誠如「古文明」的下場皆為滅亡而非發揚光大，西方的沒
落象徵的是文明的絕命而非東方的生機。此說不意謂世人的生
存是休戚與共，而是表示人的價值是在於君子之舉，古代文明
所以散佈分立乃因君子殊途同歸，現代文明所以全面停滯實因
小人同惡相濟，文化交流在促進文明提升之時，亦使「同化」
變成舉世的大眾化，於是小人凌駕大人，一處有憂，無處不患，
這是「德不孤必有鄰」的反相，它又顯示唯有菁英主義才不致
「兵敗如山倒」。

　　文明既不能臻於至善，世界大同乃無可能，因此**文化多元
的現象**必然存在，於是文明的末世呈現價值混亂之局，事實上
多元主義正是造成文明衰微的要因。多元主義伴隨真理信仰的
沒落而興盛，此理在文明初期已經顯現，但其情直到文明末期
方才普遍，因為求道是傳統文化的主流精神。文明的性質與目
的舉世皆同，所以文明進化促使人類同化，然而因為文明終究
無法完全成功，下層文化不再受上層文化導引或限制之後，不
僅突然活動繁盛並且地位大升，這是文明末世的「反淘汰」怪
象。「萬法歸一」既然不是人間實情，「多采多姿」似乎亦有其
存在的意義，易言之，崇高性與豐富性若不能兼得，在輕重抉
擇之餘也不必將次要者消滅。如此，文明極限來臨時單一性（真
理為唯一）未能出現──然單一化的程度卻為史上最高──而
多元性又不應加以推崇，在進退失據的情形下文明的末世當然

10.《禮記》〈檀弓〉上：「夫子曰：『夫明王不興而天下其孰能宗予？予
　　殆將死也。』」

是迷惘的時代，雖然大眾在此時的感受絕非如此。功虧一簣儘管是未竟全功但也不是徹底失敗，當進一步成就已無希望時「守成」便成為要務，放棄或破壞現有成就乃是自甘墮落的病態行為，所以文化多元性若不能隨文明進化而自然消失，也不須刻意將之消滅，但加以維護乃至提倡的作法則為變態之舉，因為「不能做到最好便表現最壞」其實是出於懷憂喪志心情的意氣風發行動。真理通貫眾說，真相超越萬象，一元論不反對多元現象，而多元論不接受一元取向，因為一元論在事實之上立言，而多元論在現象之中打轉；文明末世雖仍處於多元世界中，但其同質性遠勝於過去，若不知這是接近真理而難以得道的原罪性困境，反而以多元為最高層次，則是最高級的迷失，因為此一誤入歧途是基礎雄厚的錯亂。

　　文明是人類開化的過程，而開化的進行一方面是出於人的內省，另一方面則是由於對外的探索，所以文明初期不可能對於文明的取向已有清楚完備的構想，文明的意義或方向須經一段摸索的歷程之後乃能確定。質言之，「上古」是文明初探的時期，「古典」是文明定型的時期，「中古」是文明自反的時期，「現代」是文明再造的時期；如此，上古文明的首務是安定生活，古典文明的成就是建立標準，中古文明的立場是質疑古典，現代文明的事業是重振古典。然而現代不是古典的復興而已，文明的永恆價值在現代獲得確認與發揚之時，也於此顯露其「不夠完美」的本質性缺陷，這個不盡理想的情況是文明極致所反映的極限，可見現代性一旦確立即有崩解的危機11。文明的內在困境遲至其高度發展時始呈現，這是文明的原罪表現，它不

---

11. 歐陽修〈瀧川縣興化寺廊記〉：「夫世之學者知患不至，不知患不能果，此果於自信者也。」

意味歷史是「白忙一場」，而是「覺悟」所必須付出的代價與連帶的（意外）發現，雖令人有些失望，卻使人更加有知。事實上人不可能在文明初興之時即正確認定文明的性質或目標，若然則人在當時已為全知，又何須求道，此義是「上進者必有缺失」，所以「從錯誤中學習」是人無法逃脫的厄運，同時可知文明與天道雖精神一致但不能合一。

　　真理為通貫一切之道，文明若臻於至善則世界大同，否則不論各方觀點如何接近，必仍存有歧見，蓋「諸善通同而諸惡扞格」，完美無分種類，次佳即有分別，文明既止於「高度」而已，**衝突之下的協調乃為文明末世的「盛況」**。萬事萬物為上帝所造，且其高下輕重的地位不同，於是獨立與平等並無可能，和諧既非宇宙的真相也非事物的關係，社會祥和其實不是「富而好禮」，而是人際妥協的最佳成果。事實上當文明已無力上達時，真理的認知隨即衰落，而專業化分工代之興起，通識的探索變成訊息的溝通，求道的事業讓步於組織的工作，位高權重者缺乏卓見而媚於俗念，所以調和不同的立場成為大才，雖然面面俱到未必皆大歡喜，但這已是今人唯一的「全盛」觀念。文明雖圖所有人的開化（得道），但因各人資質不一，文明的追求是人類的極致境界而非眾人的平均佳境，因此文明不是一般人的成就而是菁英的成功，菁英主義以領導為尚而不以服務為本，然則民主政治一行文明便開始淪落，人權平等之制罔顧天命而背棄道義，此所謂「人眾者勝天」，實為「退而求其次」，以「全失」替代「獨得」，卻自慰「雖不滿意但可接受」。現實主義可能是文明的發現，然文明的精神終究是理想主義，英雄所見「略同」是英雄的不幸而非英雄之喜，文明的探討方法歷來是批判，全面性的協調顯然是文明的絕境，而常人無此憂慮

更是其事的明證。

　　至善不是相對於至惡，因為惡是善的不足，若至惡存在則至善無法存在，所以不佳的改良固然可能，但由此臻於至善乃不可能；完美之對為不完美，不論次佳者如何接近完美（愈接近完美愈有不完美之慨），畢竟完美與不完美實為兩個不同的境域，無法交通。文明始於善的追求，有改善之需者必不完善，亦即含有本質性的缺陷，然則文明可謂出於原罪而企圖超越原罪，這是可貴的努力，但必止於困局。正是因此，**文明雖無大功告成之日，卻可於困頓來臨之時發覺其所以然**，易言之，人生的真相雖不可知但答案非不可得，問題的解決或無希望但其解答仍為有用，因為人不僅可於錯誤中學習，並且超越人力的事不需人煩惱，而現實的問題皆可憑現實的條件處理得宜。文明的終極境界是大同，大同可望不可及，於是「全球化」(globalization) 成為新案，這是文明的挫敗，然凡人不知其實，反而以為大同由此可達，不論如何此情所示確是人類的極限已至，而其況既是注定之事也是末世最佳之法，更有啟示真理之效。由此可見，文明在功用上雖不是全能，但這卻是促進人求知求道的必要設計，而精神較物質可貴，知道比實行更為重要，故文明的缺陷竟是一種好處，原罪原來是善緣。

第二章

歷史演化的進程

淪為「傳統包袱」的文明遺產：
鐵柵封鎖的義大利教堂

第二章　歷史演化的進程

第一節　進步的宿命

　　歷史是上帝的人間計畫，不是人的登天工程，蓋人既是神之作，不可能自主，也就無法創造，人雖欲自我超越，這是天性所趨，不是人力所及。表面上人是歷史的主角，實際上他是上帝的傀儡，儘管人對此有所警覺，這仍不能使其掙脫控制1，可見人對神的感受乃是神所支使，實非人自身的發現，此種有知而無能的現象證明上帝的不可知與全能。理性使人發覺上帝，也使人確定上帝無法以理性證實，於是自由的可貴與自由的虛假同時出現，追求自由者一方面忽視上帝，另一方面效法上帝，人之自由既無可能，竟然只成人的意志，自由的問題實為自由意志的問題，而上帝既在人便無自由，自由所以猶可追求乃因真理的超越性，正如想像所以可能乃因知識的有限。如此，上帝的安排使人無可如何，然神意的不明使人不受約束，超越性一事竟是上天的恩典，有知無知皆是福氣，人豈能抱怨神的難測，還有什麼不幸是大於改變上帝的設計，而這既無可能，人的遭遇誠然是不幸中的大幸。人之有為不過是替天行道，其惡行亦是神之驅使，若人自以為有功，也必須為失誤負責，後者若不盡然為真，則前者又豈是實在，所以人只可服上帝之務而無法為上帝服務。「凡存在者皆合理，凡合理者皆存在」，此說

---

1. 《孟子》〈公孫丑〉下：「五百年必有王者興，其間必有名世者……夫天未欲平治天下也，如欲平治天下，當今之世舍我其誰也。」

不論各人識見如何均為有效，因為所謂「合理」乃合論者所知
之至理，上帝信仰者對於此說絕無異議，真理的反對者也自認
有理，而不能主張無理之事為無可解釋，由此可知不合理者即
不存在，上帝所為可能難以了解卻非無理，「莫名其妙」對自大
者而言是他人的錯誤，對求知者而言則是天理的偉大。

　　歷史是人的紀錄，史學是以人為本位的世界觀，讀史是人
的自省，其結果不是人可以自壯，卻是人必須自惕，此因史書
是人的著作，而史事竟是神所注定。歷史是人自我發現的憑藉，
亦是其自我發現的過程，有歷史則必有歷史之學，因為人不可
能漠視人事的意義。人欲自知必須知人，知人必須知己及知天，
以己度人既是自然，以人釋天也是必然，歷史以人為本並非以
人為尊，畢竟人無法自我認識則不能發覺上帝，故歷史若呈現
人的自大，這其實是人的原罪所致。古代史著述展現人對神的
敬畏，現代史著述表現人的自信，此情似乎表示古人認為歷史
是神的造化，而今人認為歷史是人所決定，然古人迷信而今人
自迷，上帝是歷史之主無需由歷史證明，因它是人對神的定義，
有理性者皆不得不承認此事，而未學者與深思者咸以為「萬般
皆是命」，顯然信不信神都無補於人的成就。神意展現於歷史
中，歷史愈久神意愈可確認 2，所以依理今人當較古人更覺歷
史為上帝安排，但事實正好相反，這一方面顯示真理具有超越
性，另一方面顯示現代實為文明的末世，因為歷史啟示上帝的
存在，而無神信仰不是反文明的立場（古時），即是文明開化大
眾失敗時的世情（現代）。歷史有其終結，文明有其窮途，此因
人類有其不可克服之缺陷，故文明不能臻於至善，這正證明歷

---

2. 'In the beginning was the Word, and the Word was with God, and the
Word was God.' *The Bible*, St. John 1:1.

史是上帝的人間計畫，蓋唯有上帝為完美，不完美源於完美（不完美不能自生），而完美者何以產生不完美，這是人所無法理解的超越性問題，正如上帝為何使人以文明歷史自強而終究無法自立，這是人所難以了解的神秘意圖 3。

　　人的自覺（甚至是直覺）認為世間乃在進化中，換言之，進化是人的天生觀念，雖然守樸存真 (primitivism) 或返璞歸真可能是人的心願 (e.g. lycanthropy)。進化是天命，進化不足也是天命，因為上帝方是至善，人之進化若可達於至善則將取代上帝，這是不可思議的錯亂，所以文明必然陷入欲振乏力的困局，於此「不進則退」的常理難以適用，文明末世似有片面或現象上的進步，然整體上與本質上卻停滯不前。進化觀必基於時間觀，時間可以長久卻不能永恆，而完美者必為永恆，故進化的理想雖是至善，但永無可能實現。人生於時間之流，「前進」是必然之想，退步不僅不自然而且不佳，此為常識亦為直覺，雖然追本溯源是人的好奇，這也是為求知，而求知必求上進，故進化乃非選擇而為不二之途。善惡之分表示人性本善，善可追求而惡無須找尋，不論各人優劣，無有主張退化者，因為退化無從追求，人之墮落只因無力，從來不是努力所致。其實退步為可能，而退化並無可能，不進則退意味失敗而非破壞，文明是趨勢，反文明卻非逆流而僅是歹念奇想，且是出於文明發展的脈絡而非獨立的思潮，此即反文明是攀附文明之舉，退化是

---

3. 'It was necessary for our salvation that there be a knowledge revealed by God, besides philosophical science built up by human reason. Firstly, indeed, because the human being is directed to God, as to an end that surpasses the grasp of his reason.' Thomas Aquinas, *Summa Theologica* (1273), pt. i, q. 1, art. 1.

進化的理論性產物，它不過是一種不具創意的想像，絕無實質或力量。進化是文明之流（不是主流），文明是人類的命運，所有反進化的思想皆反映人抗拒為人的無奈心情，因為進化固為必然卻極艱辛，順應天命之道是善盡人事，退化的主張其實是希望「什麼都沒發生過」。歷史進化並非順利，頓挫是進化過程中造成突破的條件，此乃上帝啟示之盛況，豈為退化 4，「世風日下」雖可能（道德無進步問題），但知識上絕無今不如古之狀（文明的代表是知識而非品德）。求生是人的本能，進化利生而退化害生，文明開化是上天設定，其絕境的到來理當是遲早的問題，正如生命終為有限，不論其繁衍如何之盛。

　　進化總是時勢所趨，所以**演化是為演進**，歷史解釋實在於說明「變化的進步道理」，易言之，「進步觀」（idea of progress）是正統的歷史觀，儘管進步終無完美的結果，這是原罪的問題，不是進步觀為錯誤的證據，何況「進步終無完美的結果」一說永不能以實情證之。進步觀是人必要抱持的不正確思想，此因文明的大部分歷程必是進步的，但進步不能無限發展，歷史的意義終止於文明的末世，當此之時進步觀成為妨礙思索終極真相的傳統見解，進步觀必須功成身退，這表示歷史是求道的工具而不具目的性。未經解釋的歷史是演化的現象，經過解釋的歷史是演進的軌跡，進步未必是凡人的經驗感受，進步觀卻是

---

4. 'When the play of the freedom of the human will is examined on the great scale of universal history, a regular march will be discovered in its movements...What appears to be tangled and unregulated in the case of individuals will be recognized in the history of the whole species as a continually advancing, though slow, development of its original capacities and endowments.' Immanuel Kant, 'Idea of a Universal History from a Cosmopolitan Point of View' (1784), Introduction.

讀史者必需的立場，可見文明進化是神意安排，歷史畢竟不是人為創作，將歷史視為目的本身是人的自大，這既忽略「演化」的複雜性也無視「演進」的神聖性。演化與演進本無關係，二者只是信道與否的不同觀感，然而主張世事只有演化而無演進者，必須確認變化之道並不存在，此見之建立需要多於演進觀所具之知識，而實際上演化論者絕不較演進論者更有知（正如唯物論者絕不較唯心論者博學），可見演化之說是簡化之見，因為知識愈深愈不可能認為世事無理。「中庸」與「自然法則」在史上長受歡迎，但絕無逐漸興盛之勢，此因資質平庸者與圖求心情平靜者眾，然其數並非與時俱增，而且歷史乃由菁英擅場，故史學所示是世道有方變化有理，中庸與自然不足以解釋歷史中的改易。總之，演化是演進的現象，演進是演化的義理，歷史不只是事蹟，且是事蹟所呈現的趨勢，演化若無目的則歷史即無價值，人是靈性的生命，人事必有其道，所以演進既是歷史的性質也是人格的動力。

　　文明開始發展之前是人體的進化，如此**文明始於求生的突破而終於求道的困境**，在文明末世時物質生活繼續提升的可能，使人誤以為精神建樹亦可無限進展，其實物質的有限一方面是由於其本身受制於時空性，另一方面則是因為人對開拓物質的心力實為有限，於是末世的現象是科學掛帥而宗教不衰，「追求美好的人生」成為華而不實的普遍想像。以求生觀點而言文明進步不斷，以求道觀點而論歷史峰迴路轉，智者發覺真理持續展現，愚者卻感人權逐漸發達，終至民心取代天理，文明的末世乃因大眾得勢而起。現代人的體格與心理在四萬年前已經出現，文明開始至今則僅有六千年即已瀕臨絕境，這顯示人的精神要求凌駕生理需求殊為不易，而一旦「君子」立足，其靈性

探索未幾便達極限，道德的堅持成為人所以高貴之理，知識的貧乏則令人無法偉大，文明的任務於此結束，大眾化的樂觀卻方興未艾。文明始終是菁英的創作，人類求生的突破有賴統治者的規劃，求道的努力更只靠學者傳承，然知識的增進本可厚生，文明的演進造福大眾，所有人的立場皆反映著文明的狀態。文明歷史的大部分情況是菁英提攜凡夫，正如求道與求生大體上可以兩全，但知識有其極限而人慾無窮，良心有其理想而殺身有時不免，因此社會衝突是人間常態，文明末世是大眾的時代，有識者成為犧牲者，文明末世之說乃永不可能流行而成為共識。

完整的歷史演進包含上古、古典、中古、現代等四階段，上古安頓生活，古典確立傳統，中古陷於僵化，現代振興正義，未經此番「起、承、轉、合」歷程者，其文明必不成熟而有嚴重的偏執失誤。如此，歷史分期有其標準，此即「古典」之義，文明若乏古典制作便只是「古文明」，而無發揚光大之生機，也無「現代化」的可能，因為現代的精神其實是古典的 5。歷史知識必然是後見之明，有「現代」的意識乃有「古代」的觀念，不論是「以古非今」或「以今譏古」的態度均是出於「現代」的自覺；「今人」屬於後人而非前人，歷史若無完整的文明進化過程，則「古人」乃是前輩而今人僅為晚生，於是現代化並無從事的基礎，因為現代化是「復興」而非「推翻」的事業。以人文觀念而論，文明歷史的發展經歷人文主義 (humanism)、個

5. 《論語》〈為政〉：「子張問：『十世可知也?』子曰：『殷因於夏禮，所損益可知也；周因於殷禮，所損益可知也；其或繼周者，雖百世可知也。』」李白〈紀南陵題五松山〉：「曠哉至人心，萬古可為則，時命或大繆，仲尼將奈何。」

人主義 (individualism)、自由主義 (liberalism) 三思潮的演進，人文主義是以人為本的世界觀，亦即是人類主義，由此個人主義進一步同中求異，而欲自我肯定，隨後在人際衝突之下，自由主義尋求最大限度的個人主義實踐條件，為此理性主義 (rationalism) 乃成為其知識觀點，展示義利兩全的可能，同時卻呈現天人合一的敗績 (真理不可能為妥協)。人文主義是古典精神的要旨，集體主義 (collectivism) 是古典文化衰敗的遺跡，個人主義是突破中古的復古氣韻，自由主義是現代化的主流思想，自由主義的缺陷則暗示文明發展的限制。現代欲重振古典並賦予永恆的生命，然古典若必式微而需現代加以復興，這已證明古典實非永恆而現代亦然，蓋精神即使高於物質也非完美，物質雖層次不高也不是虛無，精神上古典與現代具有永恆的價值，但時空屬於物質世界，古典與現代因此無法「化作」永恆，畢竟永恆不是長久所致。

第二節　循環的假象

　　自然的改變緩慢而漸進，加以生命繁衍代代相傳，而四時更替週而復始，天體運行似乎規律無盡，這使人誤以為循環是宇宙變化之道。事實上人事循環為不可能，歷史絕無重演之情，因為時間有始末先後，萬事萬物無一相同，事情可能相似卻非無異，同一事物出現於不同的時空中即不是同一事物。人類計時引用循環之法，這是人在浩瀚的宇宙中可行之技術，不是「時間為重複」的證據，反而是人甚為渺小的證明，正如所謂「天文數字」(astronomical figure) 對人而言形同「無窮」。其實不僅人事並非循環，自然亦是如此，自然狀似循環，這是人的生命

短暫所致之觀感，故循環的現象實為上帝所設計的「誤導性因素」，它是求道者必須破除的天然迷信。時間之動為「進行」，人事發生的背景或變化的憑依是時間，所以人事不可能循環而本質無改，何況人受制於時空而懷「有限感」，其於世事的感受必非永恆不變（例如一再受人欺騙不可能感覺前後相同，故有謂「忍無可忍」）。演進不只是真實而且是必需，人若覺得事情有轉而無變，必乏努力之心，不可預測或超出意料雖令人不安，完全可期則令人絕望，這是更大的災難。尤其重要者，人有理解求知的本事，自然意欲賦予事物意義，否則思想落空而陷於呆滯，所以解釋是人心常務，而人既活在世間之流中，其解釋必含時間感，因此「變化的道理」其實是解釋事情的主旨。時間感與其說是與生俱來，無寧說是無從解脫，因為時間必致改變，而就現實世界的條件而言改變即非永恆，所以改變可謂是一種缺陷，如此時間感實為原罪感之反映，超越時間則為追求完美的想法。人是時間性的生命，時間不能回轉，人事乃無循環，何況人認知事情的主要方式是基於因果觀念，因果不可倒逆，故道理可以重現，事件卻不能重生。人有良知而欲求道，上進之心使人認定歷史經驗必含有天道，真理具超越性，真相具終極性，事物有始終，真理真相豈可能為循環而無法展現起訖之義，可見人的誠意真心絕不相信事物反復變化而無目的 6。

　　世人常謂歷史重演其實是在感慨人性執迷不振，故此說大

---

6. 《朱子語類》〈理氣〉上「太極天地」上：「氣運從來一盛了又一衰，一衰了又一盛，只管恁地循環去，無有衰而不盛者，所以降非常之禍於世，定是生出非常之人……蓋一治必又一亂，一亂必又一治，夷狄只是夷狄，須是還他中原。」此說顯示人事循環只是歷史現象，神意天理方為真相所在。

都是關於政治的評論，其意是人的惡性難改，古今皆同。就現象而言，物質性愈大的事愈多重複之狀，精神性愈強的事則愈少雷同之情，所以歷史若有重演的現象，這主要是出現在政治、社會、經濟等方面（依序遞減），至於文化則少見此景。由此可知，重演之說實非真確，蓋深思之下可見宇宙中所有事物皆無相同者，感官所認為的相似在心靈細考時即刻變質，於是所謂歷史重演一說往往是本質性的評斷而非形式上的觀察，而這其實有自相矛盾之虞，因為形式性差異已呈現顯著的不同。靈魂企圖提升，精神要求上進，思想的取向本來有所追求，循環觀不是出於人性的脆弱與怠惰，便是由於知識的淺薄，不能面對現實者尤常以此自慰，佛家與道家便是其類。循環若為真相，求道的價值即大失，因為「隨波逐流」於此才是可行之道，然循環論者率以真理為言，其自毀性已證明此說之誤，故知演進觀方為正信。如此，最可駁斥歷史重演之說者正是宗教史，蓋宗教為求道之見，宗教的歷史若為故事循環，則宗教信仰根本是「原地打轉」而無進展，此情絕非事實（史上屢有宗教改革之事），因為凡夫之心或許千古無異，但求道者必欲「站在巨人的肩膀上看得更高更遠」，故真理觀點一向有進無退，雖然近代大眾經過「世俗化」之後已無虔誠的宗教情懷（這也是歷史並不重演之例證）。

上古是文明準備的階段，此即安頓生活以便求道的時期，古典是文明確立的階段，這是永恆價值樹立的時期，自此「見山是山、見山不是山、見山是山」的求道心跡開展，其進化過程不可能重複發生，因為人所能得知的終極道理一經再度確認，便無從加以否認而重新開始，子曰「再斯可矣」，正是此理。中古是古典的反對者，這可能因為懷疑，也可能因為挫折，總之

是「反其道而行」的迷惘情況；現代是中古的突破者，它是迷途知返的表現，於此古典精神重振，不僅正統鞏固，更有新生以致長生的力量。如此，古典是「見山是山」的初審，中古是「見山不是山」的猶豫，現代是「見山是山」的定見，思索既達結論，心無旁騖，只有一意貫徹，豈有反常之理。在文明的意義上，古典的復興是真理的再肯定，然後不能再行推翻，故無中古便無現代化，而現代一旦出現便不能更有新猷，這不只是道理的問題，也是人類極限（原罪）的問題。人之所以必須反省乃因人有缺失，完美則無誤，無誤者無須檢討，而人不為神，有能力卻不足，故其提升或改正有賴批判省察，發現有誤固然可喜，確認無誤也非徒勞，畢竟人無法一開始便自信無失，也不能自始至終皆居於全盛。因此求道的心路歷程必經波折，「見山是山」是出於良知（理性），「見山不是山」是由於人慾或者想像（能力不足的靈性），「見山又是山」則是對於「善盡人事即是知天」的覺悟，此後人將發揮其最大能耐安心行道，這是文明盛世的來臨也是文明末世的開始，因為無知者仍處於「見山是山」的第一階段卻企圖「由山登天」，使文明淪為「見山不是山」的世俗化亂局。

　　時間有先後，生命必老化，心靈為求知，經驗在累積，「停止」的出現乃以「延續」為背景，事物不能重複正因一切事物均為獨特，「相同」僅是理念，事實至多「相似」。歷史不斷演進，復古主張乃為反歷史，甚至是反上帝，所謂反璞歸真必然超越現實，精神雖求永恆，時間改變感受，「恢復」向非完全，因為神意從不受限。「重複」可為一種概念，但不可能是一件事，若然則多餘的事物必定存在，而多餘若是一項事實，上帝便非完美全能，可見「多餘」畢竟也只是一個觀念而已。萬事

萬物皆有其在宇宙中的定位與價值，事物有其關連性，故絕無任一事物重複出現，或者絕無相同的二項事物並存；上帝是唯一，真理亦是唯一，唯一是終極真相，因此事物的相仿不過為現象，否則神必有「徒勞」之處。事物存在於時空中，時空造成「因時因地」之別，所以即使事物相同，因其出現於不同的時空，便成為不同的事物，由此乃見「上帝無所不在」的偉大。歷史是時空脈絡中的事情演進，於此「變之中有不變」且「不變之中有變」，其實是變為事蹟而不變為理，若以真理不變而主張事物無變，這是瀆神之想，因為神意啟示正蘊含於歷史變遷中，以為事物不變便是認定神意僵固。保守主義者是上帝的信徒，他絕非堅持制度不變或提倡復古7，而是主張人事改革須視神意決定，神意不明則率由舊章維持現狀，或以理性標準為行事依歸，然人道既應遵從天道，天道有進無退，人道必生聚教訓以自我開化，可知保守主義並不反進化亦非反動。近代的「原始主義」(primitivism) 是末世之兆，它不辦「見山是山」的初級階段與高級階段之別，一意「回到開始」，一心忘卻歷史，「拒絕長大」而自以為有赤子之情8，殊不知文明是人成長的歷程，原始雖非罪惡卻非良好，進化雖非完美卻是善終。

---

7. 如「有機食品」(organic food) 的流行實為假性復古，因為農耕不得不殺生，而飲食不能不受害，古人求生無法兼顧其他，今人以「慈悲」與「健康」為念去吃，是「眼不見為淨」的作法。
8. 《孟子》〈離婁〉下：「大人者，不失其赤子之心者也。」

第三節　現代的結束

　　時間造成始末先後，然而時間本身的開始與結束是人所無法思議之事，這表示事物的始末先後是時光之流中的片段，雖有其相對的關係，卻不具絕對的「時間性」，而人對事物的始末先後甚覺篤實且自然，但對時間本身的開始與結束卻根本無從理解或想像，這又顯示萬事萬物虛而不實（不具獨立性與永恆性）。人對事物的觀感無法脫離時間而形成，人自以為所思所想真確實在，然其理智竟不能考量時間的真實性，或者說人對事物的觀感必含始末先後的時間性，但時間本身卻不能以此時間性加以看待，這證明人的性靈必定受限，其知識必為有限，同時一切人事物也非完美無缺或自由自在。「改善」乃是時間脈絡中的事，所有需要改善的事物必具缺陷，而其改善也不可能臻於至善，因為具有缺陷即是含有原罪，而原罪永不能解脫，並且居於時空者必受時空限制，而受時空限制即不是完美。由此可知，文明只是開化的程度，不論如何文明皆不可能完美，歷史是文明的進程，因此現代化有其止境，不能永遠進步。凡人頗不認為進步有其極限，但若進步為無窮，這一方面表示至善永無到來之時，另一方面表示先進與落後僅是相對的優劣，如此進步終究是暫時的情況而乏絕對的價值，這即證明進步本有限度，所謂「無限的進步」實有內在的矛盾。再者，現代化是古典文化的復興與永恆化，其理想性是精神上的意義，不具事實上的可能性，何況永恆化即不如永恆（美化者必有其醜），現代可能延續久遠，仍不足以化為永世。進化若可能達到完美，則上帝便是進化而來，如此宇宙的創造便無法解釋，其實上帝是一切的源頭，萬事萬物不如上帝，故萬事萬物不可能經由改

善而成為至善，雖然回歸上帝確是正當的想法（此為時間感所致的求道意念）。總之，歷史是時間的產物，其所啟示者不可能為超越性真理，然歷史呈現所有時間中的事情，這已是世間最不受限的求知憑藉，所以歷史（學）的缺點正是人類的原罪，歷史發展不能通天實為理所當然。進化 (evolution) 有其極限，革命 (revolution) 亦有結束之時，然進化隨時間發展，革命則企圖掙脫時間，前者呈現時間的先後，後者表現時間的始末，而先後的觀念遠較始末的觀念更符合時間的性質（真相），可見進化優於革命，同時可知「創造性的進化」(creative evolution) 實為自愚之說，因為時間是上帝的創造，歷史也是上帝的安排，人不可能創造而只能順應安排，既圖開創又何從此任其演化。現代的出現是上古以來演進的結果，上古何以出現，此與宇宙的創造一樣無法全以理解，然而上古是時間之中的一個階段，宇宙的創造則是時間開始之道，故理論上後者較前者更不可解釋，但真理的超越性使二者差異顯得微不足道，這說明現代不是人的成就而是神的設計，因此現代即使是歷史的盛世，也不是人類得道之時（何況得道絕無集體獲致之情）。「出於神者不如神」，此非邏輯而為神機，「人的極限即是人的極致」，此非天理而為人道，現代不是歷史中最佳的時期，卻是求知悟道最好的時機，因為現代是文明進化的止境，求道者欲「通古今之變、究天人之際」，唯在此時。

　　現代的結束不是時間的終止，而是文明提升的停止，蓋時間的終止不是人所能了解或造成，但人的開化卻受制於其極限而不能無限進展，所以文明的末世是一片沈淪的精神狀態，不是人類滅絕的時代，於是現代結束的情景實為人對未來無知的期待。人既有原罪缺陷，其前途不能愈來愈好，樂觀乃是錯誤

的人生觀，悲觀才是正確的知識，因此在文明末世時大眾必為樂觀，而少數求道者則極其悲觀，若無「眾人皆醉我獨醒，舉世皆濁我獨清」之情，「文明末世」的觀念豈可能被發現（提出）。危機感不是末世普遍的人心，因為危機感是一種警覺，有此警覺則圖保全而不至於陷溺，同理困頓感也非末世的氣息，因為困頓感是一種體會，有此體會則求突破而不至於軟弱。末世的文化氣氛是歡喜而無力，人們自我暗示且相互催眠，造成人人自以為是卻彼此不以為然，在寬容的說法中各擁權力而個性不彰，安全與自由號稱兼得卻兩相妨礙，信心大增但信仰大失，自欺欺人成為共業，目的不明成為通病。在此「快樂的迷失」中，情重於理，志高於義9，人活在當下，天遠在心外，現在涵蓋未來，過去離開傳統，物質與精神糾纏，現實與理想混亂，夢想缺乏創意，文明喪失歷史。於是各式「新」說伴隨現代的老化而出現，如新古典主義、新現實主義、新康德主義、新馬克斯主義、新保守主義、新自由主義、新殖民主義、新重商主義、新現代主義、乃至後現代主義等等不一而足，此種求新的風潮只是說明永恆觀念的淪喪，及其自身價值的不永，「新而不久」正是現代文化的特徵，它顯示歷史已發展至自我侵蝕的地步；文明不進則退的本質使現代必然陷入自戀自噬的絕境中，因為文明要求進化而歷史造成變化，變化不即為進化，時間在則歷史存，然歷史無法永遠促進（支援）文明，或說時間畢竟不能改善一切，文明末世顯然是「窮則變、變而不通」的困局。

　　現代是歷史的末期，**現代之後並無另一新階段**，否則歷史便進入循環的狀態，於是可見「現代之後」一詞實不合理。現

---

9. 例如「志工」一詞有取代「義工」而流行之勢。

代的精神是古典主義，這不意謂現代只是古典的翻版或重複，
因為古典的永恆價值須經後世批判乃能確認，所以現代不是古
典的延伸而是文明的結論，它賦予古典絕對的意義與永垂不朽
的生命，雖然現代不可能永遠存在。現代是古典的發揚光大，
這使現代看似與古典大異其趣，同時凡人缺乏歷史意識又堅信
今勝於古，故多認為現代相對於古代，是人類累積知識經驗而
持續不斷進步的文明高峰（然則後代必將超越現代）；其實此見
必定錯誤，因為文明發展有其轉折，若歷史一路進化而無困頓
反省的階段，則人類將可臻於至善的境界，然完美不是改善所
致，原本的缺陷即是原罪而不可能消除，現代的好是由於記取
歷史教訓，不是解脫歷史包袱。正因為一般人難以接受或了解
原罪的問題，所以相信時代的進步是一種定律，這是一種「樂
觀的強迫症」，為變而變乃成為不得不然的現代政策，改革已是
信仰，保守乃是罪惡，於是現代文化確實淪入暫時性（短期性）
的循環（例如政治左右派的輪替），以維持不斷革新的意象。所
謂後現代主義是既反對又依賴現代的錯亂主張，它攻擊現代性
的缺失卻無法以新時代的標準取而代之，十足為現代文明的寄
生蟲，一方面啖噬傳統價值，另一方面卻深懼宿主的死亡。「後
現代」意謂「現代之後」而非「新時代」，後現代主義得以出現
其實是拜現代文化之賜，此即個人主義與自由主義價值觀的流
行，或者說後現代主義的生機實在於人類的原罪，因為現代文
化或傳統文明的缺失是「極限性的」，也就是「原罪性的」，後
現代主義的囂張誠為「勝之不武」，這是人類不肖份子的自取其
辱，毫無可喜之處。進一步言，所謂的「後」現代主義並無
「反」現代的立場，而僅有「非」現代的主張，其意是呈現文
明正統的流弊，絕無超越現代的力量。發覺錯誤與展示真理雖

無矛盾，卻是層次不同之事，後現代主義對傳統觀念的批判雖非一無是處，但絕不是創見，更不是「見山不是山」的思想進程，因為古典文明已有深刻的原罪感（自知之明），中古時代也有深入的自我反對省思（反人文主義）；後現代主義所以能盛行主要是由於現代的「寬容」精神，這是現代文化自覺不備之下的一個表現（卑亢俱現），亦即後現代主義是現代主義的產物，它是文明末世的表徵，因為只有當文明走到盡頭時才會出現異端與正統共存互容的怪象。

文明之道為真理，文明的型態或數量或許繁多，但文明的性質與精神乃為唯一，所以各國皆有其歷史，然文明的歷史（質）即是人類的歷史（量），二者實是同一「通史」。物質的層次不如精神，而人受物質限制，此在歷史初期尤然，因此文明發展自古便分頭進行而難以交流整合，這造成東西世界的分立，常使人誤以為文明不是單一。世上的文明圈以西歐與東亞對比性最大，其間漸次變化，差異不巨，此種二分現象與一般事物之情類似，令自然主義者頗覺道為兩極（二途）。早期文明各自獨力發展的情形同時呈現人性的優劣，蓋人類若為完美則不需散處四方營生以求突破，而人類若無本能天賦則不可能克服不同處境的困難，殊途同歸以建立精神一致的文化勝國，可見文明進化是人類共同的在世使命，其統一是遲早的事。不論如何，隨著文明的進展各地文明逐漸溝通混合，近代西方帝國主義的擴張更造就世界大同的形式，**東西對立的消融成為歷史後期的情狀**，文明的末世於此愈顯真實，因為這時東西文化在發展上皆已後繼無力，且對人類社會全面的危機均不能提供破解出路。大同世界是理想境地，而文明末世當然不是人類勝境，然若此時世界文明仍未成形，則末世之實也不能獲得證明，故

文明末世必是具有大同形制但缺乏通貫精神的文化世界，而這便是全球西化與大眾化的時代。全球西化不表示西方文明達於盛世——更遑論聖域——而僅能顯示東方文明陷於衰敗，因為文明始終是菁英（性）的創作，亦即上層文化，故文明的普遍化（流行）必然失其精華，而無法維持高義，事實上西化盛行之際正是大眾化興起之時，西化與大眾化的結合既使西方文明沈淪也使東方文明式微，於是東西對立的歷史形勢頓時消失，文明末世的世界性文化氛圍不得不為世俗化10。

　　世俗化必為庸俗化，因為高貴的取向是脫俗的，趨於現實無不庸俗，雖然凡夫可能無此自覺（卻仍不免粗鄙）。以後見之明看來，庸俗化實為歷史必然之勢，而這顯示菁英主義有其內在緊張性，或說文明具有自毀性。文明是人開化的歷程，然教化若有成則受教者必定增加，菁英數量一多，菁英主義的素質隨之惡化，因此上層文化難以維持高貴，此一發展事實上是先賢早已抱憂之事，但天命不可違背，而且教育大眾也是良心的要求，可見庸俗化其實是文明的原罪，用心良苦者只能延緩惡風興起的速度。原罪普及人性，菁英與凡夫的差異不是原罪之有無多少，而在於天資高下，然天性良知亦是人所共有，菁英之善不僅能力強且道德堅，其抱負總為淑世，而淑世有賴教育，教育的理想是啟蒙大眾，在「有教無類」的精神下乃有「因材施教」之策，如此菁英絕不自私，菁英主義是當仁不讓的立場，不是階級意識的主張。易言之，菁英主義是不理想的世界中追求理想所需要的氣度，其終極目標是所有人的開化，亦即菁英

10. 近代大眾化運動在現象上雖是源自西方而為西化的一部份，但就本質而言，大眾化其實是世界各地歷史發展的本來趨勢，所以西化與大眾化同時興起，其結果終究是大眾化的勝利優於西化。

與凡夫或君子與小人之別的泯除，這雖不可謂為菁英的自我消滅或自我犧牲，但原罪既使至善無可達成，在歷史過程中菁英主義者不是深受下層人民的敵視誤解，便是特權逐漸喪失而改良社會力不從心 11。菁英主義的政策可能為貴族制度，但這是過渡性或階段性的作法，不是菁英主義的永久定案，因為菁英是高材，菁英主義號召「有為者亦若是」，上達者即是君子，下達者即為小人，與菁英為敵者顯然是自甘墮落的人，故菁英主義理當是文明唯一的社會關係標準。然而菁英主義注定失敗，因為除卻人類共有的原罪，各人亦有其個別性原罪，教育終究無效，超凡入聖幾無可能，同時假冒菁英的偽君子無所不在，益使菁英制度弊端重重，平添階級仇恨，以致人權平等成為文明末世的最高社會原則。歷史的發展例從菁英主義走向民主化，蓋歷史因文字記載而流傳，而文明早期識字者皆屬菁英，其時統治者即使不是文化意義上的菁英，亦是政權法統上的菁英，而其賴以為治者且多是民間高士，故菁英主義實非人為而是自然的趨勢。自古以來開發與開化同時進展，然開發容易開化難，事繁則用人亦多，隨著政權擴張政權必定日漸開放，文化教育的發展亦然，興學成功則生員愈眾，其結果是躋身於士林者不斷增加，反而使上流趨於冗濫，終將造成全面的庸俗化。總之，菁英主義的推展必然導致菁英主義的衰落，這是文明歷史所無法解脫的宿命，因為菁英主義不能固守菁英本位而反對文化的普及，然人性的缺陷使此壯舉陷入「高不成低不就」的困境，而在眾人皆自以為開化時，「文人相輕」的問題最終只得以「多數決」一法解決，文明至此已無進步的可能，但多數人卻更形

---

11. 'It is man's peculiar duty to love even those who wrong him.' Marcus Aurelius, *Meditations*, bk. vii, 22.

樂觀，可見文明的末世是人類共識最強的時代。

　　曲高和寡是文明的平時危機，至文明末世時此事的嚴重性則不增反減，因為此時文化的高下差別已降至史上最小的程度，然而有識之士絕不因此更感寬心。事實上二十世紀被稱為「不確定的時代」(Age of Uncertainty)，此誠為末世的警訊，蓋不確定之感是出於求道態度而非生活經驗（求生的方向永無可疑），當真理變得不明時，這不僅是因知識的精進發生障礙，且因信道的精神逐漸衰頹，加上大眾勢力興盛，人心民情飄忽不定更影響文化取向，不確定一說竟成思想亂局中最為確定之論，這表示所謂不確定的時代其實是群眾任性而學者迷惘的世態。近代以前真理若非被信仰便是被提倡，因此世事的道理向來明確，此即「正統」(orthodoxy)，如今政治民主化而學術庸俗化，愚民政策不再而人民自愚，大眾反叛真理卻不自知，學者推翻真理竟引以為喜，所以凡事不能確定，這固然呈現文明探索的困頓，但今人的自信反而可能更勝於古時，因為他們更覺「人為命運的主宰」。二十世紀末期以來「不確定的時代」一說已不流行，二十一世紀初的世界似乎又有進步的樂觀，這其實只是文明末世到來的進一步證明，因為無限進步的觀念本是錯誤的思想，進步觀深受質疑批判之後又再次盛行，這是更大的錯誤，其更正且更無希望（無知者將以為此乃「見山又是山」的結論），何況此種樂觀兼具知性與感性（不確定之說主要是知識而非感情），謬誤已極。人與其所處的世界均有原罪性的缺陷，因此樂觀與真相違背，無論如何樂觀不可能為正確之見，常人多以樂觀為是而以悲觀為非，這也可說是人具原罪的間接證據，因為不願或不能面對原罪正是原罪之一項。至此，文明末世的人心趨於普遍樂觀，這確是理所當然之事，蓋人若猶有自我反

對的省思，文明即有繼續提升的動力，當人大都自以為是時，極限的出現便近在眼前，而人對此毫無察覺則更加證明其氣數已盡。總之，文明的末世雖是人類共識最強的時代，卻也是人最感不確定的時代，而不確定的時代必是文明的末世，因為文明是為真理而生，它起於困惑終於解惑，當其陷入疑惑之後又隨即以無惑自滿，這確實是無可救藥的病容，此時人若以「死得痛快」為可貴，這更是病態的鬥志，可悲又可恨。

第三章

歷史的終結

既傳真又失實的歷史櫥窗：
龐貝古城觀光

第三章　歷史的終結

第一節　歷史的情理與虛實

　　歷史是以人為本位的事蹟記錄，人非上帝則為有限的生命，其認知自然也不完備，因而可知無所謂「完整的歷史」。理論上天地間自有人類即有歷史，然有人不即有文字，有理性不立有知識，故人類出現之後未即產生歷史，畢竟有故事而無解釋則故事不易流傳並且缺乏價值。四萬年前便有現代人，但文明的歷史僅有六千年，這不僅是因文字的發明遲緩，亦因史學的觀念晚出，蓋人無法從事於無意義或無意識的工作，記錄人事必需有理，此非初民即有的能力或見識，所以人類歷史的「空白」所在多有。歷史與歷史學同出（history 一詞兼有此二義），史學的觀念不存則人無記載史事之想，歷史的實質出現時人類降世已久，至此遠古之事忽略與遺忘者已甚多，尤其關於「事情是如何開始」更無所悉，所以歷史學產生之初缺陷便已極大。人既不能知始則亦不能知終，歷史或歷史學的結束與其開端一樣絕不完善（遑論完美），因人一旦滅絕，史事與史學同時消失，而人類尚在則歷史仍在發展之中，此時人不能有「蓋棺論定」的後見之明以為已結案，所以歷史學永無大功告成之日。在所有的學科中，唯有歷史學的知識能與時俱進而歷久彌新，毫無多餘與枉費之處，但求知若為有益，則經歷愈多認識愈深，因此歷史後期的歷史學觀念自當勝於前期，這表示歷史記述在歷史中疏漏必多，而後人無從加以補救，這是歷史學的原罪。

　　總之，歷史是人摸索真相的過程，人若須求道則不可能為完美，而完美不是改良所致，故求道不可能得道，這是人原本的缺陷以及真理的超越性共同造成，完整的歷史無法產生實為自然之事。歷史遲遲出現，草草開始，頻頻失誤，茫茫不知所終，文明的末世不是歷史的終結，歷史的終結不是時間的終止，末世的歷史學只有回顧反省的任務而無前瞻預測的用處，因為進步的極限到來時人應當尋求自知而非想像運勢。

　　有歷史事實卻無歷史紀錄，這形同沒有歷史，有歷史紀錄卻無正確觀點，這等於湮滅事實，人類歷史因此二問題而難以呈現真相，鑒往知來之說實不能深信。人所不知未必為不存，但以現實效用而言不知有如不存，所以歷史雖與時光同在，然人皆以歷史紀錄出現之前為「史前」(prehistoric)，於是「歷史出現之際」難免渾沌不明，因為當時人們既不知往者為何亦不知史學何用。歷史不僅是事情而且是事理，事理須經人心思索乃得，所以歷史實與文明同生同滅，而文明的滅亡為世界末日，因此有「史前」而無「史後」，人顯然永遠無法徹底自我了解。問學求道的知識寶庫是歷史，但史料所載僅是史實的一小部分，且作史者皆非得道者，其所記自然失真，故曰「盡信書不如無書」。歷史是人求道的主要資源，而歷史資料又是出自於人，人具原罪而不能全然自信，所以歷史可能誤導也可能使人悟道，其關鍵總在「究天人之際」的深淺。如此，以形式標準而言歷史可能是有始有終，然以精神意涵而論歷史其實是無始無終，歷史所以有其終結之時，正因歷史所示的道理有其極限，而此極限一方面存在於史學的知性缺失，另一方面出現於人類進步的困境，於是可知當歷史普遍不為人所重時，即是文明的末世。爭議歷史無有終結者，若非忽視歷史之人便為治史淺薄之輩，

他們將歷史視同時光而不見神意在其中的展現，殊不知真正的歷史乃是文明的歷史，文明是進化的表現，進化若為有限則歷史不能為無限，否則歷史只是時間延續的現象，而非生命發展的軌跡。

發生過的事是史事，經人認定的事是史實，史實不同於史事，因為史事可能缺乏紀錄而永不得成為史實，且人認知史事的觀點不同以致史實紛紜，這表示歷史與歷史學不可分離但也無法合一。現象不是事實、事實不是真理，不知此義者常將歷史與歷史學混為一談，此輩以為歷史永遠存在，卻不覺歷史重要，因為歷史知識在其心中不過是事實的判定。歷史遭人忽視實與治史者小看歷史關係密切，蓋歷史若僅為事實的研究，則歷史乃是簡易之學，凡人不需智慧皆可從事，畢竟歷史主要是人事，而人事的解釋者為人，不論其見高下如何，人皆自以為是，旁人且不得斥為無效之議，因為人人皆有權力與能力自我表達，而這確實反映著某種關於人性的事實1。自覺無法了解人事者極少，理論上這不是天才便是愚者，然愚者不可能有此自覺，故自歎不解人事者實是不凡之人，而這其實是因其企圖以真理解釋人事（不以知曉事實為滿）而深恨天人不一之情。歷史若只是事件，則歷史的連續性必受輕忽，歷史若為事件的解釋，則歷史發展的脈絡便成重要的問題，而歷史學的價值實在於以時間觀呈現事情的真義，所以漠視演進之道的歷史研究其實是選擇性的懷舊行為。歷史與歷史學不可分離是因解釋事

---

1. 'Know then thyself, presume not God to scan, / The proper study of mankind is man.' Alexander Pope, *An Essay on Man*, Epistle ii (1733), 1.1. 'The true science and study of man is man.' Pierre Charron, *De la Sagesse* (1601), bk. I, ch. 1.

實（歷史學）不能罔顧事實的背景（歷史），而此二者又無法合一乃因真理超越事實而不相等，所謂歷史並非完美，這是由於不經解釋的歷史僅為粗陋的事蹟，而經解釋的歷史又受限於人的心智，可見歷史真相不是終極真相，以歷史為依歸的知識是人的自白而已，雖然不能知人確是不能知天。

　　時間與空間是人的意識環境，人無法具有脫離時空性的知識，然理性有其限制，人能確知真理具有超越性，亦即不受時空限制，如此時空的存在當是上帝啟示吾人此義的設計，若人可能知道真理真相，「居時」亦當不能發現關於時空不可理解的秘密，因為既然超越性是超越理性或時空，則時空不論是有限或無限均為不合理的問題，終究不能以理性或時空條件加以了解（化解）。這表示「人的理性有其極限」並非意味有更為高強的理性能力存在，而是理性本身能力有限──理性也是原罪或也有原罪──它不能致知一切或通達真理真相，所以時空的不合理性與理性的不完美性是一致之事，超脫時空並不能破解時空之謎。歷史是時空的產物，時空不是真相世界的元素，歷史當然也不能成為得道的（唯一）憑藉。時間既不是永恆也不是有始有終或無始無終，對人而言時間其實是「一段時間」，在此之中時間乃有始終先後之別，欲絕對論辨時間必使人深感錯亂無能，亦即陷入相對之局，所以實際上時間是有限的，於是可知主張無窮的歷史其實反對歷史。人不知時間之始正如人不知歷史之始，人不知時間之終正如人不知歷史之終，以理論探討歷史的始終將如討論時間問題一樣無法斷定答案，所以歷史只能就「事實」而論，不能以終極真相定義之，這使歷史顯得「無始有終」，因為常識之見是「凡事均有極限」，何況世事若無終了，人將放縱無度或受苦無盡，這根本不是人所能承受，何以

為生。常人較能想像或接受時間的結束，至於時間的開始則不可思議，所以「世界末日」(the end of the world) 之說常見且頗具影響力，宇宙創造之說卻是神話充斥而在意者少，可見文明末世的觀念符合良知所趨。歷史是人反省之資，可以勸善可以求知，若歷史為無窮，人對歷史的重視必將減少，因為因果報應與真相大白的期望於此皆將消失，歷史的價值自然大降，這是「歷史終結」理當存在的道德性輔證，也是歷史循環觀為錯誤的旁證。歷史直線發展觀雖為正確，但演進若是無限，先期的進化在對比後期的盛況之下皆變成野蠻低劣，這顯然不合情理 (古代文化亦有先進高明之處)，而且將使人努力上進之心怠惰，反致進步遲滯，可知極限的存在是進化的前提與動力，歷史沒有結束則歷史並不可貴 (正如長生不死使生命的意義與價值不增反減)。

　　即使一般人並不認為文明有其止境，但進步未必是人所能消受，人慾的物質性使享受不能為無限，健康的需求與物質生活發達的流弊造成進步「供過於求」，反璞歸真或維持現狀的期望在歷史終結的時期竄出，於是永恆感喪失，「活在當下」的說法興起，未來雖非無望，卻不是信仰所在，「及時行樂」的想法實為悲觀的態度，這是凡人間接表達的末世感。永恆性與永恆不同，永恆是真實的存有 (being)，永恆性僅是真實存有的擬態，人對永恆的期望證明永恆不存在於世間，其於永恆的感想即是永恆性，所以歷史不是永恆，文明的精神是永恆性，歷史儘管從未有結束的徵兆，文明發展的困頓卻顯示歷史存在的必要性遞減，永恆感的喪失確實反映人類在世任務的完了。時間對人而言是恆常的現象，其起始與終了皆不合於吾人的時間感，然人一出世即處於時間之中，而時間既是現實世界的因素，現

實世界不永，故時間亦當不是永恆（時間與永恆實為相互衝突的觀點），因而常人的宇宙觀傾向「無始有終」而非「有始無終」。永恆超越時間而無時間性限制，生命是一段時光，所以生命得力於時間亦受制於時間，而靈魂必然感覺時間是一種限制，因為靈魂企求永恆。歷史可謂是人類的生命，文明則為人類靈魂的奮鬥，當人已盡力而無法更加上達時，歷史形式上仍得延續，但文明的使命已經完畢，此時凡人的永恆感逐漸消退，時間感則強化，生命享受成為當令的人生觀，所以宗教信仰式微，而「時間就是金錢」的說法舉世流行。「有始無終」一說是道德性批判而非形上學觀點，此說等於「為德不卒」，不是「永垂不朽」，歷史的終結是因文明停止，這是人力有限的結果，不是存心不良所致，所以「有始無終」絕非文明歷史之情狀，反之，「無始有終」才是其命運。永恆是必要的，必要的方為永恆，歷史本非必要，其必要性且因進步（必然）終止而減少，故歷史必非永恆；至於歷史究竟如何終結，這是超越性問題，不可理解，常人以時間永無結束認定歷史無有盡頭，其實卻是自身永恆感的喪失，因為「無價值的存有」根本是不可能的事，這是苟且偷生者的自慰琦想。

　　時間觀與時間感不同，時間觀是人對時間的知識，時間感則是人在時間中的警覺，前者必須符合真相，後者是個人性感受，雖然理想上二者應當合一2。在人的感受而言，空間應為有限而時間當為無限，但時間實與空間關連（空間的延展需要時間），故時間不能無限，然則時間觀可為無限，但時間感卻可

---

2. 'What then is time? If no one asks me, I know what it is. If I wish to explain it to him who asks, I do not know.' Augustine of Hippo, *Confessions* (c.400), xi, 14.

以停止。簡言之，常人總以時間感建立時間觀，也就是以人性認定天理，這使時間又似無限又似有限，彷彿人相信時間為無限卻不以為意，所以心死則時滅，時間終究是有限。歷史以人為主角，但歷史的時間不是人所造，人若消滅而世界仍在則時間猶存而歷史已亡，然無人的世界不為人所知，有如不在，時間亦以不存，故歷史實與時間同壽，而人若無心則萬事化為烏有，所謂歷史的終結即是此況，不是人類遭受外力滅絕之變。精神高於物質，所以唯物論必為錯誤，但一切出於上帝，人心亦然，所以唯心論也非正確，雖然它確較唯物論接近真理。唯物論是自相矛盾之說，因為唯物論本身即是一種心思，它若不受物質條件制約則唯物論便不真實，它若受物質條件制約則唯物論無從由人探討倡議，何況此舉推翻人為萬物之靈的地位，誠為唯物論者的自我否定。唯物論是人自甘墮落的想法，相對於此唯心論是上進之議，其忽略超越性真相（即所謂「客觀的外在存有」）乃是上達而未能得道之前的看法，此誤是境界不足而非方向不正，不必苛責。心物兼備方為完美，但世間既不完美，輕重緩急的選擇乃為要務，文明發展無法求全，有所犧牲方能有所成就，歷史的末期理應是文明的最佳狀況，但因進步不能無限而凡夫終不可教，所以文明的末世是盛極而衰（不進則退）的窘境，此時俗心所主是物質重於精神。**歷史終結之說必奠基於唯心論**，這是原罪問題所致，不能以唯心論終非真理而反對之，因為「哀莫大於心死」，心靈沈淪而肉體舒適不足為喜，行屍走肉不可稱道，文明的末世是唯物主義興盛的時代，其拒絕末世論之情實甚自然，卻只有更加證明末世已至。

第二節　人類探索的極限

　　歷史因時間而出，時間造成改變，改變是為進步，所以歷史是文明的進程，歷史若非文明史則歷史既無價值也無存在的意義。然進步是求改善，改善之前必有缺失，改善之後猶有缺陷，缺點的存在是善惡好壞出現的緣故 3，文明因此只能提升而無法突破（原罪），文明的極限導致歷史的終結，這不造成時間的結束，只因文明是人類的事業而時間是上帝的設計。文明是求道之舉，求道之實在於求知，求知應求全知，但因全知為神獨有，故實際上求知只圖大智而不為全知，於是終極關懷 (ultimate concern) 成為文明的心思。正如完美不是改良所致，全知不是求知的結果，「好奇」可能是壞事即因人有時需以「有所不知」為滿，所以「節制」是一種節操而「保守」是虔誠的態度。求知的動力來自有所知又有所不知，若全知存在於世間則人無法維持求知的努力，人類的探索所以有其極限根本是因人不可全知，知識浩瀚以致個人不能盡學實非真正的問題，雖然以「量」而言知識之難以掌握已令人不可能全知（質）。求道

---

3. 在現實中有缺點即有優點、有優點即有缺點，若說「優點的存在是善惡好壞出現的緣故」亦無不可，然而優點與缺點共存乃為（仍是）不完美，亦即屬於缺點，所以此說不如「缺點的存在是善惡好壞出現的緣故」。以唯一真理而論，惡是善的不足，壞是不夠好，故可謂惡出於善，壞出於好，然此事一旦形成（理化為實），善惡好壞同時存在，樂觀者說「有缺點即有優點」，悲觀者稱「有優點即有缺點」，其理實為相同，但心情頗為不同；若吾人「面對現實」承認世間原罪，則應接受「缺點的存在是善惡好壞出現的緣故」，同時力求完美而不主張缺點的存在為必要（擁護現狀），如此方可超凡入聖，破除事情二分相對之迷。

即是求知，求知可能「量變造成質變」，但得道卻絕不可能如此，因為超越性是無論如何無法超越的，文明歷史不乏重大的知識發現，這使人誤以為依此真相可能有大白之一日，可見歷史含有誤導性。有誤必然有限，歷史有限因為文明有誤，歷史的終結是文明的極限，然文明的極限呈現人類所能擁有的最高知識，而大智必知「何為不可知」，於是極限即為極致，歷史的終結理應是成功而非失敗，但因無知者不信文明有其極限，以致末世成為樂觀積極卻徒勞無功的持久競場。

　　進步即是改善，而改善所以可能必因有待改善者既有缺失又有優點，此即兼具原罪與原善，否則不僅改善之事無法發生，甚且改善之想無從出現。如此，文明的進步一方面是創造新猷，另一方面是發揚固有，前者是克服缺陷，後者是善用潛能 4，雖然二者必相互作用而同時進行。一般所謂進步較適用於物質文明方面（尤其是民生科技），事涉精神文明者（例如道德與美感）較不宜以進步看待之，因為精神層次的提升是本性良知的發揮，非憑外在條件促成，不能就形式標準判定，其意向（意象）可謂「反璞歸真」，此與進步的型態未必契合；但若概括人類社會所有改善而稱之為進步，這雖不精確也不算是扭曲，而此一概稱之不符真理至道實亦是原罪之一，無法改正（這也是文明不能止於至善的證據）。既然進步有創新與固本二途，進步的取向並非唯一，這使進步不能無限，因為在現實世界中心物無法永遠兼得並進（一時確為可能）5，精神與物質的價值終

---

4. 'There is nothing that God has judged good for us that He has not given us the means to accomplish, both in the natural and the moral world.' Attributed to Edmund Burke. Reported in J. H. Gilbert, *Dictionary of Burning Words of Brilliant Writers* (1895), p. 261.

須有所取捨，否則必將兩失。在文明末世出現之前，歷史的常態是物質文明與精神文明互長共進，於此心支配物而物支持心，無心則物棄，物衰則心貧，所以工業革命 (the Industrial Revolution) 出於知識探索 (the Scientific/Intellectual Revolution)，而民主改革 (democratization) 有賴經濟發展 (industrialization)，偏執心物之一乃無力進步。然文明進化終究有限，當求生與求道不能兩得時，文明發展已極高超，此時若人不以物質成全精神則文明不能更加長進，而二者衝突必致文明衰落，事實上這即是現代歷史的困境。文明歷史兼有精神與物質的成就，然人所以為萬物之靈是因其心神理智而非體格物力，並且精神高於物質，文明發展是以心役物，以心就物是沈淪墮落，以物逐心則絕無其事，所以文明是精神大業，不是物質活動或自然現象，於是可見「經濟掛帥」或「科技掛帥」的時代必是文明的末世，而大眾社會也必為歷史終結的環境，因為「君子喻於義，小人喻於利」，文明畢竟無法造就好人多於壞人的世界。

　　歷史發展一向是漸進而緩慢，然至歷史末期巨變（遽變）叢出，從現象上而言文明進步似乎方興未艾，前景大好，然就內涵思之可見文明已面臨窮途末路，欲振乏力，蓋史上文明進化不速乃因求生問題嚴重，古人心力大量集中於斯而無暇他顧，物質開發的艱辛使高深的知識與技術需於長時累積之後才得發現，高瞻遠矚是「行有餘力則以學文」的精神事業，生存經驗的傳承則為凡人務實的全面責任（故無「代溝」問題），益增古代文化的保守性，安全與守舊顯然隨時合作共謀。文明進展雖

5. 'The most hateful torment for men is to have knowledge of everything but power over nothing.' Herodotus, *Histories*, bk. ix, ch. 16.

不是先養身而後治心（二者實為並進），但營生之困難使世人大都投身於經濟實業，於是求知成為餘事，物質文明的進步反而因此遲緩，畢竟科技的發展有賴學術的發達（精神文明本是物質文明的動力）。一般所謂的史上重大發明均屬物質開發之功，為利用厚生之事，因其深受人們感佩，故發明者多聲名遠揚，人所共知；然至近代許多實用而盛行的科技產物，其發明者竟不為人所悉，此因造就此事的知識技能與物質條件龐雜，常非一人一時所完成，故受惠者無從歸功。此事顯示文明歷史積累愈久，人類所握有的創發能力與突破要素愈豐，所以新制度與新事物的興起成為現代世界的常態，「革命」的流行已使其漸失革命性，「推陳出新」的缺乏或延遲卻令人不時擔心。其實關於「真善美」的義理古人已多有發明而思想先進，史上的重大變遷主要是影響一般人生活方式的事情，於此政治與科技的改造構成最大的社會變局，而精神觀念的改變相形之下乃不劇烈或非進步，因為物理的掌握需要大量的經驗學習，天理的了解則憑良心理性的反省，而前者的成功方式是不斷超越舊知，後者的進展方法則是一再肯定權威（「見山是山」），所以歷史的巨變愈到近代愈繁，但文明的進化卻是一路提升而突然在現代遽降，雖然真理真相的探索於此確實更有可為（結局展示全局）。總之，現代是文明末世的開端，歷史性的巨變自此大興又隨後消滅，畢竟人世並非無限，進步可能使其「完美化」卻不可能使其完美，而人性「習以為常」的本質且令巨變難以忍受，何況長期的巨變將使人不以巨變為巨大之變（見怪不怪則無怪矣），以致巨變不再（不在）。

　　理性是人求知的主要憑藉，人非完美的生命，理性亦非無瑕的工具，所以理性僅得為「主要的」而非「唯一的」致知憑

據，並且以理斷事不能一定立決，而須反覆確認。求知既需反
省或再度肯定乃能決疑，問學必然耗時而不可速得，因此時間
愈長愈有利於知識的增長或深入，這顯示歷史對於求道具有重
大的價值，雖然針對同一問題的答案考量次數太多未必有益，
而且不論如何深思熟慮的知識觀點均無法臻於真相真理。理性
是理解的方式或推理的方法，不是知識的本身，然理性的推論
可包含或利用先前已經理性確認的知識，亦即以確定無疑的觀
點為進一步推理的素材，所以理性主義頗需藉助於經驗（不是
經驗主義），這使智者常為長者，而文明進化必定需時長久。理
性有其缺陷，知識因此不免失誤，盡心求知一方面是要治學有
恆，另一方面是要批判所學，然正因理性知識必有其障礙，故
批判之事不可重複過多，因為此舉可能導致「兜圈子」的思考
（正反循環不止）而無法確定認知，何況人有實行之急。真理
並非二元，對錯好壞的判定常在正反二方之中抉擇，因人的理
智不是完善，故思考須經確認方為盡力且為可靠，若吾人先主
是後主非或者先主非後主是，皆應以後者為定案，否則批判反
省的意義與效用俱失，淪入三思之時實為放棄前舉而重新思考，
這便是猶豫不決，其實是自我推翻，故曰「再斯可矣」。如此，
發現真相的過程必經「見山是山、見山不是山、見山是山」三
階段，此非三思之謂而是再思，蓋是非正反僅有其一符合真理，
「見山不是山」意謂檢討或疑慮，其後必需確認乃為得道，不
然則流於迷惘，或者止於「見山是山」的初識淺聞，可見知識
是對真理的了解，了解有深淺，知識便有高下，層次太低實在
稱不上知識。若人已經反省而達到確定之見，此種定見未必即
是高見，但其求知努力已達極限，亦即所見已為其人之極致，
所以求知求道實為有限而非無窮，文明歷史有其止境乃是必然。

不論見識高低，人對真理的認知僅得於是與非（或正與反）二者之間判斷，這使文明的議題在史上皆已經歷「見山是山」第三階段的二度確認之後，便達到無可再議的地步6，於是人類的求道之旅將近結束，末世從此出現，此時若人執意再究，這其實是「重新開始」的沈迷行為，既無意義也無可能，因為時間唯有一去不回。以人類的宇宙觀為例，「地球中心說」是古代流行之論（「見山是山」的初想），其後「太陽中心說」取而代之獲得接納，如今此說亦受科學否定（「見山不是山」的反念），此時若欲堅持宇宙有其中心之想，則物質標準絕不適用，精神原則需為新猷，於是可知「地球中心說」方為正當（「見山是山」的定識），因為人為萬物之靈，這是上帝的設計，人可（須）當仁不讓。

文明的開始是為克服求生問題，這雖是層次不高的事，但卻足以使文明發展富有動力而具有方向，所以文明不是出於精神理想，其終極目的本不清楚，或說文明的興起是由於人的缺陷而非優勢，然而改善缺點即是發揚優點，文明的目的隨著歷史進化必定愈來愈顯現，至少此一問題逐漸受人重視，將使文明的目的性成為文明的標準。正如人活著不是因為知道生命的意義，而是為了知道生命的意義，人生的價值與為人的自覺共生，文明的目的乃隨社會目標的實現而浮現或成為重要課題，

---

6. 'Thus, then, stands the case. It is good that authors should be remunerated; and the least exceptionable way of remunerating them is by a monopoly. Yet monopoly is an evil. For the sake of the good we must submit to the evil; but the evil ought not to last a day longer than is necessary for the purpose of securing the good.' T. B. Macaulay, Speech on the Copyright Bill, 5 Feb. 1841.

這表示原罪的存在是為促成善業,困境的出現是為挑戰與磨練,歷史是上帝的人間計畫,文明發展早已注定,所以初民的努力是「知其然而不知其所以然」(不知不覺有所作為),相對於此今人的作為應當是「知其不可而為之」(先知先覺聽天由命)。文明是人自求生出發轉而求道(缺點銜接優點)的歷史,文明的目的起先不明,其後漸形顯要,最終仍無法確定,因為真理具有超越性,求道不能得道,何況歷史是神的安排,不是人的創作,上帝猶在真理之上,真理已不可確知,神意更不可了解,文明的目的畢竟不能肯定,唯有文明的目的性因人探索而日漸昭彰。歷史初期人類忙於求生,歷史盛期求道價值備受尊崇,歷史晚期真理信仰衰微,物質文明凌駕精神文明之上而成為末世的精神文明觀點,此時凡人沈溺於生活享受,求生不是問題卻是首要價值,由此可知文明的目的性在歷史求道期日就月將,而在歷史末期漸漸消失,卻以「反璞歸真」或「見山是山」的終極之姿演出,這是粉飾太平的表現,誠為末世性十足的氛圍。高貴不及偉大,但偉大並無高貴之實,高貴是文明的精神,偉大是上帝的屬性,所以高貴者必有原罪,偉大者不需展現高貴;目的與目的性的關係有如偉大與高貴的差別,文明的目的是偉大,文明的目的性是接近偉大,接近偉大並非偉大但甚為高貴,然則文明的目的性不彰文明必然蕭條。文明起於求生,成於求道,亡於以求生為求道,當史上的傳說與神話遭人唾棄時,探索的時代大約也已逝去,因為文明一開始的蒙昧是必然之情,而承先啟後是進化之道,好奇與求知同時並進,若人以已知取代無知而排斥不可知,求知將強化偏見而愈為無知,求道之風的式微是文明末世的徵兆,這不僅由文明的定義可知(文明是求道表現),也由求生的危機可見,畢竟求生需以求知為力,而

求知畢竟是求道。

第三節　歷史結論與終極真相

歷史是時間的產物，時間愈長久歷史愈豐富，由是歷史的價值乃與時俱增，絕無「過時」之虞，事實上世上沒有任一學科如歷史一般能「自我壯大」與「自我發現」，因為歷史的生命是靠累積與反省而成長。歷史既是過去發生的事，也是對於往事的解釋，因為人是思考的靈魂，其感官經驗必由理性良知加以領會而化為知識性觀念，所以「發生過的事」其實皆是人對「發生過的事的認知」，不是未經人心察覺的獨立或外在事件，否則人既不知情，何來所謂的往事。由此可見歷史發展一方面是事件的衍生，另一方面是人對事件觀感的傳遞，二者互動乃形成「史事」，其承啟延續乃構成歷史脈絡。簡言之，人與事不可二分，人事以人為主，但事由人為，事情乃因人心而出現，嚴格將歷史與歷史學區別實為學究式的錯誤。如此，歷史學出現時並非歷史初起之時，此因凡人缺乏深思，總以為「工欲善其事必先利其器」，似乎史事資料累積不豐之前史學研究無從進行，其實有多少事便有多少理，事理且是事情造成的因素（互為因果），後見之明並非事後之理，智者治史是為求道，既有先見之明也持探索之心，因此「通古今之變」的史觀乃出於歷史早期（古）而非歷史晚期（今）。雖然，通古今之變的可能顯然是今勝於古，古代偉大的史學家皆有此志卻缺乏姻緣條件，現代的史學專家富有通貫古今的知識助力卻幾無此種想法，這是史學的末世跡象，所以發現此事者當然可以振聾發聵而稱「捨我其誰」。研究歷史需有超越時空的知識觀點，然歷史是人間的

事，人世演變愈久歷史材料愈多，「巧婦難為無米之炊」，史學中的後人當然較前輩更具優勢，也更具揭示歷史真相的責任，後見之明既是歷史學的慧根，文明末世的學者不應懷憂喪志，而應積極為歷史結論，因為此事在從前難以進行，在以後則無進行的機會（醉生夢死日久將使記憶亡失）。總之，**歷史的終結是通古今之變的時候**，文明的末世是文明意義展現的關頭，然真相有待求知者發覺而非自然流露，永恆的價值對於求道者才顯重要而非雨露均霑，生命需以求死的精神思考乃能奮發，時光本質上有限而事實上無窮，文明歷史的結束可以接近真理，因為人不是物質而已，而超越物質便有真正的希望。

　　歷史是時間之學，時間愈長歷史知識愈豐，所以歷史的重要性理當在晚期時勝於早期，然而此事有似「前人種樹後人乘涼」，若古人無此體認而疏於紀錄則歷史價值的提升將極緩慢，故史學的奠基是歷史的大事。文字的發明是文明初期的偉業，隨後歷史的記載與編纂立即產生，歷史意識顯然萌發甚早且於古時已極濃烈，此因古代的識字者盡為人中菁英，其重視歷史乃是知識份子的自覺表現，這表示文明的創作者「上友古人」而彼此認同，並富有繼往開來的使命感。如此，歷史意識在史上一向與時俱增，人類的記憶日見豐盈，即使上帝信仰與宗教情緒可能使人忽略世事的重要性，歷史的成長未曾停止，因為時間必然造成改變，而出世的態度也是一種處世態度，凡此皆為史事而非例外，可見世上絕無任何「反歷史」之事。史學在近代並未沒落，但已非顯學，畢竟學術發展本將造成「百家爭鳴」之勢，各式學問的興起當然使史學不得一枝獨秀，然而歷史包含一切發生過的事，「專業化的史學」也可以其他學科為研究對象，所以不論時代如何變化史學絕無消滅之虞，或者歷史

在史學式微之時仍得持續「成熟」，絕不停滯。雖然，歷史意識在現代確為薄弱，它若不是大不如前也是誤入歧途，在求道觀念消沈而物質開發昌盛的情形下，科學凌駕人文，前瞻重於回顧，於是歷史只成為進步的踏腳石，過後即失其價值，人們只有在前進腳步躓頓之際方有反省，陳舊的記憶可能被指為負擔，所幸歷史尚未被視作絆腳石。現代大眾大約識字，但一知半解為害甚於不知，今人缺乏歷史意識乃因自以為是，殊不知歷史是人自我了解的主要憑藉，歷史在歷史最富於價值時竟最受忽視，這確是人類的不幸，不幸者猶無警覺，豈能稱慶。總之，歷史的末期是文明的末世，當此之時歷史的學術地位為史上最低落者，歷史的知識價值卻是史上最巨大者，而凡人自認處於歷史最進步的時代，其見對錯參半、混淆迷亂，更增歷史的神秘性（例如神為何使人不信神），這顯示「末世的自覺」在末世雖絕不流行但也絕非不存，因為歷史使人自覺，歷史亂世使人糊塗也使人機警（這不僅是多數人與少數人之別，亦是人性與天性之異）。

　　歷史觀點是基於時間感所建立的知識，時間造成先後之別，先後之別乃為相對而非絕對，故時間實為無始無終，所謂最初或最末僅於特定的時間中為言（方才有效），非指時間的開始與結束之「一刻」。如此，歷史知識其實受限於時間──雖然它亦受惠於時間的啟示──或說歷史觀點的有效性皆是暫時的（短暫的），然而此種限制與其說是史學的缺陷，毋寧說是人類的原罪，誠如「水能載舟亦能覆舟」，時間限制人的知識，卻也促進人的知識，巧妙的是時間愈長愈使人的知識可以解脫時間的限制而接近真相，所謂「終極」須拜長久時間之賜乃見。人雖受限於時間，但皆對此有所警覺，所以人都有超越時間的期望，

「永恆」的觀念即是其想，同時知識的增長需要時間，這又使人覺知「等候」不是浪費時間，而是善用時間的一個方法，尤其在理性已無能力推斷時，「時間可使真相大白」的信念確是唯一有理的求知精神。鑒往不能知來，然若有知來之事，此非憑藉鑒往實無可能，歷史是一切發生的事，而一切發生的事包括歷史研究，所以歷史學是一門能自我省察的科目（如「史學史」），可見研究歷史若不能鑒往知來，則研究科學或其他學科更無此希望。人對其出生之時皆無記憶，但臨死之時皆有深感，這是時間對知識的重大貢獻（沒有時間便沒有知識），歷史對文明初起之情語焉不詳，然於文明的終極目標提示甚多，「最初」的意義對人而言顯然遠不及「**最後**」的意義；而「**最後**」的感受在盛期一過當即出現，正如人自中年之後便易有死亡的聯想，文明的末世或許不為常人所信，但歷史的大部分時期或主要階段已過，這是不易否認的事實，因為當今人自認為處於文明盛世時，便不得不承認上古發展至此歷時已久，否則何來現代「突飛猛進」的條件。關於時間的秘密，「最初」可能勝於「最後」，然關於時間的價值，「最後」必定優於「最初」，人早已注定不能知道「最初」的秘密，但猶有機會了解「最後」的價值，歷史拙於呈現最初之景，而精於展現最後之義，其求道功用於此已不言而喻。「最初」的前因是上帝，「最後」的由來是前事，上帝不可知而前事易曉，並且「前事不忘後事之師」，真理具有超越性但也關連世事，在人被迫聽天由命之前仍大有可為；而「極限」的啟發性極高，超越極限自無可能，然面臨極限所獲必豐，歷史的末期不是歷史最為衰落之時，文明的末世是文明進步的困境而非文明低劣的情形，「最後」的感覺絕非麻木，反而是靈敏深邃，這是人類最終的生命力。歷史知識是後見之明

（雖然世上絕無先見之明的學術），所以歷史知識的最大成就是揭曉「最後」的意義，而這是歷史最後時期才有的最高意見(the final say)。

上帝是宇宙主宰，歷史是上帝的人間計畫，神意啟示盡在歷史之中，若有歷史以外的事，人亦不得而曉，故歷史知識雖為有限，這已是人探索真理的全部資源。不可知者非人所須知，盡知可知者即是大智，人應治史以求道，不可棄學而冥想，就自我啟蒙而言，文明的成果足以致用，所以**真相雖未大白但已可令人覺悟**。歷史若是「發生過的事」，則歷史似將延續不絕，因為時間「無法」結束，事情隨之生生不息；歷史若是「往事的解釋」，則歷史已逼近終點，因為理性知識有其極限，解釋的層次不可能無限提升。當「見山是山」的看法已由初識臻於定見時，認知的極限或極致出現便再無進一步學習的可能或必要，於是事情繼續演變的意義幾乎不存，雖然此後經驗的累積仍可增加人對其原有觀念的肯定感。因原罪之故，人的求道之旅既是無止境（精神上）卻又不能無止境（實行上），蓋人無法全知，所以「止於至善」是無窮的事業，但當知識極限一出，「不知為不知」，求知的實質至此停頓，於是求道轉為修行，俟死而已。由此可見，歷史不可能重演，這不僅是因上帝不會徒勞無功，無須重複其創作，而且是因人無法突破原罪，不能以反覆學習得道。理論上時間愈多致知愈深，歷史永久發展則人類求道的成績可不斷精進，然時間不是永恆，歷史不可能不絕，並且人的資質有限，終有「困而學之亦無用」的一天，何況各人條件優劣不同，大多數人其實注定永遠不識求道之事，在智者發覺人類求道的極限到來時——他自當同時展現人類求道的極致成果——「歷史作為文明進程」的功用即將告終。愚者可向

智者學習，所以文明末世來臨時人類仍有長進的餘地，但愚者所以為愚者便是因其終究不能了解與效法智者，所以文明末世的「社會性進步」價值不高；然真誠的求道者必「見賢思齊」而義無反顧，若「站在巨人肩膀上」也無法看得更高更遠，至少這也是高貴又安全，撫今思昔豈有更為「茫然不知所之」的危險。

第四章 末世論與進步觀

「消極的樂觀」或「悲觀的積極」：
印度的祈福群眾

第四章　末世論與進步觀

第一節　末日感受與永生期望

悲觀是人的本性，所以「樂天派」是罕見的特例，雖然教育的立場一向宣傳樂觀的正當性。悲觀或樂觀乃是一種處世的知識態度，此與悲傷或快樂（情緒表現）在事實上並無必然的關係，但悲觀與悲傷、樂觀與快樂確有原理性的關連，蓋現象與本質雖未必相同，然本質必定作用於現象中，或者現象必定反映本質的問題。凡人情勝於理，常將悲傷視如悲觀、將快樂看作樂觀，此種錯誤正是人性趨於悲觀的證據，因為情勝於理本是缺陷，這樣的原罪必使改善（進步）有限，終竟令人絕望，同時人們「以情代（論）理」的態度實出於難以面對真相的窘況，這是人性本為悲觀的間接表現。所謂「無可救藥的樂觀主義者」表面上是讚歎羨慕之詞（情），其實則有無法苟同的意思（理），畢竟常人不易樂觀，而無可救藥一語表示知識上不能成立，亦即為虛假或錯誤，可見此說意謂「罔顧不幸而執意稱慶的人」，然因人有感生命處處苦難，乃覺能苦中作樂亦屬可喜，故有此言。生命的本質是悲苦的，不論各人對此是否有所認知，皆無法不受此理影響，所以悲觀是誠懇者或有知者的共識，而樂觀是不誠者或無知者的感覺，然悲觀樂觀實為知識觀點，故基於感覺主張樂觀乃為失誤，可知悲觀才是正確的世界觀。樂觀的人必強顏歡笑或思想膚淺，但因常人悲觀而難以面對悲觀，以致往往附和樂觀之見而助長樂觀的假象，歷史不為人所愛多

因其充滿悲慘的事情，傳說為人所喜則因其「報喜不報憂」，這顯示凡人所以不能記取歷史教訓根本是因害怕。害怕是原罪表現，原罪既在害怕也不無道理，但減少害怕之道是面對真相，面對真相之法是求知，而悲傷遠較快樂更符合真相，所以更具知識性，因此悲劇優於喜劇，思索歷史之不幸才能智勇雙全。總之，悲觀是人的本性，樂觀者不是天性不足即是本性不彰 1，樂觀之為惡是自欺欺人，然而此道畢竟無效，悲劇感是省思人生經歷的自然心情，也是探究文明發展的深層感受，顯然末世的自覺在社會上幾乎不見，但在人心深處恐怕始終未消。

　　求生是人的本能，然本能是未經思考抉擇的行動趨向，而人是思想的靈魂，其意念與本能絕非全然相符，所以求死必為人的一個暗想，它在求生無望或生活痛苦之時難免浮現。人非完美的生命，永生可能成為人的希望，但其型態或性質絕不可能與人生相同，因為若然則生命的不完美依舊存在，如此永生既含有內在衝突且猶有痛苦失望，故不為人所期；然超越現世的永生為不可思議，而生命的經驗不能無苦，因此相對於不完美的人生，完美的永生常非凡人的追求，「無生」（不存在）反而是眾人的願望（佛教較基督教更人性化）。人以有生求無生，這實為矛盾之事，蓋不存在的狀態與人的知識無涉，人以反推之法或以睡覺為例去認定無生是最佳的處境，終究是無效的判

---

1. 上帝當然可能創造本性樂觀的人，但此種人缺乏正常的人性，其為人價值因此降低，正如吾人不得要求精神異常之人好好做人，「樂天派」不知其念有自我否定之虞，實為不受神愛的可憐人——堪稱「失天者」——曾不足以視作有福，然因凡人苦於生活而自怨自憐，反而認為生性快樂者特蒙上天恩寵，可見天生樂觀者乃是上帝所設計的「誤導性因素」之一。

斷，畢竟感受或想像須是有生而非無生乃可，人以有生的條件
設想無生的美好甚是無稽，何況不存在的狀態並非一種處境。
儘管以人的經驗而言生命是悲苦的，但從理性而論生命是好事，
因為存有 (being) 是本（主）而不存是末（從），易言之，不存
是根據存有而定（來），亦即為虛而非實，不實者豈有較實者更
好之理，所以人不能以不存在（消失）為生命的目的。由此可
知，「不想活」的念頭其實是一種心情，無法以知識肯定之，
「結束」被視為解脫，這是現實經驗不快所致的死亡意象，其
想不是危險而已，簡直是悖逆正道。生命的本質是痛苦的，但
生命的性質是好的而非壞的，這證明痛苦未必是壞事，然而人
無法以痛苦為喜，所以有「痛不欲生」之情。人有求生的本能，
這其實是缺點而非優點，因為若人的生命完美無缺則人無須求
生（永生者不必謀生），求生是人的原罪表現，這一方面是指人
的生命不全，另一方面是指營生為痛苦之事，而由於後者人可
能求死，於是更可見求生是原罪的作用。求生導致求死，此非
矛盾而是艱難，自殺向為文明立場所不許，但頗受人憐憫同情，
人既非全能，求生的本能常暴露人的無能，反使人陷於自絕的
危境，所以不想活的念頭實是生命的自覺，因為只有求生方知
生命之苦，而面臨生命極限時死亡自然成為出路，這是不完美
的生命對生命去向的唯一理解。總之，人是有缺陷的生命，永
生不可期則死亡為當然，求死雖未必合理，但「求生不得求死
不能」更不合理，由此可見末世論是人心潛藏的理念，畢竟文
明有如人生不能永恆，力求不死則更不可生，妄想永生則癡愚
一生。

　　生命的跡象是活力，活力呈現變化，變化反映時間，時間
對人而言是一段過程，過程有起始有結束，因此人生最多僅能

靠傳宗接代而生生不息，並不能永恆存在。如此，凡人以為有
生便有死，大我或許可以常在，個人（小我）無法長存，此想
不盡正確，因為生為本而死為末，不生即是死而不死不可謂生
（「要死不活」是未死而猶死），所以真正的生命乃為永恆（無
死），人是不完美的生命，以致有此一知半解的生命觀，將長久
視為永久、將永久想作永恆。當人在世企圖以「接力」之法造
就不死大業的同時，又另有尋求得救永生的路數，前者是集體
主義而後者是個人主義，或說前者維護人本立場而後者思索天
人之際，二者之衝突顯示長生不如永生、永久不是永恆，人類
整體的主張也比不上上帝的意念，所以只有個人得救而無群體
得救，人類即使不亡仍不能緩減個人畏死求生之心。易言之，
不論外在世界如何，死亡的問題始終是個人式的或內心式的，
它不因人際關係與社會現象而改，無所逃於天地之間，未有古
今之變而無需現代化，總逼人自我面對，死而後已。常人所見
一般，聖賢思想不凡，然所有人對於死亡問題皆無遠見卓識，
經驗與理性雖可厚生，記憶與智力卻無補於知死，死亡是超越
性的問題，「未知生焉知死」意謂「盡人事然後聽天命」而非
「知生乃能知死」，死亡的觀念實為人性的表現，不是文明的發
現。凡生不免一死，這其實不是經驗所見而是天賦觀點，求生
既是本能本性，怕死亦然，若人以其生命經驗乃知有死，則人
對於死亡一事不是惶惶不可終日便是不以為意，此因其畏死之
心可能大受刺激，或者人仍可能認為發生過的事未必再出而不
為所動，然而此二例俱非實情，可見死亡的感受得自先天。人
本來就知生命有時，這不表示「死亡是天性的認知」，而是意味
人具天性但天性不足，於是乃知天為永生不死，人非全天，故
有生有死，可知「死亡是天性缺乏的警覺」。至此可見，人對死

亡的認識極其有限且無法增加，它是人的原罪感受而已，所以關於死亡的想法皆是由生命觀念反推所致，這確是「不生即是死」的觀點。文明是人的求道表現，人生有死，文明自然有其末世，人的死亡觀不必成於後天知識，文明的末世論也未必源於歷史變遷，凡有天性而能反省者皆可感悟人力有窮，所以史上的末世論雖大都出自宗教界，但其說歷代皆有，不因盛世而消滅，同時教外人士也多同感，不以無神而自信，末世觀原來就是死亡觀。

　　生命的型態是精神寄託於物質所呈現，生命的死亡是由於物質的頹廢而非精神的毀滅，因為不論物質如何耗弱，求生是精神的立場，以人為例，常人無一想死，連自殺都是精神戰勝肉體的行動。人所以相信精神的層次高於物質，這其實是人被賦予的先天性觀點，畢竟信仰是無法證實的事（可證實者即為事實而非信仰），而相信一事乃是精神活動，人在論及精神與物質孰優孰劣時，其答案不管是什麼皆（間接）證明精神為尚，因為精神才能思考，物質主義也是心靈表現，故其說自相矛盾。以經驗而論，肉體必死，而靈魂是否消滅乃是無法確定的問題，可見凡人知道生靈皆有死，主要是鑑於物質必然消滅。精神不是較物質長久而已，其實精神必為永恆而物質不必長存，二者的比較乃是精神主張而非物質活動，所以只能出於精神性標準，於是可說精神與物質的比較並不客觀有效。精神具有超越性而物質不然，因此精神的發生與歸向難以討論，物質的起滅變化卻極為可知，雖然以「第一因」及「最後果」的觀點來看，物質的神秘性也不下於精神（科學的「物質不滅」或「能量不滅」或「質量與能量互換」等說無從解釋物質的由來與目的）。精神超越時空而物質限於時空，時空是有限世界的元素，有限即非

永恆，因此時空已不能常在更遑論物質；如此，眾人皆知物質
世界當有消滅之時，但無人能知其結束的方式，蓋前者是推理
所得，後者則超越理性而不可知。知識是精神表現，人有相當
的知識而非全知，此即人有相當的心靈但非神靈，吾人對世界
末日的認定是靈魂本有的知識，而歷史終結之道非人所可知2，
此因性靈是有所不足的神心，可見精確的末世論必非正義，而
人與世界的毀滅其實絕無因果關係，這是說人根本沒有主宰世
界的力量，其影響世界的作用也只是現象而已。因人不能了解
世界如何結束，史上末世論的內容皆極簡單，其主旨不過表示
人世不永，至於所稱文明毀滅的情節則無一可信，雖然其中的
道德意義大約可取。末世觀明明僅止於死亡的感受，其知識性
甚低，但勸世者卻常在此高談闊論，這與其說是迷信不如說是
靈感，因為末世之見原本無誤，一切強調此見的附加說法或具
體事情雖盡是「強不知以為知」，但其說只是層次太低而非背道
而馳，這些常人眼中的驚世駭俗言論若非出自神啟也是良心善
意，故質疑者須先質疑自己質疑的心機，畢竟提醒世人現實不
真確是一件好事。

　　一般人不知何為末世觀，但多有關於人生結局的想像，例
如「最後審判」(the Last Judgement) 與「因果報應」
(retribution)，此種觀點主要是道德性理念，因其缺乏超越性，
故非深刻的末世觀，或說因其現世性太濃，所以更似人生觀而
非末世觀，雖然在形式上這確屬末世論。道德是凡人最強的天
性感受，法律與傳統的規範均不足以包括所有的道德要求，即
因法統的勸善與懲惡力量甚為有限，行善其實是自主性的作為

<hr>

2. 李白〈門有車馬客行〉：「大運且如此，蒼穹寧匪仁，惻愴竟何道，存
　亡任大鈞。」

（故有謂「道德自律」），它甚至須以違背社會立場從事之，易言之，道德是天道而非人道，道德的報應乃非世間所可完全實踐。人願意不問回報而為善，或者不視作惡免罪為榮，乃至不以成敗論善惡，這皆是超凡脫俗的道德觀表現，它顯示道德的標準或根據超越人倫，其義含有天理 3。由此，終極的善惡報應被當作最後的真相，因人缺乏超越性觀念，以致終極的果報被認為完美的果報，亦即善惡報應不爽，而此事既然未能流行於人間，其實現於末世乃成為求善者的最高期望，可見最後審判之類的觀點實為「半天半人」而終極性不足的末世論。相較而言，「最後審判」的超越性思想猶多於「因果報應」，因為審判乃由上帝為之而因果定律依於理性，神意不可測而理性固定不二，所以基督教的「得救命定說」(predestinarianism) 遠比佛教的涅槃論神秘，前者的「正義」觀遠較後者的「慈悲」觀難解（基督教的慈悲說且不下於佛教），基督徒的無所適從感顯然高於佛教徒。正義 (justice) 是最高的道德，其層次在「真」與「善」之間，因其含有超越性，所以正義是人（應）最重視的德行，卻不普及於世上，於是人對正義的精神需求乃寄託於最後審判的報應中。正義的標準是神意而非「一分耕耘一分收穫」，其義高於因果報應，最後審判說的主旨是上帝的正義，因果報應論的理念是自我負責，二者之高下清楚可辨；然而神意既不可測，最後審判的倡議無法主張莫名其妙的報應，於是其說不免淪為善惡果報的常理通則，因此最後審判說較諸因果報應觀實為「五十步笑百步」之別，甚至二者並無對立之意，卻有互通之情。不論如何，常人皆知凡事均有極限，而時間亦為

---

3. 'Calling the great gods cruel, and cruel the stars of the sky.' Virgil, *Eclogues* (37BC), bk. v, l.23.

凡事之一，故極限有到來之時，同時常人認識世界主要依據因
果關係，而因果發展不能無限，故世界有收場之日，這一切的
結局即是末世的狀況，而凡人既以因果觀點論斷世界的結局，
其最感神聖的道德問題自然成為末世定案的要點（善惡果報的
想法確是「道德的」），所以最後審判與因果報應是最流行的末
世觀，而如此的最後審判說其實是因果報應論。

　　一般人皆感凡事有其極限，然又無法思考一切的結束竟為
何事，以致將現世的終了視為凡事的極限，而將離開現世之後
的永生或永滅視為結局，於是末世似為兩個世界（或情境）之
間的轉變階段，不是結束的本身。完美者必為永恆，不完美者
不能永恆，然不完美是完美的缺乏，完美不是不完美改善的結
果，可知完美為主（本）而不完美為從（末），先有完美才有不
完美（完美如何造成不完美是不可理解的超越性問題），如此不
完美的結束無礙於完美的存在，人類的末世當然不是一切的結
束，只是它將呈現或反映什麼終極真相，這是無法推論的事。
道德出自知識，有知識才有道德，關於末世的思想是高層次的
知識，姑且不論思考此事者的答案是否正確，有此思慮乃是追
求大知，其心必善，所以懷有末世觀的人大約是善士；何況末
世的真相具有超越性，非人所可確知，探討者常不能批判正誤，
自我蒙蔽也不自知，而末世（觀）令人戒慎恐懼，富有提醒及
勸善的作用，故重視末世問題的人即使見解疏淺，其行為亦較
為檢點。常人重視道德的程度高於重視知識，末世論多出於道
德家而非學問家，末世論者常先有道德立場後有知識主張，其
說既為自省也為勸世，但大都不容辯證，難以理論，因此聞者
極可能相應不理。道德意識必主善有善報惡有惡報，終極的果
報是永遠的報應，一般的末世論乃有來世之見以為報應說之資，

這顯然是現世觀念的延伸，或是現實缺陷所致的精神需求，可見來世只是一種想像，並非真相。來世的觀點畢竟是對應現世而生，亦即其說是基於現世觀感而發，不論來世與現世的關係或異同如何，來世不可能真正超越現世而與之無關，因其相關性太強，來世之說的終極性不高，甚不可信，愈堅持此說愈使人忽視今生（樂觀而消極），其非智顯而易見。依理有來世則無末世，末世之後雖非空無，但絕不是現世的轉型及持續（來世），所謂輪迴轉世其實是人生觀而非末世觀，若無「超生」之事則輪迴不已，何來末世；故末世之見應當出於對偉大天道的追求，而非出於對現實人事的不滿，乃能有高明且真確的觀點，而天道既為永恆，出於上帝安排的人間末世豈可能是化有為無的（消失性的）結束，其後超越性（超越現世）的新猷乃為可期。

　　人知現世不永，但又知永恆當在，正如人知現實不完美，但又知完美為真，故人常有完美永世的構想，這即是**天堂觀**。凡人常將天堂對比於地獄，然天堂的期望本是出於人對世間的不滿，而世間在常人眼中絕不是地獄，所以天堂與地獄對比之說實是迷信天堂的講法，缺乏人文問題的省察。真理為一貫且超越現實，以為天堂與地獄對比便是二元世界觀，其誤自不待言，同時此種說法以人間為「中性」之地推論其「比上不足而比下有餘」的兩極境域，鮮有超越性的概念，可見其說粗淺。天堂與地獄的對比是善惡果報論的終極設想，於此天堂與地獄的功用不過是賞善與罰惡，其道德性觀念雖無大錯，但在真理探討上限制已多，所見貧乏；若以天堂為人間的目的而去除地獄一議，此見便大為可取，因為道德須為自主，勸善不當出以威脅，而萬法歸一，一為善道，天堂若為人生極致的境界，地

獄豈是退敗者的監牢。宇宙不可能由人間、地獄、與天堂三分
天下，亦不可能是天堂在上而地獄在下的對立局面，人間是邁
向天堂的過程，然非真即假，不進則退，得道才能升天，沈淪
是自我戕害，而上達者處於下達者的世界無不受罪，可知人間
已是地獄（不是淨土便是地獄），誰都不能「心靜自然涼」。天
堂說與末世觀常一併流行，喜以末世警眾者必奢談天堂，似乎
不與世道一同墮落者皆可得此歸宿，天堂顯然是世界末日之後
的好人樂園；這般的末世論缺乏文明發展困境的探查，而僅以
人心腐化為誡，所謂末世不過是罪惡淵藪，因之而起的天堂也
不過是無苦無難的得救所在，少有神秘之處，卻太多俗氣。天
堂可視為終極神聖的境界，但不應認作善惡好壞二分之下的佳
域，易言之，天堂可為文明的假設性目標，不當是去蕪存菁的
重整性社會，否則天堂不是超然獨立而是假借地獄以存，如此
天堂即為末世的產物而未脫離末世，其與地獄的差別僅是環境
問題，難怪自得者可稱心純即是天堂、心濁即是地獄。總之，
末世論不是為末世而存在，而是為超越末世而出現，末世竟有
正確的末世觀，這表示末世有其文明的絕對價值，或說末世的
精神含意不是滅絕而是困頓，而此發現是末世獨有的成就，其
意義當可指引求道的去向，因為末世不可能是歷史的目的，「困
而學之」卻可為末世的美意，所以結束一切往事的天堂說應非
正確，啟示未來何以進行的天堂觀才見深識。

第二節　進步觀念與極限思維

　　凡人常覺世上無一定之理，如有好即有壞、有善即有惡、
有美即有醜，以致二元論成為古今東西常見的世界觀，殊不知

相對之見僅是現象的觀察，未及內涵本質，若追根究底可見所有相關的情況有其本末主從的關係，於是乃知相關者未必相對、相對者未必相反，真理通貫一切而具體系，能辨輕重高下之別即可謂得道。如此，人活在不完美的世界中求改善所有事情，這便表示善與惡相關但非分立，善多則惡少，惡長則善消，善超過惡即是善，惡多於善便為惡，進步乃是增善減惡，然進步之事發生於不善的條件下，因此進步必有極限，進步至極限即達極致，無法進步並非前功盡棄，「凡走過的路必留下痕跡」，退步不是復原，改觀已是改變。於是所謂有進步就有退步，這不意謂進步與退步是相對之事，而是表示「不進則退」是良心的要求或是人的道德處境，所以維持不退事實上已極辛苦，其所需意志與努力非同小可，雖然任何人皆不應以保持現狀為喜，且無可能確知已達個人能力的極限。進步觀的一大錯誤是理性矛盾，既然進步一事必與原罪相關，原罪的認知使人悲觀，而進步觀乃為樂觀，可知主張無限進步的人錯不在「過於樂觀」而在「反對悲觀」，因其處於現實上猶有大舉進步的餘地中，不見遙遠的障礙，故以為無礙，此誠「非愚則誣」。有鑑於此，「審慎的樂觀」(cautious optimism) 成為「現代的智慧」——相對於「傳統的智慧」(conventional wisdom)——似有深思預謀以防天真性的期待落空，其實樂觀或悲觀是哲學性的知識立場，而知識論中僅有對錯真假的判分，並無程度大小的裁量，樂觀與悲觀絕無中庸之道，所謂節制的樂觀主義者 (modest optimist) 必是虛偽猶豫之人，其謬甚於相對主義者、懷疑主義者、乃至虛無主義者，畢竟處世態度不應曖昧卻自命深沈。進步的環境必然「好而不夠好」或「壞而不全壞」，改善若為可能，困頓與希望當兼而有之，可見在感受上末世觀與進步觀不

相違背4，唯有善盡人事進步才能臻於極致，且在極限來臨時維持不退的壯為，但事實上能鞠躬盡瘁必屬天才，凡夫不進則退乃是習性，故進步觀無法支撐時末世觀即隨後流行，這確是末世的亂象，從而證實進步觀不如末世觀清明。

　　進步觀必為文明歷史末期的思潮，因為人性取向是悲觀而非樂觀，若非外在現象一片大好而前途光明，一般人對世界的變化不至於抱持一概進步的信念。凡人雖於原罪感受微少，但大都深覺人非萬能，僅此一點即可顯示進步不能無窮，這證明人有理性但其理性必非完善，蓋自知有失乃是理性之功，但理性之力無法去除個人缺陷乃為有失，所謂「自知者明」顯然是高明而不夠高明，此說不是道德家言便是假性樂觀。理性雖有其極限，然理性極限到來之前人仍大有可為（尤其是古人），且人未達理性極限則於理性能力必然（必須）樂觀以待，所以史上進步觀的流行遲至十九世紀才出現，但古代的樂觀主義者絕非不存。儘管理性可能迫使人樂觀，經驗卻更可能推翻此想，在歷史大部分時期中求生的困難令人難以樂觀，所以樂觀者大都是處境優渥而不食人間煙火的人，「何不食肉糜」是其看待受難而無應變之方者的疑問，難怪「天真」一詞的慣常用法總是褒貶參半。雖然，樂觀悲觀與令人歡樂或悲哀的實情理當無絕對的關係，人即使處於困苦之中亦可因其理性精神而懷有前瞻的信心，然而事實上此例罕見，畢竟常人皆情強於理，在現實

4.《朱子語類》〈性理〉一「人物之性氣質之性」：「上古天地之氣，其極清者，生為聖人、君臨天下、安享富貴、又皆享上壽，及至後世，多反其常。衰周生一孔子，終身不遇，壽止七十有餘；其稟得清明者多夭折，暴橫者多考志。舊看史傳，見盜賊之為君長者，欲其速死，只是不死，為其全得壽考之氣也。」

挫折中堅持理論性希望的人也未必明智——「苦中作樂」乃是
不正經——何況無論如何人定不能勝天，可見古代的進步觀是
出於「理性化」（簡化）的偏執者，其說既不合情也不合理。原
罪如存在則進步觀是錯誤的思想，於此理性力量有限尚不是人
的要害，神意的主宰性才是重點，所以正統基督教文化絕無進
步觀念，而中國傳統缺乏上帝信仰，故不少進步之說，但中國
文化又因現實性甚強，以致其進步觀深受經驗打擊而未曾盛行。
文明歷史雖苦多樂少，然直至現代之前其發展確是逐漸進步，
這表示近代的進步觀並非無憑無據，但此見僅是「相當的正確」
或「過程性的對」，因為文明進化是精神層次的提升，不是基於
具體或物質性的標準而來，進步一說嚴格而論並不可靠，而且
文明發展有其極限，極限到來後雖未必退步，然無限進步之說
以此顛覆，更可悲者是大眾化於是興起，使現代文明整體上確
實退步。近代進步觀的興盛是在啟蒙運動與工業革命發展之後，
啟蒙運動以理性推論進步的必然，工業革命以事實（生活改善）
證明進步的潛能，但其後的世界大戰與生態破壞暴露進步的危
機，這不僅是指進步之害可能大於進步之利——於是成為「反
進步」——而且表示進步觀的人本主義必定失於傷天害理，畢
竟人既不能自生豈得作主。總之，進步觀不論是以理性或經驗
的標準皆難成立，其出現是個別性現象（進步論者向來零星存
在），或是知識上有所突破又有所誤會的結果（人之自信常因無
知），整體而言則是人的情感態度所然，亦即一相情願的想像，
這是人對不完美世界失望之餘的自欺式振作，唯因世人不可能
同時一起陷於迷惘，故進步觀從未全面流行而未受大力反對，
可見進步觀的現代性是虛幻的。

　　進步觀不是哲學觀點而是價值觀念，因其缺乏真理性故具

有反宗教傾向，相信進步的趨勢則不信仰命運，也不承認事有
意外，總以人為萬物的主宰，而忽略勝於萬物不等於萬能。即
因進步觀是價值觀，所以進步觀有賴宣傳乃能流行，若進步觀
是真理觀則歷代必皆有此流派而無法盛極一時，蓋真理思想從
來不曾普及民間。進步觀的流行一方面是由於社會的巨變，另
一方面則是因為人心的自我暗示（彼此催眠），畢竟迅速的變遷
未必是朝向更好的境地，而人們感受好也未必證明事情改良，
進步觀在學術界的流行先於民間，其衰微之情亦然，這表示進
步觀確有其知識基礎但非可靠，不堪批判5，難怪進步觀興盛
的環境是大眾文化。文人相輕而大眾趨於相互認同，任何學術
思想均難以廣泛流行，其盛況僅是「成一家之言」，所謂「社會
思潮」必為近代之事，此因大眾教育造成一知半解的人民，此
輩只能接受灌輸而無法獨立思考，又為滿足自我肯定的心理需
求，往往人云亦云，彼此同化，其於「半弔子」的學術性論調
尤其歡迎，實有「上學而下達」的惡風。進步觀的理論性不強，
其人情色彩則甚濃，然進步觀的興盛是工業化時代下民心崇拜
專業的一種現象，於此進步觀的學術性大受人們高估，彷彿它
是歷代知識進展的結論。進步觀其實不免矛盾，蓋進步若為必
然，自古至今無不持續進步，如此則進步的事實理當人盡皆知，
不待發現與提醒，更無庸以此勸導，同時人處於此一「歷史巨
輪」驅動的進步大勢中，只需順其自然便扶搖直上，不消有為、

---

5. 'Those who compare the age in which their lot has fallen with a golden
age which exists only in imagination, may talk of degeneracy and decay;
but no man who is correctly informed as to the past, will be disposed to
take a morose or desponding view of the present.' T. B. Macaulay, *The
History of England* (1849), vol. i, ch. 1.

不能抵抗、也不必顧慮，然此情既非史實也非進步論者主張之
事，可見進步觀只是時代進步的產物，不是超越歷史的真理觀。
進步若有必然性，則真理必在，真理在則上帝必在，上帝在則
上帝超越真理，上帝超越真理則神意不可測，如此世事發展的
必然性顯然無理，何況在經驗上這也不可得見於事實中。再者，
進步若為必然則革命乃非必要，「進步觀的革命」無疑是自相矛
盾的說法與作法（法國大革命以來的革命運動皆由此宣傳），而
進步觀的提出在歷史上頗具革命性，其說提倡者且以此為榮，
這又證明進步觀是一個「瞻前不顧後」的看法，可稱為「強迫
性的樂觀主義」。鼓吹「現代化」的人大約皆是進步論者，他們
認為現代化既是進步且是必然，然而進步若是必然則倡導現代
化便是多餘之舉，可知其說錯誤的程度實與其說受強調的程度
相當。進步若為天經地義則人之無為是理所當然，宣傳與教育
進步觀甚無道理，尤其用以合理化強者的行動更為不當，進步
觀與進化論相提並論之誤主要不在於將人文與物理混為一談，
而是在於暗示進步有賴競爭，因為競爭若果改進世界，則求勝
便是進步的動力，如此無為將是退步的主因。人之獸性使人鬥
爭，人之天性使人憐憫，進步若由競爭而來，社會的惡化在所
難免，進步絕不可能全面開展，如此說來人性倒有反進步的本
質，而進步總有其缺失。由此可見，進步觀的科學性與人文性
均不足，而事實上進步觀是社會科學的思想，既非人文亦非科
學，科學的相對論是絕對的，人文的相對主義是反人文的，社
會科學的進步觀卻是裹足不前的，這表示自我懷疑的精神不足
可能陷於自我推翻的絕境，進步觀無法進步正因提倡者缺乏反
省，不欲面對人不以進步為足的良心。進步即是改善，改善是
圖求更佳，此事顯示善有大小程度之別，而哲學有是非對錯之

辨，但無是非對錯程度之分，故哲學不持進步之說，這證明進步觀不符真理，因它連哲學都不是，也證明哲學不是真理，因它竟無進步之意。

　　人有善性但善性不足，善性是天性，亦即得自於天，故人天生有追求至善的動力，然改善的需求暗示世間的不完美，而現實是否得以不斷改善，此非理性推論可以確定，所以進步觀雖是理性精神的展現，但其流行卻是經驗感受所致。進步觀可能由冥想（空想）而出，但不能因冥想而發達，進步觀可能產生於古代原始的社會，但其盛行是在工商科技迅速發展而使過去顯得落後的現代，這表示進步觀兼含歷史性與反歷史性，它需於歷史演變中滋長，卻又對傳統不懷好感。古代的進步觀是無視於現實困境的樂觀主義，此可謂「時空性錯亂」(anachronism)，現代的進步觀是自以為處於「歷史顛峰」的現實主義，這確是「以今非古」，然進步觀的成立必以歷史為證而不能脫離時間脈絡，所以進步觀是「自我作古」的精神，對歷史又愛又恨。「興起」表示不是本來即有，進步觀期望新興之事，所以進步觀是歷史的產物而非人原來的處世理想，尤其進步觀的興起需藉時勢的昌隆，無法逆勢而生，故二十世紀的戰亂使進步觀式微，戰後它又自然復興，未經大肆宣傳。進步觀輕視過去、肯定現代、期許未來，其見既然認為愈新愈好，進步觀固非歷史主義 (historicism)、也非現代主義 (modernism)、而是未來主義 (futurism)，然未來尚未到來而無可著力，所以進步觀其實是「當代主義」，注意時下而缺乏歷史感。進步觀以進步為尚，進步若有止境則進步觀僅為「階段性真理」，故進步觀須主進步無限，如此進步觀所務竟是「為進步而進步」，意在不斷進步卻不知所終，可見進步觀與目的論的關係是緊張的。誠

如未來主義寄託於未來而永無目的，進步觀期望進步而缺乏方向，它標榜未來主義卻陷入當代主義，又因疏於回顧而怯於反省，以致自覺不足、隨波逐流，甚至將歷史「過程化」、將世代「工具化」，使全人類成為一律進步的祭品。進步是「漸入佳境」，於此悲觀者的解釋是惡的減少，樂觀者的看法則是善的增進，進步觀既認為歷史越來越好，所謂「歷史教訓」的記取顯非其念，然原罪無法免除，進步其實是減少過失而非「善之善者也」，如此檢討錯誤乃是改善之道，忽視歷史豈能進步。進步觀的盛行是在歷史晚期，當此文明末世而有樂觀的人心，這正是末世亂象，蓋大眾進步觀不是文明累積的成果，而是今人拋棄「歷史包袱」後的輕鬆錯覺，然歷史是人類所有的知識，歷史（學）沒落是文明末世之兆，故進步觀盛行於歷史晚期是自然之事，也是進步觀必定有誤的徵象。

　人具原罪且天性悲觀，故進步觀不可能興起於古代，而既然人具原罪且天性悲觀，進步觀在現代的流行必非好事，其惡一方面是知識的錯誤，另一方面是文明的扭曲。人格可能扭曲（異常），文明本不可能扭曲（誤入歧途），蓋文明是菁英的創作，它代表人類的極致成就，同時文明追求真理，方向確定，有其一貫而長久的傳統，在歷代菁英承先啟後的努力下，文明並無迷失墮落之虞。然而十九世紀以後大眾化興起，文明受到庸俗的價值觀污染以致扭曲而變質，於是文明步向滅亡，這實非表示文明可能沈淪，但證明文明終將結束，因為大眾化是文明拓展而造成菁英主義減退的必然後果，此乃文明的原罪，可知文明的結束算是任務完成，不必視為失敗，然則文明終究是理想而高貴的文化，不可能妥協或惡化。如此，進步觀的流行是文明發展至極限的跡象，這便是**進步觀的末世性**，其勢早已

注定，不能歸咎任一方，畢竟進步是文明所造成，進步觀的失
察是凡夫難免的缺陷，文明至此雖無法力挽狂瀾，但猶有提供
問題解答的價值。二百年來進步觀盛極而衰，其後又再次興作，
這證明進步觀是心理感受，不是天性認知，而進步觀的盛行表
示人心的沈迷。提升與進步究竟不同，提升是精神的上進，進
步是形式的改良，精神可以獨立而形式需求精神，進步不如提
升而提升不是進步而已；文明的取向是提升，提升有利無害，
文明進化不全然是進步，進步有其流弊6，此為明證，可見進
步是「局部的文明」。進步觀的流行主要是物質文明發達所致，
進步觀的批判論據主要出自精神文明的考量，人為萬物之靈，
不得不堅持精神在物質之上的宇宙觀，因此文明的立場必須反
對進步觀，否則進步的結果是人的物化，這不是由於進步含有
矛盾性，而是由於人生有限，面對心物之別需有所取捨。總之，
文明支持進步但不容進步成為目的，進步觀引發文明危機，節
制進步乃是避禍之方，然文明有此知識卻無此力量，因為知識
確是力量，只不過大眾無此知識，而教化大眾已是文明成仁殉
道的歷史悲劇。

---

6. 人性必兼為進步的動力與障礙，例如「電子書」與「信用卡」是人心
所趨，然書本與錢幣不因此消失或減少，這也是人性所致，而非由於
科技與制度尚不發達。科技來自人性而人性有內在的緊張，故科技常
使人憂喜參半，如電腦與電話的繁多功能因超出平常需求或與人欲不
符而閒置不用，這不僅浪費而且造成困擾，難怪流行文化的歷史通常
是流行、大流行、有限的流行三階段。

第三節　末世的進步及其幻滅

　　文明的末世意謂文明發展的永久困局，此題若得成立則文明確有進化之實，而進化有其極限，所以文明達於極致即進入末世。然文明的末世若果為文明的極致，則人的感受絕不是陷入困境，反而是處於高貴自尊的氣概中，因為極致雖是極限，然求道之勢不進則退，維持於極限即是保持最佳狀態，此事極其不易，有如身臨激流而能屹立。如此，文明的末世固然是文明發展的極限，但實際上末世不是結束的時刻，而是延續性的困境，其情狀不是文明極限的持續，亦即不是常盛不衰的極致氣象，而是由盛轉衰後停留於欲振乏力、不上不下、安危相抵的平庸局面。易言之，文明末世的出現與發現是在文明已經盛極而衰之後，否則無人可知文明有末世一事，或者無人可感文明的前途無望，蓋極限的察覺必是後見之明，當人處於極致之時無法確知不能更有進步，須是提升無力而敗退之下乃能覺悟極限所在，因此文明末世的「形成過程」實是進步及其幻滅[7]。君子盡人事而聽天命，鞠躬盡瘁，死而後已，此非「天喪予」，而是「天生我材必有用」的徹底發揮，或是個人天命的達成；小人怨天尤人，妄自尊大，能力不足卻不盡力，常以「人非聖賢孰能無過」自解，雖知人力有限但不曉一己極限，從未負責到底竟隨意認命，總是自絕。文明的末世是君子的認知，其感是小人自滿無知，永不可教，當此之時君子已逼近得道，而其

---

7. 'Here it is that humanity achieves for itself both perfection and brutalization, that civilization produces its wonders, and that civilized man becomes again almost a savage.' Alexis de Tocqueville, *Voyage en Angleterre et en Irlande de 1835*, 'Of Manchester', 2 July 1835.

　　傳道功敗垂成，於是小人當道，民主當令，一知半解造成自以為是，誤將亂世當盛世，萬事表面發達，其實惡化僵化。具體而言，文明末世始於社會大眾化，文明末世的進步是物質開發，而大眾對科學價值的高估與錯愛使人文精神頹廢，由是物質文明的發展扭曲且失控，進步的希望誤導人心，世道淪於消極而樂觀，恰似「在黑暗的屋子裡捕捉一隻不存在的黑貓」，即使積極樂觀也無濟於事（可見積極而悲觀才是正確的處世精神）。若文明晚期無有顯著的進步，則理性樂觀的態度不能興起，民主化因而亦不能發展，如此精神文明將持續其傳統優勢，人的物化不至於來襲，而當制度形式與物質條件成為最高標準之後，進步觀愈為強盛，文明的末世在大眾的自信中乃悄然出現，畢竟文明絕不可能世俗化。進步是形式性的改良，所以進步觀盛行的時代是科學與民主發展迅速的時代，科學與民主的價值立場是物質與大眾，而凡夫愛物不愛心，文明於是不進反退，因為心物終究不能兩全，而文明的取向是精神境界。簡言之，進步是文明的一種成果，然進步反而阻止文明的進展，這不是文明的矛盾而是文明的緊張，矛盾是不合理而緊張是不完善，不合理者無法發展而不完善者不能突破，文明合理但不完善，故可發展而難以突破，然則文明末世是進步的結果，不知此理便惡化此事，正如不認原罪將造孽更多。

　　歷史是後人對過去的認知，此種認知若無異於讀史者對其自身時代的看法，則「歷史感」無從出現，這可能表示歷史研究的失敗，也可能表示歷史並無演進之情，而事實上時間的存在使改變成為必然（或說事情的改變使人產生時間感），所以歷史若不令人感覺有古今之異，這必是史學的失誤而非史事的問題，雖然延續性確是歷史的一大要素（古今若截然不同則後人

無法了解前代)。歷史有延續性也有變異性，正如同與異必須兼有乃能各自存在，僅有同或僅有異則同與異均無法存在，雖然以本末主從的關係而論，異生於同而附著於同，同可造成異而異不能造就同。由此可知，以治學而論，歷史的延續性是本（主）而變異性是末（從），延續性是基於真理而變異性是出於神意，「人同此心、心同此理」是延續性的條件，「萬般皆是命、半點不由人」是變異性的作用，然二者俱可使人求知求道，因為真理是上帝的設計，「以同辨異」與「由異尋同」實可相輔相成、並行不悖，只是學者應知大同是目的（道）而差異是過程（術）。歷史的變遷既是必然，變遷是改善或是惡化便成為問題的關鍵，理論上持平的變化或善惡不定的變化似為另一可能的發展，但此事若為真則上帝或真理便為不真，然則人所有的批判標準即是虛假，故不好不壞的變化是不可能的事 8。如此，進化實為歷史唯一的方向，因為惡（不善）出自善而不能充實或獨立，且存在是善不是惡，若世間之惡多於其善則人無法生存於其中，何況人性本善而人事求善，歷史的記錄與探討是為改善世事而非作惡自殘，若人發現歷史不斷惡化而步向毀滅，則人無法正常生活，歷史也不能久存，可見演變惡化說是一個自相矛盾的命題。歷史進化論雖為正確的史觀，但真理超越現實，故進化僅為歷史性的真而非終極性的真，**文明末世的真實性正是出於歷史真相的有限性**，或說歷史的價值是證明歷史價值的極限，這比「歷史的最大教訓是人永遠不接受歷史的教訓」更光明而可貴。

　　以短時期的情況而論歷史常有退化，以長時期的情況而論

---

8. 'All that is human must retrograde if it does not advance.' Edward Gibbon, *The Decline and Fall of the Roman Empire* (1788), ch. 71.

歷史一直進化，常人無法活在絕望的心情下，所以進步觀是強迫性的看法，任何思考文明發展問題的人皆不得不相信凡事有其意義，而有意義即是有價值，價值的累積豈不能有所改良，於是後人自覺的義務是超越前人，這是末世觀難以令人接受的緣故。以現象而言，文明的末世依然不斷進步，而歷史愈久進步愈多，文明末世的進步歷史悠久，所以進步的幻滅更難令人接受，「功虧一簣」在常人眼中是道德說法，若知這是宇宙的真相，進步的努力早已放棄。「中古」之說反映現代人的自詡，然「現代化」一說暗示末世的出現，因為現代已無其後──「後現代」(post-modern) 一說的彎扭證明現代難以甩脫──而永久並非永恆，現代即使不滅也不能超凡入聖、化人間為天國，可見現代人的「歷史優越意識」是偏重事情光彩的一面，不敢面對隱憂。現代的自信是出於回顧古代，此為時間感的表現，然現代的自信乃在於超越歷史，這是時間觀的推翻，現代的成就感若須憑「過河拆橋」之法維持，則其認知之錯誤不言而喻；如「古典主義」(classicism) 一詞的出現反映「現代主義」(modernism) 的興起，此因現代文明觀點是古典的，然現代發揚古典之後自然取代古典，以致一般人只知有今而不知有古，於是現代文明精神開始淪喪，現代恐將成為歷史的最後階段而已。考古學興起於十五世紀，人類學興起於十八世紀，考古使人更能自我認識，二科乃有相得益彰之勢，然而人不僅有身並且有靈，此非社會科學可以闡明，今人的「盲點」(blind spot) 顯然是因「眼見為憑」的觀點所致，於此心不如物而永恆不如長久，甚至古不如今而未來不如現在（故考古學受歡迎的程度不及人類學）。所謂「瀕臨絕種的生物」(endangered species) 是現代人獨有的發現，此為亙古未有之事，其說表示人知現代亦有缺陷，

甚至含有今不如古之處，這可謂是現代的自知之明，也可謂是
今勝於古的證據，然今人若因此認定現代是歷史的終極盛世，
這便是現代較諸古代在文明觀念上可能犯的更大錯誤。自我肯
定是人的根本需求，「自以為是」固然不當，然「自以為非」更
是荒謬，這表示末世中人不能警覺其時之弊亦屬正常的心理，
居安思危畢竟是智慧，樂極生悲才使人驚，所以進步的幻滅永
非當代的共識，這是現代史不為大眾信任的原罪宿命。

　　史上文化的進步速度原為遲緩而穩定，晚近則有突飛猛進
之勢，此因進步本是發生於物質性或形式性方面的改良，而經
驗累積與技術整合在此具有重大的作用，故其發展初時不能快
速順利，直至傳統與各方的知識匯集已豐之後乃能大有表現。
如此，進步觀的流行當然是在歷史晚期，這一方面反映文明的
高度發展，另一方面卻暗示文明的極限已近，畢竟物質與形式
雖有改善的條件，但此種條件也備受限制（例如氣流使飛行成
為可能也使飛行的速度有限），所以**進步觀與末世論一齊興盛的
時代必是文明歷史的結束階段**，而這證明二者之中錯誤的一方
乃是進步觀。在歷史中進步觀與末世論皆曾各自零星存在，因
為單從推理確可獲致文明持續進步或陷入困頓的結論，然進步
觀向為「理性化」的樂觀者之見，末世論則是「宗教化」的悲
觀者之言，二者既無交集也不衝突，畢竟在社會長期進步不快
或衰亂不鉅的情形下，提倡進步觀或末世論均證據薄弱而難以
大動視聽。時至近代，進步之事顯著而進步之禍亦深，於是進
步觀與末世論接踵而興，兩不消退，但同時二者也少有爭議對
抗，這表示二說的主張者實各有偏執而缺乏全面的歷史省察，
各說各話只因各有所思，然都自我表述而輕忽求道；至此可見
近代的末世論固然較進步觀得理，但其思想也是糊里糊塗，一

意宣傳教條陳說，強化個人得救想像，多有危言聳聽的迷信狂熱，自身已然成為末世之象，益增旁觀者的困惑。事實上進步觀是世俗性取向而末世論是出世型思路，二者價值立場相反，既然背道而馳，當無競爭之事；然就真理而論，進步觀失之膚淺，末世論失之封閉，兩者在歷史真相顯露之前（猶可）相安無事，至今則須一決高下。進步觀錯在趨向唯物主義，末世論錯在傾向唯心主義，正確之念乃是強調心在物之上的理想主義，所以進步觀與末世論的流行皆可謂是末世之兆，因為二者咸以終極真相為言卻未中的，其偏差的證據早已呈現於二說未曾形成學術傳統（流派）且涵蓋性不足。現代進步觀未能破除末世論，這與二者知識層次的差距有關，然現代末世論卻間接助長進步觀，這與社會平等化的發展有關，蓋大眾趨於物質主義，而進步確是近來的歷史現象，末世論以反現實的態度勸世，不僅效果有限而且往往適得其反，因為現代的末世論者多是適應「現代化」不良的失敗者，其舉不免使主流的支持者更加自信。總之，進步觀與末世論同興本是一種亂象，吾人在辨別其優劣之餘，應知末世論可包含進步觀（先盛後衰是常情），進步觀卻不能概括末世論（有進無退是不通），因二者俱為文明觀，故完整性較低者顯為理虧，然而末世論於今絕不如進步觀盛行，這是末世已出的雙重證明，此即現代人不僅觀念錯誤而且容許錯誤的觀念。

　　末世的進步是假象，進步的末世是危機，歷史的結束沒有清楚的逐漸衰亡過程，文明末世雖非太平但也不是到處動盪不安，表面上（形式上）穩定發展而實質上（精神上）持續惡化才是人類沈淪的狀況；物化固然是萬物之靈的墮落，然物質性的匱乏或毀壞並非人之所以失敗的主因，正如犯錯之為惡不及

一意孤行而不以為誤，無知之可怕不如一知半解而自認聰明，**末世的文化意象是迷惘而非激情**。自我蒙蔽者不覺蒙蔽自我，迷惘而有迷惘之感則非迷惘之甚者，文明末世不可挽救乃因末世之人不信文明瀕臨絕命，此非毫無所悉而是抗拒講理，因為所有的人不可能同時犯同一個錯，文明末世並非無人察覺，只是凡人逃避真相，所以智者回天乏術。人有痛覺，故能因痛保身，然痛是原罪的呈現，原罪既在，痛可緩解而死卻不免，這表示上帝主宰一切，人自求多福也不能免禍。文明末世猶有進步之情，這實在是人命該絕9，因為歷史如今若惡化至民不聊生的田地，則人類必圖振衰起弊以謀生，即使此事無望，亦是上進，然文明亡則亡矣，終非以末世腐敗等死；而今民眾富有生存之資卻乏生命之道，可以為生但不可以為人，能享受而不能消受，有如動物，所謂「多行不義必自斃」，其悲在於自作自受，然竟無法自由自在，故猶需上天賜死而不必立亡。不論如何，無人可知世界如何結束，正如無人能知世界如何開始，上帝若在則人不能知天，進步觀與末世論畢竟是褻瀆之說（進步觀是無天而末世論是無法），然末世可期而進步不可信，末世與真相不衝突，進步與真理卻不一致，因為末世可為真相出現的前兆，但真理絕不是演進而來，故求道者立命以俟死而不安身以苟活。

---

9. 'For in every ill-turn of fortune the most unhappy sort of misfortune is to have been happy.' Boethius, *The Consolation of Philosophy* (523), bk. ii, prose 4.

第五章

末世的亂象

自由的失守：
草民蹧蹋下的拿坡里名城

第五章 末世的亂象

第一節 末世亂象的歷史性

　　末世亂象不是歷史的偶然而是文明發展的必然，此因末世必有亂象，而末世是文明歷史的「結束性」時期，所以末世亂象並非無端的意外而是演化的產物，這是人類原罪的終極呈現，然大多數人毫不知情乃能共同促成如此的怪事。亂象之亂不是混亂而是混淆、不是無理而是歪曲、不是疑惑而是誤解、不是複雜而是迂迴、不是敗壞而是邪僻、不是衝突而是糊塗、不是緊張而是曖昧、不是為難而是做作、不是失察而是錯亂，總之不是令人悲傷而是使人無奈。這樣的情狀介於「見山不是山」的懷疑與「見山是山」的確認之間，其失不是無知而是無識，所經歷程雖已久遠但目的不明，又不以復古為念，於是躊躇滿志而左顧右盼，彷彿一切進化都只為擺脫歷史、揭示「天下本無事」的原貌，既非反璞歸真也非成熟練達，顯然是文明發展失敗的劣跡。易言之，末世亂象是「上不去而掉下來卻中途脫險」的危局，因其放棄冒險追求，故得平復一時，但「上不去也下不來」的尷尬處境畢竟無法東山再起，為免失態乃稱「隨遇而安」，其實理想已拋、記憶已絕，「活在當下」而不實在，簡化問題卻不單純。人之尊古合情合理，現代竟數典忘祖而自我作古，然末世所以反傳統是因無力超越乃轉而推翻，這絕不能成功，卻必受其害，蓋文明是社會唯一價值，歷史是人類所有成績，以今非古的心態是「為反對而反對」，亦即自吹自擂，

而推翻傳統需憑藉傳統，有破壞而無建樹，必然落空，故末世亂象是在「現代化」有成之後才開始顯現。原罪使天人交戰成為永久的心事，因此求道不進則退，穩定的維持是為做功課，而不是生命目的的本身，歷史演進向非平順，困難的突破是文明的常勢，動盪不安是人的命運，故曰「生於憂患，死於安樂」，可知末世不是政治亂世而是精神衰世。本來人面對能力的極限可以安之若素，因為責任與權力相當，而義務與能力相等，盡力即是盡心，盡心即可安心，極限到來任務便了，無庸抱歉，此所謂問心無愧；然實際上凡人多無盡人事而聽天命的精神，懶惰是最普遍的惡性，畏苦怕難常是想像性的心情，所以能力極限絕非一般人所悉，而能力有限卻是通行的卸責藉口。相對於此，曾經真心上進而為德不卒的人必陷入自責的窘境中，這確是惡有惡報的現成應驗，其理是靈魂無法改換而信仰無可自欺，對天負責其實是自我負責，道德肯定報應不是由於寄託神意而是堅持真理。文明是人類的求道歷史，求道者即為君子，所以文明極限的到來理當不致人心不安，但不幸文明極限到來之時小人開始當道，於是心安理得之情少見，惱羞成怒之風盛行，清算傳統成為大眾自我合理化的不二法門，末世的亂象由「主權在民」的神話中擴展，其首亂不是將君子與小人之分顛倒而是加以消滅，從此小人一詞已無平民一義，而民眾大都惡化為小人。總之，求道又背離者其惡意必興，正如不能反省者必定歸咎外人，凡人總須自我肯定，難以面對一己之病自然醜化外界，末世亂象的出現非因文明的能力有限，而因常人不願盡力又不欲承認無能，故有種種矯情。

　　亂之反為正，正來自正道，亂則無道，故無所謂「亂道」；由此可知，正為本（主）而亂為末（從），不正之謂亂，不亂未

可為正，亂乃失之於正。如此，**末世亂象的產生實源於真理信仰的式微，而非現代自身的問題**——但為「劃時代」(epoch-making) 的變化——因為亂不是獨立於正之外的實體（更非主體）。歷史是文明進化的過程，此即末世之前求道是歷史常態或文明大勢，因此史上的盛世或許未見「大道之行」，然其亂世皆是有亂事而無亂象，蓋真理為人推崇之時，人即使不能「就有道而正焉」，也不至於將無道美化為正道。現代的文明精神本是古典的價值觀，然有時間則有變，而有變則無重複，現代在復興古典之餘更有所創發而欲將現代永恆化，唯此事是理所當然，故難以實現，因為人世有原罪，心想事成必屬卑微而現實的小事，或只是人自我安慰的解釋。現代承繼古代，卻在加以發揚光大之時，陷入歧途而背棄傳統，於是真理追求迄今成績已豐，但隨即真理信仰衰落，而今人竟自以為是發現「新真理」，故觀念理當改弦更張；其實真理為唯一，道統即是正統，不可能有二，新真理之說無法成立，所以真理信仰式微的過渡現象是假道學的全面盛行，此時的真理觀點主張多元價值（反普世性）、隨時變異（反永恆性）、形式標準（反超越性）、人本立場（無神信仰），根本是解除真理。假道學是離經叛道的歪理，史上不是絕無假道學，但絕無假道學流行而取代真理之事，因為不論人對真理的了解如何微少與錯誤，只要真理信仰存在，良知便可維持「正經」，使人不至於陷入大逆不道之境，更何況當信道是主流文化時，世人不可能同時迷信，而使假道學變成真理。現代延續古代而另立新局，於是真理觀念由誤轉無，當求道已成不合時宜，假道學功成身退，亦無再舉之需，只有少數自視不凡或心有不安的人，繼續以謬誤的真理觀高談其不受真理束縛的道術，至於大眾則對真理一名頗感生疏，甚不介意。在上

帝信仰消沈之後，人們因「解放」而自由，此由歷史觀之，便知是人的欺心行為1，然依理無法無天則可為所欲為，且時間一久後人不知前事，率皆以為真理不存是天經地義、而自我實現是最高準則，所以新的流風是「革命無罪、造反有理」，其實不過是放縱罷了。真理所以為真理，自當不因人之不信或誤解而失敗，末世所以乖謬，即因今人忽視真理又假借真理行事，正如小人為惡其害不及偽君子為亂，末世亂象的產生主要不是因為現代背離古代，而是因為現代背離古代無法徹底，然此事本無可能，可見文明末世的格調並非野蠻而是「半文明」(semi-civilized)。

　　亂乃是「怪而惡」，此非原始的情態，而是文明的變態2，蓋野蠻為惡但非怪，進化是改善，善絕不怪，怪是旁門左道之氣，這必是上達不成之後，為免挫敗打擊而圖自我肯定所致的奇謀，因其行不由徑且自甘墮落，故為怪而惡。作怪者必相當有能但非優異，內有無能之感而難以坦白，為掩飾困窘乃轉而表現自主性格，以特立獨行之舉暗示其非庸俗平凡之資，其實迴避求道上進的艱難險阻，並不敢顯露力有未逮的哀怨鬱結，以免自暴其短，然此種貌似輕鬆自在而漠然無求的態度，正顯示彆扭矛盾的心情，畢竟「曾經滄海難為水」，自我安慰終究騷擾自己。下愚與上智者思慮若定而不自尋煩惱，中材之人處事

---

1. 自由當先於不自由而存在，受限是失去自由，自由不是掙脫限制而得，因為真正的自由是最高主宰所獨有，所以蒼生（上帝所造之物）本來不是自由，可見以「解放」尋求自由是忽略原罪的「天真」想法，其所獲最多是相對受限程度的減少。

2. 'The ruling power within, when it is in its natural state, is so related to outer circumstances that it easily changes to accord with what can be done and what is given it to do.' Marcus Aurelius, *Meditations*, bk. iv, 1.

隨便而心念苟且，唯有中上資質不甘寂寞卻無法從俗，此輩對真理天道的感受若有若無，心有餘而力不足，進可攻退不可守，勝驕敗餒，自怨自艾又歧視他人，面臨極限便改變標準以求榮譽，從不安分。如此，凡夫作樂，聖賢作法，其餘作偽。歷史不悠久則詭道不出，蓋虛偽之行需有假託，而初民樸拙，古制簡實，奸巧風氣於此無所寄託乃不能成形，需待社會複雜化而文化深沈，世故老成轉趨玩世不恭，人心思潮方有悖逆禮教之機。簡言之，在精神文明的歷史意義之下，亂即是反傳統，此非末世不見，這不僅是時間的問題，也是想法的問題。怪是逸出常道正規，所以怪必然攀附理，無有大法豈有怪譚；怪又是不自安的表現，若人不具良心，則無衝突性的怪態。由此可見，為亂作怪雖是原罪的展現，然此舉卻是「高級的惡行」，它出於「優等的敗類」，不是草莽英雄之所為，可謂「個人性原罪較少的脫俗罪行」，其所以盛行於文明末世，非因此時人類素質勝於古時，而因現代文明優於古代，給予今人糟蹋最佳事物的豐富條件。亂象的出現必在正理之後，正如末世的出現必在文明極致之後，文明的精神性止境出現於十九世紀後期，而其末世自二十世紀開始，現代始於十五世紀而成熟於十九世紀，可見現代早於末世而出，但將與末世俱亡。現代是文明發展至極以及淪入末世的階段，人世原罪之幽微者於此具體呈現，真理不是越辯越明一情昭然若揭，歷史由「無道」改進為「有道」，然後竟陷於「不道」，此種亂象真是既怪且惡，然「君子固窮，小人窮斯濫矣」，文明有末世不意味文明不真，而是表示不文明者必逢末路。

　　末世是因文明進化面臨極限而形成，末世亂象是因文明面臨極限而無法維持極致所造成，這表示凡人失去希望時大都不

能守節忍耐而保持尊嚴，反而極力自我合理化或企圖另闢蹊徑
以為逃避之途。文明是良知所創作，末世是原罪所導致，末世
亂象則為人性之表現，或說文明成於君子而毀於小人，此為早
已注定的命運，因為凡夫本不可教卻不能不加以調教。君子亦
有小人之心，小人亦有君子之性，君子與小人的差異僅在上進
與否，末世是君子無力超凡入聖的後果，末世亂象是「君子小
人化」的下場，畢竟君子與小人不是固定不易的獨立群體，「小
人儒」的心虛與誤會才使事情詭異，光是小人並不能造反。簡
言之，末世亂象是文明「不進則退」的掩飾性狀況，這暗示人
有良心但良心不足，亦即末世之人並非君子與小人清楚二分之
流，而是舉世皆濁。以長期歷史而言，末世是人類的退步，以
個別時代而論，末世是今人的昏庸，因為末世缺乏歷史意識，
所以末世亂象不是傳統文明的流弊遺害，而是當代自作自受的
現世報。末世亂象主要不是人際對抗所致，而是彼此妥協的結
果，事實上現代是有史以來階級制度最弱的時期，社會平等化
既高，「所有人的責任便不是任一人的責任」；現代菁英的價值
觀顯然與大眾所持相去不遠，這表示現代菁英其實並不優秀，
此輩若生於過去大都歸屬於平民，也就是凡夫俗子，難怪今人
以「機會均等（開放）」為貴。末世必被認作盛世，這固然可能
是末世之人自我安慰的看法，但更可能是其誤解，因為末世全
面到來之前（十九世紀末至二十世紀初）學者比較古今而甚覺
不安，同時人心不可能瞬間惡化，墮落的人在過程中必有掙扎，
此時文明進展緊張曲折，絕不坦然順當，危機之感即使不強，
進步的信心已難以強化；然而在此轉折過去之後，新世代缺乏
歷史記憶，自然將現狀視為常態（新傳統出現而時人不知其新
奇），當社會科學的文化觀取代人文主義的文明觀，世人普遍改

以物質標準論定價值，提升一義讓步於進步之說，於是盛世的
觀感不脛而走，因為科技發展不僅未因文明精神沈淪而退步，
反而更有一日千里的氣勢。學者「左傾」乃為近代時勢，這可
謂「菁英大眾化」，然「物化」太甚則菁英主義無法維持，故末
世的學術立場定位於「中間偏右」，至此似是而非、不上不下、
裡外不一、輕重無別的思想橫行，乃至「大眾菁英化」都成為
可能，大學的氾濫即是其例。總之，文明進化須由傳承，社會
菁英無不「上友古人」，歷史傳統若不能延續則亂世必因創新而
起，文明末世去古不遠卻與歷史隔絕，因此末世亂象是全民之
作而非一方之舉，於是末世之人無法自醒，可見「眾口鑠金」
猶不如「積非成是」可怕，因為新理出而舊知去 3，這使錯誤
永不能改，而世人卻渾然不覺。

　　在知識意義上文明的末世是理性的極限，這表示真理具有
超越性而人類無法得道，此一發現是求知的成就，但其心得卻
是求知無法更進一步，天下事的諷刺性無過此者。文明末世是
超越性存在的「反證」（間接證據），若以哲學標準而言，不能
盡知即為不知，然則人類求道不是功虧一簣而是徒勞無功，此
見顯然過於悲觀，因為無知絕非一無所知，略知一二卻因此誤
解真相真理方為不智，「不知為不知，是知也」，知所進退可謂
高明。真理具有超越性，循序漸進仍無法致知，這是原罪的問
題，絕不意味以理性求知為不當，蓋捨此人無更佳的認知憑藉，
況且超越性的存在顯示知識有大小高下，「強不知以為知」是道
德上的惡也是知識上的錯，「可知者皆知」雖非全知卻是知全，
即使這不是「雖不中亦不遠矣」，也是最為接近真理之境。如
此，知識不足不至於為亂，混淆是非或逃避真理才是亂因，文

---

3. 理以新為誤，知以舊為貴。

明末世本為人類大知達成之時，但無知者難以面對真理之不可知，轉而曲解真理為人性之共識，於是「人弘道」變成「道弘人」，末世亂象的原理不過是「知識民主化」。無理以有理為據，無關以有關為依，無理無關不可能憑空出現而獨自存在，其發展是基於對抗，其作用是出於反叛，故真理若為人所完全拋棄，任何謬論皆將隨之消滅，亂道之情即不存在。文明末世的真理信仰固然薄弱但絕非消失，這不僅是因人的良知不可滅，且因歪理寄託於正義，濫用道理即需求道理，所以亂世也有真理，只不過人人皆自以為講理，但真正的講理是全部合理，然自以為得道者既少，足見講理的人一般都錯得多而對得少。所謂輿論在古時是「英雄所見略同」的觀點，在現代則為「人云亦云」的意見，故古時的輿論顯然遠比現代不可捉摸，因為「德不孤必有鄰」是一種精神感受，而「以訛傳訛」則是一種心理現象，精神高於心理乃因靈魂在肉體之上，民意可以調查而慧識無從計量，有憑有據往往不是高見。物質主義較理想主義更可實證，這是因為心在物之上，而非物較心真實，所以科學性不是真理性，實用性不是可靠性，合理重於合情，末世亂象的知識問題是「以知識反知識」而非反智主義 (anti-intellectualism)，其惡在於推翻高義卓見而主張「知性中庸」，使「上上」之理淪為「中上」之道，這是現代知識份子與大眾文化交合的結果。理性的能力有限，經驗的數量無窮，只要人類存在，經驗累積可不斷增進，然經驗本身無法結論，以理性解釋經驗乃可致知，故文明的末世雖為理性的極限，但此事無妨經驗的增加以及知識的強化。由此可知，末世的亂象是人不能誠心正意面對理性極限所致，其情是理性主義的知識論立場改為經驗主義，甚至陷入相對主義，因而造成知識的平庸化，於是一知半解令人自

信滿滿（驕傲常因無知），卻使文明蒙羞；其實超越性是超越理性而非違背理性，理性的發揚才〔能〕導致理性的極限，而理性的極限有助於吾人體會超越性問題的意義，顯然文明的末世雖因理性極限而起，但末世的亂象卻因人降低理性要求而生。

　　末世亂象其來有自，故現代立場必與文明傳統有相左之處，這即表示末世的文明含有內在矛盾性（又肯定正道又否認真理），正是因此歷史進化已無前途。文明演進歷經「見山是山（古典）、見山不是山（中古）、見山是山（現代）」三階段，至今文明在精神意義上的顛峰已達，人類理應守業持正、無所變革，然世人泥於現象，而以為變化既是歷史的本相，不變乃為退步，故傳統方才歸正，反傳統竟成新猷，「為變而變」使求道轉趨叛逆。「現代化」(modernization) 在行動上實為復古然後創新，在思想上乃藉重振「根基主義」(fundamentalism) 再造「傳統主義」(traditionalism)，其道是復興古典文明精神，由此確立萬世不易的發展取向，所圖改造僅是形制的問題，總之是修正傳統以鞏固傳統。此事本為長期歷史演變的一大階段，絕非短時可以造就，故西方文明的現代化已經五百年，其勢緩慢漸進，乃能塑造新傳統以光大舊貫；而在文明發展歷程不全的東方世界，古典文化延續至今，未經中古階段的衝擊改變，故其傳統僵化陳腐，一旦現代化便瞬間推翻古道而片面西化，有如歷史滅絕。然而西方文明建樹大成之後，卻遭大眾化敗壞，同樣使文明傳統斷絕，其勢且波及東方，雙雙葬送前緣，於是古今承傳的歷史演進脈絡急轉直下，變成老少上下對峙的社會局面，傳統觀念或去或留，主流價值推陳出新，放縱之中又有頑梗，天人之際情理不一。現代文明的反傳統是選擇性的作為，或是程度性的改革，絕非全然的轉變，畢竟傳統所以為傳統，並非

獨夫一時的設計，而是人心與神意所共構，其性質與規模富有常識，不可背棄；文明末世的傳統含有正統，但更多人性的共業通謀，所以末世的矛盾一在今古之間，一在人群之間，這顯示人之善普世皆同，人之惡個個相異，末世有亂象而無奇蹟，只因今人觀望而不觀察。求好心切為正常，太好不是不好，更好不是過分，末世的價值觀並非顛倒正理而是混淆是非，因求妥協又重競爭，「適可而止」成為通義，然其標準不明，無法統一，故現代的菁英主義充滿緊張性，「優」而「異」不可常勝，「五馬分屍」是社會性角色實踐的危機，平庸卻又是俗尚鄙視的素質。亂局是亂中有序，無序之亂不能持久，末世是文明消沈而非覆亡的狀況，因其可以延續，故必有常法維繫，這表示末世文明雖有「反淘汰性」但不至於自我淘汰，也就是說現代雖盛極而衰但猶有為生之力，「要死不活」是其精神頹廢之情，卻非其實際行動。簡言之，**末世的矛盾情結來自現代「出於傳統而反傳統」的身世**，由於傳統是歷經考驗而存活的文明成績，維持傳統至少可以保全，而反傳統過度必自取滅亡，所以文明末世惡化有限，因其節制是為求生而非自尊，故有自我打擊的窘態。君子無所不用其極，上進不應有所保留，提升不當心存餘地，擇善固執便非適可而止，中庸或許為善，但絕無「善之中庸」，末世的菁英前進又退，既自大且自貶，最後止於「尚可」之品，在「比上不足比下有餘」的尷尬中自我美化，終至數典忘祖以求榮於當世，這是文明後繼無人的光景，不是繼承者消受不起的窮相。

理性既是求知的主要憑據，而理性含有體系次序之質，故循序漸進是學習的必要進程，但因真理具有超越性，高深的知識且需融會貫通乃得，所以依序學習有其極限，「困而學之」是

必需的經歷，這甚至不是在循序漸進之方出現障礙以後開始，而是與之同時進行。真理無法循序漸進獲致，文明發展自然不能穩定進步，而必歷經波折且面臨止境，其最大波折即是中古，最後止境即為末世，然末世的亂象使文明止境變成文明絕境，這才是人的不幸。正確真實的知識論立場是理性主義，文明發展的路數亦基於此，然則末世之出可謂由於理性主義的功效有限，唯末世亂象是人心轉趨經驗主義的後果；這其實是因常人理性能力不足，以致無力通達理性的極限而感受超越性的神聖境界（如此便有進無退），而且經驗繁重使人不受其惠反受其害，以為理無一貫。理性主義相信天賦的觀念，這等於信仰上帝，經驗主義依賴人的感官知覺，這是無神的主張，理性的能力即使有限——經驗的功用何嘗不然——理性的極限未必令人一籌莫展，因為神聖感可啟發心靈，使人猶有追尋的方向與力量而絕不迷失；相反地，經驗太少則無足夠資料以利判斷，經驗太多又難以整理而確認事情，然而經驗絕無恰到好處之量，使人可以明察明斷，所以經驗主義的原罪（性）甚多於理性主義，其使用本已含有缺失，當其技窮盡時更使人失望，有徒勞無功之憾。其實經驗主義是一種不可能致知的方法論，因為經驗的歸納需憑理性，單藉經驗並不能斷事立論，然則經驗主義永處於認識的過程中而未能定案，「不識廬山真面目，只緣身在此山中」，這即因經驗不能自我超越，而有限制思考的害處；反觀理性，因其為天性的作用，故窮理即盡性，人事畢則天理現，竭理性之思必得廣博深奧的知識，且理性極限一出，冥冥中若有所感的覺悟隨之而生（感慨也具知性），絕無坐困愁城之虞，「秀才不出門，能知天下事」，便是此理。理性主義是求道的知識觀，經驗主義是不信道的認識論，而文明是求道的態度，所

以歷史的正統是理性主義，此在東西世界皆然。哲學必以理性主義為道，雖然哲學家未必承認或有此自覺，而哲學發展至十八世紀時真理論述已達極限，因此理性主義無法更盛，其後哲學衰落（精神腐化而非術業凋零），經驗主義於是興起，同時科學昌明而工業發達，加以大眾化當令，對此更有推波助瀾之效4。二十世紀以來，「知識爆炸」(knowledge explosion) 而真理愈為不彰，資訊太多反而蒙蔽真相，此因今人信道不篤，是非善惡失去依據，經驗取代理性成為斷事的標準，所以訊息被視作知識，事實被認作真理，輿論被當作公道，於是「秀才遇到兵，有理說不清」，竟使道理簡化錯亂，辯論成為陷阱，而生員在專業之外皆不學無術。顯然經驗累積不如理性解釋，知識增加不如智慧通貫，否則心上負擔沈重導致精神崩潰，尤為失意，現代憂鬱症患者眾多，其病實是「有心而無知」，這是末世亂象中最可憐的受害人，因為他們為社會所肯定卻以不從俗而自戕。

　　經驗主義的知識觀必與物質主義的宇宙觀結合，因為經驗相對於理性而物質相對於精神，理性是一種精神而經驗本於物質條件，所以經驗主義的價值取向是物質主義，理性主義的價值取向則為理想主義。在物質主義盛行的時代，「文明」的觀念式微，取而代之者是「文化」的觀點，其實這意味文化的定義物質化，乃趨於與文明一義對立，而非顯示傳統的文化觀如今凌駕於文明觀之上，因為此二者在史上關係密切且性質相似。高級的文化即是文明，而傳統的主流文化概為上層文化，故文

---

4. 相對而言，理性主義是人文學的知識觀，經驗主義是科學的認識論，正如菁英思想朝向理性主義，而大眾心態趨向經驗主義，二者的差異大約是天性與人性之別，或精神與物質之分。

明與文化一向契合互通，其差異僅為名義，甚至只是修辭問題。十九世紀時社會科學興起，人文思想頗受衝擊而有物化傾向，人類學的文化觀點逐漸滲透史學並流行於各式的社會學科中，而在傳統的真理信仰與菁英主義沒落之後，以「生活方式」(way of life) 為文化的觀念已成為普遍的想法，其所思實是下層文化或大眾文化，因為上層文化於此不是滅絕便是深受輕視(僅被視為「一種」生活方式)。如此的文化與文明的素質相去甚遠，於是文化與文明變成相對的概念，然後文明的觀點被文化淘汰而逐漸衰微，以致今人論及文明時大約皆指「古文明」，或者其所謂文明並無高下之別而有多元性格且為數龐雜，至此文化與文明又成為相同之義，其意是「文明只是文化」。簡言之，文化與文明本來相等，近時相反，現又相同，唯其實是文化已消滅文明，文明名存實亡乃與文化無殊。古時高級的文化才稱得上文化，正如上流的藝術才可名為藝術，所以史上文化與文明相等，這是菁英主義的表現，現代社會主張平等，文明的優異性慘遭剝奪，文化與文明相等是庸俗品味的勝利，可知現代僅有文化而實無文明，文明一詞仍然存在乃因解釋古史所需，且為凡夫大眾自我美化所需。現代的文化觀念既然反文明，這自當使文化惡化，因為不分好壞便是壞，而壞文化不如沒文化，以文化之名使壞是文化的自毀，或者萬事無非是文化則文化一義不需強調，由此看來，人類的文化史是從「上層文化」轉為「下層文化」再轉為「非文化」，然文化論者絕不同意非文化之說，所以現代文化充滿曖昧性，其內情是自相矛盾。文化當有優越意識，否則文化只是方法或形式，其發展必需「資本主義化」才能富有活力，而這確是末世的亂象。在今日的「知識產業」(knowledge industries) 下，知識商品化，出版不為傳道而為

牟利，大眾傳播成為塑造「公論」的利器，於是發言是一種優勢，而質疑是一項權力，當教育改以市場分析時，文化便淪為消費行為，所以刺激想像是興學致勝之道，因為觀點的生產與信徒的製造需相輔相成，乃能創造景氣繁榮的文風。其實求知可能因為好奇，然求知是為探尋真理，所以知識不應是一種興趣，或者知識應是真正的興趣，亦即性之所趨，不然求知便如購物，不為實用便為虛榮，這必使治學變為營生，末世的文化亂象正是這種供需相迎式的學術活動表現。

理性能力有限，知識亦為有限，人文學與科學皆不能無限進展，然科技研究卻予人無窮的希望，這不是因為科技可無限發展，而是因為物質世界對人而言廣大浩瀚，其可資利用的條件在實際上近乎無盡，況且人慾永不滿足，物力的開發乃有不斷的需求與強大的動機。雖然，科學知識既有極限，科技應用也必為有限，凡人對科技發展的無窮寄望不僅不合真相且有害心術，畢竟人為萬物之靈是因其精神高貴，但人為萬物之一的事實表示人心受物質牽制，沈淪墮落即是物慾強於靈性的表現──簡言之就是放縱──這說明人對物質的態度確應保持中庸（中庸之道必為物質性而非精神性乃為可取），否則必受其害。文明的末世是精神性的極限處境，物質性的進步於此仍繼續不止，這造成一般人對末世的到來毫無感覺，因而使末世更無可救藥，其亂象也油然而生，這顯示歷史演進至今物質開發已由利轉害，不知此情將惡化此事。在原罪的世界裡，人有天性亦有人性，故理想與現實的衝突無所避免，科學與科技的關係本屬理論與應用之際，其一致性顯而易見，可以為理想與現實結合的範例，然天人合一所以可貴正因事實上難以達成，偶有此事不意味人已得道，尤其科學所示不過物理，而心在物之上，

即使科學真相為可知，人不能因此通天，可見科學與科技的互貫或是科技對科學的落實，絕不證明理想與現實得以化合統一。心在物之上，所以心物並不相違，然而凡間既是不完美的世界，人心可能受惠於物質也可能受害，心物關係不當便產生緊張性甚至衝突性，而正確的心物關係須由精神認定，亦即以心制物，故知識不足或觀念錯誤必導致以物亂心。文明歷史是精神善用物質的逐步增進，然知識有限使人不能物盡其用而須適可而止，這表示末世到來時人應當節制物慾，以知足的精神看待物力，否則必造成濫用物質的狀況；不幸末世是大眾社會，其物質主義使道德腐敗，科技優於科學的價值觀成為流行的偏見，這注定末世必以亂告終，因為錯誤的知識不可能撥亂反正，以物治心是自瀆之舉 5。心物不同性，故無平衡之事，心勝物則誠，物勝心則偽，為物所誘是人性原罪，用物成道是天性才氣，文明的目的不是中庸之道，藉物養心的極限則是歷史的止境。相對而言，科學是心而科技是物，若科學不能控制科技的發展，便有物質腐化人心的亂性，然科學的精神終究是物性，其難以善導科技趨勢誠為科學的原罪。如此，在民心的指導上，成也科學、敗也科學，人的物化雖非科學的用意，卻是科學的害處，於此人文猶有反省，科學則絕不反顧，這不是因為科學一意孤行，而是因其不如人文對原罪問題有所認識；可見史上精神文明與物質文明共進之情如今已不可繼續，末世之人應知精神無

---

5. 'It is odd that the last twenty-five years which have witnessed the greatest progress ever made in physical science—the greatest victories ever achieved by mind over matter—should have produced hardly a volume that will be remembered in 1900.' T. B. Macaulay, Diary entry for 9 March 1850.

法提升則物質不可追求，畢竟追求是精神的活動，精神不繼便將頹廢，以糜爛之心逐物即是沈溺，因為「心役於物」總不是物質的神化。

文明是高級的文化，文明的價值取向是菁英主義，所以文明是菁英的創作，大眾對文明的貢獻主要是提供文明創作者的生活條件，而菁英對大眾的貢獻則是協助凡人安居樂業，亦即使其安分守己。然而文明既要提升，教育自當逐漸推展，如此政權將隨之解放，於是形式上的菁英數量必然增加，這使真正的菁英反而愈來愈受誤解與排擠6，終至文明大眾化而無法再進化。易言之，在末世之前文明的提升（質）與菁英的增加（量）和諧共進，至末世出現時菁英主義已經變質敗壞，菁英數量因過於浮濫而失其菁英意義，於是「去蕪存菁」的文化機制轉變為「截長補短」，優異者與駑鈍者俱受淘汰，中人之上的水準成為最佳，文明名義上仍在，實際上也可運作，但已無高貴性，更無神聖性，能活而不靈光，亂象叢生。菁英主義的實踐須寄託於制度（如貴族階級），而制度必定有失，這已注定菁英主義無法維持完善，當其失惡化至超過其善時，菁英制度將反而促進庸俗化（民主化），使凡夫自以為不凡，造成曲高和寡而為絕響。人間有原罪，菁英主義救濟原罪而自有原罪，制度之失原為必然，但無識者不辨輕重緩急，以菁英制度有弊而欲革之，殊不知此輩正是菁英制度推廣之下的產物，菁英主義的顛覆實在是凡夫可教程度有限的結果，這不是菁英主義的錯誤或失敗，卻是其道功成身退的宿命，不幸的是此後文明為假菁

---

6. 天才不可能被埋沒，也不可能被造就，真正的菁英本來就少，菁英教育得失相當，其不得不然乃是天命，為的是展現歷史真相於末世的天才，所以終究善多於惡。

英所背叛，菁英主義名分曖昧，常成民主化運動的祭品。菁英
主義的政體是貴族統治，菁英主義沒落則民主政治興起，而民
主化發展是菁英主義擴展的成效，所以專制與民主的對立其實
源於菁英主義的內在緊張性，其為難之處是發掘人才必需施教，
而受教者多少可以長進卻大都不能識道認命，人多嘴雜以致視
聽混淆之事因此不免，有礙聖明主政。菁英主義又主獨裁又主
教化，教化有成則獨裁難行，菁英主義在保守與開放之間無法
尋求安定，這是理想與現實永不協調所致，可見菁英主義是文
明的過程而非目的，文明末世的出現正是在菁英主義達到極限
之後。民主化自古至今逐漸進展，這一方面是文明的成就，另
一方面是文明的隱患，因為文明有追求大同世界的理想，卻必
定無法臻於此境；人有天性但天性不足，此非教育可能改造，
所以開化眾生在史上可能義利兩全或善多於惡，最後則將形勢
逆轉，得不償失，自作自受。這個災禍是人性禁不起誘惑考驗
的下場，只是此種誘惑考驗是文明高度進化才有的遭遇，無可
如何；唯有當人以求道精神發覺其大義時，乃知「凡存在者皆
合理」，這便可安之若素，轉禍為福。

　　文明的標準化成於古典，文明的恆久化成於現代，然而現
代因大眾化而墮入末世，所以現代本為古典的復興，如今卻轉
為反古典，其實是反歷史，於是庸俗的價值在庸才的美化之下
成為新主流，但標準已經推翻，不能再度標舉，故末世缺乏時
代性而富有亂象。借用傳統而反傳統的亂象必是末世之兆，因
為傳統的確立需長時發展，其完成已在歷史末期，而反傳統的
意識若為明確也必在傳統性質彰顯之後，然傳統既為千古不衰
的文化，其優良的適切性不能否定，所以任何反傳統的勢力必
滋生於傳統而無法徹底反對古風；傳統的發展本是不斷的調整

與融合，新異的文化要素經此取捨而促進舊貫茁壯，若反傳統成為新傳統而非融入傳統，這表示文明進化的歷程已盡，乃有對應於傳統或將歷史定型化的新世道，因其自外於古聖先賢之智，自暴自棄卻誤為創發進步，故特別壞事。傳統並非外人所強加，故不應反抗，歷史不是古人的陰謀，故不當仇視，歷史傳統是人們集思廣益的成果，故可檢討而不可拋棄，蓋時間之流固在，空間不能將其隔斷，任一時代均應承先啟後，而不得終結往古。往者為常，超越古代是文明的任務，但進步不是跳躍的運動，提升須憑藉前功，而人間既有原罪，某些事（尤如道德與藝術）在史上早已達到現實中的至善，後人於此只當守成而不應變革，所以何為「傳統智慧」(conventional wisdom) 是改革者需有的知識。歷史大勢無可迴避也不能逆轉，文明進程理所當然而無所扭曲，現代性本為古典精神，末世反古典即是反抗文明歷史，而文明歷史無從逃脫，因此末世取向只能以古典之前的上古風格為準，此非反璞歸真，也非獨立自主，而只是以叛逆為勇敢，從敵意求自覺；其實上古正朝向古典文明邁進，而中古反傳統是上帝信仰所致，凡此皆非文明末世的立場，於是「後現代」成為現代後期的主義，這是現代的自我推翻，但「為反對而反對」是依附於外界的自大，故後現代仍圖保全現代，其矛盾情結導致作亂，犯者卻自命是突破陳規。後現代主義的先驅是存在主義，存在主義以生存本身為目的，這已是反文明的態度，因為文明認定生命是求道的工具，「無求生以害仁，有殺身以成仁」，而求生是原始的歷史問題，存在主義顯然以背棄傳統為復古之道，畢竟無所依歸，難怪末世的思潮須進一步放棄古道以表自立，於是可知近代烏托邦觀念 (utopianism) 的復興其實不是理想國的持續探討，而是無聊空想

因緣際會的抒解。末世反傳統的作為必無前途可期，所謂「未來主義」(futurism) 需有依憑乃不落空，因為求新必要知古，為變而變 (change-oriented) 必定迷失，未來主義的生機竟遠不如後現代主義，這不意味後者勝於前者，而是表示反歷史的程度即是自絕的程度，末世所以可能長存正是因其不求絕對之義，故得苟活。

第二節　末世亂象的特質與通病

文明的末世是文明提升無力之後的癱瘓狀況，故末世之人表面上反對文明，其實仍持文明的立場，只因力有未逮以致無意面對最高標準，於是人性的脆弱使人自我合理化，反而曲解文明之義以提出「更為文明」的道理，自覺超越前時 7。此事顯示人的天性要求上進，現代文明即使退化，其病態是顛倒是非以符進步觀，而非放棄論理以表成功，可見好壞之義可能錯亂，但好壞之想無從消滅，然則文明之實不可能被反對。如此，末世的精神亂象是合理化，其道是扭曲，結果是沈淪。理為正道，合理為端正，講理必是正大光明，絕無邪曲巧詐，偏執屈理而有所迴避即是「合理化」，此事不因無知便因惡意，雖然此種惡意可能極小也可能極大，因為合理化可能是論理能力不足所致（簡化而美化），也可能是存心不良的計略（邪門歪道）。企圖合理化者必受良心困擾，蓋合理為佳，合理化是行不由徑的求好，其內在緊張性顯而易見，此非原始性而為原罪性，其事在古代可能個別出現，唯有在現代普遍存在，因為末世文明

---

7. 'It is part of human nature to hate the man you have hurt.' Tacitus, *Agricola*, 42.

難以面對文明末世，只得以此道自我安慰。合理化既不合理，
必有所扭曲，合理化而無法合理是一種「失敗性的衝突」或為
「衝突性的失敗」，衝突使人不安，所以扭曲者不可能毫不自
知8，若其人在精神上所得勝於所失則驕傲快樂，反之則焦慮
痛苦，現代社會中人格異常、心理問題、乃至精神疾病大增，
實與末世文化的嚴重扭曲性關係密切。文明是求道的文化，求
道一題暗示人性善惡兼具，然求道為善，人性本善方有求道功
課，所以古代的精神問題是天人交戰，其難不致精神錯亂，卻
有砥礪人心之效。末世是墮落的文明，求道一名成為忌諱，所
謂「敬而遠之」是也，於是真理信仰若有似無，絕對標準普受
質疑，然相對標準絕對化亦屬矛盾之事，在不見出路的困境中，
扭曲道理以突破重圍成為自然的乖張，但因此事敗則傷、成則
害，內外交迫，故心靈糾結，魂魄失調，乃多精神反常之例。
總之，天道若在，無可逃避，逃避天道非毀即壞，末世亂象由
於偏離正理卻自以為當，而正邪不分是惡，邪以為正是邪，邪
者自作孽，故不可活，於是可知末世亂象的主要行徑是狎翫。

　　真在善之上，故真理不易為人所知所信，道德則較可能深
入人心，事實上善惡好壞的問題相對於是非對錯的問題更為人
介意，因為知識不多對求生的妨礙不大，而良心不安對生活的
干擾甚巨，凡人不求知仍可快活自在，卻無法在人格上自我否
定而依然樂生。簡言之，無人能自認其惡已大至不可活在世上

---

8. 'All those instances to be found in history, whether real or fabulous, of a
doubtful public spirit, at which morality is perplexed, reason is staggered,
and from which affrighted Nature recoils, are their chosen and almost
sole examples for the instruction of their youth.' Edmund Burke, *Letters
on a Regicide Peace* (1796), No. 1, vol. v, p.286.

而仍繼續生存，這是上帝予人的「道德機制」。善來自真，道德出於知識，但因人有天性良知，所以為善者的道德知識常少於其善行所應具有者（不學而知不是真知），這表示凡人的道德大都「力有餘而心不足」，甚至是「美麗的錯誤」，而在善行的知性問題呈現時，一般人可能對此善行出現反感或退縮之意，恐怖主義 (terrorism) 所以能興起便是因為此情。文明擁護道義，殺身成仁捨生取義是正統的價值觀，史上殉道一事雖不眾多，但其念普受肯定，因此恐怖主義不能成為民間的「政策性行動」；末世道衰，歪論橫行，道德淪落但大致猶存，唯一般善行是出於天生的善心或利害的考量，知識性觀點的道德主張甚少，於是恐怖主義「藉人性之便」滋生。恐怖主義所以出現乃因人心有善惡兩情，善念不能勝於惡意則為德無力，此時利益或情感支配行為，其舉易於了解與控制，故可能引發他人趁機脅迫，可見恐怖主義可以得逞是受害者正義感不足所致，否則加害者其實無主宰的優勢或必勝的條件。如此，恐怖主義之惡與其說是外患不如說是自斃，此事必「流行」於文明的末世，亦即伸張社會正義卻忽視天理神意的「半道德」時代，因為古代「以暴制暴」（準道德）或「以直報怨」（真道德）的世道均非恐怖主義可以利用的「弱點」。然而恐怖主義畢竟是弱者反敗為勝的投機手段，因「成者為王，敗者為寇」，強者處於優勢，故為現狀與規定的擁護者，反叛者欲突破劣勢乃需利用「法律漏洞」，並藉既得利益者「投鼠忌器」而不願冒險犧牲的心態孤注一擲，以贏得局部勝利；此種微妙的大小強弱關係雖大勢已定，但絕非周密不變，蓋現代社會因制度化而僵化，民主法治共負責任的原理造成無人承擔重責的事實，加以武器「進步」至可能以小擊大（致勝）或引起嚴重恐慌（騷擾），這皆使恐怖主義者以

其「不在乎」而威脅性十足。病態的產生必基於常態，故病態是既平常又反常，恐怖主義滋養的溫床是文明末世正因此時既有道又無道，亦即恐怖主義是末世的文明流弊，這暗示人的最大弱點常是人不面對其弱點所致，文明求道即是發揚理性，而恐怖為不合理，此為文明所欲消滅者，然因人不徹底講理，以致恐怖主義竟隨文明顛峰出現而興起，原罪之為惡顯然不如罔顧原罪之為惡。

　　末世亂象的社會關係背景例為民主政治，反之，以後見之明而言，民主政治必定造成文明的末世。傳統政治為菁英主義，現代政治為民主原則，自古至今的演變是文明的趨向，將小人教化為君子是人道中的天道要求，而其失敗則為天道下的人道困頓，這本是注定的悲劇，但大眾不識此事，以致悲劇演成鬧劇，更增智者的悲劇感。民主的實施需以文明為基礎，這不僅是現實條件也是理想期望，所以民主雖曾在古代小規模發展，但其普遍化已在十九世紀晚期之後，文明與民主顯為共進之勢。然而「民主的理想」與「理想的民主」並不一致，因為民主的理想是大同世界，而理想的民主不是完人共治而為個人自治，但人有原罪且能力不一，民主不可能為理想，理想絕不需民主，民主終究是全面性的妥協，這當然是文明高度發展時才可能出現的作法，其推行乃是文明的世俗化，終至於庸俗化。世俗與庸俗本非相同，世俗性是反宗教性，庸俗性是反高貴性，然高貴必為神聖，神聖是宗教情境，故菁英富有理想信仰而凡夫重視現實因素，世俗化是大眾化，大眾化必庸俗化，世俗與庸俗其實一樣，此情顯示無神觀點是低俗的。民主化是世俗化，世俗化則庸俗化，故民主的知識不深、道德不堅、品味不高，因民主出現於文明的盛期，其造成末世是「有待發覺的公論」，此

事所以不明正因民主不能自我反對、也就無法自我批判。民主斷絕真理而塑造真理似的標準，這使民主總是犯錯而永不認錯，更壞的是民主合理化所有的錯，而民主亂象之甚者是「作亂有序」的規則，其害是「亂中有序」的觀點造成假性的永安信念。民主以民為主，所以民主反自由、反獨立、反淘汰、反教化、反正義、反永恆、反上帝，總之民主只是支持多數，而因多數人的立場常非正確，並且選舉下的多數常為總數中的少數，故民主政治連持久的態度都不可多得，有的卻是「一時的一股氣」，於是戰爭與民主乃產生親密的關係（此即「全面戰」）。任何事皆有缺失，然此缺失未必呈現為亂象，也未必造成各種亂象，但民主的亂象不一而足，既似無窮且為多方，此因民主是文明史上集體的造反運動，其惡是基於人性本位，其數是全體的人類，其事涉及最大權勢，其道且無從推翻——民主不能以民主改變——所以民主之患是自作自受而心甘情願的人禍，無法以人力消除。民主政治是文明進化歷程中最偉大的社會性嘗試，此如跳高者自我挑戰終必失敗，其可喜之處是發揮極致與探知極限，其不幸是自此維持盛況成為負擔壓力，而文明歷史的更大不幸是民主化非為自然漸進的改革，卻是大眾突然得勢的叛亂，於是菁英無暇調整安排，天下瞬間變化，社會已成雜糅之局，所以文明前途斷送而歷史真相不彰，可謂死得不明不白。民主政治一方面自欺欺人，另一方面恣行「多數暴力」，軟硬兼施而情理俱失，這不是天人交戰式的困境，而是精神分裂式的病情，然因病者的麻木，問題似乎無傷，可見末世亂象令人無奈的程度勝於令人生氣，該死而不死尤其可歎。

　　人為萬物之靈，但非宇宙主宰，故人相當自由卻又不能完全自由（不是真正自由），這在求道者而言是天人之際的感受，

然在不信神的人而言是有待解決的社會問題，**末世亂象的宇宙觀正是「人可自由」的錯覺**9。任何觀點本不應有多重含意或定義，然因各人在知識上所能體認的層次高下不同，於是許多觀念便出現多種解釋，彷彿其義本為多元，其實這是見識高低的差異所致，自由的問題即是一例。在哲學上自由的探討實為自由意志有無的辨認，而在政治上自由的論定是在於個人在社會中為所欲為的限度，此情使人以為自由的問題有不同的領域（不是理念與實用的分別而已），其實這是由於論者追根究底的程度不同，而非自由有多方的用法與內涵。文明歷史是求道的傳統，求道者必要信神，所以古代的自由觀念是哲學性思想，此即人之自由與神之意志何以共存的思考，而現代文化趨於無神信仰，今人的自由觀念主要是社會性思想，此即個人如何在群我關係中自我實現的思考，此二者表面上不同，然精神上絕不衝突，只是其境界非一（確認天人之際乃可正確決定人際關係）。上帝若在則唯神自由，神意是人事的原因，人無自由是因其連自由的意志也沒有，所以討論人的自由應先判斷人是否具有自由意志10。末世的文明忽略上帝，連帶忽視真理，因此其問題意識往往止於事實或現象的層面，這使自由的辯駁成為人際關係中各人可以任性而為的實情爭議，由是學者又以今窺古而結論人類歷史不過是「自由發展的過程」，這確是「井底之

---

9. 'None are more hopelessly enslaved than those who falsely believe they are free.' Johann Wolfgang von Goethe, *Elective Affinities* (1809), bk. ii, ch. 5.

10. 'It is by the goodness of God that in our country we have those three unspeakably precious things: freedom of speech, freedom of conscience, and the prudence never to practise either of them.' Mark Twain, *Following the Equator* (1897), ch. 20.

蛙」的看法，因為自由是終極真相的問題，絕無演變之跡。依
理，真理在則上帝在，上帝在則人有命運，有命運則無自由，
然「事實上」人確有相當的自由，可見自由是超越性的問題，
思辨此事是探索天人合一的可能性及不可能性，可以使人更有
「放下」之感（雖無「解放」之實），也就是獲得常人所謂的自
由。今人不顧天意逕行尋求現實中自由的可能，此即追求「無
自由意志的意志自由」，不僅虛假而且緊張，因為社會性的自由
是人際衝突下的和平條件，其道一方面以人類為尊，另一方面
以個人為尊，二者必須妥協，而妥協即非自由，人卻要自欺由
此可得「最大的自由」（自由無多少之分），誠為可憐。現代法
律認定「天災」（act of God）一事，這是名義上承認上帝的主宰
力量，然其義不含神之造福而僅及神之造孽，顯然是褻瀆上帝
又自相矛盾，於此「民為神主」卻不能作主，末世的「半文明
性」在捉襟見肘的困窘中暴露無遺。傳統文明相信天道，人的
自由即使不是真相，至少也可於天人合一（合乎神意）之境獲
得其感受，蓋人心若符合天心，雖非自由也無不自由之苦，所
以古人強調義務以取代權力一說，竟無知識疏失或不盡可行之
處。現代文明的進步使人文主義惡化為人本信仰，因而自由之
想逐漸壯大，同時權力之說開始流行，終至自由變成一種權力，
且為最高的權力（故曰「不自由毋寧死」11）；這表示自由其實
是神格而非人可享有，人自我神化必然失敗，故自由的「權力

---

11. 自由是宇宙主宰所專有，再高等的生命也不自由，人以自由為最高權
　　力在觀念上並無錯誤，只是上帝自由而無需以自由為權力，而人欲以
　　自由為首要權力則無法成功致效，故「不自由毋寧死」一說透露人的
　　矛盾與缺陷，蓋為自由而活者必非自由，為自由而死者仍無自由，此
　　說之尷尬實源於欲效法上帝所能卻於上帝感受微弱。

化」畢竟無法大成，自由的權力始終居高不下（平等的權力則可普及）而成為「特權」。總之，文明末世是人類自大又自卑的時代，其自大是因文明成就驚人，其自卑是因文明不能更優，然人性需求自我肯定，自大又自卑的人必隱藏自卑而表現自大，故今人高呼自由是自慰之聲；畢竟自由若為天賦則無庸爭取且非充分（不充分的自由是不自由），強調自由必有心病，有心病則絕不自由，何況人有自由而無所堅持是不義，有所遵從又非自由，可知替天行道不是自由卻是最為自在之機。

　　文明是求道的歷史，求道即是求知，知識的根據是理性，所以文明的極限正是理性的極限，易言之，文明所以有末世是由於真理具有超越性，文明可以提升但畢竟無法自我超越。知識的素材是經驗，建立知識的能力則為理性，經驗是量而能力是質，經驗可以不斷累積，但能力不能無限提高，知識有限是因理性有限，雖然經驗其實也非無限。常言道「學海無涯」，此為勸學之說（有時為反智之言），非謂知識無窮，但以一般人的條件而論（亦即對一般人而言），知識的潛力與數量近乎無限，然而知識即使為無限也無法使人獲致終極真理，因為在性質上真理不盡然是「知識性的」，何況知識若能無限累積便不能有「大功告成」之時。簡言之，「知識為有限」方為合理或可為人所了解，「無限的知識」實非知識所能認可，亦即與理性矛盾。文明愈進化知識愈高深，然真理的超越性使文明終將陷入困境，知識的增長乃無法繼續，但因凡人不知真正的知識是對真理的了解，反而認為一切訊息 (information) 皆為知識，以此文明末世的觀念無法深植人心，知識發展一日千里的說法卻盛行於此時。知識為組織性的訊息，有體系才有知識，而知識體系須符合宇宙次序乃為得理，故不信真理者必無真正的知識；末世之

人信道者少，知識的增進已不可期，然同時知識訊息卻大量增加，使人更為迷失，玩物喪志的學術即是其例。真理若不在，求知其實既不可能也無意義，甚至實用性的技術亦不能存在(物理是真理的一環)，這等於說若無真理則人無法生存，然真理不因人之不知而亡，故末世的人類仍可興旺。雖然，求知而不求道則知識層次大降，於是訊息竟成知識，但如此的知識價值甚為有限，常令人無聊，因此以想像代替論理的知識觀成為末世的學風。理性是人所具有的最強神性，不善用理性而濫用感性者皆是自外於天，難以致知卻易於沈溺，正如真實的歷史較歷史演義更為驚人，想像的觀點遠不如推論的理念神奇，這是因為人為的設計不足以對比上帝的安排(人為其實是神功)，神意之深奧微妙無法學習，所以「意外」不是人可比擬。末世的知識亂象是由於人貶抑知識又需求知識所致，在超越性真理為人拋棄之餘，超越現實的現代神話層出不窮，這是人承受不起真相而虛構事實以自慰的遊戲，蓋理想一旦失去，人生必然平淡，尋找刺激成為人性所需，於是乃有各種「非文明信仰」以娛樂貧乏的心靈，水怪、野人、飛碟、外太空文明、穿越時空、解脫物理諸說均是此類邪思。萬事萬物皆有其存在的定位與意義，這甚至包括人所想像的事物，然一切事物的價值不是由人心創造而是依真理產生，因此價值的增進須由正道行之。論者有謂「人所處的世界是人所能想像的最佳世界」，這不表示世間之惡甚少，亦不意味想像是價值判斷的標準，卻是說明人無法以其希望或知識創造一個更好而可行的世界，此即人的不滿是因無知而起，天人合一者必樂天知命、無入而不自得，因為萬事萬物皆有其理，求知便可發現現實雖不完美，但不現實「更」不完美，從現實中提升才能趨於完美，可見現實世界是吾人接近

完美世界的最佳或唯一條件 12。末世的知識態度由上達的探索
轉變為向內的需索，因無力追求更高層次的義理，唯心主義的
取向成為出路，然後物質主義的強化隨之而起，這顯示凡人「有
道無理」的自得心機，物質主義所以不能發展至「唯物」的地
步，正是因其將摧毀人本的立場，故末世的假知識富有「物神」
信仰的風格。

　　超越性是超越理性，可以理性認識者使人覺其合理，合理
則正當，正當為天經地義，符合人的天賦想法，故理性知識對
人而言可能為神聖崇高卻非神秘，神秘性是似為可知但又難知
的吸引力，此為超越性所致之感受，雖然凡人感覺神秘常因其

12. 「最佳」的觀念必基於「完美」而生，亦即「最佳」是「最接近完
　　美」，然「完美」是超越性的存在，其與「最佳」實無比較的可能，
　　亦無疏密的關係；雖然，「完美」的想法必由金字塔型結構的價值觀
　　所支撐，因為人只能將「完美」想像為「好至不能更好」的「最佳」
　　境界，而非獨立超然的特例。如此，所謂「人所處的世界是人所能想
　　像的最佳世界」(the best of all possible worlds) 一說，其實是表現真理
　　信仰的反面性（間接）論述，也就是認命之後（被迫）肯定神恩的後
　　見之明，蓋真理為完美，有真理觀才有「最佳」之想，而人有此見便
　　證明世間具有使人產生「完美」觀念的條件，這表示人間是接近完美
　　的最佳世界；在此世界裡，萬事萬物處於金字塔型結構的宇宙次序
　　中，其地位高下不同，共同促成人對善惡大小之別的認知，故所有事
　　物均「牽一髮而動全身」，各有角色卻彼此關連，人不能改動其一而
　　不破壞整體功用，而這整體功用正是真理的運作（體現）以及使人得
　　以求道的形勢變化，其中包括「完美」的感受與「最佳」的追求。簡
　　言之，吾人所以生存於最佳的世界是因此見是求道者所不得不接受
　　（承認）者，或者說有「最佳」之想者必求「完美」，而這即是信仰
　　上帝，既然信仰上帝則於神意安排不能置一辭，且覺萬事萬物皆有其
　　義，故世間再好不過。由此可見，人間所以是最佳世界其實是因唯有
　　在此人才可以求道，易言之，求道是世上最美好的事。

自身之無知而非事情之奧妙。神聖感與神秘感並不抵觸，因為造成神聖與神秘的原因實為同一，此即超越性真理或上帝，只是神聖性的可理解程度大於神秘性，但這是人（各人與人類）的知識能力有限所致，不是神聖者的層次必定低於神秘者。神聖者令人肅穆而讚歎，神秘者使人敬畏而好奇，二者本有一致之處——神聖涉及神秘而神秘啟示神聖——然人性自大，故多不愛神聖而愛神秘，結果一般人感覺神秘之事大都不正經，而對神聖之事則敬而遠之，如此常人以為神秘者實遠較神聖者低級，這也就是說一般所謂神秘其實並不神秘，以致神秘主義 (mysticism) 的神秘性甚為不足，大概只是裝神弄鬼或自娛（愚）娛（愚）人之舉，其實是反智主義 (anti-intellectualism) 13。簡言之，凡夫好逸惡勞、不求知而欲有知，故常以降低大知的層次附和己念，強不知以為知，或將可知者神秘化，總是不用理性而隨意想像。認真的求道者必覺神聖帶著神秘而神秘流露神聖，因為超越性的境界自理性知識的極限「開始」（超越性境界對人而言實無分高下），有高見深識才感超越性境界偉大，神秘是其知性發現，神聖是其感性體會，「極限即是極致」之理於此可見，故智者的神聖感與神秘感乃同時存在。末世是文明退縮之時，神聖感不增反減，神秘感卻不減反增，此因不信真理則神聖感難以產生，但自以為是無法滿足心願，在賣弄知識而倚重情感的意向中，神秘性成為美化愚昧與掩藏麻木的良方，這是前進不利而探索無功之後文過飾非的拙技，其道是誇大直覺而藐視理性，可謂「無能者的學問」。不信真理當取唯物傾向，然則神秘性亦應消滅，但實情卻不然，不信道者常務假道學而

---

13. 'Mysteries do not as yet amount to miracles.' Johann Wolfgang von Goethe, *Maxims and Reflections* (1833), Maxim 210.

好神秘主義，這間接證明真理具有超越性，或是人無道不信，末世必有亂象正因文明不能悖理棄道而末世之人無力精進，以致遁入旁門左道。真正的神秘性是超越性，而超越性必於窮理盡性之後乃出，不努力求知不能有真正的神秘感，**末世文明以情亂理，神秘性的消失與神秘感的玩弄成為論道的亂源**，於是招搖撞騙之事屢見，但欺人者亦自欺，何嘗不是自我犧牲（陷害），可見末世的受害者不分主從。神秘雖不等於複雜，但絕不簡單，一般人能力不高，理應缺乏神秘之感，然因凡人慣於簡化問題又胡思亂想，所以常有神秘之說；其實神秘是富於知識性的高深問題，智者在精神上（內心裡）相信神秘主義，但其傳道絕不出以神秘主義之名，正為避免愚者曲解與誤會。今人罕有陳義過高之處（高談闊論者亦不多）卻多虛玄荒誕之言，這是假借可能性「裝懂」所造成的「神秘兮兮」，幼稚而做作，由此彆扭現象可知，神秘出自神性，不虔誠的人好言神秘必有鬼祟。

末世文人並非完全不學無術，而是半思半學、情理混雜，因此有所不知則以推想定奪，常以詮釋代替解釋，崇尚個性而漠視普世性，天人不諧即主人本之說，不敬上帝卻稱「反求諸己」，一副「寓教於樂」的文化觀，其實重利輕義。末世出現在文明高峰之後而時人猶以為進步不斷，故以歷史而論末世的文化發展乃為「反高潮」**(anti-climax)，其說盡是簡單而低級的思想理論**──可通稱為「現代主義」(modernism)──例如人道主義 (humanitarianism)、馬克斯主義 (Marxism)、佛洛伊德主義 (Freudianism)、達爾文主義 (Darwinism)、實證主義 (positivism)、功能主義 (functionalism)、行為主義 (behaviourism)、資本主義 (capitalism)、民族主義 (nationalism)、

後現代主義 (post-modernism) 等等，皆不過是人性化的世界觀，其知識性不高而現實性極強，稍加學習即可掌握與應用，這配合「大眾化」(popularization) 與「美國化」(Americanization) 的強勢俗氣，更使人安逸而自信，展現「反璞歸真」的意象，彷彿天地之間不是原本無事，便是所有問題皆已解答。末世的知識錯覺是將「深入淺出」誤認為「化繁為簡」、將「天人合一」誤認為「天人一體」、將「合情合理」誤認為「理以情先」、將「心領神會」誤認為「情投意合」、將「無欲則剛」誤認為「心誠則靈」，總之是「唯我獨尊」而「順其自然」，「以逸待勞」而「坐享其成」，目標鮮明但目的闕如，活在當下卻逃避現實。如此亂象竟未為亂，實因多元主義 (pluralism) 使矛盾成為無關、衝突成為競爭、對抗成為自由、優劣成為特質、得失成為機會、對錯成為偶然，以致凡事都可，無庸計較，即使計較，也不追究。在這個反對典範的時代裡，史上的偉人只代表一種性格，極致的成就被敵視為創意的障礙，實驗的作法變成固定的風格，與眾不同不是優異卻是優點，傳統成為包袱而歷史常遭竄改，超越古人反不如拋卻記憶，尊重成功者無非是加以權益，反對真理便視其為專業，於是求知近乎購物，學生喧賓奪主，教育有如經商，成王敗寇不再是優勝劣敗，而是言論自由的應用。末世的思潮所以膚淺是因今人在文明創作上無力提升乃轉而改變標準，這是不敢「硬碰硬」便「另起爐灶」、自立為王，其實是藉作怪掩飾無能，以新為高，殊不知現代思想在古時皆有（有其實而無其名），其不明於舊世乃因觀念鄙陋、微不足道，如今此等淺見竟甚囂塵上，誠可謂「野人獻曝」。以歷史後見之明而論，各類疏淺學說在十九世紀後期以來晉級於主流，這是文明陷入末世的證據，因為史上雖亂世不斷，但整體上文明仍繼續

進化，文化逆轉之勢在中古的呈現是質疑批判的精神，在現代則成推翻逃避的態度，可見傳統發展的脈絡至此已經斷絕，今人喜言「永續」(permanent) 而諱言「永恆」(eternal)，便是「以退為進」的自閉病情。

　　人文主義是文明觀念的基礎，然文明提升必不以人文主義為滿，於是超越人本立場的上帝信仰出現，天人之際的探索成為文明精神的最高義；末世的產生則是由此敗退而來，此時人文主義連帶衰落，科學掛帥的價值觀使人從「萬物之靈」墮落為「萬物之主」，自大而無能導致種種新社會問題。若人抱持上帝信仰則文明的末世無從發生，這不是因為「神愛世人」，而是因為知命則樂天，文明即使面臨絕境，虔誠的人鞠躬盡瘁、死而後已，絕無沈淪之事。文明的末世是人上進不成反而惡化的亂局，於此人文主義失其古典精神（君子或仁者思想），以人為本的宇宙觀變質為無神信仰，而科技持續的進步更誤導此勢，以致人的神化與人的物化同時進行，造成人的「物神化」，有理無知、有氣無力、有心無靈、有生無命。人即使為萬物之靈仍非宇宙主宰，然上帝無法理解又不能親見，因此人倒擁有事實上的自由與權力，而可為萬物的主宰；但人力有限，當人無能確定是非或無力實行所思時，尋求神意或聽任命運便成出路，這使人不至於不知所措或備受壓力。由此可見，盡人事而聽天命其實是人的福氣甚至是特權，於是人有所成就卻不須擔負全責。末世是人企圖自主的時代，個人無法決事便以輿論為依歸，這有如人類向上帝爭取自由意志而魔鬼化的表現，但因其力畢竟不是萬能，為所欲為必然自作自受，現代社會出現眾多所謂的「倫理問題」('ethical issues')──例如安樂死 (euthanasia)、墮胎 (abortion)、代理孕母 (surrogate mother)、基因改造 (genetic engineering)、乃至生物複製 (cloning) 等——便是此種惡果。其實這些問題在古代並非不存，其中有些事情(如安樂死與墮胎)古時即有，其餘事情的精神內涵也不出傳統的宗教與哲學，然而古人不為此困擾，因其信念具有權威性的依據，不可造次也無需選擇，今人有此煩惱則因行為準則缺乏崇高的理想而現實條件提供多樣的作法，科技帶來機會但良心不能跟風，故左右為難。此事顯示人既不可自大也不可自貶，背離天道是自大，與萬物同化是自貶，自大必自取其辱，自貶必自取其咎，不亢不卑而講理認命才是明哲保身。文明的末世社會科學興盛，此為凶象，蓋以科學觀點認知人類並非全然不可，因為人身上確有物質的作用，但生命是靈魂寄託於肉體的活動，心在物之上而不當為物所使，社會科學最多是人生的病理研究，不應反客為主要人不做楷模而做樣本，須知動物可能自理但不能自我負責，人做了動物豈能安心，更遑論高貴。**現代的「倫理問題」是道德失去天理而淪為人情（成為法律）所致**，科學的能力促成倫理問題的實況，社會科學的態度引發反倫理的立場，物質條件於此只成為誘惑人心的因素；若以為科學所造成的問題可以科學解決，這是不知「解鈴還須繫鈴人」一說就除弊而論尚可、就興利而言則無效，因為終極的繫鈴者乃是神，可知倫理問題不以天道無法化解。倫理即是道德，道德來自真理而具永恆性與普世性，倫理問題理當不是末世所特有，然其所致亂象確是如此，這證明末世是文明敗壞之局；因人無法擺脫傳統與原罪，故末世的文明受歷史問題糾纏卻未能藉先人的智慧克難，誠為追求新潮（瞻前不顧後）的「時代性錯誤」(anachronism)，不幸而可恨。

　　文明含有原罪，所以文明必須提升而不可美化，原罪既不

能消除，人性只得善用而未可改良；歷史無論如何轉變，人性未曾稍改，人性的減少是現代文明的假象，此種現象自非吉兆。凡人皆富有人性，對人性的了解憑藉自問即可粗知，不太需要外求經驗，然人性在艱困的生活處境中尤其充分表現，在優裕的成長環境中則片面呈現，而現代物質文明發達，人性的展現較不周全，人格偏執或不解人性乃成時下常見的問題。人性（相對於天性）有似物理，在自然狀態下易於顯露與作用，人為因素愈強則人性愈受扭曲，文明的任務是提升人格以接近天理，亦即發揚天性以使天人合一，此非扭曲人性而是超越人性，人性的扭曲是文明敗壞的後果，因為文明是由人通天的努力，其偏差必然導致人為化的真理觀，於是人的天真喪失，退守素樸已無可能，虛偽而冷漠、隨便而刻板、放縱而糊塗、散漫而單調，種種迷情困局盡出，卻因人之無知與無心而得相安無事。古代文明強調人治，現代社會推行法治，人治因應人性，法治忽視人格，制度化實為致使人性隱沒的主因，雖然制度的設定必顧慮人情。真理不是規則，求道必然脫俗，制度固為知識的產物，但絕不能體現智慧，制度化可能成就人類最佳的生活方式，卻必阻礙至善的追求，畢竟人性是不良的天性，文明須改進人性而非規範人性。古代文明以神為本，現代文明以人為本，人性的重視在今日理當勝於古時，然人性不因人之重視而增加，法治的強化卻造成人性的隱匿，這是上帝信仰式微所致之人格變態，因為人性對比於天性方得顯著確實，以人代天必使人性偏頗誇張，而有顧此失彼之困窘，於是人際關係或交際行為的法制化（標準化）當道，人性偏失的問題在此雖獲救濟，但人格的扭曲竟是為害更烈的「副作用」。現代青年缺乏理想熱情，常一副「無所謂」的樣子，事到臨頭一不適意便又牢騷滿腹，

「提不起放不下」，皆因沒有負責的精神，看似瀟灑，其實無賴，可見人性若不提升，即使少有表現，也減不了一分濁氣。又如今人在「公民教育」之下多能遵守社會規範（行為準則），但其心靈實未開化，只是表面上入境隨俗，有樣學樣，其舉似乎合理得體，其實「有禮無體」、「有口無心」，以「人情味」而論遠不及古代，故世風日下總因人心不古，人性減少的現象無非是嚴肅卻不認真的心態。更不幸的事例是現今公務的「官僚化」(bureaucratization) 處置方式，此法使任一事務的辦理均牽涉固定而複雜的程序與規定，須由眾人經手，權宜之計於此成為瀆職，個性無從施展而個案恆非例外，各人所面臨的交涉對象乃是「非人性的」(impersonal) 龐大機制（機構與體系），難與評理論道，連陳情申訴都以體制性的方法解決，不可自主私了，其中人道精神與人文思想俱乏，集體主義高張而現實性卻降，人類作繭自縛竟慶幸安全無虞，甚無做人為生的意義。總之，天人合一之道是去人存天，但去人不是消滅人而是修養人，修養是充實人的天性，故人不可自毀方能奉天，文明的趨向是以人就天，末世的錯誤是以人定天，所以今人自創社會性真理以為宇宙大法，結果人性失真，天道無著，原罪之害有增無減。

　　真理為一貫，求道者絕非多元主義 (pluralism) 的信徒，然而真理信仰不可稱作單元主義 (monism)，因為真理貫通一切、不是諸種觀念之一，故非屬於單元主義而相對於多元主義。雖然，當真理信仰沒落時，各式異說興起，求道者漸形孤立，整體文化環境成為多元主義，於是真理觀確可謂為單元主義、或為眾多學說之一，但這是以「置身事外」的形式標準而言（即一般所謂的「客觀」），並非就本質真相而論。不論如何，真理信仰若被視為單元主義，這必表示多元主義已是當代主流思潮

而求道絕不盛行，十九世紀以來的歷史正是如此的情勢。**多元主義的反真理立場為自相矛盾，故多元主義不可能貫徹，混亂是其文化氛圍，淺薄是其思想通病，**此即大眾社會之常情，而大眾所見同多於異，多元主義中的單元價值觀乃甚流行，例如人們喜稱「行行出狀元」，卻率以牟利為成就依據，這等於主張有錢最好，只不過致富之道看法不一，由此可知現代多元主義的手段性意義多於目的性意義。文明的末世是文明的退步而非文明的放棄，文明追求真理，末世並非反對真理而是求道不力，其真理觀不是闕如而是錯誤，然史上的真理信念亦未必正確，末世所以無望乃因其見是正道的曲解，多元主義的真理觀便由此而來，故其後絕無重建正統的可能（歷史不重演）。真理超越現實，本非人所能盡知，文明發展原有極限，正如求道畢竟無法得道，然則追求真理有其本身的價值，不得以成敗論英雄，為所當為是人的命，吾不應為自我肯定而另謀出路，「君子固窮，小人窮斯濫矣」，文明末世的出現實因凡夫不能守節所然，多元主義正是人們「執一」無力之下的放縱心念，而矯飾者乃美其名曰個人主義或自由主義，殊不知上帝若在則人無「解放」一事，「從一而終」才是務實。真理貫通萬事萬物，形式上這是多元主義，本質上這是單元主義，然「道可道，非常道」，真理終究不是學說理論，多元單元只是分析性的概念而已，當人以此論道時應知真相難以言明，所以古代的求道者不是單元主義者，而現代的多元主義者不是求道者，難怪真理論者在今日連獲得多元之一的學術地位都不能。多元主義是今人自訂的真理，此道既不可力行且多有逃避之意，因其推展有礙正義與進步，人人可能受惠也可能受害，時時可以合作也可以分裂，社會衝突不以此而減，故寬容之說隨多元主張而起，益增價值混淆之

亂；蓋價值既有高低，價值觀必為單元，所謂多元價值觀不是
虛偽便是散漫，實行之際對抗立見，於是乃不得不輔以包容一
義，而這又使各方立場不彰、自損尊嚴，可見妥協不能為道，
如末世的和平是由「恐怖平衡」(balance of terror) 所造，其禍
誰人不曉，何可稱慶。

　　文明歷史是求道之旅，真理超越現實，而現實以物質為主，
所以精神較物質更受求道者珍視,甚至凡人亦知精神高於物質，
因為物質變化無常而不能持久，能超脫時間限制者乃為精神，
生命的短暫使人傾向於相信靈魂永存，這是人生苦難所帶來的
普遍靈感，何況這也是道德觀念成立的基礎。如此，人的自然
思想是唯心而非唯物的取向，**唯物主義是末世的思潮，其興盛
象徵人文精神的頹廢，道德淪喪是必然的後果**，因為人一旦物
化便將縱慾，且不似禽獸受制於天然本性，而更有宰制自然物
性的驕傲意氣。古時靈修運動常見，這是反物質的世界觀表現，
苦行禁慾是其極端的作為，僧院道場則是制度化的修行所在，
現代物質主義昌盛，享樂縱慾成為普通的生活，因此一般人反
而不知自己放縱之甚，而以為快樂主義不是一種特殊的人生觀。
古代生活艱困，人對物質的開發與利用能力有限，受苦於大自
然者竟不以物質為貴，這是因為受苦是精神的感覺，求生的辛
勞使人領略超自然的偉大；現代生活輕鬆容易，科學昌明，人
對物力的掌握卻使人更重視物質的價值而忽略心靈的追求，這
可說是過去求生艱辛的陰鬱記憶所致,但精神的怠惰實為主因。
所謂「生於憂患、死於安樂」，這是就人的生命意義而言，而非
關於生活能力的評論 14，人心愈不磨練愈為頹喪，甚至身體也

---

14. 'Fearing all things, even those which are safe.' Virgil, *Aeneid* (c.20BC),
　　bk. iv, l.298.

是愈不鍛鍊愈為孱弱，物質享受使人心志消沈，這不是自然的定律，卻是精神的危機，能受惠於物質而不為其所害者必是心靈高貴的人，不能以心役物者反將為物所役，唯物主義流行於末世正是文明退縮的結果，因為唯物主義在知識上遠不如唯心主義高深，而歷史全面倒退僅可能出現於歷史終結的時代。正如平等的主張自古即有、但絕不如自由之深受肯定，唯物主義的思想在歷史初期即已出現、但從不如唯心主義地位優越，人為萬物之靈，自當嚮往天界而非流連塵世，唯心主義是傳統理念而唯物主義是歷史異端，這是文明的要求也是人性的常態，畢竟進化是心靈探索的事業而腐化是危及生存的遊戲，唯心主義有待求知乃成而唯物主義只憑反智即生。唯心主義是求道的思想（雖然其說不盡合理），唯物主義是無神的信仰（雖然其說相當有效），求道即是求知而反對性靈便無智慧，所以文明的主力在於學術而末世的偏鋒乃是「為學術而學術」。唯物主義學者其實是無法超越先人的平庸專家，他們為了在學術界謀生，選擇「退而求其次」卻保證有用的理論解釋一切人事，因此輩數眾，其說普及，似為得理；事實上此道是「自殺式的攻擊」，因為物化的學說貶抑士人的格調，學者以自我推翻之法建立其學術地位，這不可稱為犧牲卻顯然是矛盾，難怪左派學人大都過著右派的生活（「新左派」一說不足以淨化社會主義）。道德出於知識，至少善行來自信仰，所以道理不崇高則行為不清高，唯物主義藐視天道而理論鄙陋，其說流行自然使道德沈淪，今人所以強調人權實因唯物主義使社會競爭惡化，乃需訴諸平等之義以保障各人基本的利益，然物質既被視為唯一真相，則尊敬之心並無目標，唯物主義造就現代的「叢林法則」只有更增人際仇恨。

　　求生與求道並不對立，然人欲偷懶逐利，以致求生可能「得寸進尺」而變成求樂，如此求生乃與求道不容，這便是玩物喪志。文明既要解決求生問題又要推進求道大業，這本不可能兼顧，故「適可而止」確是求生時應有的態度，捨利就義方為生命價值成就之道。然文明有其極限，而凡夫重利輕義，末世的**時代精神墮落為捨棄求道以便利求生，因此時科技發達、生活容易，且文化傳統不能驟然拋棄，故現代「借道營生」的作法其實是以歪理美化享樂，今日所謂的養生大約便是「高級的遊冶」**。易言之，文明歷史先經求生問題的克服，然後士君子安身立命，致力於求道的長進，歷經百代之後，在成績斐然時卻面臨發展的困境，隨即大眾凌駕菁英，世風逆轉而社會沈溺於物質享受，長久積累的文明成果竟變作歷史敗家子揮霍的資產，求道成為求生的工具，生命退化為生存，而文化淪為掩飾淫心的手段。如此，末世是經濟繁忙的一片紅塵，人們醉生夢死，及時行樂，彼此利用，相互安慰，「活在當下」卻信仰未來，其實無所追求而只要自尊。此時世人以休閒為成就（週休二日尚且不滿），以不作為權力（罷工合法而「特休」隨意），以懶惰為幽雅（早午兩餐不分 i.e. 'brunch'），以慾望為能力（故有謂「成就動機」），以放縱為自由（破壞令人叫好），以墮落為瀟灑（比美也比醜），在成敗標準著明之下個性的強調更為激烈，於是權力與慾望經常衝突（公眾人物又好名又求隱私 publicity vs. privacy），表裡不一因雅俗相似而人不見怪（名人不因醜聞而衰），難怪吸毒是末世的瘟疫，這是生活富裕而精神貧乏者的刺激力量，也是人類想像力量在窮途末路上的復活夢境。末世文明以無意義為尚，例如達達主義藝術 (Dadaism) 以反藝術為藝術，不論美醜，自言自語而不自圓其說；另外「無用之為用」

的想法如今也滲入大眾文化中，例如「概念車」(concept car) 的推出不為銷售而為迷人，作怪的服裝設計可觀而不可行。凡此皆顯示末世的文明是浪費而矛盾的文化，因為意義決定價值，價值有大小，意義自有高下，以無意義為尚即是以無價值為貴，這是多餘之舉與錯亂之事；蓋傳統若非承先啟後即無法延續，反傳統者若不能另創新猶則必受傳統牽連，末世之人扭曲文明而自以為突破，未蒙歷史嘉惠卻反受其害，此乃濫用道理之禍。「不誠無物」，文明歷史是古聖先賢的可貴遺產，後人不能善加利用則將感其負擔沈重，而欲以掙脫為快，今日社會推崇專業而忽視大道，終究得不償失，因為義利畢竟一致，見利忘義必然費而不惠，短視者所以不覺其誤乃是由於真相並非暫時之景。總之，真理可能被誤解但不可能被誤用，引用真理者即使有所誤解也是意在上進，其善必多於其惡，利用真理為非作歹之人實不信仰真理，更無誤解一事；誠如美為永恆故美化不能成美，真理為超然故合理化不能為道，自由主義者假借理性主義說謊，這是為美化人性而自欺的理論，其無法欺天實因此輩不信上帝，何瀆神之有。

第三節　末世亂象的持續性

　　文明的末世是精神性的絕境而非物質性的滅亡，末世因文明原罪而致，文明為道術而原罪為天數，所以末世不是人所能控制或化解，雖然人可相當體認其發展情形。末世是文明進化的困境，不是人類生存的結束，而人類文明既為上帝設計的歷史，其開始不可知，其終了亦不可知，故預期世界末日之景者皆是妄稱上帝之名而胡說八道的人，宇宙終結之法實如宇宙創

造之狀為超越性的秘密，唯神知道。如此，末世可說是文明的一種層次、狀態、情境、格調、或趨勢，只是不能循例歸類，然以歷史而言末世當為一個階段或歷程，其時有限，但時間永遠的完結不是人可理解的事，故對於末世的終止人根本無法想像，甚至因此人可稱末世將無結束之日，雖然這不是終極真相。**既然人不能思議世界如何消失，而且末世的亂象在性質上絕不改變（否則即非末世之兆），吾人只能相信末世將持續下去，其亂象也隨之長存**，但因永遠不是永恆而末世並無未來，故末世亂象的持續性不是一種優點，也不能引發生命。此情並非證明惡將永存，卻是暗示惡隨善而出（原因）、善在惡便在（現象）、善存惡乃不絕（過程），蓋文明之義即是真理，文明雖有末世，但文明尚存則求道之事仍在，於是末世之惡也不停止，故末世亂象不歇不意味惡為永恆或終將致勝，然善的真理性卻須就此肯定，因為惡的存在證明善的高貴。文明是求道之史，古典是文明永恆之義提出的時期——「古典的」(classical) 就是「標準的」(standard)——現代是復興且光大古典的時代，故「現代的」(modern) 應是「永久的」(permanent)，易言之，現代是歷史永恆化的時刻，然則文明的末世是現代化失敗的結果，歷史性的偏差錯誤從此與時光共存，直到光陰終了乃止，這便是末世亂象的持續性。以「反推」而論，末世的不振證明文明的偉大，末世亂象的持續性證明文明正義的永恆性，時空的有限證明宇宙的無窮，歷史的知識證明真理的超越，至此可知有末世必有亂象，因為文明必為光明，而末世所以苟延殘喘，因為文明精神不死。

　　文明末世的存在是文明思考者的發現，思考文明必認定真理，認定真理必信仰上帝，信仰上帝則知歷史是神意所設，由

此可見末世是人無可如何之事，其始雖可發覺，其終則無法知曉。不信道者認為歷史是人的創作而文明是人的成就，其見趨向進步觀，絕無末世之感，可怪者末世之人幾乎皆為此流，因其不覺亂象存在，故而亂象持續如常，這正是末世為真的證據。此事不表示末世是人所造成，卻證明末世的文化含有普遍的錯覺，其勢無法改變實因末世是大眾社會，於此麻木使人不察危機，而即使錯誤為人發現，「多數決」的原則也使改過難以進行、或者僅止於形式的調整而非本質的轉變。因為理有高下而事有輕重，正如材有大小而人有智愚，多數人的錯誤必須由少數人糾正，否則必為將錯就錯而無法突破，然大眾社會與民主制度一旦建立，菁英撥亂反正的事情已無可能，畢竟凡夫不在乎真理也不能深切反省。歷史不可能重複，大眾社會是菁英文化推廣的結果，民主政治是貴族專制解放的下場，當人權平等已成為法律時，尊師重道便不再是風俗，人們最多能妥協而絕不自我推翻，於是大多數人的意見即為主流，縱使大多數人的意見可能改變，大多數人所構成的主流不可能為菁英取向，亦即不是優秀的見地，所以末世的亂象可能事情有改，但性質必然無異。如此，末世之惡實為人們自作自受，不論人們對此是否警覺，其所作之孽不是共識的產物也是默許的狀況，至少是大眾所接受或包容的壞事，而因大眾不懷理想，末世之局可說是時人心目中的佳境，其非至善並不為人所恨，而人可對此自由批評卻是眾所嘉許的文明盛事15。人性古今不易、東西大同，

---

15. 例如美國人以為美國之可貴不是美國為完美，而是美國可以寬容批評美國不完美的言論，這是重視形式勝於本質的看法，等於主張以手段取代目的而放棄理想追求，其證明美國遠非文明上國的效用確實不小。

而文明是天性發揚之作，故歷史所見的人性或天性表現因時因地而改，其勢是人性遞減而天性漸增，然至近代「存人欲、去天理」成為新潮，末世的人本主義其實是滅神運動，末世的亂象徹底暴露了人因自大所致的無能；但真理既亡，正與亂失去絕對分別之據，久之人不以亂為亂而誤以為常，所以末世亂象之持久是人性所使然，人性不滅則亂象自然不衰，而凡夫擁護人性，當然也不以亂象為怪，這既是能力的問題也是心念的問題，所謂「非愚則誣」是也。簡言之，末世亂象延續不止是因凡人無知而苟且，一方面大眾不知身處末世，另一方面大眾對於改革時代亂象的心意極薄，因此末世亂象被認為是現代常態，而大眾進步觀又使人以為亂象只是缺失，未來的進步將可消除此患，可見現代亂象與末世同壽，誠如愚者永遠幼稚，似乎長不大就可以不死。

　　宇宙真相雖非二元，但人間為不完美的世界，因此唯一真理的表現不彰，相對乃至對立之情則隨處可見，以致凡人常覺事有兩面而不可得兼、價值二分而只能擇一。求道者必求一以貫之之義，不信真理者則以適性合意為念，故凡夫總臨時選擇而趨向事情之一端或以「中庸」為道，這使歷史發展因大眾化而世俗化，末世的文明難免陷於「普通的」世界觀，而當「平凡」達於「普遍」時，世故便成為通達之智 (worldly-wise)。在此世界裡，安全的價值勝於自由，冒險精神低落，理想熱情缺乏，極端激進之情少見，「不及」遠多於「過度」，專家取代菁英，法律凌駕道德，人們互賴而不獨立，社會平等卻非公正，凡事得過且過，民心安於現狀。因原罪之故，文明的提升必有所犧牲，文明標準的確立即是價值的判分與取捨，歷史成就一方面是追求（善）另一方面則是拋棄（惡），兩全其美在現實中

既無可能，兩害相權便成務實的行動。文明的極限即是文明的極致，「最好」即是「最不錯」，也就是壞處最少，文明末世不盡然反文明而是放棄最佳之境、改從最多之見，但相對於古代文化的完美主義，現代文化是現實主義，因現實者必不完美，故末世在精神上確與歷史對抗──完美與不完美「對立」而非「相關」──其錯誤乃變成新的立場或出發點，並無改革的問題。如此，末世由文明歷史演變而來，卻立定於反歷史的境地，其觀念原是傳統素質下降（惡化）的呈現，終竟化為反傳統的態度，此理是「次佳」的死敵是「最佳」、「相似」即為「不同」，末世與歷史相左（各有特色），歷史有延續性，末世亦有持續性。末世為末世，即無有新局，而必死而後已，故末世絕無本質性的演變，何況末世的文明反對史上的文明，而人無善即惡、非智即愚、不進則退，所以末世文化另無選擇之機，只有抱殘守缺而自以為是。是非相對、正誤相反，二者之間絕無真理，所謂中庸勉強而言是「相當的對」，亦即「相當的錯」，絕對言之則為「絕對的錯」，末世文明的錯誤主要在於「偏差」，其次在於「中庸」，凡此皆是某種程度的善，但因文明極致也只是「雖不中亦不遠矣」，文明的末世已遠離正道，實為嚴重的惡。總之，末世亂象所以將持續下去，這一方面是因末世是歷史終結的時期，人在史興、人亡史滅，末世與人類共同消失，在此之前末世對人而言自是永在；另一方面，末世的觀念為文明墮落之後的思想，沈淪者一意孤行而末世之人不覺沈淪，卻以反傳統為傲，故末世並無革命之想，其「時代精神」當然維持不變。若末世猶有革新或復古，則末世之說必為虛假，「末世亂象的持續性」一題若有錯誤，必在於「末世」的斷定、而不在於其「亂象的持續性」是否為實，因為末世不可能有中興之

事。末世必是精神性的亂世，末世亂象必持續至末世結束之時，然末世之亡非因其亂象所致，而是人所不解的上帝作為，由此可知末世亂象的持續性既是出於真理也是出於神意，其神秘是由於超越性，不信者不必爭議末世亂象是否持續，畢竟相信末世須先信仰上帝，而信仰上帝便知人間原非昇平之世。

　　文明的末世顯然出現了文明發展的困境，但此種困境所含之一事或致使此種困境無法克服之一因是人們對此情認識不清，易言之，末世之人不覺處於末世，而以為當代的問題並無歷史的獨特性、或者不是無法解決，所以末世的文化氣氛是危機感與樂觀精神共存——此即「審慎樂觀」(cautious optimism)——這造成「無可救藥卻不致命」的慢性病怪態，然則末世亂象的持續性可謂出自世人恆久的「美麗錯覺」。此一問題最顯著的表現是在於今人的科學觀，其「天真」想法是科學所致之問題可以科學解決，這不僅是科學掛帥的價值觀，更是科學主義(scientism)的信仰觀，彷彿寰宇之內所有的問題皆是物質問題，而其處理自當憑藉科技。事實上精神高於物質，世間問題或許因物質條件而起，然問題意識的出現必來自精神，以物治物終究不可能、或者其實是以心治物，科學萬能的迷信只是延緩面對問題的痛苦，絕無真正的希望。物質世界誠然浩瀚廣大，似為無邊無窮，而人生短暫、人力有限，物質困乏所致的全面災難實無立即的威脅，所以物質主義對務實者而言有效性頗高，且其物質性的弊害出現緩慢，而物質主義者本不在意永恆，這使物質主義在現實中確是相當可行。然人間為不完美的世界，真理於此不全然落實，以可行性為真理性是一大誤解，科學成就之高反而是其誤導信仰之因，末世之時人文學衰敗而科學興盛，這正顯示科學之「不祥」。誤入歧途者信心愈堅則迷失愈

甚，正如一知半解較一無所知更危險，末世不是一無是處而是似是而非，這使其錯誤具有「固執性」而少單純性，亦即為「高級的錯誤」。在現代社會中，文明的終極意義不明，於是手段的價值可能超越目的，技術性的改良常造成本質性的惡化，此事不為人知或不受重視，以致惡法行之久遠而不廢。例如不敢殺生之心（情）普見於今人，但殺生之事在今世實較往時大增，此因現代科技與經濟進步，一般人食肉的數量遠多於古人，而其宰殺牲畜的經驗卻大減，同時美化動物形象或人獸關係的教育則甚普及，由是「聞其聲不忍食其肉」的假性慈悲興起，真正的愛物精神竟未流行，反而是「眼不見為淨」的心態愈為強化，如此在表面上今人顯得文明，其實更少面對現實的能力與感念蒼生的心思。同理，致命性愈大的武器與刑具出現之後，殺人變得愈為快速容易而不顯殘酷，於是殺人之事乃更增加，這一樣是「心為物役」的可怕現象。與此相對者，現代世界的和平是恐怖對抗所致的武裝僵局，因現今武器毀滅性巨大（常超出實用範圍），各國相互摧毀的能力相當 (MAD: Mutually Assured Destruction)，且極可能波及他國而造成全人類的滅亡，故備戰愈力愈為畏戰，和平由此大獲保障，然而戰爭的可怕程度不與和平的確保程度相當，因為人未必服從理性，何況「以戰謀和」畢竟是矛盾之舉，其危險無法預計。總之，末世之亂被控制於一定的限度中，這是文明的遺惠，然此種「雖不滿意但可接受」的情況正是「末世性」的表現，其改良並無偉績，而凡人卻有安守之意，可見在內在與外在二方面文明末世皆已定型，亦即人心與形勢俱疲。

　　末世的文明既然忽視真理，末世之亂不至於惡化為史上最劇，因為不計較絕對是非之義則爭執有限，而且末世出現於理

性主義的盛世之後，情感與經驗的價值深受肯定，寬容妥協的態度成為習俗，和平主義 (pacifism) 盛行而愛的呼籲四起，於是末世亂象因人普遍姑息而持續不絕。凡人大都覺得「好死不如歹活」，委屈求生是人的本性，末世即使是人類生存的末路，一般人在精神上也不會有激烈的掙扎，其行為總是盡量延續平常的生活，而非冒險一搏以求新生。再者，自私是靈性不足的反映，各人的立場常非個人應有的氣魄，因乏天人之際的省思，凡人對於人類的命運多未措意，而只在乎一己的處境，所以末世的問題不可能為大眾所悉，因為民心不可能受末世一說影響。末世的政治社會是「人人有責而人人免責」的群我關係結構，因果報應的表現於此主要是集體而非個人的遭遇，即因不負責任不必自食惡果而自作自受是一國之事，故文明的問題當然不為私人所關心。現代世界是「地球村」(global village) 卻非大同之境，時下政治衝突猶烈而文化交流犧牲文明價值，世界公民所倚不過是國際公法，民族互通旨在發展經濟，人類共識限於環境保護，末世體認則尚未開始，顯然世局較國情更不為凡夫所重，而人類文明的未來必非「國際化」所可保全。當今最流行的末世觀是對於生態破壞的憂慮，其見不是關乎文明的末世而是生活的絕境，這雖有警告的作用，但缺啟示的價值，而且大眾對科學的迷信使此患的啟發性大為折損，同時宗教家與道德家卻以救贖之說勸人逃難避禍，亦使末世的文明意義普受蒙蔽。現代文化既著重實效又強調柔情，似乎只要人有心便一無天災，若力不足以克難則反以怡神為要，總覺進可攻而退可守，無須堅持本意，故憂患意識微弱。如此，今人所以不覺末世為患實因失敗主義 (defeatism) 作祟，蓋不信真理便無終極追求，然則應變調適即為人生本務，成敗得失的根據隨時可改，何必

從一而終，此想看似自由自在，其實自欺欺人，畢竟改換標準即非圓滿之事，放棄初衷當有遺憾，豈可以為「此一時也彼一時也」而時時皆好。求道必須講理，情合於理方為有情，所謂「大愛」應具至理，「得理不饒人」必因知淺，現代文化講求同情非因同理而因同病（同病以致相憐），這實為彼此包庇，因為無理之情絕非真情，大眾情一畢竟是偽善所然16。除卻妥協的心態，置身事外是另一造成現狀保持的因素，這表示在末世中清靜的追求一如往常仍為一股伏流，未受時勢丕變所阻礙，雖然「大隱隱於市」的作法更勝於古時，而其精神也更堅決（末世論向來出於此輩）。由此可見，末世無法超生固然是因大勢已去，但人心的淡漠是不可不究的責任，因為盡人事然後聽天命，若人不圖振衰起敝、激濁揚清，而以「勢比人強」為由、行「明哲保身」之計，這即是妄稱神意以逞私欲，其惡猶大於心死，末世所以為末世正因此惡甚於史上。

　　末世如有絕處逢生之可能則末世之說已自我推翻，然末世論者不應為壯大其說而逕行否定復興之事，虔誠且高明的求道者必願其見為錯誤，這一方面是勇敢求證的知識態度，另一方面則是解脫責任負擔的唯一途徑，蓋「能者多勞」是天命，最偉大的求道者必是最辛苦的傳道者，若他發現自己有誤則將立刻受惠，因為從此他便可以「放下」了，可見愈希望自己所知為假者愈是智者，然而這個希望永不可期。探討末世者確認末世之道是盡力發覺其說之失，亦即以自我質疑之法追求定見，如此則可知末世是「沒有希望的時代」，這不是進退兩難而是缺乏目的、不是發展受阻而是提升無力、不是資源耗竭而是條件

---

16. 'Toleration is good for all, or it is good for none.' Edmund Burke, Speech on the Bill for the Relief of Protestant Dissenters, 7 March 1773.

浪費，於此人之有為不如無為、積極進取不如退而反省，易言
之，立功不如立德而立德不如立言，因為文明末世是歷史真相
呈現之時，此時成就的建立甚至典範的樹立已非要務，求知才
是正業，而其道是「鑑往知今」。簡言之，為文明歷史作結論是
末世最偉大的事業，雖然這有賴於凡夫俗子繼續其營生習慣，
而救亡圖存的淑世工作也不是志士仁人可以罷手的事。末世的
學者無可寄望，其過常多於其功，亦即誤導大於啟蒙，事實上
末世之學玩物喪志、窮奢極侈，極限的發覺未引發超越性問題
的感受，卻導致疑古去聖而自我美化，於是「自由勝於安全」
的價值觀一變而為「自由詮釋安全」的人生觀，自由的手段性
意義轉成目的性質，個性的發揮成為最高標準，其運作卻飽受
平等權力的妨礙，因為大多數人終究是平凡的生命。末世亂象
之出雖與背棄歷史有關，但末世不可能因復古而改造，學習古
人的智慧也許可以解決某些當今的困難，然現代文化的病態是
人無法面對極限的結果，其化解方案無可見於古代文明；顯然
歷史若有進化則「時代性」必為真，故「現代性」與「末世性」
一定關連，蓋現代既為文明發展的最後階段，末世當然從中而
起，現代不能真正成功乃有末世，末世的時代性不能改，其理
如同現代性難以超越時代。雖然，歷史不永無妨真理永恆，文
明不能「止於至善」是因原罪，但這卻啟發真相的完美性，由
此可知缺陷確實可能為美（「缺陷美」），末世所示並非「一切都
完了」而是「可能結束者畢竟不真」，人無法「止於至善」實因
至善不是止境，卻是超然之域！

第六章

歷史學的反省

循環中的上升：
巴黎凱旋門的登頂梯

第六章　歷史學的反省

第一節　史學的末世與末世的史學

　　人有求知的本能本性，此即一般人所謂的「好奇」，而在文字發明之後人更有保存資料的作為，這亦是自然之舉，蓋拋棄所有本非善事或易事，何況是具有神聖意義的知識性材料。這表示紀錄歷史是人性所趨，不紀錄歷史毫無道理，因為人不能呆滯不思，有所知則加以記載並將其流傳是一種原始的動力，其後更成為知者的責任，而在文人競相書寫所聞所想之後，著述已是學者的千秋大業，在授業傳道之外，尚未解答的問題也由此召喚各代菁英集思廣益，共謀解惑。若說人是理性的生命，這其實是說人被賦予求知的天性，因為理性是思考的能力，思考是為求知，求知是求真相，而終極真相即是上帝，所以人之能知是上帝使然，求道則是人之使命。歷史是神意的設計，紀錄歷史是人的天性作用，研究歷史實為追求真理，而解釋歷史實為了解神意，雖然一般學者並無此意。歷史包含一切發生過的事，對人而言這已與「一切」相去不遠，且在歷史時期中所有的知識皆已成文，故人類的全部求道心得都是（化為）史料，反對歷史實與反對真理相同，但這也逃脫不了歷史的席捲。簡言之，歷史是人求道的所有憑藉，這雖永不足夠，然其量早已超越凡人所能駕馭者，況且真理具有超越性，歷史為神意的展現，因而實非學者所能盡知，其證據之一是歷史事件常超出人的想像（遠較人為的歷史演義更不可思議）。上帝安排歷史，人

被神驅使而紀錄並探討歷史，歷史即使無法盡顯真理，真理卻已盡於歷史中表現，其不為人所知之處正是真理為真的證明所在，若人將歷史完全以現實的條件合理解釋，這將扭曲真理，至少是降低其層次，實為褻瀆上帝。由此可知，歷史不能清楚呈現真理，這並非史學的末世，史學使人發覺人上有神，自亦顯示歷史相當不可理解，不論人類在世上歷經多久歲月皆然，此乃由於人之原罪而非歷史過於短暫，雖然歷史過短確是一項治史的缺陷（亦即文明發展不全）。事實上史學的末世是出自人對求道的放棄，此非歷史所示之理已達極限所致，而是因為真理已不是常人的信念 1，於是歷史的人文學精神漸失，科學掛帥，工商勢盛，現世功利的思想橫行，未久傳統沒落而無神信仰已成為新的傳統，現代歷史所展現者確為無道的世界，今人治史因此難免更加強化其反真理的認知。至此，史學的末世促成末世的史學，這正是所謂的「惡性循環」，不信道使人恣意以私心解釋歷史，且將大事忽略而沈慮於雞毛蒜皮的細節瑣事，玩物喪志卻自以為專注精一，離經叛道卻自認為公正有情，相互援引而彼此標榜，以史為資而遊戲人間，誠為現代清談之風。人不能創造歷史而僅能呈現歷史，史學末世的出現其實是歷史的一個現象，其後仍是神意策劃，末世史學的絕聖棄智畢竟無法一手遮天，其歷史意義亦顯示真相依然逐漸澄清（末世史學也只是一個歷史現象）；正因歷史包含一切人事，史上的錯誤也可由史學指陳而成為史料，故史學的末世雖與末世的史學相應互動，但此事的發覺與糾正仍有賴歷史研究，足見「知窮」與

---

1. 司馬遷《史記》〈太史公自序〉：「太史公曰：先人有言『自周公卒五百歲而有孔子，孔子卒後至於今五百歲，有能紹明世、正易傳、繼春秋、本詩書禮樂之際？』意在斯乎！意在斯乎！小子何敢讓焉。」

「窮知」不相違背且有益於知（「不知為不知，是知也」）。歷史
陷人於困境卻同時提供解困之道，顯然史學知識儘管沒有超越
性，但超越歷史（脫俗）之方捨此無他，愈是相信人為環境產
物的人愈是環境的產物，這不能自我作古，卻必然與世浮沈。

　文明的末世是歷史的最終階段，然末世是史學的發現，而
史學是文明的創作，如此末世仍有其可貴的文明，或說「末世
也是文明的」，雖然末世的文明無法振興文明的末世 2。相對而
言，歷史是時間而文明是時間的成就，文明憑藉歷史而發展，
若成績不佳則文明與歷史的差別無多，末世的文明性不優，故
其歷史性逐漸淪為時間性而缺乏歷史意義與價值。歷史如乏文
明則歷史近似時間，少有可觀者，末世的歷史在本質上變化幾
無，其文明性弱而時間性強，而時間與變化同在，變化少則時
間感微，本質無改則時間存在的意義大減，所以末世有如時間
的延續，遲早要完了，即使甚為持久也價值不多，因為末世的
價值不隨時間而增進。歷史有如人生而文明有如魂魄，靈魂不
是為了生活而存在，卻是為了提升而活動，史學的末世是因學
不求道所致，於是乃有不求道而求知的末世史學，從此治學只
為自我合理化，人之偏執失誤愈來愈嚴重，而「人人皆錯則人
人皆以為對」，末世的史學無疑使史學的末世更為惡化，文明墮
落為歷史而後已，此際只有超越歷史的史學才能針砭時弊、揭
示末世的終極義理。史學是對歷史的研究，歷史若為時間則史
學是對時間的觀感，歷史若是過去的事情則史學是對往事的解
釋，歷史的現象經由史學即化作道理，文明的末世便是史學的
觀念，若此見為正確則文明的末世也可謂歷史事實，惟此事不

2. 'Truth is a standard both of itself and of falsity.' Baruch Spinoza, *Ethics*
(1677), pt. ii, prop. 43.

是人所可完全認定，因為人不能生存於末世之後而研究末世的歷史。雖然，史學包含人類所有的知識，這即包括對史學缺陷的警覺，所以關於文明末世的觀念應無大誤，畢竟這是人類所有知識的結論（之一），如其有錯也絕對是瑕不掩瑜，蓋此見對人而言必得多於失或善超過惡（反省自責不可能為患而可以上進），且其錯誤實因原罪，無可厚非，可知末世是文明極致之所見。若不論文明的意義則歷史與時間同壽，但史學因其文明性（求道精神）而可能超越時間，史學儘管受傳統影響，然亦可能超越傳統，此所謂「通古今之變」；史學所不及即是人所不能，懷疑論者必輕視史學，這實在不是因為史學的缺陷，而是因為懷疑論者不信天性，自然更加質疑人性，故以史學為世俗的意見。人有人性也有天性，於此天性為善而人性為惡，人性的缺失自不應作為各人見解不當的證據，因為知識是從人的天性而發，人有錯並不導致人無法為正確，故曰「不以人廢言」。以此為譬則可說歷史是人性的作為而史學是天性的表現，歷史的錯誤不必然阻礙史學的深造，正如軀體的殘廢無妨心靈的奮發。歷史沒有終點而文明有其末世，這不是因為人性為永恆而是因為文明追求永恆，人有原罪以致文明進化有極限，但原罪卻始終與人性共存，人亡史滅而人有生之年不能見識歷史的消滅，故歷史無終而文明有限其實表示生活不即是有為。文明歷史是人求道的陳迹，史學是對此檢討的成績，不論結果如何失敗，省察敗績即有成功，所以末世的發現雖屬歷史之不幸，卻是文明的一項（最後）成就，這表示知識較感受更為高級，而知識就是力量，史學當可使歷史末代更富有正當的自尊。

　　在理論上或概念上歷史是過去發生的事，但實際上過去發生的事不可能全部流傳至今，所以歷史實為「被紀錄的往事」，

然而紀錄不可能不含解釋，並且唯有透過解釋歷史的意義方可彰顯，於是「歷史」與「史學」事實上無法分離。經由歷史解釋，缺乏紀錄的歷史得到彌補，或者其缺憾性可以減少、甚至成為無足輕重，因為史事的重要性是根據人的認知而來，這表示往事的紀錄或忽略反映時人的觀念，而在後人另加解釋之後歷史的「真相」改變，以此原來史料不足的問題便大為改觀（「缺」未必為「失」而「虛」未必為「假」）。歷史有如人類的日記，其所呈現者一方面是事情，另一方面是對事情的觀感，而所謂事情一方面是人的內在思考，另一方面是外在世界的狀況，如此歷史不只是人的反省、更是探索，研究歷史即是求一切之知，易言之，即是求道。人有原罪，不可能知曉一切，求道最需掌握者是事理而非事情，此事所以可能是因理先於事而存在，而人具有理性——即先見之明——了解事理則無惑於事情，雖然了解事理（目的）確實需要憑藉事情（手段）。由此可知史料含有史觀，研究歷史必帶著史觀，而其成效是改變或提升史觀，不具史觀的史學不是客觀而是毫無可能。簡言之，**史觀是對於世事變遷之道的看法**，這等於是對真理或神意的斷定，只不過治史者常限於「就事論事」而不能貫通或超越繁多的案情，以致其見膚淺狹隘，並無求道的感想。雖然，史觀的必要性證明歷史研究是要尋求真理、或者必然出於某種真理觀點（此即「認知模式」），任一史識皆具有普遍性內涵，唯其見解的高下有待考察。不論如何，史觀是真理觀的一種表達，真理觀轉變則史觀隨之而改，反之亦然，如此文明末世的史觀當為謬誤，因為此時的真理觀偏差嚴重。古時綜覽歷史大勢者常持循環觀，現代則流行（直線）進步觀，此二者未必為正確，然其他主張難以成立，例如（直線）退步觀雖與末世論相合，但其「早期

盛世」的假設不可能為真實，另外不進不退的停滯說更無法取信，因為時間的作用或變化的存在根本無從忽視。如此，關於史觀的最大爭議似乎是循環觀與進步觀孰是孰非的問題，但這其實是一個天然的誤導性現象，或是人性自我蒙蔽之一例，蓋史觀即為真理觀，真理超越現實，循環與進步之說皆無超越性，顯非正理，人以其經驗或理性為準判斷宇宙真相實在是自愚愚人。循環論與進步觀皆排除上帝的「角色」，或者忽略「第一因」（創造性）與「最後果」（目的性）的問題，同時對於文明的意義不是疏忽（循環論）便是簡化（進步觀），故其說最多只能適用於歷史過程中的某些現象，實無解釋歷史真諦的價值。文明的末世是進步觀流行的時代，循環史觀於此當然無一席之地，但末世觀與進步觀的歷史思維相互衝突，進步史觀若為正確則文明末世不可能出現，然末世實已到來，進步史觀的錯誤簡直是鋪天蓋地，惟此事與其說是進步觀的錯誤不如說是末世的亂象，蓋知識疏漏是人所難免，而普遍誤解必因世道歪曲。歷史包含一切人事，史觀的正誤也在史學探討之列，末世史學的偏失雖大，然其批判亦由末世的史家為之，畢竟歷史包含一切，故須（能）自我檢討，**史學的自省所以有效乃因以通貫古今之見評議必可發覺一時之弊，所以末世的問題是「通史」(general / universal history) 研究可以發覺的事**。

歷史須以史觀解釋才能展現其深刻的意義，而見解不同歷史真相的呈現便有異，此即所謂「歷史的改寫」，然則歷史所以需要改寫，不是因為真相決定於人心，而是因為各人對真相的認知（能力）不同，有所發現便要公諸於世，這是知者的義務與慾望，也是人類共同的使命。歷史的改寫可能由於資料更加豐富齊備，也可能出於解釋立場或觀念的改變，更重要的是因

為學習心得超越前人，此即「站在巨人肩膀上看得更高更遠」，顯然有所見則必有所現，歷史是人類的共業，史學是所有人皆應共襄盛舉的探索。歷史愈長久愈好，這是當然之事，蓋歷史是時間之勢，時間若被視作根據、標準、憑藉、或價值，則時間理當愈長愈佳，同時由此所累積的條件也必愈來愈雄厚，所以歷史悠久的本身即是一項成就，而史學研究的質與量亦因此更為可觀，這正是「良性的循環」。歷史知識是後見之明，歷史愈豐治史者本應愈多心得，惟人之理智不全，無力獲得後見之明者往往蒙受成見之累，故歷史悠久但改變不多或文化素質不高，則長久的歷史反而可能變成「傳統包袱」，使後人深受限制與蔽塞，這有如信仰上的「教條化」，近乎理而止於禮，究竟不能得道，此誠「天予不取反受其害」，非謂歷史本是凶事。簡言之，歷史是神對人的啟示，不能於此悟道者是暴殄天物，有所曲解則受迷信誤導，所以不能體認神恩便將轉福為禍，而浪費固為不幸（可惜），浪費者卻不可謂命苦。如此，處於歷史後期的人應較前人更為幸福，然末世出現在文明由盛轉衰之後，此時人們「生在福中不知福」，其時間感錯亂、史學觀點背離傳統、知識偏頗卻自以為是，這顯然是未蒙歷史悠久之賜而反受時代演變之害。文明末世的學者競相改寫歷史，其原因主要不是史料的增加或學習成績的提升，而是解釋立場的丕變與分化，此即多元價值觀的流行，以致末世史學的特色是以今非古、反對道統、標新立異、著重俗物、強調個案、甚至「淡化歷史」（不論醜化美化皆為自用）；歷史晚期的史學不但未能利用其時間性優點以結論歷史之義，反而濫用其「最後發言」(the final say) 的優勢顛覆傳統理路，這確是「文明敗家子」的行為，或是「自殺式的文化創作」，歷史的終結竟是歷史學者所務，可見

末世的史學與史學的末世互為因果。總之，除卻政治性的史學，歷史的改寫向為歷史進化的表現，但至末世此事一變而為抒發私意的手段，學術已非公器而著述成為武器，改寫歷史實意圖推翻歷史，文明的退化於此顯而易見，因為承先乃能啟後，未能繼往則無法開來，不受惠於歷史必定受害於傳統，新史之作若不能錦上添花而超越舊史便是作亂造反，這不僅混淆視聽並且相互傾軋，終將自我抵制，難怪末世史學著作叢出而歷史卻更受世人忽視。雖然，經歷困惑而不迷失者必有覺悟，末世的史家亦可能有鑑於此種亂象而領會超越現實的真理，這便是「歷史教訓」(historical lesson) 的可貴作用，於是有識者乃可以利用他人所事之所示撥亂反正，將錯誤的「時代性史學」再加以改寫，而達到歷史最後的定論；此議所以為不易，是因「見山是山」的定見出現之後，便不可能退回「見山不是山」的舊觀，畢竟問道只有確信與否定真理二途，絕無遲疑不決之果，傳統史學信道（「見山是山」）、末世史學棄道（「見山不是山」）、通貫古今的終極史學得道（「見山又是山」），然則歷史真相為何至此已不言而喻。

　　末世是歷史的實況，但末世一說是解釋性觀點，故末世是史學的發現，不研究歷史便不知末世，然其影響遍及不知情者乃至反對此說者。依理，先有末世才有末世的史學，而一旦末世的史學出現，史學的末世即隨之開始，因為史學與任一學科一樣是知識探討，而求知是求真理，真理為人否認則知識不僅價值大降且將趨於消滅。當末世形成，常人受環境「制約」，其思想「末世化」，於是末世的史學出現，再經治史者以今釋古的學術宣傳，末世的史學促成史學的末世，研究歷史的求道意義幾無，反而使人深受蒙蔽與誤導，成為助長末世性發展的幫兇。

如此，歷史在今人改寫之下呈現向無理想深意的人性取向，一切時代演進似乎皆為達成中庸之道，安全與自由或平等與個性妥協互容，解脫傳統與解放慾念則為一致的立場，於是現代與古代二分，非新即舊，末世的史學其實反對歷史，故其結果是史學的末世。文明的末世是現代興起而難以為繼的下場，現代性是文明終極的價值，但現代化無法將此推展而不損及其精神（更遑論提升），以致現代化造成大眾化，反而使文明的素質墮落，引發末世。簡言之，末世是「後現代」，亦即現代中落的餘年，後現代主義確可為末世性的信息。因為文明的末世接續歷史的現代，今人不知盛世何以轉化為衰世，故總覺現代為永久之世，或認為現代也有其後世，而不信現代是「上不去就掉下去」的時勢危機。「現代」是超越「中古」而發揚「古典」的文明終極階段，當其進化不能繼續即退化為「末世」，不解此理者以為現代若不是一個時期、便是一個永不結束的時期，這使現代成為一個理論上不得不是偉大的時代。文明的末世流行多元主義，同時反對價值批判，因此末世的**史學對其自身時代的解釋極為混亂且模糊**，如所謂「現代史」(modern history) 本應以肯定現代在文明歷史中的意義立論，但事實上其見常與反對進化觀而強調個別性的「當代史」(contemporary history) 論述相似，二者皆有所褒貶卻不為已甚、各有主張卻標準庸俗，這顯示現代人對現代性的認識甚為淺陋，其文化自覺不強，又自以為處於非常的時代中，所以常有高聲疾呼卻不知所云之言。文明的末世在現象上或許仍多變化，但在本質上則無改易，此種精神性停頓使現代史無再作的必要，因為末世的史學認為其時代性相對於古代已經達到歷史的定案，最佳的文化型態既然呈現，文明演進的意義於是告終，人文知識可以就此結論，如此

沒有發展便不必多加解釋,現代史變成當代史則通史不需續作,而現代更早已是蓋棺論定。若將「當代」與「現代」的觀念加以區別,便知古人有當代之想而無現代一說,現代其實是中古被推翻之時方才萌生,易言之,若文明並無進化則歷史無需分期,現代不是相對於古代而是相應於古典、不是繼承中古而是突破前代,現代是文明永恆價值的光大期,所以現代是現代人的當代,而現代人缺乏現代性素養便只能稱為現代的當代人。現代包含當代,當代多非現代,末世是現代淪為當代的時代,而缺乏正確的現代意識者皆是末世之人,其自我解說的歷史觀自不可靠。現代史理應不含末世,末世的當代史與現代史混淆不清,這正是末世性的表現,而末世無史(末世無實質的變化故不必作史),將末世的當代史與現代史分別恐亦不可能,畢竟有此警覺則知現代已去,而現代之後的當代為末世,此時的現代史與當代史皆是亂紀,實無慎重其事嚴加辨識的條件。不論如何,末世是史學的發現,末世(性)史學也是末世(時)史學的發現,此因「後見之明」含有時間與見識二要素,只要吾人居於前人之後而願以史為鑑,必能超越當代的藩籬而領略宇宙的真相,如此末世之害雖不能除,但其知識性的嘉惠必令人奮發而力足以承受其害。

　　史學步入末世主要是因其求知的態度已失去求道的精神,易言之,即是放棄「通古今之變」的壯志,然與此情相伴者是許多技術性或形式性的新趨勢,凡人處於其中常不識此種風潮的內涵是反真理取向,卻以為其勢乃是史學的現代化或專業化,故史學的敗壞被誤認為史學的進步,治史者往往不知不覺自陷害。歷史是人間變化的過程,史學的轉變亦為其事之一,此種改變在常人心目中是必要的發展──否則即成停滯──所以

歷代治史的觀點難以維持不變的求道格局或真理解釋，「翻案」
文章成為「強迫性」的歷史著述，其創意實在不多，為變而變
的頑心才是根本的動機。因此，史學的發展常無法「好上加好」
累進求道的心得，而時有眾說紛紜的曲折現象，這是治史者求
變失常的結果。「通古今之變」是由變思常、超越現象探求真
相，然則歷史愈久真理愈明，資料累積愈多求道的條件愈佳，
但因今人缺乏深識，現代史學反而以久業為患，其應變之道將
史學五馬分屍，既簡化且破壞，無改革之利，有自貶之虞。歷
史解釋向來反映當時的思潮，近代科學地位高昇，史學靠攏社
會科學而失其人文精神，於是分工與專業化的作法滲入歷史研
究，史學因應其他專業而重新分門別類，瑣碎的課題取代通貫
的探討，物化的思想凌駕神聖的觀念，下層文化的領域掩蔽菁
英主義的傳統，國際性的標準顛覆普世性的理想，文明變為多
元而本土皆成重鎮，甚至資料的整理不為人所重，而獨特的史
料卻是發言的根據。然史學畢竟不是科學（而已），歷史包含一
切發生過的事，史學自當涵蓋科學而非為科學所使，史學科學
化顯然得不償失且陷於自迷，如此現代的新史學最多呈現當代
的風氣──亦即反映末世亂象──其為知識集大成的功用極為
失敗，並有斷送歷史緒業的罪責。末世的史學自由解釋卻乏多
元觀點、專業化卻少專業性（有方法而無方案）、社會科學化而
科際整合卻乏善可陳、知識立場大眾化而人們卻更藐視史學，
其學科的尊嚴不過建立於書寫的格式，零碎的研究造就業內「隔
行如隔山」的怪象與學者孤芳自賞的畸戀，同時又使史學呈現
複雜卻不深奧、平易卻不近人的格調，凡此缺點竟因史學的道
德性驟減（效法社會科學不作價值判斷的「專業倫理」）而無法
自解，真有「啞巴吃黃連」之苦。科學即使發達也有其困頓，

社會科學尤其困頓而難以更為發達,末世之實雖非一般人所察,
但末世亂象不乏感受者,故現代世界中樂觀主義者與懷疑主義
者均頗眾多,因而在「科學化史學」之外又有「後現代史學」
的流行。後現代史學的錯誤不僅在於「後現代」一說,而且在
於「反歷史」之見,此二者同惡相濟,更招致史學的末世,蓋
史學須持文明觀,後現代之說反對現代之義,亦即反對文明進
化的目的性,故史學不應主張現代已成過去,否則便是提倡歷
史虛無論,因為後現代一見既非直線發展觀(含進步觀與末世
論)也非循環觀。後現代主義的意旨其實不是反對現代而是反
對主流,畢竟現代的正統性或古典性已經逐漸退去,多元主義
或非主流立場則盛行許久,這不是後現代主義之功卻是其隱憂,
因為此情將導致其說無用武之地,所以後現代主義只能以「永
恆的反對者」自居方能繼續求生,可見後現代主義無法求勝,
後現代史學並不可認真立言。總之,末世的史學無可寄望,而
忽略歷史也是末世之情,末世的史學與史學的末世彼此牽連,
故現代的治史者不能以樹立一代學術典範自許,而須以綜觀人
類文明結論歷史真相為志,如此方能超越末世的史學又得解救
史學的末世。

第二節　史學的自我超越性

　　歷史本是一切發生過的事,然對此有所認知者並非萬物,
而是萬物之靈的人類,所以歷史其實以人為中心,史學必出於
以人為本位的立場,這與其說是歷史知識的缺陷不如說是其優
點,因為若人無自視甚高的意識則史學根本無從產生,歷史知
識的缺陷其實是世間原罪使然,「無過而僅有原罪性的缺陷」乃

是現實中的至善，豈可視為不佳。簡言之，若史學不足以發現真相，則世上已無求道的更好憑藉。歷史是往事，史學是往事的紀錄，進一步便為人對往事的記憶，如此因記憶而覺悟乃是治史最高的層次，這表示歷史是人「行有餘力則以學文」的正宗功課。歷史包含一切往事，而往事包含前人的省思，所以歷史有事也有理，理上加理應使人智慧漸增而洞悉自己的限制，至少事情累積可使人經驗豐富而自知性命渺小。由此可見，**歷史勝於其他學科之處兼有知識的量與質，而後者主要是自我批判性以及自我超越性**，蓋一般專業皆自我肯定而不自我質疑，史學包含一切，乃須反省，故歷史知識的警覺性高於一切學科 3，雖然讀史者大都不具此見。歷史以人事為主而忽略自然現象，這是自然之事，若人反對此事便是自我反對，實在無法言之成理，然則歷史是人的自我觀察，其所見之不足是因當事者的障蔽，此礙可能由借鏡於他人（尤其古人）而破除，這便是「共視之明」。自我蒙蔽若為個人之情，這是有識者可以發覺及教育的問題，但若此事是全人類的通病，這只能成為一種概念而無法矯正，甚至此事無從被發現，因為自我蒙蔽的人不可能自知如此。歷史的主體是人類，史學的目標是真相，以人類全體的力量追求真相，如猶有不能，這已是無可奈何的事，而事實上凡人對此大約無所感觸，彷彿真理即是大家的共識，故史學的缺陷只是理論性的課題，不必引以為憂。然高明的治史

---

3. 哲學雖亦有自我檢討的精神，但其嚴格的理性化或學術性標準常使其自省能力成為自我癱瘓的因素，這便是所謂的「搬石頭砸腳」或「聰明反被聰明誤」，而即使哲學要求「充分證明」的路數仍有得多於失的價值，其知識的反省力或求道功能也不及史學，因為歷史包含一切往事，自亦包含哲學之所得。

者對此事有獨見之明，其所知超越所有人之上，既能學習前人所獲、又能自我省察、更能究問天人之際，所以能知宇宙通義，雖然這不意謂最偉大的歷史學家知曉所有事情。既然人上有人，上智可以通天而凡夫可以尊賢，常人不能以史學為有限而輕視之，史學的自我超越性實得自「下學可以上達」之理，一般人學史必能提升心思，天才學史則能探索神意，至少人類的缺陷可因此畢露，而極限的發現即是極致的到達，史學自我超越的成績便展現於文明末世的發覺。絕對公正必須徹底客觀，此事只有上帝能為，一般人所謂的客觀僅是避免個人成見，並無超然的境界，但客觀乃是全知，人雖無此力亦應勉力為之，所以客觀一詞儘管常遭濫用，終極而言卻也不無道理。學史可以使人超越自己的時空、突破狹隘的見識，這便是趨向客觀，人若以得道為不可能而輕蔑此事，這誠然是高談闊論而不誠實，蓋史學的自我超越性雖不是真理的超越性，但窮盡知識方可感受超越性問題，不深探歷史而稱人道不及天理，實為懶惰者的清談，既膚淺且矛盾，因為不信道即不應論道。

　　史學的自我超越性是「質」的問題，而其產生可謂來自歷史知識無所不包的「量」，可見質與量確有關連，「量變造成質變」雖非定律，但在人文探討上頗有參考價值。人是有限的生命，歷史之外無其他，這雖非終極真相，卻是時空中的事實，所以史學不是藝術或科學，而是包含藝術、科學、與所有學術，正所謂「集大成」是也。集大成不是知識的總量而已，更是貫通一切事物的見解，故集大成乃是得道之方，而唯有史學以集大成為業，可見史學是唯一的道學。求道之學必有治學的知識論（或方法論）觀點，任一學科皆應有此，否則必無深識，而哲學當是各式科目中最富於此道者，因為哲學既以真理為目標

且為其他科目的理論知識根源，但史學包含哲學而哲學不包含
史學，故史學的哲學基礎其實更優於哲學的哲學基礎。史學的
知識原理超越諸學之處是時間感，亦即以時間為脈絡考察事物
的價值與真相，這避免一般學術知識的定型化、物理化、形式
化、標準化、規律化、片面化等缺失，又能將其個別優點考量
在內，而呈現最完備且深刻的認知。人活在時間與空間的世界
裡，而空間實以時間為本而建立4，所以從時間感下手可以體
驗所有的事情，而限定時間或以空間為主的知識判斷必然失於
孤陋，歷史是時間之物，史觀是時間意識，歷史知識的完整性
顯然是百科之首。史學的知識量最為齊備，這使其知識之質亦
為最高，此事不證明「質繫於量」，因為真理超越知識所達，質
優是接近真理，這不必是量大所促成，而可能是得自天賦或天
啟，史學最可為求道之術實因其「一以貫之」的求知精神
（質），而其無所不學的功課（量）只是連帶的任務。史學包括
所有學術，故亦包括史學的歷史，而史學又能利用哲學自我批
判，故史學的哲學性仍高於哲學，如此「史學史」與「史學方
法論」可謂證明史學具有自我超越性的二大課題，其研究取向
在近代的庸俗化則象徵文明末世的信仰沈淪。史學方法論是歷

---

4. 時間的測量根據是變化，變化對人而言是空間性感受，這表示時間為
   本而空間為末、時間為主而空間為從、先有時間而後有空間（「先後」
   乃是時間性而非空間性的事），空間需要時間乃成而時間不需要空間
   即可，人由空間的存在感進一步推想才發覺時間，時間造成變化而變
   化要求空間，可見空間其實是為時間而存在。例如「十步之內」同時
   意謂時間與空間（「同時」也是時間而非空間之情），然十步之內若毫
   無變化則時間感無從出現，於是空間也變得不可思議，可知變化是時
   間與空間連繫的因素或共同的條件，而變化是藉由空間表現所反映的
   時間作用，如此「時間是空間之母」的意義已昭然若揭。

史知識的合理性探討，史學史是歷史研究觀念的歷史性考評，二者皆有反省之立意與時間之顧慮，能經由一再思辨而提高見識，不僅無遺漏之虞而且有精進之力，深具推展道統的意義。傳統之成立並非一時一人所致，而是神意安排所然，真理已超越現實而上帝猶在真理之上，故求道不能短視而須長考，固然時間未必使一切真相大白，但忽略演變之情必陷於坐井觀天之迷；歷史呈現傳統而傳統暗示天道，不學歷史則受制於環境，史學的自我超越性源於「時光不止則後見之明不斷」的情形，不以歷史為鑑者皆是缺乏時間感的空間性動物，只知四處鑽營而無法突破重圍。史學的反省力使其解脫時代性而不與現實情況起伏，末世的史學困於當代而少有時間意識，此難僅能以復興傳統解除，然末世既仇視「歷史時間」乃不欲復古，所以只有自我壯大一途，這將使史學滅亡於末世而不能產生批評末世的後見之明，可見發現末世是史學的先見之明，其識來自古學而非新學，因為末世之學不具自我超越性。

　　歷史對一般人而言似無用處，這表示史學不是一種專業，而真理不是凡夫的信仰，因為無所不包的知識難以掌握、更遑論應用，所以喜愛歷史的人常有偏執，而歷史常遭濫用，政治動機的涉入只是其中較為顯著的事例。史學的性質或價值比其他人文學科更不為人所了解——雖然它可能更受歡迎——蓋文學的藝術性與哲學的論理性乃是眾所周知（不論人們是否喜愛），而史學的知識意義卻模糊不清，故讀史者常誇張歷史的功用，如「鑑往知來」之說不僅難以取信而且大而無當，令人不覺有認真看待的必要。史學是道學，不信真理者對歷史本無需注意，然真理通貫萬事萬物，史學無所不談，任何人皆可從歷史擷取其所需，因此史學反而成為最大眾化的學科，提供各人

自我肯定的素材與證據，其滿足個人興趣的作用尤其造成玩物喪志的惡果，此與史學的求道精神實大相逕庭。即因史學是道學，人人皆與歷史有關而有關於歷史的想法，於此善者有所領悟而惡者自我耽誤，歷史的真相常因人而異，然史學的真理性始終如一，積非成是雖可變相，但無法改造。凡人對真理的價值認識不足，所以歷史的功用總被低估，史學缺乏實用性乃是因為真理無法落實於人間，故歷史的功用其實與人的理想強弱相當，愈是現實的人愈可能錯愛歷史而貶損史學的地位，能知無用之為大用，便知學史可以促進文明，而文明之利豈有可與比擬者。以現象而言，歷史是人的事蹟，所以人似可創造歷史，然則常人對歷史的偏見便決定了歷史為何的事實，這表示歷史的功用或價值應與人心所感相符，更進一步說歷史不可能被誤解，歷史的曲解亦應加以尊重乃至視為新見；此論顯然不可，其失暗示現象不是事實而事實不是真理，史事與真相不同，正如史料與史學有別，歷史須經解釋乃有深長的意義，而人之資質高下不一，凡夫可以造就歷史卻無力成就史學，可見歷史真相不是一般的當事者所知。若真理不在則是非善惡美醜之準不存而論理無從進行，再者事物有輕重，道理當然也有層次的問題，由此可知歷史相對論絕不可行，唯物主義是最低等的史觀，而歷史決定論不可能為正確，因為真理超越現實、神意不限因果（趨勢乃非定律）。歷史真相絕非凡人所想像者，這不僅是因為真相在人的經驗認知之上，而且「以小人之心度君子之腹」必然失誤，歷史即使只是人為創作，大眾也將因其識見鄙陋而難以了解文明。總之，歷史的主角雖是人，但歷史的主宰絕不是人，人之所為造成歷史事實，而其所以然之因卻是上帝，故人對歷史的認知必與真相有所差別，若超越性之情不存而事實

與真相相同，則人並無探討歷史的必要或動力，甚至歷史紀錄難以興盛，因為可以理解則不必加以記憶，記憶不豐則思想無所追尋，而且萬事合理則變化有常，變化有常近似無變，無變有如無時，無時則無史，如此求知與好奇並衰，人何必念舊、更無須讀史。**歷史充滿令人不解的事情，這是造成史學具有自我超越性的良緣**，畢竟人有求知的本能，知道愈多愈覺不足、愈覺不足愈圖進學，尤其文明末世呈現困局亂象，欲通古今之變者於此更知「困而學之」，而困學不倦者必能體會「否極泰來」之義，因為歷史不可能重演。

　　歷史包含所有事情，所以研究歷史必須具有問題意識，不然則將陷於「見樹不見林」的窘境，易言之，治史須有求道精神，方能以融會貫通的心術善用資料，而不致成為大量信息的受害者，這顯示歷史的啟示性與誤導性同在，不能恰當處理「量」的問題便不能把握「質」，事繁而不知求其通義則覺麻煩，史學的可行性實與其正確性相應。史事與史料之龐雜常使人心靈迷失，其害之一是博學多聞而缺乏見識，所以「歷史的挑戰」首先是在考驗人面臨繁多事務的學習態度，若人無「凡事皆有其理」的信念則無認真求知的耐性，尤其史學是以苦勞積累功勞的事業，歷史觀點須建立於事實之上，而事實的掌握須經長久的彙整，當中記憶背誦的勞心工夫絕無法減免省略，故「史學天才」根本不存，其義是超凡乃能入聖，歷史的啟示始於人的自省。資料繁雜則需整理分析，整理分析必有其道，而道為一貫，可見史料不足可以推理彌補，並且史料不足一事本身也富有意義，耐人尋味，蓋史學的求道困難不在於資訊不足卻是在於資訊太多，何況史料不足之處總是層次較低的事實問題（形式問題），而非高深的觀念問題（本質問題），治史若

知學思並進則事半功倍，畢竟理在事先，知識是理性解釋經驗的結果，「讓史料說話」是學者無知的自解之詞。歷史解釋是將道理施於事實，而非以事實決定道理，否則歷史恐難研究，因為史料浩瀚、史事眾多、而史實常為當事者的看法，如「有一分證據說一分話」乃為公正客觀，則史學的知識層次必不高明──可能僅限於合乎物理之事──甚至其學術無法成立，這是由於所有人皆有價值判斷，一般人所謂的歷史其實是古人的歷史解釋，後代的史學不免是「對於歷史解釋的歷史解釋」，若學者不能以普世永恆的標準立論，則治史只是後人利用前人的自鳴藝術。就善意而論，人之所以記錄歷史是因有感事有不明或有利於後省，事有不明是因意義不清，為免後人遭受誤導且盼後人可以（更）正確解釋事理，歷史紀錄的原則是寫實傳真，然人心相似而不相同、人事相關而不相違，人無法真正置身事外而記事，故事實往往見仁見智，歷史隨時困擾古今的問學者；如此，歷史知識的後見之明既是史學的優點也是其弱點，在時間使真相大白之前，求知者必須苦候但又可以相信不會空等，畢竟「凡走過的路必留下痕跡」，後見之明不僅來自學習累積之效，而且出於心路歷程的感懷，於是沒有新見也是發現，懸案成為定案也是一種確認，所以歷史將永遠為人所流傳。人間即使為有限，然人間的事物多至令人覺得無限，人生即使短暫，然歷史的累積長至使人感到永久，史學雖不周全，但其知識已足以振聾發聵，文明雖無法更進，但末世的警訊可以發人深省，凡此非謂人應知足，而是表示人無不滿之理。對人而言，史事紛亂複雜，這一方面是因數量太大，另一方面是因人不求知，而後者實為主因，蓋求知若渴者豈可能抱怨訊息過多，且知有其道，知道則有理路，無法掌握的龐大資料迫人思考超越之道，

同時予人確定答案的無數證據，這顯然是善多於惡而恩多於威的上天設計，可見**史學的自我超越性又是出自歷史材料難以駕馭而需加以解決的強迫性困境**，其啟示是「窮則變而變未必通，然求通者必知變而不以窮為盡。」由此又可知，文明末世是通史探討的發現，末世文化絕非由變而通卻是因變而窮，然末世的發現者必有所發明，而知「事情不是到此為止」，因為文明歷史有通達永恆真相的意義。

　　歷史包含一切發生過的事，這若不是一切，也是幾乎是人所能知的一切，至少史學的知識對象或研究內容在份量上是所有學科中最多者5，所以史學「必須」是道學，因為真理若在而人有求道的任務，則企圖認識一切的史學不得不是人最重要的學習科目，這即是歷史主義 (historicism) 出現之由。歷史主義意謂歷史是人認知真理的主要根據或標準，或說歷史是一切思想形成的緣由，此義對於信道者而言當然表示神意真理呈現或蘊含於歷史中，然近代上帝信仰式微，歷史主義對一般學者而言乃稱人心受時勢影響或人事受環境支配，絕對的觀念並不可信而永恆的價值並不存在。由此可見，歷史即使不是求道之學，也是求知的首要憑藉或知識的全部，因為對人而言除歷史之外並無其他確實的事——物質與科學也是歷史的要素或史學

---

5. 所有的學科亦屬「發生過的事」，也就是屬於歷史，因而皆可成為史學的研究對象，如科學史研究科學發展的歷程，這當（理想上）包括科學知識的本身，以此類推，經濟史不僅研究經濟的變遷，也涉及經濟學專業，社會史、政治史、文化史、軍事史等亦然；換言之，世上一切的事物均有其史，皆在史學之林，可見史學是最大的學科，而史學不僅是眾學科之集合，其以時間感探究事物的知識觀點是其他學科所無，故史學可以獨立存在，它既是人人都自然（不知不覺）投入的學問，且為學者應該另眼看待的「學中之學」。

研究的課題——如「未來」、「異域」、「靈魂」、「上帝」等神秘
而難以驗證之事，常人不是不信便是不在意，有如視為無物，
故歷史已是人類所有可能得知的領域。時間不停進行，「現在」
瞬間便成過去，所以現在與其說是一個時刻不如說是一種概念，
它事實上難以存在，可知理論上歷史雖不含現在，但並不因此
而有所減損；至於「未來」當然不是歷史的範圍，然未來本非
既成事實，奢談未來若不是放言空論便是發自歷史感觸，這表
示歷史不含未來實為正確之事，而它又可能料想未來。如此，
歷史若有不足或缺失，這是人類原罪所致，史學的缺陷絕不多
於其他的學門，而缺點最少即是素質最優，學者若不重視歷史，
這是受限於各人的心力或智能（專業化分工是合情的障礙），不
是歷史可以掙脫，更何況史觀應是各行各業抱持的終極關懷。
因為歷史是道學的本業，歷史哲學 (philosophy of history) 自然
是哲學研究應有的重點，然哲學的知識要求理性或經驗的充分
證明，其性質偏向科學而非人文，所以歷史哲學常失於理論化，
對史事的使用既少且淺，彷彿真理與事實或現象無多關係，誠
為空洞單調的史識。史學包含哲學而哲學不含史學，同時哲學
不接受不確實的事（如神意、心情、願望、乃至價值觀），這使
哲學總是簡化歷史，歷史哲學的成就所以不及哲學歷史 (history
of philosophy)，乃因哲學所有的成就均可為史學接收，而史學
較哲學更多的人文性又可救濟哲學的科學性失誤。史學既然無
所不學，其學科性質應為人文學而非科學，這不是因為史學不
治科學，而是因為人文學乃在科學之上，易言之，人文學與科
學實不衝突，但輕重高下有別；史學自十八世紀以來曾被歸類
為社會科學，這是科學掛帥的世風所致，或是治史者的淪落（媚
俗），而非史學本義的變質，然此事亦可為史學萬能之證明。總

之，史學是求道之學，真理具有超越性，歷史知識雖不可能超越理性與經驗，但追求真理須無所不用其極，**史學的自我超越性一方面即出於探索超越性真理的使命，另一方面則出於盡人事才能聽天命的天人之際省思**，蓋極限所以是極致，正因自我超越的努力必非徒勞無功（富有意義），史學是人文之極，當然要求止於至善，至善不可得，故為善不得止。

歷史是現象或事實，而史學的目標是真理，真理超越現實，所以歷史解釋超越歷史。易言之，歷史是上帝的人事設計，而人具有「相當的」（「一定的」）神格，所以史學是人以其天性揣摩天意的世事探討。若事無通理而史無神意，則歷史當是人自身的創造，由是史學根本無研究的價值、必要、或可能，因為沒有根據與標準的學術無從進行，何況目的不明使人意興闌珊，歷史既然是人的發明（相對於發現），則史學便成人「自己跟自己玩」的遊戲，其自娛的作用顯然遠少於自愚。即因史學是道學，而真理通貫一切，一切乃包括虛假妄偽諸情，故史學需處理且超越不實之事，這表示人之幻覺、想像、冥思、空言、浮說、謊話等皆是歷史研究所需重視者，所謂「偽書」或「假史」亦必須認真看待以尋思其義——尤其是其「時代性」與「人道性」——而不可嗤之以鼻、不屑一顧，蓋史實意謂往事，而發生過的事未必符合理性或經驗，並且事實不即是真理，視史實為真相是史學的怠惰甚至是自貶，尋求足以解釋萬象的體系性知識才是史學的高義。由此可知，從求知的意義而論，歷史絕無弊害，歷史的竄改與濫用也非只是惡性（可能用心良苦），因為真理超越凡俗，求道必須批判世情，同時真理為完美而人性有原罪，求道必須「入惡出善」，故撥亂反正本是治學的常務，解惑釋疑則是教育的主業，人如有求知之心，困頓便成學案而

困頓感便是性靈，學習不順可能是領悟大道的機緣，合情合理
而順利的情況反而常是智慧不開的緣故。歷史不盡然有理可知，
史學不當是學術專業，加以歷史發展因時增進、史事累積充塞
天地，個人不僅不易掌握歷史之知，若於天道有所不信或難解，
則更不可能深入史學，可見「史學家」一稱甚為不當，畢竟人
人均應是讀史者，而獨具慧眼不是鑽研史書之效，以求道精神
求知才是史學君子，所謂史家不過是好古嗜文的術業小人。古
代文明信道奉神，現代文明急功好利，「古之學者為己，今之學
者為人」，傳統史學求道，末世史學自美，歷史演變至今似乎人
已失去高貴的屬性，知識本為生活「行有餘力則以學文」的上
進心得，如今卻淪為爭權奪利以促進享受的商業工具，史學於
此深受牽連而隨波逐流，其角色與地位惡化為奉承人心或迎合
私心；然而衰敗是發展性的觀點，末世是歷史的時期，其發現
是史學的成就，可見歷史不論如何腐化，史學可以絕境求生而
更有所獲，換言之，所有的不幸均可化作歷史的教訓，而所有
的歷史教訓均可成為滋育史學的養分，**史學所以具有自我超越
性乃因歷史包含史學而史學研究歷史，其可能性則來自神對人
所灌注的天心良知。**

第三節　歷史的結論與文明的真相

　　歷史是過去發生的事，而過去是時間連續的脈絡，所以歷
史不僅是曾有的事並且是演變有跡（其來有自）的事。人是理
性的動物，亦即思考的生命，人對往事的認識是透過解釋而非
單純的記憶，所以史事與史學不能嚴格二分，歷史紀錄其實是
記事者對歷史的觀點。如此，歷史雖不等於史學，但歷史與史

學如一體兩面般存在，歷史含有史學而史學研究歷史，歷史不只是史學的材料也是史學的圭臬，因為史學雖評論歷史，然其依據是理性（屬於天性）而歷史是神意的設計。歷史本已事理交融，史學更以理議事，史學的層次雖高於歷史，但史事帶有史觀又反映天道，史學不必優於史事（如思想史學者之見未必勝於其所討論的思想），而其解釋且極可能未切史事所含之神意，故歷史與史學實難以區別先後主從。歷史表面上出於人而其實出於神，史學基於人之心智而發，但人之心智乃是神格，因此歷史與史學可說是同一事，以歷史為因而史學為果、或以歷史為體而史學為魄，恐是意欲深入反而簡化的論述。如此，歷史不是史學的工具而史學不是歷史的目的，史學是深思歷史的見解，然史學亦是歷史之一事，其思維對歷史發展又有所作用（故曰「前事不忘，後事之師」），歷史與史學各自兼有工具性與目的性，二者可合一，但不可視彼此為本末。歷史是神的造化，史學是人的創作，人不如神，而歷史的創造難於解釋，故歷史涵蓋史學而史學不能取代歷史，於是籠統而言歷史一名得以兼含史學，雖然歷史與史學二詞可以高度通用，而史學又可謂是歷史的結論。這般複雜的討論其實只是顯示上帝以人造史而要人由史求道，所以人不能自外於歷史而治史6，史學並

---

6. 所有非史學之學科均對歷史缺乏認識，但又對其專業在史上的表現甚感興趣，因此以外行治史之事頗多，例如哲學家論哲學史、科學家論科學史、藝術家論藝術史、經濟學者論經濟史、乃至政治人物論政治史等，此舉實非不可而是不佳，因為歷史包含一切人事，人對其事之史加以探討誠為可許，但欠缺歷史意識或時間感而以專業立場論史，必然失於簡化或扭曲，甚有誤導之虞；須知歷史包括所有知識，而各式學術不含歷史知識（如史學包含哲學、科學、藝術、經濟學、政治學，而哲學、科學、藝術、經濟學、政治學不含史學），史學是通貫

不較歷史更長命，研究歷史可以自我了解，而真理是上帝為人
所設，認識人即認識道、認識道即認識神，可見歷史既是過程
也是目標、既是手段也是目的，探討歷史既有先見之明也有後
見之明，人不可能等歷史過去之後再作結論，因為歷史的發展
已經預定而人的原罪也都注定。正是因此，文明末世的發現是
根據傳統歷史而得、不是在現代歷史結束以後乃獲，末世的呈
現實際上是在末世初起之時、而非在末世「成熟」之際，因為
末世是文明極限的惡果，其發展並無本質性的改變意義。總之，
歷史的真相所以相當可知是因文明進化有其理路而人具有理
性，於是古今之變可以通解，「鑒往知來」在論道而言確為可
能，此事暗示歷史實為道統，歷史不先於史學而存在，正如事
情不先於道理而出現，人不須等候一切「塵埃落定」之後方可
「蓋棺論定」，因為歷史的啟示隨處皆在，而其內涵始終如一，
雖然末世的警覺不能先期產生（有則誤解），畢竟神意猶在真理
之上，僅憑推理無法悟道。

　　時間感來自人對變化的察覺，變化代表時間，有時間即有
變化（「無時間則無變化」乃非事實故僅為概念），時間與變化
同在，這不表示時間造成變化抑或變化造成時間，時間與變化
實互為因果，變化是時間的現象，時間是變化的條件，人被賦
予「視變為時」的先天認知，所以無法區別時間與變化的先後，
而必以為時間既在則變化不已。人或許可以想像時間與變化不

之學，乃可以正確討論各類學科的發展情勢——其難以深入乃是由於
史家的能力有限而非史學本身的限制——以專業觀點考察其本身學
問的歷史演變，實如人之顧鏡自憐，不僅眼光狹隘而且理念偏頗，所
謂「以管窺天」是也。由此可見，就知識而言歷史之外無其他，以非
歷史觀點研究歷史根本是迷失，自覺尚且困難，豈能有成。

存在，但想像需要時間且呈現變化，故此種想像其實自相矛盾，不只無效，反而更加證明時間與變化的真實性。變化若僅止於現象則意義不大，此與週而復始的變化一樣缺乏實質，時間長久存在使變化不可能是循環的現象，因為變化可能為虛，但時間不可能為假，時間存在的「價值」必定反映於變化的深遠作用。時間不會「虛晃一遭」，變化也不會有名無實，歷史是時間之流中的人事變遷，其發展必然具有方向或目的，而非「為變而變」、不知所終。既然萬事萬物皆為上帝所造，時間與變化亦然，而一切事物的存在必有其道理，歷史發展豈可能徒然空置，且時間不停而變化不止，歷史絕無停滯，其運作當然有方，至少人必須如此認定，否則人生落空，形同自毀。如此，歷史與文明如影隨形，歷史是文明的時間，文明是歷史的變化，而變化有其止境，故時間愈長文明愈高、歷史愈久變化愈顯，但因原罪障礙，文明不能永遠與時間共進，歷史變化終於顯示末世之來，由此可見歷史的結論呈現文明的真相。時間與變化同在，而變化需要空間，於是時間與空間共存，不具空間的時間令人難以想像，雖然空間其實附屬於時間，時間確可獨立存在。此理展現於歷史之情是文明在精神上為唯一（時間）但其具體表現則散佈於世界各地（空間），然史上諸文明最後緊密交流而雜糅為一（尤其是東西觀念的發覺與消融），文明歷史的時間性與空間性由分復合，世界或宇宙的真相於是更形明顯。理論上歷史是一切發生過的事，然未經紀錄的往事不能流傳，故歷史實際上是產生於文字發明之後，這是說歷史只是時間之中最後的一小段，此可謂「歷史時間」。文明是歷史時間的成就，然因文明有其極限，末世出現之後文明無法更盛，而歷史卻繼續進行，歷史可說比文明更長壽，乃得以為文明下定論，雖然說明文明

真相的歷史結論也可視為文明的成就（但因此為獨家之見而非流行之學，故不必認作末世文化）。史學的價值與時俱增，所以歷史愈悠久愈可貴，然文明不能僅憑史學提升，其發展需要各方促進，而末世既為必然，史學注定要為文明送終，以「正面」的觀點而言，這即是結論何為人類文化傳統（「後現代主義」絕不能成為傳統）。當歷史性累積至極時「國史」即將結束，「世界通史」於焉建立且隨後完成，至此「鑒往知來」的可能性即使不能大增也必確定無疑，這便是歷史的結論；而因史學對末世的發現是在末世初現之時，歷史的結論其實與文明的衰落同時產生，然時光似乎猶有長遠的未來，末世之說對凡人而言最多只是預測而非答案。可怪者，常人均知現實為有限卻不能由此反推真理為無限，時間與空間為現實之事物，故為有限，但相對於人自身時空有如無限，這使人對終極真相的問題不是誤會嚴重便是不覺緊要。須知歷史時間遠較時間有限而人生空間遠較空間有限，文明的時空如今更因合一而顯侷促，現代考古的興盛反映歷史有窮的終極感受，人不應以需求有限而認為外在世界無窮，畢竟人為有限則文明絕非無限，歷史即便較文明長久也不能永恆，發覺文明真相的歷史結論尤有末世觀，這表示人不能沒意義地活下去。

　　時空為有限，真理為無限，所以時空性變化不是真理，超越時空乃有真理性，由此可知「變」不及「常」，雖然常不是不變。變發自常，無常則無變，以變為本何以為常，故常為真而變為虛，常非不變，變化之道乃為常，迷失於變即是無道。「見山是山」是常，「見山不是山」是變，「見山又是山」是通變為常，易言之，「見山是山」的常是原理，「見山不是山」的變是原理的應用，「見山又是山」的常是原理的真相，這表示真理具

有超越性，然超越性超越現實卻不與常識相左。歷史以時為序，時間與變化同在，歷史所示變化無常，然歷史必經解釋乃見真章，史學所得是變中有常7，於是可見變為常之用，歷史之變是求道之資，真理超越現實，故神意啟示向為間接，不得要領便自我愚弄。真理高於物理而上帝又高於真理，物理為定律，此為初級之常，相對而言真理乃是高級之常，但真理已有超越性，雖是不易卻非不變，不得以理性將之認作常規，而神意更勝真理，其變較其常猶匪夷所思。對人而言常較變更可理解（或說常較變更象徵理），然真理超越理性，其難以理解使人傾向以變視之，這不表示變為真理，而是表示真理之常不可思議，人感其變化莫測，幾乎不覺真理為常，於是以變喻奇，而有真理無常之歎；此情在神意問題上尤然，吾人不能將神意認定為變而非常──上帝絕非喜怒無常或三心二意──但就感知而言，若稱神意為常，這簡直是不知所云或是「睜眼說瞎話」，可見所謂變化多端非指無常而是有道，只是其道竟不可道。總之，天理為常，而常非簡單不變，變化之道即是常，然則常高於變而不可以定則解釋，超越性正是超越常理，真理具有超越性，誠非尋常。由此可見，歷史所以多變是因事理不是規律而神意難知，解釋歷史須是以變論常然後由常思變，這即是以理論道然後因道問神，因為超越性是超越理性而非反對理性，所以不解高級之常者應固守低級之常，以免陷入不知變通的迷情亂局中（有變無常）。歷史包括文明而文明包括史學，然歷史所示為「變」，文明之義為「常」，史學則「釋變以常」，歷史的結論所以為文明的真相正因歷史涵蓋文明而史學能給予文明宇宙的定

---

7. 'The universe is change; our life is what our thoughts make it.' Marcus Aurelius, *Meditations*, bk. iv, 3.

位，此番去蕪存菁體現世間的缺陷及善性（改善之可能），人若不能發覺正理必是因其自怨自艾而不顧其所有所長，蓋哀怨者之本能本性實足以使其自立自強。常為體而變為用，探索常道者應以變驗常，於是乃知變化不是隱蔽常理的惡事，而是揭示真理的善緣。真理之上尚有神意，神意使真理不井然陳列，亦即上帝的啟示不是平鋪直敘，所以求道者不可以為掌握要略訣竅便一目了然，透過歷史變化之情解釋事實且批判價值方能接近真理真相。科學的知識以常為真，人文的知識以常為高，二者之目的雖為一致，但前者所持實為低級之常而後者所趨乃是高級之常，然因一般文人見識平庸，以致常墮入科學化或反科學化，不是以常為常便是以變為常，永不知有超越表象之道。哲學的知識富有科學性，其辨常在是非對錯之間而非優劣高下的程度，這顯然是知常而不知變、有理而無神，哲學史未能呈現人類求道的持續深入或真理知識的連續增長，彷彿人對真相只有確知或不知二情，而其結論恐為不知，因為真相是全面的問題而哲學不容「相當知道」之說。前述的錯誤唯有史學可以發覺，或說所有的利弊得失皆可由通史證明，絕對的義理是文明所求，相對的事情是歷史所陳，史學以文明的精神探討歷史，其道當然是通變達常，這便是人所能追求的極致之理。

　　史學是道學大本，這不僅是因歷史為一切事理之所在，而且是因歷史發展迫使人須以求道態度處事乃能有為無過，可見歷史是神意的表現而與神合一 (union with God) 是人的命理。歷史的發展是文明的提升，而末世的到來是文明的衰退，君子置身於其中一方面須自愛上進，另一方面須承擔小人的錯誤，更進一步則要應變求知以闡明正道，由此可知不論人願不願求道，其實人從來是被迫求道，行不由徑者即作亂於世，這便是倒楣。

世人盡知違背物理必然無效，但於天理則質疑與忽視者甚多，殊不知物理屬於天理，違背天理必定無功，且將有禍，雖然此禍不是人之所定義者。人處於不完美的世界中，因此利不如義，而在至善的境地裡，義利必為兩全，所以功利主義 (utilitarianism) 所呈現者是「大利為義」，這是凡間不幸之人的理性期望，其說實有間接的勸善心意。所謂「多行不義必自斃」雖大都不是「現世報」，但必是原理性的運作，因為人有良知，不義對人而言乃是不良，知惡而為惡是自我反對之舉，其凶已不言而喻，故曰「惡是惡的報應」。歷史演變是人生的處境，亦即善行的考驗，不能與時俱進則受環境迫害，然「識時務者為俊傑」非謂隨波逐流而與世沈浮，卻是表示能因應時勢而體察天道方是智者，否則抱怨生不逢時，只會更受世情加害。文明的末世正是磨練人心的戰局，於此不能「出淤泥而不染」便淪為污染之源，無法抗拒外在誘惑則必反而誘惑他人，難以從知識開拓自由的領域即將放縱的精神視作創意靈感8，以致在「人吃人」的社會中竟有相敬如賓的禮儀，而在科技發達的市面裡人性的要求成為最強的動力，顯然「最後審判」雖不是真相但卻已產生實效，因為末世之風使人清濁立見。末世是文明的絕境，其發現是歷史探討者之力，這顯示歷史的結論是文明的真相，然末世的發覺需憑文明所達成的知識，可見歷史不能決定文明的命運，文明有其超越歷史的價值，史學只是解釋神意，並不能淘汰人才而湮滅盛事。事實上歷史知識的結論有賴文明末世的激發，這是「窮則變、變則通」的思想過程，也就是以

---

8. 'A free man thinks of death least of all things; and his wisdom is a meditation not of death but of life.' Baruch Spinoza, *Ethics* (1677), pt. iv, prop. 67.

治史求道的心得，而非末世學術的直接或普遍認知，畢竟不信
絕對真理者絕無終極關懷，其史觀必為興衰分合不斷的自然演
化論。人之求道乃是神之驅使，歷史是上帝的安排，末世亦是
神的設計，文明既然無法變成完美，末世的發現當然不是唯有
一人可得，若說此事不是所有人皆獲暗示而可能領悟者，至少
末世的環境是人人面臨的困境，其在內意義即使凡人不得而知，
但文明末世所呈現的問題卻是許多人的痛苦經驗，顯然歷史發
展是要使人對歷史發展有所察覺。以知識的進步為例，電腦科
技的出現使資料整理及查詢變得極其便捷，於是工具書的編輯
需要大減，記憶或事實的把握既已容易從事，治學上的勞力工
作不如勞心工作重要，解釋與結論乃（應）成現代學術的重點；
然而量變未必造就質變——況且過去資料太少之苦如今轉變為
資料太多之患——知識的提升不是靠資訊增加即可，後見之明
不是光憑等候便有，改弦更張勢在必行，通貫的精神（通識）
至此成為超越前知的必要條件。如此，歷史全盤探討是文明真
相發覺之所繫，末世的到來逼使史學臻於極致的境界，這確是
求知上「因禍得福」的最大範例，惟治史者於此不能以大功告
成為喜，卻須以世人執迷不悟為憂，因為先知之責是提示後知，
不是保守天機，更非以神服人。

第七章

真理信仰的困境

可望不可及的天界：
峇里島的神廟

第七章　真理信仰的困境

第一節　上帝信仰的極限

　　文明追求真理，真理的超越性使文明求道之旅無法達到最終目的，易言之，文明的末世出現於人類理性能力窮盡之時，這即是真理信仰的困境。人所以能求道乃因人具天性良知，信仰真理實為人之本能 1，但真理超越人，或說人的能力有限，求道注定是文明歷史的一個階段而已，歷史早期與文明末世皆不以求道為文化主旨，惟前者注力於求生而後者沈溺於自得，人心的轉變顯示生命的發展不進則退。真理通貫一切，一切包含人所不知，故真理必有不可理解者，這就是真理的超越性；若超越性不存，真理只是可知的道理，然則求道並無深意，因為可知者不必信仰。信仰是人在知識無能為力時的認可態度，真理不止於理性標準，所以求道須於求知之餘更有信仰，信仰使人有所追求，人若無此種精神動力，生活便淪為生物界的自然行為，而因人之智能高於萬物，其獸行必較一般動物可怕萬分。由此可知，人可能極其可貴，也可能極其可惡，真理追求使人高貴，若無文明則人便是萬獸之王，其為害最烈。人因有

---

1. 常人以天資優異為榮，此已暗示真理信仰為當然，蓋天資並非人為而是神力，以天資為高即將以上帝為至尊，儘管一般人——甚至是秉賦出眾者——多無此覺識，然其肯定英才之真情實寓有此意，況且這般「有口無心」（有意無知）式的天資崇拜行為更可直接證明信仰真理為人之本能。

原罪，故必為惡，但又因有原罪感，乃能行善，求道是原罪條件下的原善，若求道可以完全成功，這不僅是道理上的矛盾（原罪不可能革除），而且人格高貴的意義也因此消失，可見真理信仰有其困境乃是必然之事，此即所謂「凡存在者皆合理」。雖然，人不能以求道必定陷於難以進步的困頓，而懷失敗主義或甚至反對真理信仰，因為此舉將立即使人墮落，更為危險而悲慘。真理解釋所有事物，求道可以改善所有事物，這是理想也是義務，蓋人有此認識便不能無此作為，然而人既然應該求道，其非完美已然不證自明，故追求真理當然無法大功告成，這也包括真理信仰不能臻於至善。事實上，有信仰便是有缺陷，信仰只可能精深而不可能完善，所謂「完善的信仰」乃是「完美的缺陷」，其義自相矛盾，根本無從出現。此事顯示人只得求知而不能盡知，這是人之有限所致之艱困，然其情絕非錯亂荒謬，凡人可以感慨功虧一簣，但不可謂白忙一場，因為生命本是不幸，辛苦自是自然，能於受苦之時有所上進且忘憂無怨，已是何等的幸運，豈能要求征服之利。文明的極限逼近真理的超越性，此即「究天人之際」的情境，若人於此維持最佳成績，文明的極限便表現為文明的極致，若人從此逃避挑戰，反而以推翻真理自我解放，文明的極限便沈淪為文明的末世，這即是現代歷史的事實，顯然文明末世的出現不是邏輯的結果而是人性的產物。真理信仰的困境反映人的善性而非惡性，因為信仰真理——不論正確與否——必出於人之善意，求道不能有成是有志者的苦難，不是旁觀者的喜事，畢竟追求真理是人類共同的事業，而真理信仰的極限是人類知識的障礙，這是偉大的失敗，可敬可悲；文明的末世不是從此而來，卻是從拋棄真理信仰而來，這固然是人性脆弱的表現，但人的天性可以在此安身立命

而永有高貴之感，何必反其道而行，將信仰變作自尊，只是天才猶有不足，豈可寄望凡夫，末世雖是大眾化之亂，但文明提升不利確是其原因。信仰雖不是知識，但必基於知識，知識貧乏則信仰不深，信仰不深則堅持不久，文明的極限是知識的窮困，文明的末世是信仰的淪喪，信仰淪喪乃因知識窮困，世道的維護顯需菁英承擔，君子不能固窮則小人敗德無忌而君子將受牽連；末世畢竟是文明的末世而非塵俗的末世，貴者不當為賤者犧牲，超越末世亂象之法是君子自強而非小人自愛，蓋求道必須求知，求知者為君子，任性者為小人，以知識之極支撐真理信仰必有所感，其教化之力有限，但自覺之功無窮。

　　廣義的真理「含有」上帝信仰，然上帝乃是一切或（且）在一切之上（主宰一切），故「真理包含上帝」一說實不合理 2，此種悖謬之情實出於以人為本的求道觀念，亦即人須先有真理信仰然後才能發覺上帝（上帝在真理之上 3），可見人無法循序漸進以理性推論而得道，真理與上帝俱有超越性，所以對初學者或不信者而言有如同一事。真理為上帝的創作，真理已難了解，更遑論神意，然不可知者對人是同樣的困惑，於此合理性已無用處，所以吾人不能以為認識真理然後才可以探討神意，雖然在教育上這確是應有的作法。依理，相信真理是信仰上帝的前提，信仰上帝是思索神意的基礎，然而理性雖是求道的主要憑藉，得道卻不是知識增進的必然結果，何況人猶有

---

2. 'The nature of God is a circle of which the centre is everywhere and the circumference is nowhere.' Attributed to Empedocles.

3. 'If there is something more excellent than the truth, then that is God; if not, the truth itself is God.' Augustine of Hippo, *De Libero Arbitrio* (c.395), ii, 14.

非理性的感知條件，而且凡人大都不甚講理，因此傳道或悟道常需用情；於是信仰上帝往往在相信真理之先，體悟神意往往在信仰上帝之前，這不是常理善緣卻是世間實情（例如一般基督徒對於上帝存在的學術論證並無所悉），施教者為因勢利導也不得不暫時不加批判而順俗為說且趁機啟發。上帝既在真理之上，以理行事有時為不可行，人情世故乃是神意安排，自當不可忽略，惟神意解釋不可捨義自用，而須窮理盡性以發揚正道，故知識不足不能參天，真理應為神意的判斷根據，蓋神意不與神性相違而神性不與真理相背。真理是道、上帝是靈，道猶有跡可尋、靈則不得其法，真理為有理，所以不是自然而然，只可能是上帝任其自然（自然不是自生），而因真理較可理解，人需要體認真理的程度當然高於覺悟神意，亦即認識真理是認識上帝的初步，然則真理包含上帝一說雖不當卻有引人歸正之效，這顯示人有原罪，其求道不能由完全正確的學習路數入手。若人堅持絕對無誤的求知手段或過程，則必困於無法出發的窘境，因為有求知需要便是有所不足，有所不足乃是原罪，故求知須「忍尤含垢」地改善狀況，不能「乾乾淨淨」地踵事增華。惟原罪使人終究無法以求知得道，真理觀念因此必出現缺陷，然上帝信仰也於是產生而可加以彌補，可見人之無知不是全然的害處，這是神教人發覺崇高之域的善謀。由人的立場而論，真理的現實性或實用性多於神意，不信真理較不信上帝更為敗壞人心，故教化之道可以推行真理而省略神意，但不具上帝信仰的真理觀實為有失，欲達至善非信神不可，這不意謂上帝必將救贖或開化其信徒，而是表示追求終極真相者不僅須有理想且應心存完美之念，上帝為全知全能，意欲天人合一者必當以上帝為宗。不論如何，人既有所不知，便只能利用所知確定求知

方向，以成各人可得之大知，而不能以確知無疑為進學的先決
條件，否則不受知識之惠而反受其害，最是愚昧。不具真理觀
念的上帝信仰是迷信，不具上帝信仰的真理觀念是偏見，然由
真理觀念開展上帝信仰也無法圓滿，畢竟有限之知不能進化為
無限之智，提升是心靈唯一的任務，改造並非其事，人何以如
此困苦非人所知，但高貴是人可以自取的尊嚴，上帝的偉大則
不是人能想像的氣象，求道者盡己便是，計較總為多餘。真相
超越時空，文明歷史對神意的發明遠少於對上帝信仰的提倡4，
然古人以不可知為可信而今人不知則不信，學術知識的累積竟
造成極致信仰的沒落，這顯示「真理包含上帝」確是凡夫的思
路，所以一知半解導致真理不彰，而真理不彰導致上帝隱沒，
自我蒙蔽者渾然不覺，有識者奈何。

　　上帝信仰觀點本來難以增進，史上宗教發展頗為有限，這
不僅是指世上的主流宗教為數不多，並且是指其教義簡單而演
變甚微，顯然信仰的問題範疇有限，因其超越性無法超越，知
識的增加對於信仰內容的改變影響不大，終於演成直接否定或
拋棄信仰的無神主張。東方的宗教缺乏信仰內涵，其精神取向
現實而平易，所求實為生活的安詳，此種人文主義式的宗教可
以知識解釋，富有學養的士人傾心者少，故有「民間信仰」一
說。不信上帝的宗教其實不含超越性信仰，或者其信仰觀點必
為錯誤，故多神教皆是假性宗教，文明進化若未破除此類信仰，
絕不可以為前景光明，因為東西文明已經高度交流，一神教與
高深的學術理應取代這種「非啟示性」(non-revealed) 的人本宇
宙觀，其存續顯示信徒的知識粗淺，而非當地文化猶有發展進

---

4. 'Just are the ways of God, / And justifiable to men; / Unless there be who
   think not God at all.' John Milton, *Samson Agonistes* (1671), l.293.

步的巨大潛力。上帝既為理性必須承認者，一神教當為正確的
宗教型態，這並不表示以上帝為尊的宗教必為正確的信仰，蓋
上帝的不可知使一神教的教義難以建立，於是猶太教、基督教、
與回教皆成「啟示性」(revealed) 的宗教，亦即號稱獲得神意的
告示，此說顯然不真，因它推翻所有常理常識，造成心靈的自
我反對（無法一以貫之）。即使一神教所謂的神意啟示並非虛
假，其內容竟如此平實簡易，與真理的超越性境界相去甚遠，
這使求道的意義大為降低，甚至有限制思考與游離意志之害；
並且啟示若是真實，則進一步啟示應為可能且深受期望，然諸
教無法再頒新說，反而不斷重申舊章，造成信仰的簡化與僵化，
使信徒故步自封或專注實務而少靈修。簡言之，所有宗教之正
誤可由推廣其教義所致的利弊得失來判斷，世上的一神教皆稱
獨得上帝特殊的交代，其說破壞一般事情的道理次序，藐視宇
宙中無所不在的「自然」啟示，實在是傷天害理，且令信徒因
小失大、智仁勇俱減，誠為貶抑上帝的神話。易言之，若知神
超越人而人無從得神親授真理，則知求道乃是考驗誠心與智能
的靈性探索，如此人才可能具有信仰的真情與逼問天人之際的
精神，從而高貴的人格可以發揚，人之神性乃得展現，否則「盡
力」一事絕無可能真正出現，人之為人的意義也難以呈現。世
間的一神教實為人性化的上帝信仰，其說半天半人，終究是以
人為主，故教義的確立極早而充滿獨斷權威，以使信徒以為神
聖不可侵犯，然則後代提升思想極為不易，且有深受桎梏之感，
知識的發皇常令信仰動搖，甚至引發宗教改革與變節棄道。顯
然宗教的演進歷史並非真理逐漸揭曉的過程，世上的主要宗教
皆形成於上古，而其信仰觀點延續至今，無多改變，然教徒流
失者眾，或者其虔誠度大不如前，這表示上帝信仰雖是文明的

成果卻不與文明俱進，因為上帝主宰歷史，若神意隨文明提升
而逐漸顯明，則上帝絕非超越人心，畢竟上帝不是進化的產物，
可理解的神必令人失望，不可理解的事才顯神祕可敬。總之，
上帝信仰本限於幾許概念而已，人僅能從萬事萬物（尤其是其
變化）體會合理的神意，而無法直接研究神意或等候從天而降
的神機，因為「天啟」實無可能，以神道設教根本無法中肯，
所以一神教無一正確，上帝信仰既起於錯誤而簡單的教義，其
發展當然不能漸入佳境，反而將受物理知識的打擊，這便是文
明末世的宗教處境。文明所以有末世是因人有原罪，上帝為宇
宙主宰，文明既由上帝支配，文明發展當然不可能征服神力，
可見上帝信仰的困境是必然且有理之事，而這已是文明對神意
所能提出的高見了。

　　眾生等級層次高下不同，人為最高等的生物，而各人資質
又有優劣之別，所有的生命個體既不相同，其為生的需求也不
盡相同，亦即所謂世界真相在不同的動物而言必非一樣，因極
限即是極致，所有能思考的生命對於何為「至大」的認知當是
差異甚大。上帝為宇宙主宰，此一認知不可能出於低等的生物，
這不僅是因低等的生物無法思考高深的道理，而且是因其求生
無需上帝信仰以為助力，可見愈為尊貴的生命愈有感受上帝的
可能，不然則渾渾噩噩過一生其實無妨。如此，上帝雖是造物
主，然一般的動物植物並無信仰上帝的需要，這不是上帝的缺
失，卻是神意的盛情，易言之，能於上帝有所信仰乃是受神所
使，此可謂天恩。如此，作為萬物之靈的人類才有信仰上帝的
需求，這亦可說是只有人才有認識上帝的能力，因為人的極限
「高於」其他生物，其極致乃較為「接近」神，天人之際的感
受不是平凡的動物所有，信神顯然是通天條件最優者的精神表

現。上帝信仰發源於人為萬物之靈的感觸，亦即出於生命問題的省思，這表示人甚好卻不夠好，故有求道而無成道。雖然，同樣是人，智者深感上帝之重要，而凡夫卻絕無此想，這不是愚者反而較為自由自在，而是其獲上帝之愛實為不多，因為同樣為做人所苦，求道者甘之如飴而富有上進的意義，俗子庸人則牟利爭權而自我作賤。各人可以認為神非必要，但真相不因人心而改，價值可能有相對之情，卻總有絕對之事，必要性與絕對性不決定於人而決定於神，所以神性愈強者愈是超人，超人之至可謂神的化身。古人因求生困難所以深感神明的威力，今人物質生活優裕所以看重自己的權力，上帝對人的開導似乎是古多於今，但古人所知多限於神之存在，而神意的呈現且寄託於歷史變遷之中，今人一方面受惠於古道而信仰上帝5，另一方面又可由文明發展體認神格神意，這本來是雙重的祝福，然而營生條件的改善使後人逐漸失去信神的動力，物質文明的進步反而導致上帝信仰的拋棄，這是凶人轉福為禍的失計，不可認定為神之遠人。宇宙萬象的次序有如金字塔型的結構，上帝可視為塔頂或塔上、又因其無所不存而應視為塔身或任一處，人為萬物之靈，故當處於塔頂之下，而因其得天獨厚，又當替

---

5. 人對上帝的發現乃經歷長久的生命境遇，由多神到一神、自然神到政治神、公共神到個人神的信仰轉變其實飽受心靈與肉體之苦，因為這不僅是因應生存需求或生活環境的持續變遷而來，也是由於尋找精神出路或靈魂解脫而挫折不斷的教訓所致，一個抽象、全能、無所不在、卻難以了解的唯一真神最後終於「產生」，祂固然關照一切，但令人更加不安（「恩威並濟」其實是威嚴高於恩惠的不測靈慧），人所以信仰上帝實因無所逃於天地之間而必須面對終極真相，這是從錯誤中學習的慘痛心得，不是備受庇佑而深懷謝忱的報恩念頭，難怪世上首先發現上帝的民族是「生於憂患」的猶太人（可見安樂恐非福報）。

天行道而涉入萬事，這就是人的普世性。人因其宇宙定位崇高，
所以有上帝信仰的課題，然而最可能信神的處境未必是最可能
信神的原因（然則神無主宰性），事實上正因人於世上傲視群
倫，其自我神化的傾向使人不信神，這不是「王不見王」的緣
故，而是自視為王便不覺有上級，故從物理認知人為萬物之尊
者常持無神論，而這確是「科學革命」以來興起的思潮。以人
性而論，優秀卻非最佳者可能力爭上游也可能自暴自棄，人有
原罪，上帝信仰因此出現，但也因人有原罪，上帝信仰無法深
入，而靈性不強者往往是自信最強者，對天不覺自卑的人對人
必感驕傲，所以人不信仰上帝則已，一旦信神便（須）完全臣
服，近代無神思想興盛非因文明對神意探索無法再進（受困也
可致知），而因自覺優秀者大都「不知天高地厚」卻彼此暗示信
神便是無能。由此可知，「失之毫釐差之千里」是求道的陷阱，
天人交戰是為善的危機，「入寶山而空手回」不是末世文明的惡
夢，「過其門而不入」才是文明末世的惡風，文明所以由盛轉衰
其實是因人從「虛心」變成「心虛」竟反稱真相存乎一心；上
帝信仰在歷史晚期未因亂世殷憂而發達，卻因絕世無望而沒落，
這不可謂為宿命而應視作逆命，蓋各人的極限雖不相同，面臨
極限的難易程度則是相同，有心便有路 (Where there is a will
there is a way.)，處於極限即與神接，末世之人以自得為喜，故
不能有極致的發現。

　　上帝主宰一切，包括人之信仰上帝 6，所以人不可能完全
知曉上帝，若然則神已不神而人已非人，可見信仰上帝是合理
的，與神合一也是可能的，但了解上帝則是矛盾的。「神」的觀

---

6. 'Man is capable of nothing; it is God who gives everything, who [even]
　　gives man faith.' Søren Kierkegaard, *Journal*, 1849.

念其實是神灌注於人者，否則神是人的發明，其能力不是在人
之下而是根本不存，蓋此種「神話」只是人對不完美世界的感
慨及其「投射」的結果，它反映人文思想卻不證明最高真相。
然而不完美的感受不是出自不完美的事物，而是源於天賦的完
美理念，因為完美不是改善不完美所得，所以人若不能有效解
釋其理想何以產生，則須承認至善的觀念是與生俱來，如此神
明當然也是從天而降的點子，畢竟所謂神便是超越人的性靈，
這是所有人不假思索即知的本能性看法。上帝使人信神並不是
直接的啟示，否則人便無信仰之情，因為可知者即無法以信仰
處之，並且若上帝果真對人明示，則史上豈有多神迷信產生的
狀況，事實上「上帝」之想是人透過長久「經一事長一智」的
心路歷程所發現者，而此事以後見之明或理性推演而論甚為可
取，這顯示上帝應為真實無誤，可知神一方面先賜予人「神」
的觀念，另一方面則以歷史（即人的經驗）啟發人確認之，這
是「天人合一」之一例。如此，關於上帝，多數人注定不信或
誤信，而少數人可能確信或深信，因為若凡人對神的認知皆為
一致——這有如社會性共識——則信仰的意義亦將大減，而信
仰乃是各人（個人）的天人之際感懷，集體信仰必為膚淺或偏
差，同時世上智者少而愚者多，故持有正信者必然是零星的博
雅君子。如果多數人皆是上帝信徒，則少數人必因人性趨向而
加以附和，這將使全部的人或絕大多數人皆成為上帝信徒，然
信仰有深淺問題，大多數人的資質既非優異，其信仰自然不是
正確或深刻，而其相互影響且更惡化思想，可見大多數人皆信
神並不是一件好事。由是上帝信仰的問題與其他知識問題相似，
皆有「曲高和寡」或「高處不勝寒」的情形，這考驗少數菁英
的求道精神，也給予大眾見賢思齊的上進機會，並使真理的探

索具有高度的天人交戰意義，誠為通向「皆大歡喜」或「各得
其所」的最佳設計。其實上帝既是宇宙主宰，神的安排人豈可
以置一辭，這不僅是因人無此資格（地位），且因人無此能力
（知識），所以接受現狀常為認命而明智之舉（當然應先確認現
狀是否為神意所在），萬事萬物均有其深意，不明此理卻欲改造
必當招禍。以上帝信仰的現狀而言可謂慘澹，在此信神顯然意
義重大，然文明的衰敗不應視為「智者不惑」的良機或「仁者
不憂」的條件，而應視為「勇者不懼」的環境，固然凡夫注定
與行道無緣，求道者必須努力淑世，這不是為自我肯定而是為
自我負責。宗教發展的不利是神意所使然，否認上帝或褻瀆上
帝是上帝的作用，史上的上帝信眾是「淺嘗即止」的求道者，
宗教戰爭是使人質疑宗教的誤導性現象，信仰自由則是表面正
確其實錯誤的信仰觀點7，科學的發達更造成貶抑上帝的物化
思潮，凡此皆是上帝「偏愛」與眾不同者的證據，雖然超群之
人不是反社會的獨行者。偉大的求道者散佈在各時各地，其間
並無「道統」的緊密傳承，「德不孤必有鄰」表示仁者有遠親而
無近鄰，歷史雖是神意所在，歷史現象卻引人放棄信仰，這證
明上帝不欲開化眾生，但要人省察天理不彰的意義，然則末世
的有為者不需固執效用，卻應堅持正義。

　　上帝一稱僅為共名，其內涵人所知幾無，上帝的存在可以
推論而得，但這是關於上帝的局部道理，其成立主要是由於人

---

7. 強迫的信仰缺乏虔誠之意，但真理不容忽視，若不要求愚者歸順，天
　道更受障蔽，故「民可使由之，不可使知之」，信仰自由是信仰的性
　質，卻不是凡人所具有的自覺能力，上帝若在則人有原罪，信神豈可
　任憑信徒自決，若說這是人的不幸，不如說是人的福氣，因為無知而
　能中的、卑微而能高就，這是再幸運不過的事了。

合理化其知識觀之需求——亦即上帝若不存在則是非善惡美醜諸義皆將落空失效——至於神意則無法以此道判斷，因為上帝存在與否是真理有無的問題，而神意高於真理，不能以任何標準認定之。上帝的存在及性質是理論概念的問題，神意則不然，它是難以理解的靈心，理為法則而靈為神機，人之理性猶可相當程度領略真理，但其靈機則遠遠不及神意，畢竟人之靈魂僅是神靈的「碎片」，可能以偏概全卻不能由小見大。上帝的「屬性」可以確認，但神性的變化與發揮卻不得而知，例如上帝為無所不在，此理尚可了解，然上帝無所不在的實際表現竟難以思議，人得以知神的程度顯然甚低於魚得以知人，因為人與魚猶生存於同一空間，而人與神卻不活在同一世界（神可以入世而人無法出世）。所謂上帝無所不在，對人而言是神存於一切的時空中（與時空外），因此探索神意的最佳憑藉是研究歷史，因為歷史包含人所能知的一切，然則神意與時俱在，注意事情演變之勢可以感受上帝的意向，這雖與真相猶有遙遠的差距，但確是神欲人知的最高事實，不可謂不真。上帝信仰是最高的生命問題，不容一時疏忽，神意無時無地不在作用，人心不堪藐視良知，因為上帝遍及宇宙，當然也存在於人身，所以反抗上帝便是反對自己，反省不多則悟道有限。理論上人不敬神也是神所致，但精神上人不能以此卸責，其間的落差（衝突）實為真理的超越性使然，而因超越性問題的存在也是理性推論所得，所以人不能以神意不可知為不求知之由，可見信仰不深入是不虔誠的行為。超越性的問題當然無法理解，但其存在既然是合理的或有理的，則信徒理應謹記此事而時時忍耐，並不因此懷憂喪志，然凡夫畢竟思慮低俗，其心無法處於天人之際，上帝信仰所以提升困難顯然與人既不講理又偏執理性的態度息息相

關。不唯如此，信仰是心靈的活動，而信仰對象是心靈所無法把握的更大心靈，它不但浩瀚深奧更不限於精神的層面（上帝超越心物），此種「以有涯隨無涯」的追求根本不能想像進度又遑論完成；人只能以推理求道，而上帝不是道理而已，其理且遠勝人心之理，然信仰是出於理智能力不足的感想，其進展一方面是靠求知，另一方面卻是靠知識有窮的體會，可謂是「自暴其短」的知性掙扎。信仰既與知識有關而各人智愚有別，所以許多人的信仰乃是出於無知，而非真正的信仰——愚者的信仰不及智者的常識——史上的宗教進化常只是信徒的知識增加，其信仰層次則未見提升，甚至始終不曾發展為純粹的信仰。本來信仰即是「人為有限」的自覺反應，然則信仰在理論上無法使人「開竅」，上帝信仰是補人心之不足而不能補足人心，人因此可能產生圓滿之感，但絕無法化為圓滿，畢竟神意不是為人所用而是為人所尊。總之，上帝信仰有其極限，這使信仰可以永遠維持，若信仰可能臻於完善，則人得以探知真相，這便將導致信仰的消滅，可見信仰是一種不足感，其滿足是自我推翻，本無可能；上帝為無限，信仰上帝即相信無限，相信無限者必為有限，這不只是道理的問題也是神意的問題，因為人心不欲受限，但有此要求已是有限，而道理能規範人，創造道理者豈可令人掌握。

　　上帝信仰既是必需且難以增進，所以教條化 (dogmatism and dogmatization) 成為宗教的常態，對精勤的求道者而言這是無奈的事，對一般信徒而言這是安心的事，整體而言這是善多於惡的好事，因為凡人實無能力信仰上帝，有此因緣已可慶幸。自古以來宗教經典的固定性與權威性甚為強大，神聖性因此樹立，頗能引人入勝，使愚者也有近道的機會，這確是歷史的盛

事，如歐洲中古的基督教信仰雖失於僵化，然其安定與教化人心之功不可忽視。世人之病不是笨就是壞，而壞較笨猶惡（不可謂「笨較壞猶蠢」），宗教的勸善即使有愚民之虞但利勝於弊，無須反對，何況道德本是神命，宗教之言未必切合義理，然其大要亦非離題，聽者有所誤解乃因各人之愚昧，實不應歸咎於藉教說法者。真理高於道德，宗教的宗旨本不止於勸人為善，但因**真理高深難知，信仰的提升障礙重重，所以宗教的事業竟限於行道而無多求道，道德的推展乃成為首務，這是上帝信仰的困境反映**，雖然勸善確是求道者在世的主要事功 8。所謂宗教改革其實不是改變信仰觀點而是改善制度作法，因為上帝信仰的知識內容極其有限，而古人也已言之成理，後人可以增益者不多，所以宗教的腐化主要不是由於教義的扭曲，而是由於信徒的失節，於是宗教改革者的思想往往不如其德行具有號召力（在傳道上言教不如身教的現象顯示知識不是常人建立信仰的主因）；類似十六世紀歐洲宗教改革 (the Reformation) 之事已不可能再出，畢竟教義的爭議不過是關於原始經典的真理性多少問題 (fundamentalism vs. traditionalism)，而非關於上帝的存在或神性神意的看法，前者見仁見智而後者共識甚高，然總無天大的嚴重性，同時異端之罪既已不存，各抒己見且黨同伐異乃成常情常理（「道不同不相為謀」），而一般信眾於此因亂動念、見異思遷，漸失虔誠敬畏之心，宗教改革之後上帝信仰乃趨於沒落。由此可見，大眾若是善男信女，這是因為在上位者

---

8. 'I take toleration to be a part of religion. I do not know which I would sacrifice; I would keep them both: it is not necessary that I should sacrifice either.' Edmund Burke, Speech on the Bill for the Relief of Protestant Dissenters, 7 March 1773.

提倡神道，若信仰的大同之局破壞，民間信徒失去維繫其神聖感的「宇宙次序」，必然陷於迷亂的狀況，故緊密的政教關係是善良風俗的保障，世俗化 (secularization) 的發展則與世風日下之勢相隨。上帝信仰既不易提升，教務的重點是維持信徒對上帝存在的肯定，神意的解釋乃為其次，甚至不應多說，所以宗教須重視精神而輕視物質，以免信徒玩物喪志，這不表示宗教反對科學，而是表示物理所呈現的真理層次不高。然科學發達必定導致常人信仰衰微，此情證明凡夫本來沒有能力信仰上帝，其見利忘義無可厚非，可知上帝欲人深究上帝，古代的信仰只是神灌輸於人的上帝印象，中古的信仰是人自我暗示的上帝形象，現代的信仰則是神考驗人的上帝假象，不信者自以為得計，信仰者也不能自以為得救，因為真相的探索才是信神的宗旨，與人一般見識便是自甘墮落。今日傳教事業的沒落顯示宗教普世性不如往昔，而宗教平等的主張其實反對真理（道有絕對性），人本的價值觀使自由意志的探討變成自由權力的規範，科學的崇拜導致迷信的破除未能提升信仰卻落得愈加現實（巫術與占星術的推翻竟波及宗教），同時神秘主義不盛不衰，「一切皆有可能」的思想造成「存而不論」的上帝觀，這是「敬而遠之」的末世信仰態度，人因神之實用性不高而自行背離，其實是因人之無能而需自我壯大（愈有靈性者愈不好勝），對天缺乏虔敬之意而對人尊重各自信仰，宗教的變態實在是莫此為甚。

　　神明信仰既然難以提升，宗教的「現代化」只不過是形式的問題，而信仰流於形式即逐漸淡化，故現代宗教趨於有名無實，僅在多元文化中聊備一格，甚乏普世性意義。歷史所呈現的神意是上帝欲人真正信仰但誤會者眾，文明的進展本有助於信仰的深入，然因原罪障礙，最高度的文明反而造成人本主義，

於是宗教淪為社會性的組織活動，信仰成為個性的表徵，主張神格必與大眾為敵，風尚所及神秘盡失，權力觀念伸張平等，入境隨俗只能共同迷信，信仰上帝竟需對抗神意安排，末世的虔誠確是準備殉道的態度。近代以來上帝的不可或缺性普受質疑與忽視，「上帝已死」一說的傳播不為合理化無神論，而是為正當化背信之舉，蓋上帝既不可能死也不可能為人所知，上帝之死的宣告其實是信徒之亡的判斷，發此論者是痛苦的失神者，附和此言者則是虛偽的喪志者。上帝的存在相當可知，上帝的意念極不可知，文明早期發現上帝，文明中期崇拜上帝，文明晚期逃避上帝，這主要不是人性所使而是知識所致，因為人性古今無殊，而知識無法不斷精進，若人沒有「不知為不知」的敬意即將「強不知以為知」，結果便是以人度神而不覺有信神的需要，此事雖出於天意，但人不能據此叛道，而只得自怨自艾，所以末世的上帝信仰名存實亡，這已是凡夫最佳的守節表現（下流者訶祖罵神）。文明的末世不反對文明的正統（而是扭曲其義），現代並不仇視宗教，但信仰怪象於今尤烈，這是求道不進則退的必然表現，而因宗教信仰牽涉知識又不以知識為宗，其敗壞之狀尤其變態，可謂集非理性之大全。今日的上帝信仰不如古時流行，然宗教絕未消失——以寬鬆標準而言甚至可謂興盛——但其精神遠非純正而工具大為便利，所以迷信的程度有增無減，科學的濫用更助長此勢，幾乎造成「有效的神話」，令人大舉盲從。誠然無神論如今絕不盛行，而泛神論可能更受歡迎，因為知識的發達固然可以破除迷信，但知識的極限更可能引發信仰，此種信仰不崇拜上帝則崇拜萬物，而上帝超越知識「太多」，故信徒常以萬物代之而為神靈。假性的上帝信仰其實不信上帝，欲信上帝而不能者必自我神化，然上帝為全能而人

不然，自我神化只是極其自大（自視為萬能），畢竟無法自滿，因此不信上帝便什麼都不信，所謂「神棍」是缺乏信仰的宗教騙徒，而非假借神意自利的人，因為神意無從假借，迷信亦不可能有害於人而無害於己。道為唯一而人須服從，上帝信仰沒落的跡象之一是教派個人化（叢生）與宗教交流（妥協），末世為「大和解的時代」，此乃有情無理的文化風氣，時下宗教戰爭的平息不意味大同精神的發揚，卻是人心渙散的反映；顯然論道不能無爭議，因為真理具有超越性，而人不當不在乎真相，為神而衝突固有可笑之處，因此而談和則更為可歎，須知人即使不是為神而活，也絕不能離神而生，上帝信仰與其說是為神而起，不如說是為人而出。

第二節　超越性真理的體認障礙

上帝與真理的「關係」是上帝創造真理，上帝在真理之上，上帝的超越性更勝於真理，人所以將上帝「納入」真理之域，即因真理已難以了解更遑論上帝，而一切不可知者皆為人所應企圖探究者，故真理與上帝可視為一體。真理無靈而人類有靈，真理是神為人所設計，這是說人有求道的使命或責任（「道命」），人不能無視真理，否則必將自我敗壞，即使不然良心亦無法安寧。有真理即有上帝（真理並非自然），有人類即有真理（人類不能自了），有真理則人類無法得道，因為人不如神而神命人求道，求道可以提升人格，但提升無法臻於完美，若至善可得則上帝不存，如此一切已然錯亂不實。人有真理信念乃能發覺上帝為真理之主，人如無真理觀念則上帝根本無從推想9，

9. 'For creation is not a change, but that dependence of the created existence

上帝雖「不盡合理」卻是道理成立的必要根本（根據），因為人的認知方式（尤其是因果觀）乃是天賦，此種看法無能反對天道，所以其有效性僅止於現實的問題而難以適用於理想的境界（一切以人抗天的思想其實皆為強調現實主義而無推翻理想主義之效）。如此，人之有知乃得自於天，人之無知乃受限於天，上帝主宰一切，上帝不令人了解上帝，而真理「包含」上帝，人對真理的認識當然也就無法透徹。真理的超越性雖不如上帝之高，但超越性的問題絲毫無法理解，故理論上真理即使較神意更易於了解，然實際上二者對人一樣是不可知者（區別「真理的超越性」與「上帝的超越性」既不可能也無必要），探索上帝與探討真理在一定的程度之後皆將坐困愁城。真理是貫通萬事萬物之道，有此本事者必是從天而降，蓋事物有大小高下，一以貫之須自上俯臨（高明），而不可能從下推衍（低估），「登高自卑」是求道之方，「鋪天蓋地」則是真理運作之法，故真理相當可知、逐漸難懂、而終究不可解；此情不意謂小事易知而大事難知──常態是大事易辨而小事難察──其實是不能盡知則無一能知，知道所有的事才能真正知道任一件事，深知一事即掌握萬事，真理為唯一且無所不在，掛一漏萬則萬漏一掛，求道必須全面乃因道非片面。以理而言上帝是全面且非全面而已，從人看來全面包括上帝而上帝僅據高位，不論如何，既然真理是全面之理，探討真理應含上帝信仰，不信上帝而相信真理其所求之道必有缺陷（陷於淺見）10，而上帝大不可知，真

---

on the principle from which it is instituted, and thus is of the genus of relation; whence nothing prohibits it being in the created as in the subject.' Thomas Aquinas, *Summa contra Gentiles* (1260), ii, 18, 2.

10. 信道而不信神不是迷信而是失信，亦即所信不足，缺乏上帝觀的真理

理的體認當然因此深受限制。總之，真理是宇宙的規範，上帝創造真理而不受其支配，人為有限之靈而被迫求道，然求道不只是探究真理也涉及神意，真理是真正之理，乃其終極之義——故真理與真相常並稱——論道不得不求神，而求神僅得心靈啟發，畢竟無法通曉天意，所以真理也（可謂）是不可究查的神性。

真理是事物所以然之理，事物有輕重，真理有上下體系，而人在其中不居於頂端，故**真理具有超越性，也含有理性可以掌握的部分**，這即是真理在小事上的展現。真理若無超越性則真理只不過是法則定律而已，其崇高性幾無，然真理具有超越性使人難以親近或了解，這又導致人不信仰真理；其實萬事萬物不盡可知，此乃甚為合理，蓋事物若皆可以理解，此理亦無法解釋事物何以產生及何以結束，亦即時空之相終究難以理解。人之理性最多僅可解釋現狀，現實條件無法圓滿解釋現實條件之由來與目的，終極真相之說即反映人對現狀不覺滿意，這使人不得不以先天的觀念設想真理，而此事仍不足以解惑，所以超越性一說是知識論必要的元素。對於萬事萬物，人並非「知其然而不知其所以然」，而是連「知其然」都有困難，例如「世界」是「世之界」而其義為何竟不可知，吾人活在時空之中而深覺時空之現實性與真實性，卻無法了解時空的有限性，這有

觀不是偏頗而是錯誤，其失主要是見解淺薄，疏漏的問題乃為其次，因為不識終極義理的論道者所言最多僅及「第二因」，低等之見是拙劣而非偏差，然以正義而論則為誤謬，不必視之為頑固偏執，此種錯誤普見於中國傳統士人，而西方哲學家如亞理斯多德 (Aristotle)、黑格爾 (G. W. F. Hegel)、懷海德 (A. N. Whitehead) 一流尤有誘導此風之罪。

如生死相關但其差別之鉅無以復加，真不可思議，然常人並不為此苦惱而致精神錯亂，若非人之天性有感「事實不是真理」則此情根本無可解釋，這正是「神佑」最平常的表現。簡言之，上帝與真理猶有分別，理論上真理可以解釋一切，但其實不然，此因上帝創造真理而真理不含上帝，並且人之心靈不如神之心靈，知識是對真理的了解而不及真理（理性不等於知識而知識不等於真理），故人無法以其真理觀解釋一切，欲為此事則必假借上帝之名義乃可成。世間不是假而是虛，人處於真與不真之際，其求知得以進益但無法完全，反之，因有超越現實之真相，以此知識深淺乃出，而求知成為可能，這是造就「高貴」的「偉大」籌畫。雖然，真理既有超越性又含非超越性，其道令人更加不解，尤其凡人本性重視現實，往往以實用之理為真理，而對「高談闊論」有所不滿，如何拿捏真理的現實性與超越性成為棘手難題，這其實是上帝所設計的誤導性現象，因為真理絕非中庸之道，天人之際的抉擇當為天性而非人性，以人性的需求為求道準據必是誤入歧途。真理含有高度的人道，但其天道乃是主旨要義，「人能弘道，非道弘人」，求道雖應以得道為的，但懷有無法得道的認命精神卻是必備之念，此非失敗主義而是超越性信仰，意欲「掌握」真理實為心術不正，抱持「點到為止」的態度則為不學無術，求道應究天人之際，知與不知只在靈感而不在情意。道有可知者亦有不可知者，全然可知之道使求道成為無謂，全然不可知之道使求道成為無益，無謂相對於無益猶為有益，故知求道必須求知，而求道不可能無益，因為道非全不可知。相信真理卻無超越性問題之意識者是無謂的求道者，此乃不具神聖感而尋求自在安適的淺思之人，其說無非是「自然法則」(natural law)，因為自然可以任人解釋，師法自

然者可能南轅北轍，卻都以自由一義相互推尊，因而造成大同
的假象，誠為「人為的真理」之大宗，有求道之名而無求道之
實。總之，真理所以有超越性是因人心有非現實性，人是萬物
之靈故道是萬靈之物，物有物理、事有事理，事在物上、理在
事上，真理為道、道為神意，所以事物可知但事物之義難知，
有所覺便知有所不覺，超越性的存在使現實的不足變成希望之
原，求道充滿意義正因小知可用而大知可觀。

　　真理具有整體性或完備性，人雖優秀卻非完人，其思考常
偏頗不周，亦即人無法超越自己思想，以己度人或以人窺天並
不能得全11。在現象上，此情顯示得道需掌握所有的知識而不
能遺漏其一，然人生有限，窮其一生之力不足以認識一切事物，
即使不論了解的深淺，個人的經歷也無法涵蓋大千世界之萬一，
故求道實際上是永無止境的學習，未有完成大業之日。致知之
道不是「量變造成質變」，因為真理不是累積所成，且人性猶有
非理性因素，未得以循序漸進而見識與時俱增，所以「頓悟」
成為學者的期望，靈感被視為天資的表現，似乎得道乃是神啟
天賜，可遇不可求。然就終極之知而言，量與質實為互通，所
謂全知不僅是什麼都知道（量）而且是徹底了解（質），於此全
部的量與完美的質是同一事，這雖不是量變所造成的質變，但
從人的處境或條件來說，此道確是唯一的善謀（合乎道德的希
望），畢竟人不能改造自己的資質也不應等候上天的啟示。「質」
的價值或意義雖高於「量」——其實價值與意義本是「質」而
非「量」的問題——但這是不完美的世界所出現的缺陷或差異，
若論至善則「完備」兼具充分的量與最佳的質，而非質量二分；

---

11. 'It is hard to utter common notions in an individual way.' Horace, *Ars Poetica*, 128.

求知者須以理解（質）重於經驗（量）——故有謂「舉一反三」
——這是因為知識原是「了解」之情（有層次問題），而學術課
題多至無法綜攬，故人只能期望以心靈克服物質條件的限制而
接近真相。易言之，人無法據有完全的知識量，所以企圖以推
理之方貫通萬象，然而人的理解能力亦為有限，真相的確知乃
無可能。所謂真相是全面的真相，不是某一方面的真相，而人
僅為萬物之一，亦即為全面中的一方面，故不能「以偏概全」，
而只能「由小見大」，此事所以可能實因人具神格（天性），但
人之神格不全，終究無法備悉。如此，人之求道是要知道自己
在宇宙中的定位，君子於此深感安全，小人卻深覺受限，不論
如何這是不能確定無疑的事，因為欲知小我則須知大我、欲知
個人角色則須知世界次序，「弱水三千吾只取一瓢飲」，此非自
貶而是自足，有自知之明便有正確的天下觀，了解自我豈是率
性而已。人的渺小是質與量二方的情勢，求道須無所不用其極
乃因人的短處是各方面的問題，這顯然是知其不可為而為，能
做多少算多少，常言道「過程比結果重要」，此說只能以「上
進」的觀點認可之。真理不是理而已，故人求道的條件不僅是
理性，且有經驗、感性、靈性、直覺等，但求道首要的憑藉是
理性，因為真理的超越性不論人以何種能力均不能了解，僅得
以理性逼近之而稍感其勢。人有理性，但理性不足，同時人又
常不服從理性，以理性追求真理尚且不及，而人亦受制於非理
性的驅動（可見神啟發人者不多於障礙人者），故難以近於道；
此事在上帝的信徒絕非更可避免，因為凡夫信仰上帝多非理性
所致，而是文化環境所趨或是個人情感所使，其意以為上帝在
真理之上，故注重神意而輕忽知識，更無理性。迷信者皆是理
性微弱而錯覺嚴重之人，這是缺乏天佑的不幸，或是人格異常

的為害，世人以此趨向於擁護無神之說，實是間接受害，蓋求道是天人之際的探索，迷失於他人問道的風氣中可謂連坐。原罪是天生的缺陷，人有原罪，所以注定無法自我矯正，然此種困境出現於後天，使人誤以為可能突破，尤其各人的天資不同，其極限亦不同，相較之下中材常覺人之潛力無窮，這是脫離求道問題的社會性思想，難免過於樂觀。真理是連繫人與神的媒介，也是分隔人與神的鴻溝，求道是神給人的功課，得道是知識上的天人合一，其目的是與神復合，而與神復合是人的消失，卻非神的自我完成，故人無法求道成功，畢竟不全者求全是神格的作用，但非上帝的需求，其目的地實不存在。

真理觀在史上的演變大約是逐漸提升，但達到極限時，人因受理與情的支配而不朝向超越性問題的探索，反而開始反對真理，其作為一方面是壯大理性的地位（如科學與哲學），另一方面是強化感性的價值（如宗教與文藝），簡言之是誇大人本精神，其實是主張個性的發揮而逃避良心的要求，於是可見人對真理追求不力亦是由於原罪。文明的精神基礎是人文主義，原本人文主義可能是哲學思想亦可能是價值觀念，然而事實上人文主義在建立其形上學或宇宙論時難以成功——此因人雖是萬物之靈而神卻是萬物主宰——以致人文主義在上帝信仰出現後退縮為「單純的」處世立場，其現實性大增而理想性大減，甚至成為對比宗教情操的世俗態度，於是人文主義竟與上帝信仰並存共鳴，彷彿真理是天人合作之道。簡言之，人文主義是發覺上帝的前兆，人之極限當可啟示神之存在，但凡夫不解天人合一之義卻多天人不諧之感，因此上帝信仰一出人文主義即衰，不然則二者互不干涉而為兩興，這是人具天性而天性不足的反映。俗念當然以人為本，但良知有奉神取向，人文主義是問道

的初步心得，絕無誤入歧途之情，然進一步的求知必有「人非聖賢孰能無過」之歎，此時超越性問題浮現，上帝成為一切問題的終極答案（至少是暫時性的替代方案），於是人文主義功成身退，宗教信仰隨之而起。此事絕不表示人文主義為錯誤之想，而是表示真理具有超越性，論及終極真相時不可以人度天，但處理一般事物時應當務實且持人道關懷，這即是「盡人事然後聽天命」的意義 12。惟此理並非凡人常識，人文主義與上帝信仰在史上常呈現對立之勢，其高情是天人交戰，而俗套則是政教對抗，心態現實者總是蓄勢待發，企圖解脫宗教的束縛而重申人本主張，這即是文明末世出現前夕的洶湧暗潮。求道者不可能一開始即知上帝存在，其意最初所屬乃在真理，然後才可能由此發覺上帝，所以將上帝視為真理之一部分實為原罪，亦即為人文主義的隱患，這可能導致自卑性的自毀或前功盡棄而一蹶不振；知識的提升終至於「知道愈多愈知有所不知」，因此「不知為不知是知也」非謂不知竟然為知，卻意味能確定人所不可知之範疇者可謂有知，然其憂是極限到來時人可能自暴自棄而非維持極致。人文主義有通天本事，但人皆可以萬物之靈自負，卻未必以發現上帝為喜，能樂天知命者無非天才，備感神權威脅者乃是凡夫，從人本主義進展至上帝信仰是文明的躍升，以人文主義背叛上帝信仰是歷史的淪落，人性自尊，無法達於上流者常反轉作賤，而以獨特之性自我標榜，這是人人皆欲為神的微妙心理（善惡二念均可能）所致，求道不進則退之

---

12. 'Human freedom is realised in the adoption of humanity as an end in itself, for the one thing that no one can be compelled to do by another is to adopt a particular end.' Immanuel Kant, *The Metaphysics of Morals* (1797), pt. ii: 'The Metaphysical Principles of Virtue', Introduction, i.

理於是可知。正確的真理觀必具上帝信仰，然求道使人自重而信神令人自謙，缺乏天資者面對天道常感喪氣，追求真理難以永遠奮發，神意因素竟是凡人上進心的「致命傷」，以致知識無法增長時人性表現總是惡化的特徵。超越性超越現實，現實條件包含人格，人格具有情理，以人之常情常理反抗超越性真理成為求道困境的常態，這便是現代文明的柔性邪氣，因其精神以人為本，故廣受歡迎而挑剔者少，其實是今人彼此暗示以相互催眠，乃有此天經地義般的新道學之誕生。求道是人發揚天，求道不成則人性化，這是人心的悲劇，而悲劇本是人心高貴的表現，人心的悲劇卻是欲振乏力反而自我褻瀆的感性慘狀，其代價不可謂不大，其教訓因此不可不重。

　　生命是由肉體與心靈組成，正如宇宙是由物質與精神合成，因此唯心論與唯物論成為形上學主要的觀點，此二世界觀固有高下，但皆不得要領，因為既然心與物均是事物的元素，而真相乃為終極之實，顧此失彼的看法當然未得中的。誠然精神的層次或重要性高於物質，然此一相對關係顯示精神之上猶有「什麼」(something)，如此宇宙的上下體系方可為真實或完備，精神所以重於物質之由也才得以證明 (有憑有據)，故唯心論雖較唯物論得理，但亦無法解釋一切，而為「相當對卻畢竟不對」的見解。其實心在物之上而神在心之上，然真理探索者是人，人具物與心而不為神，故愚者的宇宙觀是唯物論，智者則持唯心論，初時人不可能有唯神之見，此與前述「真理包含上帝」一說所以形成的道理相同，只有在深思者警覺「心有其主」之後，上帝觀方才出現。這是說唯心論與唯神論前後關連，唯心論達於極限時唯神論當即展開，正如人文主義臻於極致時上帝信仰便油然而生，而當上帝觀若隱若現之際，求道者可以明確

感受者是人心對於終極真相（存在）的肯定與體認能力，這即是人有天性神格的發現，於是理想主義乃自唯心主義滋生，誠如「青出於藍而勝於藍」，完整的宇宙觀因此逼近。理想主義是上帝信仰的前提，因人若不相信完美則不可能信仰上帝，而一切理想的化身正是上帝（理想是人對完美的看法，而完美對人心的作用即是理想），故理想主義的論述其實是替天行道的說法，只不過論者是否有此意念則非必然，此乃理想主義者之間層次仍有差距的問題。不論如何，理想主義與唯心主義有著密切的關係，理想主義是唯心主義更上一層樓之後的見地，於此「量變造成質變」，二者差別乃不可以道里計，蓋理想主義是上帝信仰的表現，而唯心主義卻可能淪為自我神化，其關鍵性的差異是在於「真理存乎一心」的解釋不同，理想主義者相信此心是神靈，而唯心主義者認定此心是各人（個人）之念。上帝與真理具有超越性，即使理想主義者也須以其心靈體會天道——故稱「理想」（理想高於想像）——而無法直接認識之，由此可知理想主義是唯心論中的高見（超越性的唯心論），唯心主義是識見不足的理想觀點，其基礎（根據）本為相同，難怪二者在哲學中名同實異（俱稱 idealism）。文明的古典精神是理想主義，其時異端是唯心主義，而不論如何唯物主義不是歷史主流，這是求道文化的自然現象。近代以來唯心主義取代理想主義（黑格爾繼康德而興），隨後唯物主義盛行，此因上帝信仰沒落，真理觀墮入見仁見智的個人主義，其實本來是基於人本主義的立場，但結果卻是人的物化（可見人性與物性相近），甚為可悲，畢竟人不做神便要做獸，不提升萬物之靈的價值即將陷於萬物之一的等級，可見唯心論又與唯物論為一線之隔。總之，人格善惡兼具，善性為神性而惡性為獸性，人文主義強調人的

天性，唯物主義著重人的物性，唯心主義原是人文主義的趨向，
但「君子上達、小人下達」，上達者由此進而展現理想主義，下
達者則據守唯心主義，若有失守便淪於唯物主義，真理追求之
不易顯然是因道高於人而人可能甘於與禽獸為伍。

　　真理信仰衰微時，價值觀念 (values) 與意識型態 (ideology)
取代哲學思想成為新思潮，人性立場凌駕良心要求，更加惡化
真理信仰的頹勢，這可能是誤信之害也可能是不信之害，總之
是道統廢弛的禍患。價值觀未必反對真理觀，事實上符合真理
體系的價值觀念是允當的辨覈判斷 (有理便有力)，然則價值來
自真理而非與真理並列，求道者重視真理而不強調價值——亦
即先義後利——其論價值是勸善的用心，不是隨俗之意，未可
以為真理只是價值而已。善出於真而不如真，善惡問題可謂價
值問題，然伸張價值觀念而不論其理是反求道，必有「價值混
淆」之誤。論者認為價值 (value) 相對於事實 (fact)，價值觀乃
是一種信仰，也就是對於無法驗證或理解的事情（非事實）所
採取的認可態度，這表示世事不盡然可以知識論定；價值觀所
以不必反真理，乃因「現象不是事實而事實不及真理」，超越性
真理使人須以信仰看待之，此與凡人所主張的價值觀精神相似，
雖然論道者必不視其信仰為某種價值。易言之，真理富有價值
而價值觀常不合真理，欲使價值觀正確成立乃需求道，現代社
會主張多元的價值觀而忌諱真理之說，這顯然是無理的信仰。
與價值觀相近但更具思想系統者是意識型態，意識型態可說是
組織性的價值觀，亦即價值觀的進一步建構，零散的觀點不足
以成為意識型態，具有結構而內部一貫的觀念叢方可稱作意識
型態；如此，意識型態在性質上更接近真理觀，但意識型態並
非哲學理論而是社會思想，亦即針對人際關係所提議的價值體

系，其政治格調使意識型態終究與真理不符，因為人道無論如何不等於天理。意識型態雖有規模，但並不企圖解釋一切，僅為狹隘（有限）的真理信仰，其所訴求者亦是志同道合的民眾而非全體人類，故意識型態的對抗乃是自然之事（誠如政黨抗衡被視為民主政治的常態），此種信仰對立與宗教衝突不同，因後者是「天大的事」而前者仍有妥協的餘地。意識型態興起於真理信仰沒落之後，此種社會性宗教畢竟不能深入人心或普及世界，其經濟政策（或左或右）且無法獲得各方一致的支持，加以凡夫的思想平庸而不積極（「無所不用其極」被誤解為「激進」乃甚合情），大眾文化趨於雜糅調和，因此各式意識型態自十九世紀以來發展未久即陷入困境，如今諸說早已同化至面目全非，有名無實。至善之境必義利兩全，義利之辨乃出現於不完美的世界，於此求道者深信大利之所在即是義，俗人則短視淺謀、見利忘義，殊不知捨義牟利損失必鉅；真理通貫萬事萬物，故有實用性，但實用性（利）不如理想性（義），真理不盡實用乃因其非小利，價值觀念與意識型態無法造就大利實因其非正義。價值觀念是真理信仰的退化產物，意識型態是放棄道統的擬真理設計，前者猶以自助的方式激發神聖感（如存在主義），後者卻以群眾運動的手段塑造公共性（如社會主義），兩者相激相盪，共同促成現代的「自由宗教」，滿足各人精神空虛下的心理需求，故其影響力固然遠不如傳統信仰，但存活力似非屏弱，這便是文明末世的「要死不活」生意。

　　近代世人反真理的初步是以理代道，然後是重情輕理，同時則以理反理，這便是所謂「解構」（'deconstruction'）的過程，結果是後現代主義的多重世界觀，在文明節節敗退的形勢中，人們竟以各立山頭的方式共築平曠的文化高原，同享思想解放

之樂，並不知有掉落知識罅隙之危。古時懷疑論或不可知論持續不已，這是真理成為主流時的反對運動，今日則「可知主義」強盛，其目標卻非終極真相而是人的自由；古時之「不知」使人虔誠信神，今日之「可知」使人簡慢自信，而其知識差異實不巨大，所謂進步者不過是科學，天人之際並無突破。同樣是違背真理，古人所呈是迷惑，今人所示是放縱，例如古時二元論盛行而現代多元主義流行，古時中庸之說盛行而現代個性主張流行，古人詭辯而今人漫談，其轉變（惡化）實為心術而非學術，故古代識字者少而文風清高，如今高等教育開放未得提升文明卻造成道德低落。現代學術發達，但反智主義 (anti-intellectualism) 竟同時興起，這是因為真理信仰式微，專業化使知識的通貫性受人忽視，而實用技術的價值則深受肯定，於是高明的人文觀念不再有道學的地位，卻似宗教令人排斥，常人求學而無知，競以致用為尚，乃覺論道之言食古不化，實甚自蔽。所謂反智即是反對高深的知識而主張實用的知識，這是學術史上的「反淘汰」階段，亦即文明的末世，因為高深的知識亦甚可用，只是庸人不知其妙，反而以合於物理之學為有用，簡直是精神的蠻化。如今學術成為眾人皆可參與的知識遊戲，知識的價值連學者自己都不感崇高——學者只是專家而專家只是技工——眾說紛紜的理論只是各謀生路的工具，並無爭辯到底的精神使命；在此亂局中科學最無空說之患，故其權威不墜而有樹立新傳統的力量，但科學的求道意義不高，反真理雖不是科學的主張，卻是其實際的作用與結果，這是科學的原罪在現代的惡性發作。求道的本務是求知，求知的利器是理性，真理信仰沒落以來反理性思潮 (revolt against reason) 當令，這是假性的超越性思想，其實是感情的氾濫，它反映人性情感脆弱的

一面，但為此論者卻以勇氣壯志自豪，彷彿理性才是人類的弱點，是非倒錯竟有至如此者。「人同此心，心同此理」，真理因人之共識而信仰強化，亦因此而信仰衰落，其間差別僅在於心之理趨向天道抑或人情，古人心中有神故其理重道，今人心中無神故其理尚情；上帝觀竟是知識的根源，上帝難明故真理亦不可曉，然信仰上帝則真理可以深解，文明末世的求道成績不如古時，非因知識累積無法進學，而因學術以非神為理乃無所用心。

第三節　求道困頓的文明意義

　　文明的末世即是求道的困境，而求道困頓的意義來自省思文明末世的神機，此乃必要或必然的歷史情狀，非此人事的終極目的無以呈現、理性的力量亦無法充分發揮，因為無止境的進步其實不是進步而是虛假的過程，後見之明雖非神識卻是覺悟所憑，「困而學之」既為原罪，乃必有超越原罪的價值，蓋學習不可能一無所得。人只能發覺上帝而無法了解上帝，否則人必須擔當上帝的角色，這是人所承擔不起的事，故「上帝在天，地上一切安好」，人能怨天尤人也是神恩，不然人豈能面對自己的不是而活得下去。同理，人只能追求真理而無法知曉真相，否則人必須忍受現實不及完美的具體化缺陷，這是人所承受不起的傷感，故「好死不如歹活」，渾渾噩噩糊里糊塗也是一種福氣，不然人怎可經歷無理的事情而精神仍不崩潰。上帝與真理不得盡知，這竟是正常人生的保障，此因世間原不符合人的理想，若人無有接受不幸的本能，人根本無法生存；然這不意謂人性本惡而好醜陋之事，其實人性本善而實際不善，所以人相

當能「適應」惡，同時又以除惡遷善為念。人皆以善為善而不以惡為善，這與其說是道德問題不如說是心智問題，因為理性是人的天賦，無此則人無識別致知的能力，邏輯思考是正常之神，反邏輯則為錯亂，善惡有別是清醒（尚非清明），善惡不分是反常，可見人不是全善全惡而注定求善去惡，否則人隨時可能自我傷害，難以營生。善是合理之事，人既有理性，自然擁護善，可知求道是天命而為惡是自損。真理是神為人所設計，人須追求真理即表示追求是無休的努力，若真理為可獲致，則追求為有期，如此求道便不可能是各人探究天人之際的使命，因為真理若無超越性則求道可以接力之法達成，然則文明歷史積累的成績將使後人有朝一日得道，這意味求道是人類的集體性事業而非人人均應獨立負責的大任，其實已失求道「對天交代」的意義（基督新教的改革理念是反對「集體得救」之議），同時「今勝於古」的求道命運差別於此也顯得荒唐無稽。簡言之，真理如可求得，人間一切皆將顛覆，亦即所有事實均成不實，這不是錯誤而是虛幻，此情不表示現實為最佳，卻證明現實是人通向至善之階，反現實即是反上帝，實在無從進行。真理是上帝所造，求道「包含」神意探索，求道的困境尤其暗示上帝的作用，真理固已不可盡知，求道因此必有無法克服的障礙，然求道困境的出現「主要」仍是神意而非真理的超越性所致，因為超越現實者均非可知，真理的超越性與上帝的超越性對人而言沒有分別的可能或必要，而真理既為上帝所設，求道的困境當然應視為神意安排，不必認為出自真理的深奧艱難，雖然知識疏淺者理當反求諸己而用心於問學（而非企圖解釋神意）。理性是有限的求知能力，經驗與感性雖不如理性的價值，但確有彌補理性不足之功，所以預測未來極不可行，後見之明

卻使人深覺事事合理恰當，這顯示上帝高於真理，或說真理合於理性的程度甚大於神意之合理，難怪後見之明較理性更能「掌握」事理，因為後見之明除了具有理性之外，猶有經驗與感性的輔助。總之，人的求道困境是上帝的設計，此事是使萬事萬物成為合理的必要條件，以此求道困境亦成合理而相當可理解，其理即是「上帝是有理的」，越此人已一無所知，於是神意可能欲砥礪人心，令人維持求道的精神，正因此事不可確知，人才可能有盡心盡力的行止13。

真理具有目的性，上帝為最後果，所以末世理當較文明初期接近真相，然而超越性問題使「接近真相」缺乏價值，並且接近而不能到達使人更覺無奈，這即是求道的困頓感，似乎文明的努力是白忙一場。上帝為第一因又為最後果，文明發展追求目的而目的即是上帝，這看似「返回原點」而無進步的實質，但因超越性境界的存在，回歸原始並非世間的重複現象，而是具有提升的意義，且含覺醒的性質，可見求道不可能徒勞無功。至少就原罪問題而論，人生沒有目標則有漂泊無著的空虛感，這不僅使人精神頹廢而且身體惡化，頗有害於生存，顯然求道是全面的要求，無從逃避，求道即使沒有積極的成就也有保全性命之效，豈為徒然。真理神意為何或許難知，然違反真理神意為何則甚易知，無論人是否感受上帝的存在，上帝的作用無所不在，不知者並不背道而行，因其作為乃「直接」受制於神，而於真理神意若有所聞者不循道而為，必受良心折磨或受上帝

---

13. 盡心與盡力所以並言，乃因事物是由精神與物質共同組成，或因現實與理想有所差異，故盡心而不盡力是不盡心（心應主物），盡力而不盡心是不盡力（物應合心），盡心盡力方為盡心且盡力，此非邏輯問題而是天人合一不可妥協的問題。

懲罰，雖然反其道而行也是神意所使，終究不是觸犯天條。人有神格，不崇道者即使不是抗天也是自侮，所以信神者必行道，而不信者自作孽，不可以上帝主宰一切之說自我開脫，然則求道是所有人均應從事的安心任務。求道困境既反映真理的超越性，且呈現人的道德意識，前者令人無奈，後者使人有為，這不是潛能的激發，而是守節的表現，也就是「人不能偉大但可以高貴」的氣度展露。易言之，**求道的困頓雖是文明缺陷的暴露，但也是文明價值的呈現，這一方面是指文明的極致及其目的由此可見，另一方面是指文明面對其自身缺陷的處理能力得以證明**，後者所示是文明絕對是得多於失或善超過惡，而不可能增長至壓垮自己，誠如「知識就是力量」，求知可使人產生精神鬥志以進一步求知，而不致為所知之不善 (例如事實的醜惡) 所擊潰。道為真理，求道增進人之正氣，亦即強化人的生命力，豈有活力增加而愈加難以生存之情，故求道困頓無論如何皆不使人能力降低，文明末世若有退步，這是人的自暴自棄表現，不是文明的精神原有退化可能 (文明的本義是上進)。求道的困頓所以可能導致人心腐化，這是因為人性中有「眼高手低」的缺點，此事暗示人懷完美主義，完美主義難以忍受「接近」完美而不成的敗績，故反而有糟蹋良善圖謀的特立獨行之舉，以掩飾自卑與無助的悲懷。理想主義是由下而上的求道思想，完美主義是由上而下的尊貴心態，所以理想主義能面對現實而完美主義好高騖遠，文明的取向是理想主義而末世的心病是完美主義，求道的困頓若不能啟發人的神聖感，這不是由於文明的錯誤而是由於人性的脆弱。目的之想與因果觀念共存，因果觀念是時間的產物，目的的期望當然與時俱增，理想主義的目的是完美境界，而文明的理念必為目的論，所以文明無法臻於完

美即將陷入末世的頹象，畢竟持有理想的人是有志者，而堅持
完美的人必有精神性潔癖，二者雖皆為少數，但理想主義不是
俗念而完美主義的缺失卻常見於人性，故不進則退不僅是求道
的情勢也是社會的風氣，文明末世的喪亂是缺乏理想卻自認完
美的集體偏見所致。

　　真理不可盡知，但信仰不是知識之外的事，而是知識之上
的事，所以信仰真理即是認識真理，而非崇拜真理，信仰上帝
就是探索上帝，而非膜拜上帝。信仰雖不等於知識，但信仰是
由知識所驅使，不求知無以信仰，信仰絕非盲目取決，而是從
已知出發，故信仰有其方向，即使目的可能不明。信仰是基於
理性的感性態度，或說信仰是超越理性的精神立場，若信仰之
事不存，人生的靈性價值將淪喪無遺，勇氣、潛力、希望、熱
情、乃至愛皆因此衰微，道德更無法振作，可見知識的極限並
不造成無知，反而啟發神聖感，令人有覺。真理真相若為可知
或者求道順利無阻，則人生必不切實際，因為精神的奮鬥是在
困頓的處境，亦即努力是為追求，無所掙扎則力氣不出，萬事
天從人願即有人無天，道理易曉乃非大義，如此「自然」便是
真諦，「順其自然」便是行道，不問世事而無所事事豈有不可。
真理蘊含於萬事萬物之中，求道不是專業，傾心於學問卻「不
食人間煙火」實為反求道，而若人注意現實，立即察覺不如意
者比比皆是，所以求道順利必為一種假象（世間最大的幻覺），
其實是知行不一乃不覺所知不可行，求道而不行道終非求道，
因為道亦通貫行道一事。差異的現象造成世間豐富多變的情況，
若一切平等相合則事物固定沈寂，絕無活力，這雖可能如人之
願，但合乎人心者必令人失望，因為人有天性而天性始終不滿
意於人情，此非意味人具雙重人格而是人有超人的本質。原罪

是造成善惡的條件，沒有原罪則沒有缺陷，沒有缺陷便無好壞之別，在道德而言，沒有原罪即無罪惡感，因為完善則無憾，而且惡是善的缺乏，罪惡感是有虧之感，此非原罪無以造成，畢竟改良若能臻於至善，則救濟彌補之效可使罪惡感根本消失（罪惡感不是補償所可抵銷）。原罪是人求道的因與果，人不善所以須改善，而改善不足以成全故覺有過，有過使人更求無罪，無罪不是問心無愧而已，罪惡感的消滅才算功德圓滿，然則求道需有天助方能得道，因為原罪是人無可如何之事。原罪既在，生命的本質無疑是苦的，受苦有如償債14，當然具有某種意義，故求道困頓仍屬好事，這是人對天交代的盛會。神人之際並無媒介，求道的困難古今差異不大，此非知識障礙即是道德折磨，於此神愛人之說支持信徒也打擊信徒，因為安慰可能使人怠惰，而信心可能使人草率。通天不是登天而是配天，即使人可配天也不是天，求道的目標（不是目的）是活在各人的最佳狀態中，這即是「天生我材必有用」的落實，就此而言人不可能失敗，唯須警覺艱辛感是負責的兆頭而空虛感是不盡力的心情。世事無一永恆，永恆的意義不是「活在人們的心目中」，只有靈魂永恆，所以永恆是自知不朽，這是「天知道」的事，無關乎社會觀感。求道的困頓是文明的問題，亦即上達不成的難處，此事不得以成敗論英雄，因為善行是以善念為本，持有好意即是道德，何況臨危處變而不改其志更是善意的展現，道業愈豐。總之，求道注定有難，求道至無法進步時是最佳的成績，然「山窮水盡疑無路，柳暗花明又一村」，「窮則變、變則通」確是可能之事，即使無有突破，處於極限即是維持極致，求道的困頓

---

14. 'How poor are they that have not patience! What wound did ever heal but by degrees?' William Shakespeare, *Othello* (1622), II, iii, 379.

不必是文明的末世，只因世人「窮則退、退則逸」，文明末世終
非求道的困局而是不求道的戲場。

　　求道而無法得道是合理的事，可見所謂理不是理性而已
——合理不是合乎理性而已——而可能是神意，這不表示神意
合理，而是表示人必以一切真實存有之事為有理，故事後省思
總覺前事合理（無理則莫知）；所謂有理或合理其實意謂具備意
義，而意義未必符合人所設想或預想的道理，然歷史解釋皆呈
現往事「其來有自」且「不無道理」，這證明人心暗含信神認命
的觀念，所以萬事至最後均得以理解（以上帝名義說明）。簡言
之，理就是道，道是上帝的設計，而神意即使不可理解，人必
須接受，亦即必須視為有理，故凡事終究合理。如此，真理與
歷史關係密切，這不僅是因歷史是神意最完整的展現所在，且
因後見之明所議無不合理，由此真理乃能顯示。真理無法了解
是因其超越性，求道的困頓是智者所不能免，然文明末世的出
現是愚者（大眾）所致，而非人類知識極限到來的必然後果，
因此末世雖是合理之事（神意安排），但末世性卻是不合理之性
（人性逆理），這表示人不能以神為無理，而須以有理自責。事
理不在事情表面而在其內涵，故「常」由「變」表現乃益為深
刻真確，真理不是歷史所塑造，但歷史確實呈現真理的作用，
文明末世反映求道困頓，而求道困頓卻暗示終極真相，以此文
明可能超越向來的層次，雖然這僅限於知識的發現（從錯誤中
學習），而無扭轉末世之風的可能（錯誤的學習無法明理）。神
無歷史，但歷史使上帝愈為可感可信，然以歷史現象為準解釋
真理是自我蒙蔽，因為真理超越現實，讀史而無虔誠之心，將
使自己更遠離正道，所謂老成世故即是眾多淺見所累積的長久
偏見。今人以真理信仰為老舊之想，這無疑是做了時代的犧牲

品而不自知，求道遭遇困境不至於反對真理，不求道而心想事成更將藐視正義，末世的文明能支撐末世的持續，可謂是以今非古的有效自大，不可能善終。真理之見古今差別不大，所異者是信道程度，因知而信與因信而知共長，而不信者論理最多曲解，然求道困頓導致棄學，此乃天意而非人品，歷史發展至此已可以結論文明，使人更知做人的價值而各負己責，畢竟一人只有一輩子（並無輪迴轉世），有心便有力，環境不是犯過的藉口，認真問道即上友古人，英雄所見略同，迷失豈是易事。濫用真理較諸濫用神意更為不易，而濫用神意較諸濫用真理更為可惡，人若願意服從良知，則了解真理神意必易於質疑真理神意，末世是求道的良機與傳道的敗局，因為當代存心不正者甚多於君子，於是異端的批判極有利於進修，而置身在最壞的處境竟無沈淪則莫不上達，可知對求道者而言奇蹟今勝於古，各人受惠與否只在於善惡之辨。

第八章

知識極限

禮教事業日薄西山：
怡保華人的牌匾老店

第八章　知識極限

第一節　求知方法的缺陷與限制

　　凡人對於人的求知能力殆無懷疑，這是由於求知是人的本能，而本能常使人不覺其具特質甚至不覺其存在，由此可知人**確有求知的能力**，但此能力恐非完善，因它缺乏自省自覺的作用。若問人是否具有求知的能力，人不得不以為然，因為辯論或辨別此事即是求知能力的表現，反對人有求知能力者必有其理，而這是自相矛盾，間接證明了人為有知，然則人豈無求知之能力。人能自問是否可能求知，這已是人能求知的證據，然人的求知能力需由自我檢討以確定，這又表示其求知能力必為不足，蓋自疑者絕不完美，其所確認者亦不可能為終極真相 *1*。簡言之，人可能求知是因其相當有知又有所不知，全然無知者不可能求知或反省，求知乃是追求更多知識，不是無中生有，所以人其實是以其已有之知考察人能否求知，初學者不能有此問，正因所知不多而無法質疑。「是」「非」為相對，此乃世間現象，於是「是」與「非」皆不能獨存，雖然就本質而論，「是」為主而「非」為從，「非」為「是」之乏，而「是」不為

---

1. 'Human reason has this peculiar fate that in one species of its knowledge it is burdened by questions which, as prescribed by the very nature of reason itself, it is not able to ignore, but which as transcending all its powers, it is also not able to answer.' Immanuel Kant, *Critique of Pure Reason* (1781), Preface.

「非」之反（不錯不等於對）；同理，「知」與「不知」相對，
二者並非各自獨立於世，但從真相而言，「知」為本而「不知」
為末，「不知」是「知」的不足，而「知」並非「不知」的反義
（由不知無法推論為知）。如此，任何探討皆是已知對不知的克
服行動，人對其自身求知能力的考量是程度性的判斷，而不是
有無的認定，否則此一問題本身根本無法成立。一旦人思考求
知是否可能，這已表示求知相當可能，所以求知不能盡知，正
如求道不能得道，而不能得道不是毫無所得。人有原罪則其求
知能力絕非完備，若人的求知能力為無瑕，則求知必成，因此
求知的價值反而大失，何況求知能力含有既成知識，求知能力
為完美暗示既有知識已為完全，這（此非事實）即使求知成為
多餘或其事不存，可見人的求知能力有限，而求知乃是精進知
識，並不可能臻於真知 2。總之，人為萬物之靈的主要因素是
其知性，求知使人與萬物之別更增，而可能進入聖域，然求知
一事存在即已呈現人的求知能力與所得知識具有無法彌補的缺
陷，蓋求知永遠不停——此乃人事所必需——則求知能力當是
有失而知識無法圓滿，此事之惡不及其善，故知原罪的設計是
為提升人格，有所不知畢竟是人間不可或缺的好處，雖然這也
是文明終有末世的原因。

　　人之處事若有方法，方法的便利暗示事有其理，求知而尋

2. 人文知識是深淺問題，科學知識是正誤問題，前者為見地而後者為判
斷，亦即人文觀念有素質高下之情，科學觀點只有真假對錯之分，以
終極真相而論，科學性的知識觀似較人文思想符合真理的形式，然真
理具有超越性而不可盡知，所以人文顯然較科學更合乎道，因為科學
知識不可能等於真理，而人文知識卻能接近真理，此事猶如「見山是
山」的初階與高階相去甚遠，而「見山不是山」的階段則超越初學
者，且有突破困境而逼出領悟的可能。

求方法似極合理，因為知識含有道理，然求知方法終究未能發現真理，這證明真理超越原則，非方法所可把握，或說任何方法的有效性皆為有限，不能寄予厚望。方法乃是手段，而目的與手段相對，所以方法即使正確也無法表現目的，達成目的可能需要方法，但目的的層次高於方法，崇拜方法或重視方法太過必定失敗，其害甚至可能是無為（從錯誤中學習是人的原罪）。方法需與目的一致乃為適當，方法的正確性應以目的檢查，所以方法與方法論當共生同在，使用方法而不知其方法論者不能成大事（如傳統工匠所為）。方法論是對於方法之理的解釋，這呈現方法與目的的關連性，且使人富有行為的意識，更可提升成就的境界。方法是謀事之道，既含理性也具經驗，亦即兼有先天性與後天性，然凡人重視經驗而輕忽理性，其採行之方法常為經驗產物，知其然而不知其所以然，故行事缺乏理念與意義（例如一般所謂的「從善如流」舉動），往往事倍功半。方法是技術而方法論是觀念，方法是形式而方法論是精神，就求知而言方法論尤其重要，因為於此方法是學習而方法論是知識，未經正確知識導引的學習不是廢時曠日便是誤入歧途，顯然「學而不思則罔」，求知是基於某種知識觀點的學習，從無知出發以學習實無可能，所以求知中的「前提之見」若有偏差，所學必不正確。事物有大小，道理有高下，宇宙既有次序，知識應有體系，如此求知方法與知識建立的關係極其密切，路數不同則觀念不同，看法有異則取徑相違。求知是為求道，道有其理，求知當有其方，故形上學 (metaphysics) 的基礎是知識論 (epistemology)，知識論一旦成立形上學即隨之展開。在求道問題上，方法與方法論實無主從本末的關係，因為真理是終極之知而具有超越性，能依照推理或循序漸進所得並非真理，所以

正確的求道方法乃是得道後的認知，或者任何方法均不足以得
道，易言之，有正確的求道方法論才有正確的求道方法，而正
確的求道方法論實為真理之見，此非可能則何求道方法之有(二
者俱無乃不消分別其先後上下)。真正的求知是求道，求道的方
法與方法論既無主從本末的關係，則求知的方法與方法論亦然，
這表示真理是人所不能掌握的大知，其形式 (form) 與實質
(matter) 沒有區別的可能。知識論又名認識論，此因知識的正確
性繫於認識方法的有效性，探究二者才能保證求知無失，然知
識的正確性必以真理為準，而真理難解故知識不全然可靠。知
識所求是外在世界的真實性，從天而降的真相感則是確認此事
的一大關鍵，求知方法與知識建立若有必定的關連則知識絕無
法完備，因為真理真相超越方法而方法缺乏靈性神格，由此可
知人只能近乎道而不能得道。

　　人雖有求知的本能，但人對此缺乏警覺，當人探討求知本
能的問題時，其知識必已不少，故凡人總覺知識是經驗的產物。
無能深究自己何以產生知識的人，難免以為年事增長自然累積
見識，且童蒙教育主要為灌輸而非解釋，這亦使人認為學習的
基礎或要務是練習，而練習是經驗的熟悉，所以經驗主義成為
一般人較能接受的知識論。理性實為人的求知本能，本能當為
自然，既為自然則不易受到注意，因此相對於理性的經驗反而
為人所重，似乎這才是知識生成的關鍵，何況理性無法提高而
經驗可以增加，論者乃以為治學成功的要訣是持之以恆。顯然
常人的天性不強，天性不強則不太察覺天性的存在，理性屬於
天性，故不獲一般人肯定。思想膚淺是心靈虛浮，心靈虛浮則
不能反省而易於相信感官所覺，經驗屬於感官作用，凡夫求知
乃常限於經驗感受。然而經驗與經驗主義不同，經驗是知識的

素材而非知識，有經驗不即是有知識，而經驗主義是知識論的一種立場，並非平常的知識，可見經驗與經驗主義相去甚遠，凡人不知經驗主義為何物卻大都傾向支持經驗主義，這表示經驗主義當非正確之見。經驗固為知識建構的重要材料，然僅有經驗不能形成知識，經驗累積如何產生或轉化為知識，此非經驗主義者所能解釋（這是經驗主義思想中的唯一神秘事情），可知理性主義必為正確的知識論，因為經驗與理性相對，而將經驗組織或整理為知識的力量正是理性。相對而言，經驗是量而理性是質，求知不是量變造成質變的過程，而是理性將經驗「質化」的表現，故經驗主義與其說是錯誤的知識論，不如說是虛假的知識論，亦即為錯覺而非直覺。即使經驗即是知識，經驗主義也非良好的求知路數，因為人類的經驗似為無窮但其實有限，且世人經驗大都平凡庸俗，無甚可觀，其相似者眾，缺乏參考價值，故吾人若以經驗為知識則所見必然淺薄，根本無法奢談真理神意。不論如何，事實是一回事，人們以為事實為何是另一回事，後者的重要性在理論上不如前者，但實際上其影響力更勝於前者，這是說人多不講理，或者其知識偏頗，常使事實蒙蔽而真相晦暗；經驗主義雖非正理，卻普受凡人認可，而成為主流的知識觀，於是經驗主義的錯誤顯得更為混亂，一方面經驗致知之說本已極為荒謬，另一方面學者可能將其知識發現歸功於經驗主義之方，益增誤會。總之，**經驗主義不是求道之道**，因為道具超越性，理性尚且不及更遑論經驗，經驗是現實而零散的感官印象，未經理性處置則經驗不足以形成觀念，更不能對真理有所感知，並且經驗主義以經驗為宗，這等於主張接受事實而反對理想，理想猶難以通天，反對理想必定反對求道，然則經驗主義絕不可能成就偉大的見識，就算經驗主義

可以建立知識；現象不及事實而事實不如真理，經驗所得是現象或事實，經驗主義將現象與事實認作知識，這即便可行也是低級的見解，蓋真理為通貫事物之道，然經驗如萬事萬物之眾而乏一貫之義，若勉強歸納，所獲必為趨於唯物論的觀點，且大眾擁護經驗主義，更使其說世俗化，於是現狀成為合理的標準，知識層次不過一般民心，真理無從展露，迷信卻可能盛行。

　　經驗為後天而理性為先天，求知為後天之事，但致知依據卻是先天之性，此情無法以事實證明，因為事實是後天的條件，故強言者無非伸張經驗主義。經驗是感官所察而理性是天資所使，凡夫的天性不強，自然重經驗而輕理性，這可證明理性優於經驗，然知識界中經驗主義者與理性主義者並立——甚至前者可能多於後者——於此經驗與理性孰貴似不可論斷，但若將前述實情納入考量，便知理性主義勝於經驗主義，因為關於最高義理的問題（知識論即為其一），少數人的觀點雖未必正確，但多數人的立場必為錯誤。求知須有基礎或根據，而不可能由一無所知出發（無中生有），易言之，求知是以已知為憑探討新知，不是以無知探索未知，正如疑問必出於相當之知，毫無所感並不能生疑提問。如此，求知的憑藉或知識的根源當是理性，因為理性與生俱來而經驗是生活產物，人一出生即開始學習，此非理性無以致之，何況認識含有推理，推理需憑理性，空有經驗無法建議立見。理性是推理能力，經驗是訊息材料，理性應用經驗乃可成案致知，因此理性主義兼顧經驗，然經驗主義卻排斥理性，求知須求真相真理而無疏失，比較理性主義與經驗主義的完備性，即可確認何者為較佳的求知方法，而因人更無其他「正常」的知識建構之道，理性主義實為知識論的唯一答案。理性主義認定人具先天性的知識觀點 (innate ideas) 3，

這是人所以能求知的先決條件，此說雖無法證實卻為不可或缺
——其情正如真理或上帝的存在——可見理性主義是人必須接
受的求知之道。求知是為求道，道為上帝所設，上帝難以知曉，
故理性主義的正確性可以肯定，因為理性主義含有超越性真理
信仰，這符合宇宙的真相（不似經驗主義自絕於真理「之外」），
而其無力發覺終極義理乃是人的原罪所使然，不是其說錯誤的
證據，然則理性主義的正確性無法充分證實，亦當如是視之（優
點多於缺點）。如此，**理性主義雖是正確的知識觀，卻不是全然
有效的求知方法**，事實上其有限性與真理的不可知相應，人不
能以此有恃無恐。理性主義的有效性正可證明其無效性，蓋理
性主義認定神性的地位，所以其方可以探究全面真相而無遺漏
的課題，但亦因此理性主義含有求知上的失敗主義，這即是問
道的原罪意識，其說暗示若無上帝啟示則人不可能取得全知，
畢竟理性是不足的神性，未可以得道。理性使人發現理性的缺
陷，這已是驚人的能力（自知者明），豈可小覷，蓋不知理性的
能耐則不知有超越性的境界，能知人所能知方知何為人所不能
知，可見「不可知論」(agnosticism) 的提議者不是無識之徒
(e.g. Herbert Spencer) 便是深知之士 (e.g. Immanuel Kant)。總之，
真正的知識是對真理的了解，亦即求知應為求道（求道即是求
知），理性主義是正確的知識觀，因其求知態度蘊含上帝信仰而
以領會真理為目的，如此理性主義的有效性是上帝令人知道的
程度，其有限性則始於上帝不欲人知之意。

　　經驗不能斷定上帝或真理的存在，甚至常使人認為世間無
道，而理性雖不足以證明神機，卻引導人相信天理，經驗主義

---

3. 'The heart has its reasons which reason knows nothing of.' Blaise Pascal,
   Pensées (1670), iv, 277.

不是反對真理（不信）便是貶抑真理（誤信），理性主義則肯定真理（因信而知）並帶領人「下學而上達」（因知而信），如此，孰為正確的求知之方常決定於學者是否信道，其辯論不能有學術上的定案實因真理超越知識。若知真理具有超越性，則以學術標準認定的求知方法必非正確的道術,學者欲求充分的證明，這是「知識癖」或是故步自封的學習態度，其世界觀實是以人為本；經驗為實物故無庸證實，理性為天資故不易證明，要求十足證據的知識論必是經驗主義，而這是不知「舉一反三」的假道學，雖然其實用性確實不可忽略。為學應當立志，這是因為真理有體系而知識有高下，求知目標短淺則所學鄙俗，以求道精神求知才能大開眼界，故知愈可實證的觀念愈不是高明之見，經驗主義即使無誤也遠不如理性主義高深。不幸者，可證明者價值不高，價值大者難以證明，這使常人無所適從，而不免流於相信個人感受，所以積非成是往往是能力而非心機的問題，令人無奈；世上智者少而愚者多，不論愚者如何有知，智者咸認愚者不智，故為免知識上的「反淘汰」，菁英主義或愚民政策是必要之計，而當教育開放後論道已無希望。如此，近代知識論的爭議不論狀況如何，其實已表示（注定）在社會上真理愈辯愈不明，因為多數人的見解再佳也不及少數智者，而輿論使凡心俗念稱雄，曲高和寡一情甚至不為人知，於是民主之道成為真正的知識觀──輿論變成公論──求知方法的探討實已為時代價值取向所決定。古人強調良知，今人重視術業，古代的科學常為理性主義的推想，現代的科學必為經驗主義的觀念（哲學趨勢亦然），古時知識論的爭議不烈而理性價值恆高於經驗，如今知識論以推翻形上學為業而經驗當然凌駕理性成為判斷標準；此景顯示求知方法並非知識建立的實際根據，事實

上知識成見恐怕才是求知方法的認定原因，所以在真理（上帝）信仰式微之際知識論開始興起，而其潮流自然由理性主義轉趨經驗主義，不信道者提倡經驗的價值乃是為情而非為理。

　　人有原罪，所以求知的憑藉不一──含理性、經驗、情感、直覺──而多種能力共用也難以掌握真理，且諸種條件輕重不分更可能誤導學者認知，於是從錯誤中學習成為無法避免的處境，可悲的是此事未必有利無害而經常得不償失。在求知的憑藉中，唯一可互通於人際而一致無殊者是理性，至於經驗、情感、或直覺均因人而異，不能成為共同的標準，這表示人應以理性為主要（不僅為首要）的求知根據，且需輔以其他能力，並參考他人的感受心得，從而建立精深完備的知識，然亦須知這仍不足以確定終極真相。理性是人的主要天性，天資不高者其理性必不強，理性不強則經驗的體認必淺，同時其情感也不可能細膩（不敏感），而直覺亦不可信，故凡人求知應嚴守理性標準，不當急於抒懷或表現個性。靈感與直覺虛實不明，非理性的作用利害不定，學貴務本，不講理卻看重感覺必為反智，所謂「眼高手低」是也。上帝超越世界而無所不在，求道者須發揮人之神格，而不是等待神意啟示，所以善用理性即是敬天的表現，強調非理性的價值其實是裝神弄鬼，易言之，奇蹟就是神蹟（神蹟就是奇蹟），若有奇蹟則萬事萬物無非奇蹟，人於神意無法有所感受則應以理性為尚，因為這是恆常的天道4。人既無完美的求知條件，上帝且有誤導性因素的設計，學者乃應認真省思批判，從複雜多變的跡象中追尋永恆絕對的道理，

---

4. 'Not everyone who is enlightened by an angel knows that he is enlightened by him.' Thomas Aquinas, *Summa Theologica* (1273), pt. i, q. 111, art. 1.

而這非應用理性不可，事實上經驗、情感、與直覺均需經由理性解釋乃能出現意義，人若不講理必定自我蒙蔽，因為非理性的感知能力是補充理性之用，如其反對理性便有欺騙之害。正是因此，虛無主義、懷疑論、與相對主義不因求知方法的可疑性而能取而代之（成為正統的知識論）──雖然其吸引力也難以破除而成為問學難民的庇護所──畢竟不以理性論證則反理性之說亦無法成立，這不表示知識含有詭辯的性質，卻是證明合理未必得道，以理攻理所以可能只是因為知有大小而愚者總是不知天高地厚。重視良心者必相信良能，而理性是良能之優者，故傳統士人論道的重點是真理的內涵而非致知之法，可見知識論的興盛與沒落均非好事，蓋求知方法的討論成為顯學即表示學者重器不重道，而其衰微則反映求知者喪失根本的反省，學思並進是求知正途，所以形上學與知識論應兼顧互考，這才是文明盛世的學術氣象。不論如何，人不能依靠人性求知，也不能依賴天性得知，在各種可能促成知識的條件中，人須以理性為本學習，這不是偏執而是善謀，因為真正的學問是道學，道為天機，求知理應憑藉天性以從事，而理性為常人全部的天性，不論理不能求道；然理性為推理能力而非知識本身，善用理性必重用感性之物，固然「工欲善其事必先利其器」，但「巧婦難為無米之炊」，正確的人本觀念當是以心役物，而心為神靈，故求知須由唯一理性通貫眾多經驗，且圖情理一致以詮釋靈感，方為得計。

　　知識論的辯難主要是天道（理性與直覺）與人事（經驗與情感）何者為主的爭議，而知識表達的媒介是語文，因此知識論之辯難免延伸至語文的問題，這即是語文與思想（或真理）的關係究竟為何的探討。人「發明」語文是為表達所思，然語

文的條件又限制了人的思想，究竟語文與思想何者為本，其爭議有如理性與經驗在知識建構中的主從地位問題，難以證實卻又答案明確，於此「秀才遇到兵，有理說不清」，然孰優孰劣不言而喻 5。若語文是人為自我表達而發明之物，這似乎表示語文是思想的工具，或說思想是因而語文是果，但人之思想不是憑空出現，其來有自實為神蹟，上帝既為一切的第一因，語文的產生乃是神意安排而非人的發明，如此語文的障礙亦為原罪，思想的缺陷非其主因。這是說人具有天賦的觀念，也具有創造語文的天才，語文既反映人的思想也寓有真理，因其不是單純的人為設計──亦即不是充分的天道──所以語文對求知的助益及障礙正如一般世事利害兩兼，不應視為真理不存的證據，反而應認為至善可貴的徵象，畢竟人間是不完美的世界，其不完美啟示完美而非否定完美（有完美則無可反對）。易言之，人發明語文是為表達或探索「原有的」思想，不是為了塑造「新的」或「別的」思想，雖然凡夫的觀點在現象上常是透過語文學習而出現；思想是對真理的看法，展現思想實為呈現真相，所謂「以文害意」正是「為表達而表達」或是「為成就美而犧牲真」的敗筆，然語文總不能創造真理。不信真理者以為語文只是一般的人工，並無「先驗」(a priori) 的素質，而因此工具絕非完善，以致人既不能精確有效示意，且反受語文之病加害而思想渾沌，然則知識無涉真理而只不過是語文的產物，又語文的真諦在於實用而不應加以美化；其實語文是人應用天資的後天發明，其不盡理想是必然之事，這一方面是因人的先天觀念僅掌握「局部的」真理，另一方面是因憑藉語文求知雖成效

5. 'My purpose is to explain, not the meaning of words, but the nature of things.' Baruch Spinoza, *Ethics* (1677), pt. iii, def. 20.

驚人但終究不能得道，故語文與知識可以共進互長，卻又彼此
牽制，一齊陷入極限的困境。例如人有言不盡意之情，除卻語
文能力不佳的問題之外，此事所示是知識不精的困擾，或是超
越性問題難以說明的窘迫，這包括各人均是獨立的性靈，故思
想溝通本無徹底完全的可能（如描述美景常被認為無效而不如
展示照片），不得以為語文造成思想而為真理煩惱的人皆是「杯
弓蛇影」的受害者。語文是人求知的工具也是知識（成果）的
體現6，此義是語文與知識皆是為呈現及探究真理而出現，二
者互為因果，固然語文的發明對於知識發展甚有促進之功，且
語文的演變絕不如知識演進之速，但二者實皆源自人趨於道的
天賦本能，而天性條件無可區別高下，所以語文實不應視為知
識的基礎或前提（而已），語文的缺陷也不當視為阻礙知識的元
兇，雖然語文確實無法通達真理真相。人若不能得道，這是原
罪使然，不必歸咎於語文，事實上語文是求知的利器也是傳道
的媒介，語文與知識相關而知識與真理相應，所以「知言」與
「知道」相似，只是道難知而知未必可言，詞不達意若非因為
無知，即是由於「道可道非常道」，顯然語文的極限與知識的極
限相去不遠。由此可知，語言哲學 (philosophy of language) 是
末世的學術，因為哲學本為求道，而語文是其技術（深諳語文
之天道者幾希），超越此事乃可得道，故只當有「哲學語言」而

---

6. 知識高深者其語文必佳，語文能力強者其知識必優，哲學上的簡約原
則 (principle of parsimony) 符合文學上的美感標準，亦即「精確」與
「簡潔」一致，或「精」與「美」相通，總之是「真」與「美」一
貫；能正確敘述事情者必無贅言，無贅言則為美矣，而言必中的需有
見識，有見識不是偶有見識而能融會貫通，故於語文亦富有心得，如
此「能言善道」不是油腔滑調造成天花亂墜，而是「能道善言」以致
辯才無礙。

不應有「語言哲學」。真理超越現實，以現實條件為思考對象是為超凡，流於世道乃是治學誤入歧途，語言哲學雖有支持真理一派，但亦流連於專業與俗套，未見大事宏理，而「將語言代思想、將思想代知識、將知識代真理」的理論更是自陷於「語言遊戲」(language game)，既不能寓教於樂也不能樂以忘憂，因為語文所呈的知識既不可能昭示真相也不可能遮掩事實 7。總之，以求道而言，語文雖不僅是工具而已但絕不是目的，今人將語文目的化，從而認定真理觀念是語文的化身，這是文明進化停止後的沈淪思想，因為「有德者必有言，有言者不必有德」，真理超越語文，以語文推翻真理只是「耍嘴皮子」，這是消滅精神的「精神勝利法」，不可告人。

第二節　知識建構的困難及偏差

有真理才有知識，若無真理則知識缺乏正誤的判斷根據，如此知識無法成立，而「若無真理則知識缺乏正誤的判斷根據」一說得以存在，其實已暗示真理與知識俱為真實，否則此言根本無從出現，可見上述討論是教育性的說法，此問題早有答案 (foregone conclusion)，不待證明，亦即是不證自明 (self-evident)，而非後見之明 (after-knowledge)。有真理才有知識，所以真正的或徹底的知識是對真理的了解，這表示知識有素質問題，而非僅為是非對錯的判別而已，於是各人的知識高下不同，不只是相符相異的狀況，所謂有沒有知識或有沒有學問乃

---

7. 'Philosophy is a battle against the bewitchment of our intelligence by means of language.' Ludwig Wittgenstein (trans. G. E. M. Anscombe), *Philosophical Investigations* (1953), pt. i, no.109.

意味教養深淺之別，而非一無所知與無所不知或會與不會的差
異。真理通貫所有事物，事物有大小輕重，學問有繁簡難易，
知識乃有精粗明昏，大知接近真理而小道「致遠恐泥」，求知是
提升見識，進學的困難在於努力未必有成，因為各人的資質不
一而最高的天資也不足以得道，同時超越性問題無法破解而深
奧之事亦非規則定律可以理解。真理無法盡曉，知識當然不全，
不全的知識難以助人求知，此非惡性循環（人性感受上或許如
此）而是捉襟見肘之窘，又凡人服從理性的精神不強，心情欠
佳則學習不力，所以知識增進的困難不只由於真理高深，而且
因為人的非理性條件對於求知常弊多於利。知識性與真理性應
當相符，愈能展現真理的知識愈是可貴的道學，然則人文的地
位高於科學——科學亦是人文活動之一或是人文學的探討對象
——但近代科學掛帥，流行思潮以為科學較人文艱深而高明，
此見不僅顛倒知識的結構並且誤導知識的觀念，前者是將心物
上下次序推翻，後者是以對錯真假的形式標準取代高下好壞的
程度辨別，使知識成為缺乏層次的事實性看法，失其求道價值。
訊息不是知識，訊息是量而知識是質（量大未必質優），知識是
訊息組織所成，未經組織的零散訊息愈多則知識愈濁，而訊息
的組織有賴理性，理性是建構知識的力量，因此訊息的組織亦
是憑藉知識，知識貧乏而訊息繁多將使知識愈難建立而訊息愈
顯雜亂，反之，知識愈豐則訊息掌握愈佳，此為相得益彰。科
學與哲學不分訊息與知識，於是正確的訊息即可謂知識，這是
不論知識素質的知識觀，若說此為忽略真理不如說是反對真理，
因為真理超越現實與知識，超越現實或超越知識不是與現實或
知識無關，而是較現實或知識之最高境界更為優越，所以對於
真理的見地必有高下之別，然則不辨知識素質優劣者即已排除

求道一事，而其「知識」增加之效將更疏遠真理，亦即逐漸自以為是而更加不信道。有真理才有知識，凡人不知此義，卻有求知之務，這使人產生知識與真理無關之感，或有所知即為真理的錯覺，因此人們所謂的知識其實真理性甚低，知識的定義乃極為鄙陋，由此又造成智慧不同於知識的異說，使知識更為「退化」或「世俗化」。求知實憑天性，天性不高則求知不精，真理信仰不深則知識學習偏差，然此情並非眾所周知，而即使人盡皆知，亦無可奈何；可見求知之難如同求道，而上帝主宰一切，求知求道之功皆決定於神意，人所以知道乃是神使人知道，教育說穿了是無效的。知識有素質問題，各人且智愚不一，加以眾口鑠金之患，求知的障礙甚多，其中又有永難克服者，然真理神意的不可知反而造成學者的自由與希望8，因此人不能以宿命之說自棄，追求知識乃須勉力為之，何況在現實中知識確是有用的。

　　事有大小，理有高下，道一以貫之，知識為對真理的了解，乃應有體系，然而知識體系難以建立，因為正確或完備的知識體系為得道者所有，得道既無可能，知識體系實非學習可致。在求知上，循序漸進（由下而上）不全然可行，知識體系顯然無法由此成立，然則一般學者所持的知識體系必有失誤，或者知識體系一見恐為先天性觀念，並非經驗累積所得，而世間若有合乎真理的知識體系，必是得天獨厚之賜，雖然此事亦需從勤奮治學中發覺（不是一時的靈感）。循序漸進的學習僅為概念性或理論性的說法，因為求知不是「從無到有」的學習，而是基於某種（某些）天賦理念的思想推進，易言之，求知是理性

8. 'He has no hope who never had a fear.' William Cowper, *Truth* (1781), 1.298.

組織及解釋經驗以建構觀念的活動，然人之理性能力有限，生命經驗亦非充足而齊整，並且真理具有超越性，神意又隨時「介入」正常的事物運作之道，因此求知總在「困而學之」的情況中，循序漸進的學習只稍稍出現於人為設計的教案裡（尤其是科學教育），這常是為了灌輸學者理性樂觀的態度，使其服從社會規範與配合政治秩序，並自我肯定。人間為不完善的世界，原罪問題使事情不盡合理，同時人為萬物之靈，其心關懷神秘的天道，所以困惑是求知者的常情，若人要求理解先於學習，必有寸步難行之感，「先行其言」式的克己學習乃成為必要，如童蒙教育常以背誦為功課，這是不得已的事。質疑需有知識，而非單憑理性發問，所以人應先認識現實的世界然後才能生疑提問，可見無知而欲有感是空想，絕無奇效。簡言之，求知不免要「生吞活剝」、「囫圇吞棗」，在糊里糊塗而堅持學習的精神下，可能有回顧時的恍然大悟，此因真理不是物理而天道不是人道，知識體系的建立勉強可由反省為之，這是相當有知之後的精神整頓，不是積少成多的必然心得。真理既在，人對事物的認知應當符合真理方為正確，而萬事萬物均有關連且各據宇宙定位，故欲知其一須知一切、認識全部方知局部 (Everything about one thing; one thing about everything.)，有一不知則無一盡知、不能通曉則處處誤會，亦即在融會貫通之前，學者所知全盤皆錯 9，只不過有錯得多錯得少（或對得多對得少）之別。求知是依理而得，知識的正誤決定於知識體系的有無或良窳，真理有體系，故知識應有體系，而體系是一致性的結構，不是多種元素的匯集，「整體大於部分的總和」，整合所有學科不能

---

9. 'That all was wrong because not all was right.' George Crabbe, *Tales* (1819), xix, 'The Convert', l.313.

造就全面性的知識，人間僅為萬象之一，知識體系並非以人為本，得道當然是上帝使然，求知只是求道的義務。知識體系與宇宙次序相合，能超越宇宙才能掌握知識體系，人固有關於「全體」的天性感受，但「不識廬山真面目，只緣身在此山中」，屬於世界便受制於世界，上帝為全知不是因為上帝創造世界，而是由於「全知」與「創造」是相等（同時）之事，人無法周知全識，故完備的知識是極度的神恩，因為上帝不需求知識，而人根本不知何為完備。求知的能力是有缺陷的神識，求知不能造成全知，全知才有正確的知識體系，所以求知不能（直接）以知識體系為對象，此非意志問題而是事實問題，如此求知是從錯誤中學習而以相當的錯誤告終，這如「瞎子摸象」，不得全觀，但絕非無功，蓋「雖不中亦不遠矣」實是甚為有知，而其知識體系於此也頗為成形，可見知識體系不僅為知識的規模與依據且是知識的本身（兼為手段與目的），這表示人確可相當程度悟道。

　　人能求知的主要憑藉是理性，而理性是推理能力，理性主義且須以先天性觀念為基本假設，如此，人的學習方式與知識內容必具有某種規範或型態，這造成學術標準的出現，它一方面協助學者求知，另一方面卻限制知識發展。學術既有方法門道，學術化是知識探討自然的現象，所謂學術化乃是理性化與形式化的求知狀況，對凡夫而言這是好事，對智者而言這是壞事，因為真理不是規則性的道理，求知的模式終究障礙最高義理的發現與教導（求道與傳道），此可謂終極性的智障。學術化的出現不僅是由於「理性的求知機制」（先天因素），而且是知識累積不斷及學者溝通交流之需所致（後天因素），蓋知識是理解的結果，理路的使用與理路的呈現必為相隨，整理知識與傳

達知識均需合理方為有效，故學術化雖有缺陷卻是不得不然的趨勢。真理超越理性，所以超越知識，然則求道不能拘泥於學術，但學術是求知的工作，學術化是求知必然的作法，不學無術是常人通病，有學有術已難能可貴，超越學術乃需高度的靈感天性，不可責於凡夫，難怪聖人無常師卻教人長久追隨所事且固守治學之方。學術與學術化如影之隨形，難以分隔，此情在史上以時遞昇（例如中國科舉考試造成「八股」文風），如今學術格式的國際化顯示「知識性禮教」影響甚深，文明的進化由此可見已極有成，但真理的闡明恐怕是不進反退，因為道不可以術言。緊跟學術化而起者是專業化，這與知識量大增而需分工處理有關，又與科學性知識觀的流行有關，亦即與物質主義世界觀的興起相應，其見以為宇宙是由無分層次高下的事物與原理所造就，真相可以各方研究相互驗證與共同呈現，而知識既然廣大且平等，粗細固有不同，效用乃為相通，故「拼圖式」的專業併攬有助於宇宙全貌的發現。專業化與學術化同樣是利弊兼有，因此其法不可能得道，蓋真理為完美，以自限的求知路數求道必定無法突破人為缺陷，更遑論掌握真相，故現代高等教育在推展專業學術之餘，又有「科際整合」(interdisciplinary integration) 與「通識」(common sense or general knowledge) 的提倡10。專業化較學術化更流露人力有限

---

10. 「業餘」(amateurism) 之說既肯定「專業」(professionalism) 的優勢又反對其全面性的價值，蓋有專業一義方有業餘一詞，其主從本末的地位差異顯而易見，然求生需憑專業，而專業卻非人生本務，生命的意義是從求道而來，此與求生不易兩全（並非必定相違），況且生活情趣也未必可於專業中獲得，故業餘一說就「能力」而言雖不及專業，但此說之存在其實表示「專業不是一切」，它不主張社會關係「反客為主」，卻暗示職業分工有違人道，（因此）亦不合乎天理。

的原罪，若人在求知上需要分工合作才能成事，這既證明個人
的知識能力渺小，且表示凡人忽視真理的超俗性，畢竟得道不
是積沙成塔的知識塑造。然而專業化與學術化一樣，也是文明
進展的必然結果，這就教育而言是知識提升的良方，但就求道
而言則是蒙蔽真理的惡因，大眾雖可由此盡量進學，個人卻將
因此難以自覺，而求道是人類全體的使命，可以互助但不應妥
協，於此英才代表世人而民眾反映世道、小我可能象徵大我而
大我不必展現小我，所以知識上的民主作風是文明敗壞的緣故，
雖然這是人類開化歷史的宿命。**學術化與專業化皆是人類求知
的原罪性取向，人以理問學所以學術化，人無法博通所以專業
化，二者既因應人之條件以啟智，乃必遷就人之缺陷而誤導，
此情本為內憂而非外患，但因其事通行於世，凡夫欠缺獨立學
習的能力，故普受影響且相互加害，於是天災變成人禍，求知
無法得道誠為「先天不足」加上「後天失調」的苦況。**

　　人為萬物之靈，所以求知是人文活動，而求道是人文知識
的探究，這並非表示真理與科學無關，而是表示人文學的知識
層次乃在科學之上，或說人文學包括所有的知識學科。在現實
上人文學與科學分業，這是人力有限或性格有別所致，若論精
神意義即可知人文學涵蓋科學，因它企圖解釋一切人事，而科
學亦是人事之一（此非唯心論），至於現實與理想落差甚大，此
為人間的原罪表現，不是理想為錯誤的證據11。人文在科學之

---

11. 科學教師論及人文乃是離題之舉，人文教師論及科學乃是通貫表現，
　　而前者並不招來非議，正因求知應求全知，追求全知即是求道，此為
　　人文理想，由此可見人文包含科學，若必欲分科則人文的價值與境界
　　當在科學之上，而事實上人文學者對於科學常甚無知（反之亦然），
　　這是個人缺陷的問題，不是人文不如科學的證明。

上，但知識量隨文明歷史增加而早已超出常人可以駕馭的程度，這使人文在科學之上的道理無法彰顯而其價值難以實現，因為凡夫重視物質（經驗）勝於精神（理性），以致科學的地位在近代凌駕人文，甚至導致人文的科學化，於是正確的知識體系或世界觀不能建立，求知反而強化偏見，「開卷有益」一說愈來愈失效。由此可見，**知識與人性具有密切的關連，人性既非完美，知識乃不可能完善** 12，求知若不循正道，將使知識成為自我合理化的工具，然正道又非初學者所能知，故誤入歧途之事是求學常見的現象，現代科學掛帥的文化歪風即是一例。求知者為人，故知識受人格牽制——表現為成見——雖然知識理應與真理相符而超越人格；此事之因在於人有理性卻常不講理，顯然人若是「理性的動物」則其獸性恐不少於理性。常言道「沒消息就是好消息」，此說與「知識愈多苦惱愈多」一致，共同呈現人類對有知的畏懼，蓋不得全知則絕非全能，有所知而無可如何令人痛苦，所以史上追求快樂（含心靈平靜）的學說教派無不主張唯物主義，這一方面是因為物質不永故無需執著而可「放下」，另一方面是因為物質較精神更易於了解與控制故少不可得知的害怕。知識的高深與神秘可能使人不欲求知，亦即真相的威嚴使人不欲面對，所以廣受歡迎的學者 (e.g. Jean-Jacques Rousseau) 往往是媚俗之輩，其說實未啟蒙民智，卻是誘發人慾，近代諸多流行的人文社會學說正是此種將人性正當化的理論，此為大眾文化的自然氣象。求知應取法乎上，但人性使知識的「現代化」深染俗氣，科技發展可為其輔證（例如腳踏車以實用性強而不因其「低科技」遭淘汰），科學引發「倫理問

---

12. 'It is man's natural sickness to believe that he possesses the Truth.' Blaise Pascal, *On the Spirit of Geometry* (1658), sec. i.

題」(ethical questions) 的激辯是因科學有消滅倫理之勢而危及人類的自我信仰，這也暗示人性化的求知行為必有自取其咎之害（例如「假藥」的出現），如此顯著的利病相隨是現代知識研究走入偏鋒的徵兆，因為求知本是求道，真理有改良人間的作用，豈有知識進步而社會惡化之理。當流行的知識觀點不再擁護真理時，學術便轉變為一種職業，於是求知者與求道者分流，其地位決定於其社會成就而不受傳統保障，知識份子 (intelligentsia) 乃以團體之名出現，投入權利競爭或資源瓜分的市場，有如工會，這使學術商業化、知識商品化，愈加扭曲是非對錯的道理。總之，知識增進之不易一方面是由於真理隱晦，另一方面是由於人性不善，後者包括理性的求知能力有限以及慾念情緒妨礙心智 13，這使智者之知難以獲得支持而減少愚者之患，文明的成就終於毀在大眾的凡心中；其實真理固然深奧，但道為神所立，上帝至善，人以善意求知必能發覺真理的要義，而不可能愈學愈笨、反將真理推翻，蓋「不誠無物」，誠心可以悟道是因道為善理，知識與道德一貫，有德未必有知，但無德必定無知。

　　知識的增長無法達到掌握真理之境，這證明人的求知能力有限，而人的求知能力有限不僅是因天性不足，且與人為錯誤有關，此即教育的缺失與流弊，惟此事仍是神意安排，可見人不能得道本已注定。教育是為提升人力，以此教育的立場不得不為理性樂觀的態度，其所隱藏（或迴避）者是原罪問題，這

---

13. 'It may almost be a question whether such wisdom as many of us have in our mature years has not come from the dying out of the power of temptation, rather than as the results of thought and resolution.' Anthony Trollope, *The Small House at Allington* (1864), ch. 14.

使教育在長人知識時也簡化道理，終究誤導人心。再者，教育本需因材施教，然則普世之義難免為人誤解或忽略，而相對主義的思想卻易於滋生，雖然這是學者之失而非教者之誤（能正確因材施教者必是高明的傳道者）。同時，教育的發展必然日趨開放普及，因為教育是推廣知識的工作，亦即培養人才的事業，教育成功的結果必為菁英主義逐漸式微（菁英愈多則菁英素質愈降），這顯示教育家是無私的行道之人，然學習者不能「青出於藍」便將造成真理失傳與教育失敗。簡言之，教育的「反效果」是知識的大眾化所致，畢竟智者少而愚者多，教育造成眾多一知半解的學者，他們相互驗證而誤以為所見正確，使真知灼見反而常陷於埋沒的危機。真理在則上帝存，上帝主宰一切，故教育其實無效，若教育有效則人可改良至完善，而無需信仰對象，此情不可能出現是因其道自相矛盾。教育的成功實為現象而已，或是出於神意原來的設計，這是說學者求知有成是因其天資聰穎或命運如此，並非「私相授受」而「人定勝天」的表現，故「可教」是神恩作用而「無可救藥」是缺乏天賜（然因神意不能預知故人仍須努力教學）。當教育擴大為國政時（義務教育），人人皆成受教者，此時施教者亦多非英才，上下交相欺，致使凡夫的自信大增而偏見愈甚，於是樂觀態度堅強而理性精神卻弱，文明的知識雖因少數菁英的求道而猶有進展，但社會的思潮則由大眾取決而成為庸俗的觀點。大眾化不僅是上帝安排的歷史發展，並且是人類理性要求所致，因為理性令人相信教化的必要性與可行性，所以「己立立人」的使命終於造成國民教育與民主政治的局面，然而凡人的天性不敵人性，大眾就學而不受教，是非混淆而高下顛倒的流俗風尚一出，文明的末世已成定局14。古時教育為特權而愚民政策為常規，這是

避免文風惡化的必要手段，即是因此民主化的知識觀終究是無可逆轉的慢性趨勢，顯然知識追求不易而維持知識極致更難；現實之情是各人資質不同造成知識觀點不一，真理無法愈辯愈明，知識的傳播使人的無知為害更烈，可見文明有其內在緊張性，中庸不是正解，擇善固執才是良方。史上教育的方法歷久不變——「教育革命」之說並不通行——此因「真理只有一個」，求道與傳道本於常情常理而無需改弦易轍，所以「知者言而不知者聽」總是教學常態，「平等論道」實無可能也非善謀，現今教育之風師生易位，各說各話卻非見仁見智，顯然是無道的時代。知識配合真理而有高下體系，教育理當亦有尊卑之禮，大眾革命以下犯上而推翻傳統，從此求知之道世俗化，同時政治支配學術，國際交流觀摩的學習意義亦大失，世界性的反智主義方興未艾，人類文明則一齊墮落。文明歷史與知識發展本來相依為命、絕無異趣，如今大眾自我教育而反叛道義，文明歷史因知識變質而步向末世，新的歷史知識以為絕對之理若非不存即是有害，再經人們相沿相襲，真理成為人性之見，求知儘可自得其樂；這顯示終極真相從來都是少數人的關懷，他們即使不能如願，卻遠較他人之得意更為有幸，因為上帝雖使人無法得知其意，但對此無所掛念者誠然是「化外之民」，有知畢竟比無知好，其理是此理唯有有知者能知。

---

14. 「成人教育」(adult education) 是末世的文化，因為「活到老學到老」雖是人應有的處世精神，但此非為養老或應時而學，而當是從一而終的求道，成人教育所反映者實為時勢多變之下，知識缺乏永恆價值而需隨時更新的怪象，其社會背景是教育普及民間且專業分工盛行，此為民主化與工業化的時代，真理探索顯已乏人問津，故有將教育當企業經營的風氣。

第三節　超越性問題存在的意義

　　人有求知的問題則有相當有知與相當無知的差異，卻無全
然有知與絕對無知的分別，蓋求知之前人已有知，此為天賦，
而天賦成於上帝，上帝為全知則人不然，所以超越性問題的存
在既是宇宙次序必要的一部分，也是人可以或必須求知的先決
條件。若無超越性問題，則求知終能得知，於是求知的意義、
價值、作用、動力、乃至目的皆將因此消失，知識反而無法存
在；而且無超越性問題則無真理或上帝，如此知識無所依歸，
求知並無需要，甚至連質疑知識問題的可能與樂趣均無。由此
可知，超越性問題雖為不可知，卻使可知者（知識）得以產生，
顯然超越性問題象徵真相真理的存在，此為真知，有真知才有
粗知，有大知才有小知，總之有知才有無知，知與不知——而
非不知與知——是知識的因果關係或是求知的內在形勢。人若
完全無知則不能求知，能求知則有先知，有先知而須求知必因
先知者非全知，且其求知無法盡知，所以超越性問題既是知識
之因也是知識之果，人有先知一事即為超越性的問題，求知而
不能得道亦然。求知是為發覺真理，真理「先於」人而存在（道
超然獨立），求知是真相已備而答案未獲之時的探尋，解答一出
求知即休（例如先知比賽結果則失觀看比賽的興致），故超越性
問題可視為「暫時」的設計而非永恆的狀況，雖然超越性與永
恆性相同，超越性境界即是永恆的存有。有知識問題便有超越
性問題，或說有超越性問題便有知識問題，這不意謂二者是相
對之事，更非表示知識問題造成超越性問題——「可知」不可
能導致「不可知」——卻是顯示「人有求知的能力」即是「人
有求知的義務」，求知而無法一概得知，正好考驗或激發人的求

知精神，此如行善不得善報正可展現有為者的道德意識。功利
效用若是真理的本質則真理只是物理，如此人為萬物之靈的意
義大失，其心恐無發現物理之力，這亦證明真理深奧難解總比
真理簡單易知更佳，知識如有求必得則知識不值得追求，此非
關乎外在真相的問題而已，更是牽涉人的自我肯定，可謂天機。
凡人對於超越性問題毫無所聞，但實際上亦皆處於超越性問題
的影響下，蓋真理不因人之不顧而減損（其作用），且各人均有
知識極限，其所不能知者有如超越性問題，並非可以逃避忽視
而自由自在。固然不知與不可知相異、未知與不測不同、個人
之知與人類之知有別（有個人性原罪又有全體性原罪），但求知
實為求道，求道是各人面對其天人之際的功課，於是資質高下
不必與負擔輕重之感相當，因為「能者多勞」的責任抵銷「舉
重若輕」的優勢，最後人人皆佔不了便宜，而須各負己責且對
天負責，故真正的超越性問題是智者的煩惱，而愚者也需承受
其知所不及的疑似超越性問題，天要塌下來顯然人人都得扛。
簡言之，個人所無法理解者都像是超越性問題，這是策勵心靈
的「大哉問」，為求知所不可或缺之情，因為人的直覺是不能充
分證明者或不能直接確認者可能為真，其虛實關鍵是在於理性
是否以為然。總之，超越性與知識性雖為相異卻非相反，人需
富有知識乃能警覺超越性問題，有求知問題便有未知與不可知
的問題，有知識高下的問題便有大至人所不知的問題，能因不
知而確定可知或所知誠為高明，能因所知或可知而確定不知的
範圍可謂精明，超越性問題使求知成為永恆之事，這一方面是
指學無止境，另一方面是指知為悟道。
　　知識出於真理而追求真理，若無真理則知識不是價值減損
而已，而是根本無法產生，以實用為標準的知識觀

(pragmatism) 仍主張某種真理而非反對真理，任何反對真理的
論述也有其理路──虛無主義、懷疑主義、相對主義、乃至後
現代主義皆然──這證明「有效的」知識依賴真理而生，「無效
的」知識因真理而顯，而認為真理無法確知的理論亦憑藉（假
借）真理而成立，可見**真理是知識的根據，真理的不可知正好
提供各式觀點存在的條件或理由（原罪之妙），超越性問題其實
暗示著真理的真確性。**若無超越性則所有道理皆為可知，如此
真理將降格為法則定律，而無終極的意義或神聖的地位，不唯
如此，法則定律亦將無法存在，因其功效必有其理（無效者亦
然）且諸理當互通一致，而最終依據或原因須是真理，顯然真
理是一切效用之本，僅有法則定律不足以解釋現實之狀，更無
法建構與驅動世界。簡言之，欲解答所有問題須訴諸真理，這
雖不能清楚說明一切，但至少可以呈現最充分的道理，並提出
優於「不知」的取代性答案，建立完整且通貫的世界觀（要求
徹底實證反而導致知識孤陋）。有所知則有所不知，然所知與不
知必定關連而不可能分裂，更不可能相反──若然則由不知反
推即可得知──亦即超越性是超越理性而非反理性，知識達到
極限時對於不可知者應若有所感，而非前功盡棄、坐以待斃，
這顯示超越性問題是啟示真理存在的接引媒介，不是隔絕知識
與真理的惡勢力或反作用。有真理才有知識，求知即是求道，
而事物有次序，道理有體系，知識雖不能掌握真理，卻在在指
引終極目標，求知者即使無法到達目的地，但方向感應可大致
無誤，循此正道，領悟有增無減，超越性問題豈是打亂治學心
得的思想疾病。事實上超越性問題是檢驗知識正確性的試金石，
蓋真理因其超越性而不顯，萬事萬物以此定位不清而關係不明，
狀甚零散，於是觀念結構不易形成，求道者若欲確認其知是否

有誤，最簡易且重要之法即是思考其道能否一以貫之，解釋所有問題而無簡化偏執之失，這即是將知識與真理的普世性相應，以證明所知得法得體。易言之，真理既然存在而又不能全部知曉，則其高深之處不為人知實甚合理，這一方面使學習可以提升而令人鼓舞，另一方面使知識鑑於有不可知者而（需）全面自我省察，可見真理造成知識且引導知識接近真理，此非互動而是復原；知識的正確性由真理決定，而正確的知識顯示真理的存在及奧義，此事所以可能或二者所以銜接，實是依靠超越性問題的作用，這固然是後見之明，卻更證明此見為真，因為道先於求道而出，人對真理的認知本須以真理所致之情審查。不論如何，知識是有理之見，事物之理啟發人識道，其不可理解使人信道，然事物合理與不合理亦皆可能引發反真理之說——對科學的肯定或對亂象的不滿均可能使人不覺真理存在——這表示道有高下不同之理，可知者有理，不可知者亦有理，今人以有理為知識而以知識所不及者為無理，因此趨於不信真理，若知所謂無理實為超越人之理解，而非存在道理之外（豈有此理），便知可知者可喜而不可知者可敬，凡此皆啟示真理之為真為理。有真理便有真理不可知的問題，凡事可知則人不信奉真理，超越性既然使真理崇高，這已然證實真理存在，並且超越性問題的出現是知識臻於極致之時，可見不可知高於可知而暗示終極真相，正如確認何為錯誤可以增進吾人對於何為正確的了解，能於不可知者有所確定則能超越可知者而領略真理的奧妙。

理性是求知的首要憑藉，超越性是超越理性，所以也是超越知識，而在知識領域中人文學的極限遠較科學早出，這是因為人文在科學之上，也就更快面臨真理的不可知層面、抑或人

類知識的極限。人文學的基本問題（真善美）及其主要答案在史上早已成立而歷久不衰，蓋人對於終極真相所能思考的程度或範圍甚為有限，且其思想根據是理性或天資，而人之天性不強又取向單純，所以藉此探討難以深入。人為萬物之靈，人文課題趨向真理與上帝的思辨（而非物質研究），此種問題既富於超越性，所得乃不多，而因時累積的經驗資訊對此亦助益不大（例如人對神意的了解定型甚早而增加極少）。人之天性重視天道，而求知是天性的驅使，所以古人問學首重求道，這使人文學在文明早期成為學術本業，而科學在當時乃是治學之餘事，此事固然與研究條件的限制有關（人文學研究所需的有形條件顯然遠少於科學），但真正的關鍵仍在於求知目的的認定。待人文探討在求道上面臨知識突破的困境時，以物理輔助人文或以物質研究另闢學術蹊徑的趨勢興起，科學逐漸獲得學者的重視，畢竟真理貫通萬事萬物，物質的原理亦當符合真理而有益於求道，宇宙論 (cosmology) 由哲學問題轉為科學問題，即反映人文知識增進不易而科學路數似大有可為（尤其在技術條件成熟之後）。當科學取代人文學成為學術主流時，知識發展的極限問題大為緩解，這其實是因人忽略本質真相而注意物質實情所致，蓋精神世界雖為無窮，人類心靈對其想像的能力卻甚是有限，而物質世界雖非永恆無限，但人之渺小竟使宇宙形同「至大無外」，於是科學研究彷彿可以不斷進行，超越性問題的限制在此不是奢談便是空想。其實科學掛帥的現象反映知識極限的事實、或是超越性問題為人所知卻不為人所理的病態，因為「人為萬物之靈」一義人必須肯定（無法反對），人文高於科學的真理性價值人應當相信，然則以人文學求道而不利時，固然可以參考科學所見，但不應改以物理為真理，而將人文知識的成果推翻

或遺棄，並以科學的樂觀態度及開發潛力掩飾真理難知的本來困頓。在求知上，科學似無超越性問題，這一方面是指科學研究實際上猶前途無量，另一方面是指科學知識的立場原不涉入超越性問題，二者結合使科學成為最不受限或受挫的學術領域，這誠然是不辨「畫地為王」與「畫地為牢」的差異實在於「畫地自限」的程度，而將「不斷」視為「永久」、將「永久」視作「永恆」。在科學的地位凌駕人文之後，知識探索的目標或層次大為降低，超越性問題的困擾確實一時化解於無形，然求知的求道意義已失，科學愈是成功文明愈加墮落，二者且有惡性循環之勢；此種不幸連科學家都可察覺，所以近來科學與哲學似有復合之跡，但科學的哲學化實因科學極限的到來而非科學取向的轉變所致，故大多數科學家對於技術性的研究仍興致勃勃。在觀念上科學也得承認真理的超越性（故超越光速旅行為不可能），但在實務上科學不必為此調整，所以科學的發達誤導人們──包括科學家──對於知識本質或求知目的的看法，於此科學不可宣稱其無辜，因為科學是科學家所為，而科學家也是人，乃須重視其研究的人文意義，可知科學對超越性問題的造反不但失敗，而且造成耽誤人文的嚴重弊害。科學出於人文，科學本身不論目的問題，「科學主義」(scientism) 是人自我物化的思想，「科幻小說」(science fiction) 是人自我愚弄的藝術，所謂「人工智慧」(artificial intelligence) 是人假性的自我神化實驗，科學的進步絕非無遠弗居（如預測地震無法成功），這是人的良知可以斷定之事，科學若給人信心，那是因為人放棄自信，如此科學的偏失實為人文的錯誤，真理的超越性終究不能以聲東擊西之法進攻或逃避。

　　真理出於上帝，然對人而言真理已不可知更遑論上帝，於

是真理與上帝成為同一問題所事，此乃真理所以「包含」上帝
之緣故。若上帝不可知而真理可知，則上帝的存在不是立即為
人所發現，便是無法為人所相信，因為真理已偉大至極，上帝
又何以思議，如此，求道的意義驟減，上帝信仰必高度教條化
或無足輕重。人必由真理的探索發覺上帝的存在，這樣的上帝
信仰方可為正確或深刻，若真理不具超越性而上帝為唯一不可
知之事，則信神將成僵化的理性要求，實際上可有可無。事實
上，假設真理可知而上帝不可知只是一項單純的知識性活動，
其推理結果或想像情境絕非適當或詳盡，因為人之理性不及神
之靈機，上帝所造就的宇宙現狀，人完全無可改動其中任一因
素而不造成惡化或錯亂，這表示真理與上帝的超越性是完美且
必要的設計，知識的極限竟是好事一椿。事有不可知，人才有
相當的自由與尊嚴，若一切可知則人只當嚴守法理，而無抉擇
權變之需，然則人生有如機械運作，較一般動物的生活更為難
堪且無道；人有良知又有不知，於是乃有天人交戰的問題，這
是人格可能高貴的成因，也是求道信神可能虔誠的處境，蓋人
「被迫作主」(condemned to be free) 才有勇氣。總之，超越性
問題不存則人間即成合理化的世界，不僅善（道德）與美（藝
術）頓失，而且真理（知識）落空，人之精神只有隨時虛耗，
因為理性實為不足的神性，有神性方有理性，上帝不可知，人
才有求知的條件，超越性不在則理性無根，理性無根則理性無
從產生，於是世上萬般皆化為空無，其情更難以理解。超越性
境界在知識之上，而知識又有高下之別，可見超越性問題的存
在是金字塔形世界的結構要素（有如山巔下的雲霧），它指示著
終極真相，且呈現其氣象之崇高，人的神聖感由此而來，歸屬
感也因此而生。知識是對真理的了解，所以知識是一種發現而

非發明，或說知識是外來而非固有，可以尋覓而不能控制——
正如真理可以追求但無法擁有——「人能弘道，非道弘人」，知
識是弘道之具，不是弘人之器，因其本原乃是天理；若人可能
徹底自我認識或完全自我教育，這表面上顯示人力萬能，其實
則是人絕對無能，畢竟人自知不是宇宙的創造者，亦非可以自
生（卻能自滅），知識上的全能既不可能為真，其出現必定造成
全然的迷失，而使人無法自處。由此可知，超越性問題的存在
予人生命的希望，此即天人合一的可能，至少是有感人在宇宙
中的定位。

第九章

道德常態

尊嚴與習性相安無事：
福建下梅村口的閒人

第九章　道德常態

第一節　道德的恆常性與有限性

　　道德是專屬於人的問題，人為有限，故道德為有限而非永恆，雖然人應視道德為永恆之義。唯人須負道德責任，一般生物的行為以求生為準而不自知，上帝則為自由的主宰而無任何義務，故道德可謂是神予人的獨特功課，對於此事人無法確知正使人必須（或可以）在道德問題上完全自我要求。凡人常有將自然道德化的傾向，這顯示人對道德極其重視，此非意謂常人品行高潔或充滿善念，而是意味道德常是凡夫的最高信仰所在，人若對神明感受不深，則其神聖感大約僅限於道德問題。一般人即使不信仰真理也對道德有所肯定，蓋天性不強者難以體會超越性問題，但凡人皆有天性，而最低的天性即是道德感，故宗教信徒常以道德理解教義，非教徒也以道德評議信仰，顯然道德感是最普遍而平易的宗教情懷。道德受人擁護是義利兩全之事，因為道德既有真理性又有實用性，道德與求生頗為相符，人對動物行為常加以道德性解釋即是因此，社會契約論所以能建立也與此有關，反道德而能求生者只是少數的惡棍，其得以如此正是利用多數人服從「職業道德」之情。關於人所以為萬物之靈的關鍵，學者持論最多者是理性與道德二者，理性是致知的能力而道德是善良的行為，相形之下道德似乎才是區別人獸的具體標準，故「禽獸」是罵人之詞而非動物代稱，這是人所不能爭議的事（否則即自比於動物）1。道德其實合乎

理性，人無理性則無法為善，理性是強化道德的力量，道德是
體現理性的意圖，「人為萬物之靈」一義既是理性的發現也是道
德的主張。道德與人格不可分隔，人有義務行善除惡，這是人
的自覺，不是外來的知識，人不能以道德責求生物或上帝，若
人對神有此期望，此非無知便是可憐，不得以為道德是天人共
遵的準則，雖然上帝理應是善神 2；有道德而無人格則道德只
是空理，有人格而無道德則人格只是個性，然人格意謂善性而
非惡性，故人格必因道德而生，可見道德與人格不可分隔其實
是指人須崇德，人若悖德便失為人之格，然道德不因此受損。
道德是人生專業，吾人有此生乃有此務，無此身則無此事，人
以道德處置萬物固然可以改善其境遇，但絕不能使其產生道德
意識以自助，至於上帝，人只能遵從神命而行善，根本不得以
道德計較天意，可知道德不受限於人，卻是僅限於人，雖然人
不必自限於道德（猶有更高的追求）。道德既然是人事，人為受
限的生命，道德乃不能無限發展，這不表示道德不能超然存在，
而是表示人對道德的弘揚無法超越現實條件，道德的極致便是
人力的極限，例如殉道是道德行為而非知識活動，道不因人而
亡，但人死則德息，殉道雖高貴卻非偉大，「善」的永恆意義顯
然不及「真」。真理具有超越性，道德出於真理，其精神亦含超
越性，然道德的現實性遠多於真理，人以真理之知行善，其舉
必有限度，且古今差異不大，因為人生的現實條件在本質上從
未改變，雖然文明知識的提升對人的現實感頗有影響。總之，
道德是可實行的真理，人間為不完美的世界，於此可實行者必

---

1. 'More people are flattered into virtue than bullied out of vice.' R. S.
   Surtees, *The Analysis of the Hunting Field* (1846), ch. 1.

2. 'God is the cause only of good.' Plato, *The Republic*, bk. ii, 380c.

相當受限 *3*，其所受限制既來自物質也來自精神，「心有餘而力不足」固使善意難以實踐，人對真理認知的困頓亦使道德無從發揮，可見道德與人共存亡，而人之惡性與缺陷不除，道德便只能停留於「勉為其難」的表現。

　　善來自真，道德出於知識，知識是對真理的了解，真理無法盡知，知識有限乃使道德亦無法不斷提升。若說「道德受制於真理」，這不意謂真理反對道德，而是表示道德有其根據而非自成一格（局），故道德不能隨人之意發展，人須以真理認知為善，認知不足導致道德不優，知識既有極限，道德亦然，雖然吾人當永以至善為念。道德行為須是自主乃有意義，人有良知，因此常人以直覺判定善惡大約無誤，其行善似非出於學問，但良知確為知，未經深思的道德雖不是大善卻無疑是善，可見人有行善的本能不僅是因人性本善，且因人具先天性知識。道德的執行者若乏自覺意識，則其舉只是形式上的善行，不是真正（重要）的道德，此情所以常見實因一般人憑良心做事便符合道德，於是反省或警覺並無必要也非容易，而社會規範與傳統標準更使人習慣於道德要求，在不知不覺中或在義利兩全下，凡人竟成為「教條化的行善者」，相互示範。善有大小，正如惡有大小，多數人即使為善，社會也非充滿溫情，這正是因為凡人缺乏知識，其善來自良知或簡單的利害考量，故多為小善而非大善。生存的需求即可令人向善，若多數人為惡，人類求生必定失敗，所以人性本善一事常人並不知道或不在意，卻無損於其為善，雖然這確實使其難以展現君子之風。即因良心與利益均導人於善，一般人乃不知道德其實源自知識，這證明道德

---

3. 'Whoever would lie usefully should lie seldom.' Lord Hervey (ed. J. W. Croker), *Memoirs of the Reign of George II* (1848), vol. i, ch. 19.

富有「自然性」，人人皆可輕易行善，然亦因此道德的意義有所減損且普受忽略與誤解，畢竟無知的德行類似「瞎貓碰到死老鼠」，總是不足為訓。事實上了解道德源於知識一義乃為高深的知識，而且這需有求道的精神方能發現，所以凡人糊里糊塗實行道德，這是合理之情，也是善惡報應的直接表現，蓋「無心為善不賞」，不知何以為善而行善乃非大德，其不獲善報甚是恰當，而其繼續無知之善舉誠屬苦勞，頗合凡夫應有的待遇。道德知識甚為艱深，這一方面是因「以善求真」需要推敲，另一方面是因「由真入善」需要體驗，結合真理知識與道德行為正似貫通理想與現實，必有天人合一的境界乃能成功，這絕非俗智可為，何況善惡的程度判斷須以真理體系為憑，此與確認萬事萬物的宇宙定位相等，豈是專業能力可以從事。易言之，知行合一乃以知為主而行為從，知是理而行是事，「事必有理」不難了解，「理化為事」則難思議，「道德之中有真理」乃是當然，「真理之下有道德」實非常識，人活在現實世界裡要施展超現實的義理，這即是替天行道，非得道者怎能信心十足。有正確之知才有正確之行，人既不能全知，其行乃不能完善，加以人具原罪，惡雖不是人之本性，卻是人之常情，道德無法臻於至善實為必然，所謂「人非聖賢孰能無過」雖非聖賢之言，但也不是聖賢急於否認之見。常人不知道德來自知識之理，這反映一般民風既非高尚亦非低劣，卻是善稍多於惡之景，否則大眾生活難以為繼，其所以如此是因人之良知足以使人有平常之德，而不足以使人發覺此事，若人對於道德皆有深識，則必因為德不卒而極感不安，然此非實情，可知庸才以俗為師而安於現狀，世道改良之不易終究是由於凡夫難以啟蒙。知識是道學，求知是問道，道之不可知使凡人棄學，如此道德停留於人際期望而

不能上達於天理，久之道德被視為社會準則，益失其真理性，道德本於知識的觀念更無法流行，道德的強化曾無可能。古人信道，故以教義為德，今人不信道，乃以法律為德，同樣不知道德之理，現代社會的道德風氣遠不如古時之盛，此因人無神聖感則道德不振，道德出於知識即是道德出於真理，真理令人崇敬，故信道者自然有德，這即使有迷信的流弊，也絕無玩世不恭的問題。

　　道德是真理的體現，而真理出於上帝，所以道德的最高依據是神意，神意超越人倫且難以了解，道德的上達乃有極限，畢竟人無法以進化與神合一 4。正確的倫理學應為義務論(deontology)，義務即是使命，使命感是上帝信仰下的個人責任體悟，將道德視為義務是認命之舉，行善與行道無殊，這是自我負責也是對天負責。上帝在真理之上，以真理為道德之本已使人深覺標準不明，以神意為宗更令人無所適從，然實際上需以神意斷事的情況甚少，這對於信仰淡薄或知識淺薄的人而言根本是空說，所以道德實踐的困擾大都不在於神意解釋的問題。不知則不煩惱，一般的道德問題均可以良知或常識解決，若有無解難題，常人也不會想到真理神意，而傾向於依法制論處或以人情妥協，但這仍不能化解道德困境所致之精神憂慮，反而證明道德含有無上的威權，人不得以私了迴避。真理是不易之正道，神意則是造成「例外」的因素，而神意優於真理，所以權變的作法須思量真理的高下體系以及神意臨時的指示，這不是凡夫所能察覺的事，故「婦人之仁」已可嘉許，不必苛責，更不應以此為戒而要求非凡的道德壯舉。真理出於上帝，而上

---

4. 'Justice is practiced only under compulsion, as someone else's good—not our own.' Plato, *The Republic*, bk. ii, 360c.

帝幽微難測，故將道德認作真理之實已是崇高而近乎完備的想法，若欲凡人皆以神意為準行事，這必造成適得其反的惡果，可見道德教育的愚民政策甚有其理。然而正確的真理觀必「包含」上帝信仰，真理固然可以解釋事物運作之道，但宇宙的創造與安排是上帝所為，人生在世所應奉行的最高準據當然是神意（而非常情常理），所以道德的非常狀況須以信仰精神處理，這只有極少數人可擔當其任，不可以眾議裁決，顯然道德的主張不僅與人欲不一，甚至與人道相違。道德是善惡問題，其本是是非觀念，是非有大是大非，善惡有至善極惡，由此可知道德有極致之境，這即是上帝，即使不論道德的完美性，追究道德的原由亦可發現上帝（第一因）是道德之主。當人知曉神意為道德判斷的最終依據，才可能有「德配天地」的偉大善行，否則僅有匹夫匹婦的日常禮教，而無法自信「大德不逾閑，小德出入可也」，因為此說不是來自道心便是來自邪心，常人謹守中庸雖無大功也無大過，何必冒險逆俗而落人口實，故英雄與奸雄之分乃在於「全」與「異」之別。道德是上帝對人要求的作為，上帝為宇宙主宰，其所欲不需經由要求而達成，所以道德為神命一事是人所無法理解的神秘天機 5，此事是超越性問題而非反理性問題，因其情使道德更富有價值，卻未造成詭辯式的善惡觀。凡人以為宗教的主旨是勸人為善，這雖貶抑宗教

---

5. 'Men will not understand...that when they fulfil their duties to men, they fulfil thereby God's commandments; that they are consequently always in the service of God, as long as their actions are moral; and that it is absolutely impossible to serve God otherwise.' Immanuel Kant. Quoted in Karl Hillebrand, *German Thought, from the Seven Years' War to Goethe's Death: Six Lectures* (1880), p. 207.

的意義，但就實務而言似非錯認，此因行道的具體作為或是信仰的虔誠表現確是行善，然此說反映凡人之為善亟需宗教的「加持」，這證明道德具有神格，愈高貴的道德愈具備神格，俗眼的宗教觀竟非邪魔外道，豈不表示善為天性。哲學是科學性的人文思想，其病是理性化或理論化，但哲學中倫理學一門的神學性或神聖性遠較其他科目強烈，這也顯示道德是一種信仰，不能以形式標準看待之，更不能以物質主義解釋之，學者於此若仍無法產生上帝觀，大概已不可能信神。上帝使人道德感深濃，但也使人善行有限，因為善念與善意不同，人即使有無窮的善意，也不能有無限的善念，善念出於真理知識或神意體會，而真理神意難知，善念當然受限，善念有限則善行有窮，道德無法永遠提升顯然與文明終有末世之理相同，皆是超越性問題的作用。

　　道德是善惡問題，人必須肯定善而反對惡，這是正常的精神，並無變化的可能，所以人對道德只能遵守而不能改造，不論善惡的定義如何轉變。善是好、惡是壞，好壞的認定可能因人而異，但人不能以壞為好或以好為壞，因此道德是人自我擁護的思想，而非外來的標準，反道德令人不安，即因其含有自我作對的彆扭。良知是內在的道德意識，人性則為天性不足的「反作用力」，道德困境是天人交戰的緊張狀況，而各人人格的代表乃在於其天性而非人性（個性反是），故違背道德是自我打擊，使人沮喪。若人間為全善或全惡則善惡問題不存，道德的存在暗示原罪的存在，或說道德存在於不完美的世界，善惡的感受必以至善為理想而以現實的缺陷為憾，然惡若可盡除則善的認知消失，可見道德無法臻於完善，這並非表示至善為虛無，而是表示道德是文明（開化）的過程，不是終極（無上）的境

界6。善出於真而應歸返於真，善不能獨立存在，因它不是最高的存有，「為善而善」畢竟不善，「為真而善」乃能改善，如此可謂善是真的缺乏而惡是善的缺乏，道德是善不充足的情形下要求改良的命令。善非至善，因為至善為真，善需以惡為對，乃有實際的作用，如此善是以去惡為務，而善無法改進為至善，這不是失敗主義，卻是啟示真理的日常挑戰。惡非至惡，因為至惡無法自立（自立是善），惡依附於善而存在，不善乃為惡，善的定義不是以惡為依據（惡的定義則是以善為參考），惡只是善不完備的結果，所以惡無目的而以提供行善的環境為業，這是原罪的反映，不是惡具生命而可壯大的意思7。既然善非至善而惡非至惡，道德不是純粹的境地，善惡的對抗則是道德的戰場，而善無法進化為至善、惡無法離善而獨立，故道德問題與「天堂」無關卻與「地獄」相連，在「最後審判」之前道德必須堅持，而在「真相大白」之後道德便失存在意義。善非至善，但至善為善，人有至善之想乃有善念，向善是趨於至善，行善是光大至善，道德不以成敗論定，而以善意為準，所以不完的世界是道德發揮的天地，雖然善總令人感慨惡之不假。道德是暫時的真理而非永恆真相，真理為完美而道德有缺憾，若善為全善則惡不能作用，如此善歸於真而休止，道德於是完成其階段性任務，可見道德之善是予人為善的機會，亦即道德

---

6. 'If God is, whence come evil things? If He is not, whence come good?' Boethius, *The Consolation of Philosophy* (c.524), bk. i, prose iv, l.30.

7. 歐陽修〈本論〉下：「昔荀卿子之說以為人性本惡，著書一篇以持其論，予始愛之，及見世人之歸佛者，然後知荀卿之說謬焉。甚矣，人之性善也！彼為佛者，棄其父子、絕其夫婦，於人之性甚戾，又有蠶食蟲蠹之弊，然而民皆相率而歸焉者，以佛有為善之說故也。」

雖源於原罪卻使人可以贖罪，人不得不視此為神恩。道德的思
想必主善有善報而惡有惡報，然而此事若成真則道德便淪為物
理式的定律，而失去道德的價值與功用，這顯示道德含有非理
性因素或不完美成分，因為善有善報而惡有惡報是正當之理，
道德有如此的要求卻無如此的運作，其內在緊張性對人而言確
是痛苦之源。相對而論，善有善報是美好的道理，惡有惡報卻
是不幸的道理，前者是錦上添花的喜事，後者則是合理但可悲
的境況，這顯示道德不是完美的情境而是不完美的佳境，人於
其中只能盡力求全，卻不能以圓滿為標的而行事。道德既然是
原罪的產物，道德絕無可能達到完美之境，蓋至善是全善而非
最高之善，故人無法以改善成就至善，況且至善一出道德便無
存在的條件或必要，然則道德不是通向天國的道路卻是救濟凡
間的資源。原罪不是全惡而是不全之惡，亦即美中不足的缺陷，
原罪使人無法淨化──完人仍非神──但原罪的世界必有善
質，於是上進成為可能且富有價值，超凡入聖雖猶不能解脫原
罪，但已充分利用原罪而不再受其折磨，至此可知道德是一種
神聖的限制，然求道者受限於此並不失去自由，反而深覺自在。

　　善來自真，真來自神，道德的根據是真理，或說道德是神
命，無論如何道德的本質不是社會性，亦即道德不是人的設計，
然則為善乃是遵照天理行事而服從道德實為「守規矩」，故道德
無所謂進步或現代化的問題 8。人須為善，然道德不是人為的
創作，同時人必有其不善，因此應當或可以從善，道德只消守
成而不需開創，文明發展所探索者是善之所以為善的道理，不

8. 'Conscience be not violated; and more cannot be demanded from
　mankind.' Immanuel Kant, *Religion within the Boundary of Pure Reason*
　(1793), bk. iv, pt. ii, sec. 4.

是新式的道德標準或行為規範（倫理學的主張或有不同但皆以善為善）。人得以行善是因人性本善而人格並非全善，所以道德的功課主要是修養，而修養的意義主要在乎「克己復禮」，此即「存天理去人欲」，為善是發揚良心，良心乃是神格，道德可謂人心「靈化」的事業。人皆有天性，但常人天性不強，故其行善需要強大的自制，思想的提升乃為次要，這表示道德是一種「要求」而非一項「請求」，所謂秉性善良實是天性較強，能自然行善的人不是得道者便是天真單純（人性作用較小）的人。然而赤子之情須是出於大人方為可貴，幼稚者的純真常為無理而禁不起考驗，道德畢竟應以知識支持，否則有行無心，終究缺乏美意而少道德的價值，只因常人有良心但無智慧，對於道德的知識難以理解，故世間多行善之事而少行善之實。即使如此，空洞的善行總比真實的惡行好，而凡人且濁氣俗心強盛，須加以節制，所以道德的教育大都不是啟示真理，卻是「教條化」的觀點灌輸，此種愚民政策固然不能真正促進善念，但確實可以減少惡性，因為人有作惡的原罪，不為善則必為惡，克制與誘導能避免墮落，當然是好事。道德觀念是合乎真理的知識，所以道德是可教的，但道德教育總是「負面的」，也就是間接或偏差的，這是由於常人智能不高而慾望太強，以致導人於善多是威脅利誘的技術性工作，道德在凡眼中便成為人際關係的準則而與法律相去不遠；如此，服從道德與守法相似，道德有如限制行為的禁令而非發揚靈性的機緣，一般人再循規蹈矩也不能弘道，正如違法者少絕不意味民心高尚，可知道德的危機可能出現於人的縱慾，亦可能出現於禁慾，因為道德一旦形式化便失其精神。道德的內涵是求道與行道，知行合一方為善良，無知的善舉有名無實，「為道德而道德」是「不可能的錯

誤」，因為道德不是獨立於真理之外的善謀，何況沒來由的善行也無法稱之為惡；然常人無力問道，「民可使由之，不可使知之」，凡俗的道德不得不簡化為具體的規定（德目），使人行止有方而不懷疑，由是道德降格，人且受其約束而無以進德，這誠然是作繭自縛的封建禮教。道德不是能力而是心意的問題，這表示有知才有行，知為精神而行有賴於物質，精神在物質之上而人間不完美，故知識未必能落實為行動，於是有知即有德而有行不必有德，但此理若貫徹則大眾喪氣失志，因而乃有以行為本的世俗化道德觀，使人可以安心且舉措合格，至此道德竟像是能力而非心意的問題，因其規範簡易，不難了解而便於實行。總之，道德是外來的要求或外在的理想，人只能依從道德而為，不能創造道德以行，但人可能行善乃因人有內在的道德意識，亦即人具天性所以能替天行道，只是人之良知有限，難以完全行善（良能有限），於是道德在世上的推展趨於人性化、社會化、具體化、與定型化；這使凡人均得以形式標準自認為好人，一方面造成民眾的馴化，另一方面導致道德的僵化，此情在史上早已形成而轉變不易，畢竟天人合一不是人的本事，天人交戰卻令人痛苦，故中庸之道必淪為中間路線，道德不能進化原是因為人只能遵守道德卻無能認識其中奧義。

　　道德不僅不能進化，而且難以弘揚，因為善本於真，道德是知識的作為，知識有高下體系，而事情圓滿並無可能，所以行善必有所犧牲，其依據是宇宙次序與臨時神意，此等大知自非凡夫所有，故道德的難處常是「力有餘而心不足」（不知所措）。道德的世界有善有惡，而善惡各有大小輕重，所謂善是善多於惡，所謂惡是惡多於善，全然的善與全然的惡在人間並不存在，若人不知權衡善惡則無法正確為善，而為惡亦可以由此

定義或解釋。世人所以為的道德常是「美麗的誤會」，也就是將
惡誤認為善而無人發現以致眾皆滿意，於是其惡雖確實作用，
竟有善行的影響，真令人啼笑皆非；此事主要便是不辨善惡相
關之情所致，注意一事之善而忽視其弊（片面化），或是將善惡
孤立而重視類別（形式化），均將誇大善惡素質而可能顛倒是
非。確認上帝的存在遠較了解神性神意容易，確定真理的存在
遠較知曉真理的內涵容易，同理肯定道德的重要遠較辨識善惡
的大小容易，判斷是非好壞僅需依憑理性原則，分析事情的輕
重緩急必須深明真理的體系，這幾乎是得道的境界，甚為困難。
凡人對於善惡兩端的判定大約無誤，例如認定孝順、誠實、守
信為善，而以偷竊、縱慾、欺騙為惡，這罕有爭議，然而諸善
以何者為貴、諸惡以何者為劣，或者善惡兼具的情形下何者居
多，此為學者所難以論斷，更遑論知識欠缺之人。倫理學僅能
說明善惡區別之方，而無法解釋道德素質（善惡程度）高低的
問題，這是因為哲學不接受未得以嚴格學術證明的觀點，以致
倫理學常排除真理或上帝而以科學般的標準推論，造成刻板固
定的道德思想，將善惡二分而無法裁量其間的利弊得失，可謂
長於定案、拙於權變。萬事萬物各有其角色或作用，亦即皆有
其在宇宙中的定位，因此萬事萬物相互關連，「牽一髮而動全
身」是吾人處事接物時必須注意的情狀，善惡的問題無非是道
德的困境，「兩害相權取其輕」是行善者不能迴避的道德性原
罪，於是智仁勇三者兼備才能達德，偏重其一必淪為不智、不
仁、不勇，蓋智以覺察、仁以承擔、勇以取捨，行善必須為惡，
婦人之仁乃是「愛之適足以害之」的無知善意，越幫越忙。即
因道德是真理的一環，真理認知有缺則道德作為有失，而通知
所有的事才能深知任一件事，以道德論道德是無效之議，掌握

全面的問題方可精確較量其中善惡，欲知小事之理需具高深之識，否則「大德不逾閑小德出入可也」將成為自由心證，諸善的對抗於是繼諸惡的對抗而起，道德便無神聖的通義。易言之，不知真理不能適切行善，不得道則無至德，人間因有原罪，世事不能周全，愛有等差乃為慈悲，平等對待實為薄情，而人既無法了解一切，善惡的拿捏不可能允當，所以道德的完美永無實現之時。尤有進者，真理「包含」上帝而上帝為真理之主，故人之行善不得以真理為最高標準而須以神意為至上根據，然則「緩急」常較「輕重」優先，「隨緣行善」乃成為最佳的道德態度，這即是「見義勇為」的精神，抱持道德定律尋找行善機會實非淑世的正途。神意的解釋需基於充分的真理認知（以免陷於私意與迷信），真理已難了解，神意更不可知，道德實踐的困難其實與天人合一之不易相同，而凡人對於道德深有所感，對於上帝則幾無所覺，因此道德的人倫性質廣受注重，其天倫意義卻普受忽略，道德難以提升顯然是上帝信仰無法精進的結果，近代社會的道德墮落亦是求道文化式微的後果。若知上帝存在便知道德即是神命，不信神者難免以為道德乃是人際公約，即使如此，人有高下而事有鉅細，道德要有效便要道理高低層次之序成為共識，於是上帝不得不為最高的善因，可見「不誠無物」，不虔誠則沒道德，而虔誠是知識的氣韻，知識是通貫的見解，「為德不卒」實在是因「為學不足」。

第二節　道德的標準化與社會化

　　道德是「應該」的事，事涉應該者乃是人可以得知且能做到者，所以道德其實絕不困難，但因人有惡性或私心，行善須

有克己的精神，故凡人並不認為道德是容易的事，而在人們相互的姑息之下，道德逐漸淪為「人之常情」，不近人情的要求總難以被認同為善。人有良心，判斷是非善惡並非難事，然眾人缺乏知識，對於道德的原理大都不解，複雜的道德問題或是涉及神意解釋的道德困境，已非凡夫所能處理，而社會運作必需道德性的規範，因此道德的標準化在所難免，其取向自然與一般人格配合，於是道德的社會化隨之產生。人有天性則不能完全基於世俗的觀點處事，一概以法律為準行動不僅無法促成和諧的人際關係，而且將使人深感良心不安，凡人都需相當的「自我合理化」以求問心無愧、或面對不盡理想的世態，也就是說一般人雖非君子也非小人，他們不是以偽君子自命，而是以「及格」自慰。如此，法律的推行即使是造就社會安定的主因，道德的要求卻是民情祥和的理由，蓋法律必（宣稱）以道德為宗旨，否則守法欠缺積極的動力或高尚的意義，同時政權的醜陋將暴露無遺，即在原罪感的驅使下，常人多能於守法之餘進一步以行善自勉，此種道德意識雖非強烈但絕不虛假，因為無人可以自知邪惡而正常生活。事實上「徒善不足以為政，徒法不能以自行」，一般人都活在「天人之間」而不追究「天人之際」，他們不欲處於「天人交戰」之局，總以「中庸」之名掩飾妥協之實，因此主政者若要長治久安也不得不以道德與法律雙管齊下，勸誘人民藉服從「善法」實現自我，達成義利兩全的人生。道德是真理觀念下的行為動機，此即道德是真理體系中的一個環節，道德不當規則化乃因真理不是定律，求知有成則為善有道，天理具有超越性，人倫當然不可簡化為法則，但文明推展必然將道德形式化，這是由於凡夫難以教育而道德不能存疑，教條化總比無信仰更好，無知的善舉勝於有意的惡行，道德的

標準化與社會化實在是人性原罪的產物，其善是減少世間罪惡。古人勸善常用愚民政策，神話的編造便是常見的手法，這既顯示凡夫靈性不足也表示人皆有神聖感（的需求），道德若乏天理的性質便少善意的成分，因為為善不為效益，善心含有神秘的信念，將道德實用化將使道德失效，所以提倡道德必須鼓吹信仰，勸善的愚民政策終究善超過惡，畢竟道德神話中雖多因果報應的功利主義，但其核心思想卻是宗教，信神有誤固然不幸，在求道上仍優於唯我獨尊的境界（受人誤導而行善者必較自我耽誤而為惡者更得神恩）。正如理性是求知能力而非知識本身，良心是為善潛力而非道德本身，道德是真理知識的實踐，只憑良心做事不能立德，大善需以道學從事，凡人不可教，所以道德教育是說教而非論理，因為一知半解將導致良心作用減少，其行愈為不德；故道德的標準化企圖使道德權威化，而結果竟是道德的社會化，這證明上帝設計道德問題實為考驗英才而非引導凡夫，蓋僅有真正的求道者嚴以律己，大眾寬以待人只不過是為獲得包容，鬆懈的道德規範惡化世風，豈有拯救蒼生的用處。

　　人有善性又有惡性，然人性本善，常人「過度」為惡均感不安，故皆期望道德有明確的標準可循，使人可以認定自己善多於惡，此事所以得用實因大眾化的道德標準必不嚴苛而可推行，於是道德標準的逐漸沈淪成為歷史通例，因為一旦道德的標準由天道降為人道，世道便將與時沈浮而欲振乏力。人若不積極行善必定消極為惡，此因道德出於真理而真理不明，信道才有為善的理由，不信道者對於放縱的顧慮僅是現實的考量，節制凡人作惡的因素不過是良心與為惡之害，其影響力終究有限，故多數人即使屬於善類也不可寄予厚望。良心的要求使人

行善，但知識的缺乏使人不覺正義重要，常人似乎以為只要其
行與一般素質相仿即可，而不知道德是對天負責的事，所以世
人強調寬容的道德意義，這一方面實在是曲解上帝之愛，另一
方面則是濫用社會之公。社會是個人所組成，但社會又有超越
個人的地位，「人人為我」是因「我為人人」（反之亦然），利用
社會以成全自我者，其錯誤必在於「以己度人」而「以他度
我」，這即是將自己的私慾惡念解釋為「防人之心不可無」的結
果，也就是將個人視為集體的受害者而追求平反。如此，道德
為社會規範之說有義利兩全之實，但人常將其中義利顛倒錯置，
亦即以利為義而不以義為利，於是他人的過失成為自我肯定的
憑據，多數人的行為成為善惡立論的準據，凡夫因此顯得正常
而小人與君子皆不足為訓。一般而言，古代道德優於現代，這
是因為道德是信仰的表現而文明末世是人性化的時代，高尚的
道德甚為不易，若無殉道精神，大德不可能出現，古時民風純
樸乃是禮教宣傳所然，近來人權高張，道德當然低落，其無崩
解喪亡之情只因道德富有實用功能，社會若要存在道德便要維
持，雖然維持社會存在的道德水準不必極高。正因凡人受良心
責備又不感責任重大，道德的制度化確為解決行善問題的良方，
由此「適可而止」的道德任務使人自重而不至於自責，彷彿做
一個好人是簡易的事，絕無特立獨行的必要。法律若與道德違
背則法律難以獲得支持，法律若與道德相同則法律必定過於嚴
厲而不易實行，法律是道德具體而微的呈現，其道是大惡不赦
而小過不查，以此乃可贏得民心而付諸實施，事實上凡人需求
法律的心理是為降低道德標準以自我美化，因為法律是普通的
道德，不違法即可自認不缺德，此種社會性的道德觀是大眾所
相許，故當事者多不覺自欺。道德是原罪的產物，所以無所謂

「理想的道德」，然善出於真而可能極其高貴，人既有惡乃有為善的義務，而其為善卻因此無法臻於至善，人難免有「道德分裂」的危機，故簡化善惡且將其定案乃是人心所趨，這即是法律所以產生的精神性背景。道德可能有利於求生也可能有害於求生，君子必以道德養身而不苟且偷生，小人無法獨立而需要社會，故於道德有所依賴卻不欲以身作則，如此道德標準總游離於厚生與害命之間，既不崇高也不卑下，而當求生的價值被視為重於求道時，道德的民主化便注定世風日下9，這是社會契約論的政治觀興起之後必有的文化現象。道德是信仰真理的精神，所以道德不可形式化，此即道德不應以法制出之，甚至不當以人物典型示範（英雄崇拜不是好事），道德須是各人善意的臨機應變表現，不必計畫也不該模仿，但因得心應手的道行不是凡人所能，故「道德的實踐性」總淪為「善行的模式」而缺乏信仰的創意，可見道德標準的定型是人性所致，這顯示凡夫兼有善惡而其善不甚多於其惡。

　　人活於時間中，因此因果（先後）成為必然的知識觀，這個觀點與道德思想結合便產生「善有善報、惡有惡報」的信念，無人可以反對，卻也無人可以要求。因果報應的道德觀確為善念，亦即符合道德，但此想若必定應驗則道德無從存在，蓋由此道德變成科學定律，善惡與利害無殊，於是人們便不能以良

---

9. 現代的「企業倫理」或專業的保全政策主張，店員遭遇搶劫不當力圖反抗而當以制度性作法相應，其意以為財產損失可以彌補而人命傷亡無法補救，故處事者不必行俠仗義，路見不平無庸拔刀相助，以免滋生意外；此見將人的地位置於道德之上，顯然是悖理，同時其說以利害為善惡標準，既不正確且不坦誠，蓋為此論者必假公濟私，將惡人所造成的損害轉嫁於守法的民眾，此種扭曲性的「社會成本」概念實為商業保險對正義的凌辱。

心或信仰的精神決定其行為，而只得以求生之方行事，可見道德感是真理的體認，超越性問題不在則道德不存。然而善惡果報既是道德（應有）的想法，並且凡人需求準則而難以接受非理之義，所以「善有善報、惡有惡報」乃成為最普遍的標準化道德觀念，這一方面提振了凡夫行善的士氣，另一方面卻降低其為善的意義，顯然道德進化是有限的（終非進化），因為道德是現實的真理觀。善惡報應雖不是終極的真相，但卻是正當的道德觀，這是因為善與惡相左，善是好而惡是壞，吾人欲以因果探討道德的造化，則不得不主張善有善報而惡有惡報，其還原性的說法是「善是善的報應、惡是惡的報應」。真理具有超越性，從真理發展而來的道德雖為現實的事情，但其本質含有超越現實之性，善惡報應一見即使是後天性的觀念，此想絕非無理而庸俗，因為人被賦予肯定善而否定惡的天性，善惡的意義當不止於人生，故善惡果報一說反映人們對道德永恆價值的信仰或期望；當人了解道德不是終極的真理時，善惡果報的想法乃不得以現實的條件無限推演，易言之即便善惡報應為真，其法或其情亦非人所可想像，而吾人必須對道德絕對擁護，連帶善惡果報之想不可放棄，故求道者相信善是善的報應，而惡人的報應即在於惡人為惡時知其所為為惡。善有善報，惡有惡報，其報如何，無人知曉，然道德之義總不是善有惡報而惡有善報，或是善惡報應混亂不一，若有此情，這只是現象而非真相，其景終究是道德可貴的證據，因為善惡果報在人間如實展開將使道德消滅。理性使人不能視善為惡而視惡為善，於是善若有其果則必為善，而惡之果不可為不惡，此理是天性加諸於人者，所以善惡報應不是迷信，只是報應之道不必符合人道，以經驗為據的善惡果報觀錯在忽視天道的超越性，但這總比不信報應

要好。如此，下智以為善惡並無果報，中智以為善惡報應不虛，上智以為善惡的報應即是善惡的本身，相信天堂與地獄存在者必為此念所影響（制約），論及善惡而不論果報尚可，論及果報而不論善惡則不可，有善惡觀即有好惡感，有因果觀即有正義感，故道德的信仰以為善惡含有立即的報應。人應為道義行善而非為利益行善，鑑於果報而行善畢竟不善，因為道德來自真理，而真理超越理性，所以行善是超越性信仰的表現，強調善惡報應的實效性是輕視道德的神聖性，其結果必為事倍功半，反不為美，此事與將上帝擬人化一樣是世俗化的為道，誠為故步自封。簡言之，人必須相信善有善報而惡有惡報，但不必以此抉擇道德作為或等待事情變化，行善其實是認命，認命便無所求，以善惡報應之理為德乃忽略神意，其舉缺乏替天行道的意義。道德是神命，服從神命是好事，所以善有善報，然為善既已是好事，豈應更求獎賞，何況上帝主宰一切而是非本為天成，行善是蒙受神恩，為惡是不被神愛，善惡報應與善惡行為同出，無需另候遭遇以為論斷，雖然終極的果報確是道德的結局（不是永恆真相）。總之，將道德標準化是人的原罪，因為人心求善而無力體認至善，所以道德需由高義降為世法乃可推行，同時因果觀念涉入道德思想實為天然，於是善惡報應成為最簡明而流行的道德法則，凡人根本無從自此解脫，如此道德的社會化與道德的標準化一齊形成，善以普及而失色，世間顯然永不可能改良為淨土。

　　道德是君子之行，而君子是上進者，道德反對小人，而小人是放縱人慾者，道德雖是一般人都肯定的精神態度，卻非凡夫能自然達成的素質，所以道德必隨大眾化的歷史趨勢逐漸降低標準。事實上道德的標準愈為明確道德的要求便愈為寬鬆，

古代的道德標準高於現代，其證據是古時道德標準化的程度不似今日之大，亦即現代道德的法律化甚強於古代；其理是信道者必然重視道德，而真理崇高脫俗，難以明言，因此道德亦不易詳載，求道是上達之舉，其行對天負責而不與人比較，故無需強調於法有據之情。求道者以天為師，天不言而求道者所持的理想乃更為超凡（標準更為嚴峻），所以古人僅須宣揚幾個大道理，便可支撐無數的具體德行，此即「提綱挈領」之效；今人不信真理而凡事講求社會準據，於是道德轉化為法制，律令數量與日俱增，萬事有則，以致法律所未規範者竟成自由的領域，而終竟淪為罪惡的淵藪。所謂「法律漏洞」可能造成惡行也可能呈現美事，因為法律與道德的復合畢竟有限，二者高度相併一方面導致道德標準淪落，另一方面促使法律所不及的道德問題自主化，這使清者愈清而濁者愈濁，亦即有人於此默默行善而有人藉此為所欲為，但整體而言乃是世風日下。古時法律與道德的重疊是義利兩全之事，如今卻成「義利兩全方為善」之治，實為本末倒置，蓋現實與理想本有落差，其相合之處對於信道者而言是可喜的天恩，其有不合者則是人須努力自我要求之處，故道德不可以法律取代卻可以之提倡；古代法律所以簡約乃因道德力量強大，現代道德力量微小所以法律規定繁密，於是不在法律限制之列者不是大善便是小行，這不能強人所難也不必大驚小怪，久之常人乃覺合法即是有德，「法律為道德公約」一義已變成「道德是法律定理」。真理信仰沒落以來，法治愈盛而人治愈衰，官僚化伴隨制度化而興，道德典範的形象讓步於立法改革的身手，這顯示在現代社會中，「立德」的價值不如「立功」而「立言」的企圖首重制憲。道德是從天而降的善法，人只能實行道德而不能制訂道德，將道德社會化必然破壞

道德，雖然道德需以社會為實踐之地，而道德的社會化也是上天注定之事。道德具有普世性而法律具有地域性，當人類社會尚未達到大同之境時，道德的法律化即是道德的政治化或區域化，這必使道德淪為社會性規範而與風俗習慣相近，其最大弊害即是以社會正義 (social justice) 掩殺正義，因為正義是超越人道的公理，社會正義實為「人定勝天」的集體偏見，必含人性之失。道德是天良，所以責善與責備（要求完美）相同且適用於所有人，於是批評與反省共生，譴責他人引發自我檢點，此種為難造成彼此包庇，清高之舉反而成為害群之行，足見個人的腐化常與社會風氣敗壞關係密切，但人格廉潔卻與世道升降無涉。道德的法律化重罰惡而輕賞善，此情顯示勢利的實用取向，因為就好人的立場而言賞善不如罰惡（好人願意犧牲自己以免惡人得逞），但這表示為善者不在意善報，而非賞善的意義果不及罰惡，事實是賞善在治安上的作用或可行性不如罰惡，現代法律利用道德理民，當然不是「為政以德」。道德所以易於受害乃因道德確實有用，但道德之實遠高於實用性，故加害於道德的主要惡行是將道德限於實用的範圍，此即將道德物化以配合人之所需（所欲）；相對於此，「真」與「美」皆不似「善」可欺，這亦可以二者的用處不多解釋之，然善與美其實均出自真而與真一致，人若知道便知有理即有用，世上豈有無用之事。人為萬物之靈，由此可知人上有神，以人性議事不僅是畫地自限而且是自甘墮落，道德的沈淪不可歸咎於天，因為人即使不解為善之理也有足以行善的天資，以人為本若造成以物為尊，這必是由於人的自瀆，總不是其挫敗所致。

第三節　文明末世的道德窮相

　　善來自真，真來自神，近來真理與上帝信仰的沒落使道德的風教大降，然而良心的作用與現實的需求使道德不可能滅絕，因此現代社會陷於漠視道德又須支持道德的窘態，其苦處主要不是善惡辨識的困難，而是主張價值多元卻無法將道德認作為其一（而已）。現代學者確實不乏將道德視為價值觀之流，因為在講究實證者眼中非屬「事實」者即屬「價值」，道德既然不是事實的問題（科學），當即是價值的問題（信仰），此種觀念雖有簡化之虞，但也不可謂無理；若不訴諸真理之辯，道德當然不可歸類於事實的層面（有義然後有情）10，而同時道德也確是重要的價值，然道德其實超越事實而為人人必須擁護的崇高價值，所以強調道德的「非事實性」反而彰顯其價值神聖。合於事實者固有價值，具有價值卻不符合事實，其價值必非同小可，這表示事實不是價值判斷的依據，而價值可獨立於事實之外，乃證明事實之上猶有「更高的事實」，此即真相，偉大的價值正是得自於此。事實必需與物質條件相隨（一致），價值則屬於精神而可不受物質限制，道德的行為是事實，道德的觀念是價值，而有知乃有行，善意是善行的根本，道德顯然是發自精

10. 不論至理則凡事均可謂為事實而無需議論萬象之別，但凡人不信真理也相信人為萬物之靈，以人為本而評論事物高下者乃所在多有，於是事實與現象的分別普遍存在，而事實與價值的區別也為人所重，然前者是一元觀而後者是二元觀，顯有衝突矛盾之處；道德其實是來自真理的應然事實，但不信真理者既將事實與價值二分，其見當然以為道德是價值而非事實，蓋德本於智，道高則行遠，理一而事異，各人所為皆善，其舉措亦有別而似非同道，故不崇德者不覺善行是依從宇宙真相的事實性活動，而僅為一己價值判斷之體現。

神而實現於物質世界的情操，將事實與價值二分者必無正確的價值觀，也就缺乏熱切的道德感。現象不及事實而事實不及真理，價值（觀）可能為現象也可能為事實或真理，然價值必有其共同的根據，否則價值觀念必定混亂而難以溝通，然則價值的大小決定於其符合真理的程度，亦即基於現象的價值不如基於事實的價值，而基於事實的價值不如基於真理的價值，所謂價值多元其實是價值高下不等，而非各式價值互不相干且不可比較。如此，道德的價值高於藝術的價值，但不及知識的價值，然知識、道德、與藝術三者的價值一貫而互通，因其皆是出於真理，只是其與終極真相或最高真理的距離有別。世上無無理之事，故無無價值之事，道德可以化為事實，其不可化為事實者是天道的精神，簡言之，道德具有重要的價值，因它不是事實而已，且有真理的要素。真理超越事實，或說真理不是事實而已，真理不能盡然化作事實，這是真理偉大的原因，而非真理不實的證據，然則真理即使不是事實也富有價值。道德之理亦然，道德相當高程度可化作事實，而即使道德不是事實也含有重大的價值，這便是道德不能被視為「一種價值而已」的緣故。道德的實用性使道德不因文明物化的趨勢而消滅，但當人們以功能標準論定道德的價值時，道德的價值必然大失，而且道德的意義必深受誤解，因為實用的道德與法律或習俗相似，可互相替換，使人藐視其性。所有的價值都來自同一價值，正如所有的事實都來自同一力量（上帝），價值與事實並不相違，但價值不限於事實，道德的價值不僅在於其實用之處，而且在於其不實用之處，這即是「知其不可為而為」的高貴精神，亦即「捨人就天」的靈氣。文明末世的思想是病態的人本主義與片面的個人主義，於此知識的最高準據是事實，而價值與事實

分離以致價值觀念分化多重且輕重無別，因道德既有事實上的價值，故為勢利者所不可拋棄，然道德的價值不止於實用而有普世之義，道德的功利理論乃無法將道德價值專業化，這使道德問題在現代社會成為文化多元主義者的禁忌或敗筆，彷彿是人權革命尚未剷除的封建思想餘孽。總之，「道德的現代化」是要去除道德的超越性精神，使其成為有效且合於實情的行為準則與社會規範，但因此舉造成道德與法律重疊而失其可行性，同時亂世的災難與「良心的呼喚」令人難以無視於道德的理性，所以天人交戰的問題在現代文化中雖被斥為虛假，但其廣受抵制的情形卻證明道德的秘密仍隱隱作用，今人只能罔顧而無法推翻。

　　善是天良，天良可守不可造，道德有沈淪之虞而無進化之義，近代世俗化、大眾化、平等化、與權力意識的發展均使道德腐化，因為人本立場過於伸張則天道信仰替壞，天人之際的省思一退，道德的標準必然淪落。道德意識實為責任感，責任感出於各人在世間的角色認知，而所謂使命感乃是對於責任的深刻或全面認識，不覺有使命便不感正義重要，畢竟責任可能僅為人際關係或社會規範臨時所設定，而正義則是最高層次的道德，只有淡薄的責任感無法產生堅持為善的意志。道德為「人格有別於獸性」一見之所繫，易言之，人不自視為萬物之靈即無執行道德的義務感，然而人若自視太高亦將失去行善的責任心，因為道德是一種靈性要求（人的靈性不足故道德可謂為外來的要求），自命為天地主宰或不相信人上有神者，必定強調道德是人自主的考慮，於是人之行善是權力的推展而非服從的表現。誠然，在道德抉擇上人若有受迫之感，則其善非善而其惡不惡，道德成為美事的要素是行善者的自由意志，但道德成立

的前提卻是上帝與真理的存在，人之自由顯與天之命定不相容，所以為善其實是經由天人交戰達成天人合一的精神壯舉，本心或初衷之善固可成德，然大德是自我超越之後才有的盛事。由此可見，人文主義是「先對後錯」的價值觀或是「對錯各半」的真理觀，蓋人之初當需自尊，以萬物之靈任事方可有為且得進學，然人發揮其力至極限（極致）時便將發現上帝，於是乃知人為萬物之靈固然不虛，但其勢是神意安排，不是人力所成，因此上進之人應改以「替天行道」之念理物，而不應「狐假虎威」仗勢欺人，或相安無事以聯手宰制萬物。善意是人的神格作用，道德不可勉強乃因修身務節是信仰行為，完全的人心人性不能自然為善，完全的神性神力則無庸從善，有善有惡者才須改善而有道德的問題；近代的人文主義墮入人本立場，一方面主張人優於物，另一方面主張人際平等，於是善惡的觀念取決於人而施用於物，似乎社會本身並無道德辯難的需要11。天人之際絕無中庸之道而只有奉天一途，人文主義本是通天的思想，但天性不高者以人為天而相當得意，此因人確是半個天而不可自貶，然而人道的發揚若不以天道為依據則必惡化為人性的放縱，其勢得以持續乃因物質可以長久利用，這是「天何言哉」發問的機會。人要自尊則需強調道德，人要自大則必反對道德的權威性，現代人文主義對道德的態度曖昧不明，正因自尊與自大的關係不是良緣，卻有相互刺激的隱患。自尊太過是自卑，自尊太少是無恥，而自大無論太多太少總不是自尊，正確的自尊是不亢不卑，因其出自各人的天命認取，當無與人一較長短之需，故不自大。自尊是道德立場，道德是神命，所以

11. 'Mankind will not be reasoned out of the feelings of humanity.' William Blackstone, *Commentaries on the Laws of England* (1765), bk. i, 5.

自尊者須信神方不失據以免淪為病態，而自大者本不重道德，卻可能以有德為傲，直如自居為道德之主；文明末世幾不信道，處於優勢者大都自大，失敗者往往自卑而多以自尊掩飾，因此道德成為強者的口惠與弱者的口實，恐怕無人真正虔敬。現代人的道德感甚似捉襟見肘，若有若無而禁不起考驗，其所以不徹底消失，實因道德雖是精神壓力的來源卻也是生命尊嚴之所需，反對道德等於輕蔑人格，然擁護道德即約束自我，二者難以協調，而追究其實可見自寬者畢竟無德，為善不力終是惡，現今的人本主義道德觀是「求生有餘方求道」或「義利兩全才行善」的態度，這是自愛而不自重的「半人」思想，可恨多於可憐。做人必須求仁，現代文化不求絕對之義，其人格形象介於勇者與凡夫之間，道德因此名實俱損，行善無力而為惡不安，瞻前顧後且優柔寡斷，世風或許不是狼狽為奸，士氣確是狼狽不堪，顯然人不可以隨性擇善而須見賢思齊。

　　文明末世不重視道德卻又無法否定道德，於是所為符合道德者人未必引以為榮（微小或巧合的善事不能振奮人心），其違反道德太甚者卻令當事人擔憂而圖文過飾非，在天人對立的情勢下，偽善成為現代文化的普遍現象，由此人既逃避道德責任又維持道德形式，可謂有其禮而無其體。人有天性又有人性，天性高於人性，但人性強於天性，「人非聖賢孰能無過」是小人自我合理化的假道學說法，亦即人性假借天性發言而暗許人性的論調，其所示是凡心的善意常不敵人慾，因此偽君子是常人最高的道德表現，畢竟這是人無力行善卻仍擁護善行的「次佳」良能。偽善是傳統的道德問題，但偽君子普遍存在卻是現代社會的問題，這是因為縱慾悖德是人之惡性所趨，然其盛行絕非正常的民情，人性無古今之別，人心則與世轉變，末世之人輕

視道德又不否認道德、質疑道德卻須執行道德，此非虛偽而已，更是知識性的迷失，於是自處與交際必以偽善行之乃能支持，否則人自覺惡超過善便無法心安。古時偽善者個別存在，而今偽善者集體存在，這必與整體文化觀念的取向息息相關，易言之，古代的真理信仰不足以使人感化，但足以令人確定善惡有絕對之義，現代的多元主義足以令人自滿自慰，卻不足以使人決定立場衝突時孰是孰非；因此古代禮教嚴格而裡外不一者時有，現代民心放縱而人際妥協成為要務，當社會和諧有賴包容寬恕之說，混雜情、理、法的「公民道德」即不可或缺，於是公私不諧的倫理觀出現，奉行者口是心非乃不足為怪，偽善竟是秩序得以維持的因素。自欺者必欺人，欺人者必自欺，普遍的偽善是多數人相互蒙蔽所然，而非少數的偽君子作亂所致，此為時代精神的反映，不是個人性格的合成；文明末世扭曲文明，其道德觀講求和解，善惡之辨若有似無而名義上確在，由此大眾的道德「適可而止」，於義「敬而遠之」，豈能不偽善。偽善是肯定善而不為善，本來有知便有德，肯定善即欲為善，偽善者當是知理不足所以行善不力，但其心確定善為高貴，故即使天人交戰結果不利於義，亦不得不偽裝舉善以自我安慰，可見偽君子在認識及遵從道德上確實優於真小人。現代文明不上不下而處於中上，其道德觀不高不低而實為欠妥，然善惡之間無均衡，不善不惡乃是惡，因為善多於惡方為善，世間之善不能自外於惡而獨立；偽善者自知有虧於良心，此乃為德不卒，亦即為惡，其惡在於知行不一而以智掩過，凡人不以知力行必因其知有失，可見偽善是求學偏差的惡果（無知者難以偽善）12。文明末世的偽善誠為自然或必然，蓋有知不足反而為

---

12. 'Lying is a language-game that needs to be learned like any other one.'

害，誤入歧途則離道愈遠，教條化的道德觀造成「有口無心」的善行，其惡卻遠小於自由化的倫理思想，正如淺薄的知識勝於錯誤的知識，古人的愚忠愚孝是智者善導的成果，現代的偽善問題是今人自我誤導的後果，二者相較顯見優劣；若說後者畢竟是歷史晚期才有的文明弊端，其所處的進化階段高於前者，這固然是事實卻非可貴，尤其道德的素養有天性良心為其保障，不需全然依靠學識以鞏固，道德沈淪必有縱慾之故，現代世風不如古時實因人們濫用知識理論以迎合己見，此為心術不正，不應以「聰明反被聰明誤」諒解之。道德問題與自由問題同在，今人主張自由而不重道德，古人強調道德而自知並無自由，偽善者曲解道德以自用，這是默認真理卻不崇道的表現，或是樂群而不愛人的態度，其內在矛盾出於自大又無能的尷尬，由此可知人只能以服從神意追求自由，不能以伸張自由發揚善心。

道德是不完美世界裡的善事，所有的道德問題都是一種困境，而需以權衡輕重緩急之途解決，任何理論化或規則化的處理均非正確的道德方法；權變所以為必要乃因善惡有大小之分，神意且臨時或隨時作用，造成種種事情的殊異，使固定的倫理法則難以適用於個案。道德的權宜之計必須依據真理體系或宇宙次序進行，易言之行善是替天行道而替天行道需有得道之資，這顯然不是凡人所能，所以一般的道德觀念既簡化且僵化，經常為善不成反而為害，制度化的道德運作乃成為文明末世的倫理流弊，因為現代化一途是制度化，而今人對道德又輕視又肯定，故傾向於以法治之方處置道德問題。道德判斷須是自主的考慮，此即個別的天人之際省思，以習慣行善或者依集體標準

Ludwig Wittgenstein (trans. G. E. M. Anscombe), *Philosophical Investigations* (1953), pt. i, no.249.

行事均不是道德良謀，但因才可深思者少，自古以來勸善之道
主要是信仰灌輸與同化教育，啟蒙非其所重，然而此風猶倡導
天道，並無貶抑或曲解道德之害。今人不比古人聰明或善良，
卻比古人更為自負，其宗教情操淡薄，道德意識降低，人定勝
天的民主妄想與科學主義則前所未見，於是現代的倫理「外化」
而不「內化」，有如行政的問題，其重點在於形式與技術而非精
神與意義。古代社會的集體主義強烈，現代社會的個人主義盛
行，依理近人的道德觀應較古人真切，但現代文明的真理信仰
低落，而民主制度一概以多數決議，以致其道德作為更加虛浮
且集體化，自我負責的表現不可多得。在此情形下，制度性行
善與制度性為惡成為現代文化的特徵，其善缺乏真情與深識，
其惡是形勢比人強的結構性錯誤，受惠者以社會正義自衛而少
虧欠感激之情，受害者因覺歸咎不如求償而失責善與認命之念，
這正是「人人負責則無人負責」的世態，道德似為無關私事的
公務，實則有假公濟私之惡而無公私不分之善。以制度行善是
以法律立德，若非有理無情便是有情無理，總是情理不一，如
現代的慈善事業與福利政策乃是協調性救濟或集體性保險，其
道近於強迫式互助，重效益而輕道義、重人力而輕天命、重體
制而輕特例、重行動而輕心意，以和為貴而以眾為尊，有似鄉
愿13。相對於此，以制度為惡不是「借刀殺人」卻是「陷害忠
良」，因為善人認命而守法，惡人任性而違法，相形之下惡人顯
然較善人佔便宜，更何況惡人常利用惡法逞意而欺負善人，例
如民主政治造成眾暴寡的壓迫，官僚作業造成愚害智的耽誤，

---

13. 'No people do so much harm as those who go about doing good.'
Mandell Creighton, *Life and Letters of Mandell Creighton* (1904), vol. ii,
p. 503.

司法規則造成邪勝正的威脅，程序正義造成奸退仁的亂局，保險制度造成強凌弱的陷阱，甚至商業的成本會計造成老實人遭殃的險境，凡此惡風皆是道德社會化的結果。現代的「處罰」作法富有功利取向，這即是制度化的道德觀，因為賞善罰惡是為實現正義，改良的效果並非要旨，而正義可能犧牲多數人甚至所有人，此非著眼於社會利益的道德家所能接受，其施罰的動機乃為「減少公害」，事實上是以優待或虐待為惡者成全大眾的俗念物慾，可見不知「公義」不同於「公益」者必傷天害理。道德本是各人對天負責的任事義務——雖然道德行為主要出現於人際關係中——「公德」與「私德」實不可分，此因道德通貫公私而行善必須自己作主；制度性的道德既非公德也非私德而是「半德」，其意不積極勸善卻被動行善，然被動者不為善，故制度性的道德終究是善的沈淪，其擁護者最多只是「濫好人」。末世之人不信真理而無法脫離真理，其道德觀猶存但道德感微弱，於是善惡尚非顛倒，然為善之道惡化而為惡之法美化，此乃人們相互縱容所致，可謂史上最大的人禍，只因警覺者少，反而有「自由解放」的好評，奈何「惡是惡的報應」絕不是作惡者所見。

　　善惡消長互動，善不振作則惡囂張，末世的道德萎靡而不喪亡，惡對善的利用成為時代怪象，邪氣橫生。惡以善為敵，善以天為宗，道德的沈淪本來是良心的退縮所致，然人性本善，人不為善必有不安，而至善與全能相等，從善即是上進，上進即是提升，提升至極是為無所不能，為善既求完善，能力有限使人喪氣，功虧一簣尤其令人浩歎，因此求善而力有未逮者，在挫折刺激之下可能反其道而行，以求自覺特殊之感或不受道德規範之尊，此為扭曲性的惡，是謂邪。簡言之，邪是惡對善

的凌辱，邪惡者必有相當的善心或對道德的肯定，但因從良進取的能耐不足，心生怨望且自暴自棄，乃轉而以善為敵，故意作惡，諷刺人心 14。今人不善不惡而逃避道德，自以為不主動為惡即堪稱善，其實缺乏正義感而縱容不軌，總是貪生怕死、置身事外、又袖手旁觀，促使為惡者肆無忌憚且引以為勇，因其姑息養奸，誠可謂為世上最大的惡勢力。人不為善則必為惡，而善與惡相抗，善消則惡長，所以為惡者多於為善者將使社會敗壞而損及所有人，這表示以人類全體而言，善惡報應實為立即且有效，因為自作自受是世界性的道德環境，無所逃於天地之間。當今恐怖主義 (terrorism) 為患，此非史上常情，其所以如此是因今人缺少義勇精神，全面的休戚與共關係更使人牽掛繁重，於是無恥冒險之徒可以挾持怯懦冷漠之眾，以遂其願，這種「非戰之罪」實在是民主政治的「公共化私心」所致，不能歸罪於官方之無能。大我為天，小我為人，大我與小我若相得，這即是天人合一的表現，如此集體之利不必為個體之害，反之亦然，人如有德，公私兩便，並無人我不同的道德立場，此所謂諸善通同；今人以私意結合為公論，這是多數人的暴政 (tyranny of majority)，絕非正義，因其「同惡相濟」的本質不能抗暴，故易受制於少數無所顧慮的亡命之徒，可見「五十步笑百步」甚為危險。人有天心，故皆有善，但人非完善，所以有虧心之虞，聖人勸善較具良效，乃因不能以身作則即無法使人信任敬佩，不修己而責備別人常招反唇相譏，或令人老羞成怒；

---

14. 'I became evil for no reason. I had no motive for my wickedness except wickedness itself. It was foul, and I loved it. I loved the self-destruction, I loved my fall, not the object for which I had fallen, but my fall itself.' Augustine of Hippo, *Confessions* (c.400), ii, 4.

所謂「惡對善的利用」常是上達不成反而墮落之事，其內情一方面是難以面對良心的自我要求，另一方面是懷疑他人從善的誠心毅力，故人於為善不利時特有糟蹋既成好事的邪念。易言之，凡人沈淪的心路歷程是先出現善意，當善意實現不順時乃心生哀怨，隨後採取惡意歸咎外人，再者邪念繼惡意而生，圖以反對真理之姿為亂作孽，同時自我塑造，感覺個人不是庸才俗子。此情實非一般凡夫所有，其事象徵文明歷史發展的困頓，而今人有此病態者甚多於古時，這正是末世的精神呈現，也是人性禁不起考驗的證明。惡意出於惡性而邪念玩弄善意，惡意抗拒真理而邪念混淆是非，文明末世是「上不去而掉下去」的道德逆境，人們心無所屬卻自認無辜，所知不多卻自以為精，本來可以安逸度日卻因恣情縱慾而需曲解道理，於是惡淪為邪而邪淪為魔，其實不過是庸俗無聊而已，何必自我作賤。仁者承擔世間的錯，末世是修行的良機，道德盡其在我，君子無暇懷憂喪志，即使文明已是無望，善惡之義仍與時同在，善之為善既不能推翻，人之為人便只能堅持，此理顯示道德雖無進化之緣卻有提升好人之能。

第十章

美感止境

古典美感與原始心態的交雜：
布達佩斯的豪門

第十章　美感止境

第一節　美感體認的極限

　　美來自善，善來自真，真來自神，美居於宇宙次序最下層，其真理性最薄 1，但美之所以為美乃由於天道，故美感的體認一方面極其普遍，另一方面卻極為不易，蓋美的事物隨處皆在，而平常事物所含的義理甚是細微，凡人難以察覺。美之理是天性，天性對應於人性而人具相當的天性，所以人人皆有美感但又缺乏充分的審美能力，然而凡人不知此事，常因品味不同而認為美非絕對之義，使審美的正確性更不可得。美相對於醜，然醜為不美而非獨立之性，易言之，醜為美之不足而非外在於美，完全之美與全然之善相同，亦與絕對之真相同，既然真、善、美互通一致，人間有其缺陷，故有真假、善惡、美醜問題，人無全知，不僅無法徹底了解何為真、無力真正覺悟何為善，也不能充分領略何為美，雖然美的真理等級不及前二者。真善美實為一體，真為善與美之源，善之為善與美之為美皆因其真，所以認識善與認識美其實一樣，亦即認識真，如此審美的困難並不少於責善或求真 2。實際上凡人對於道德問題較能判斷而

---

1. 'Beauty is indeed a good gift of God; but that the good may not think it a great good, for God dispenses it even to the wicked.' Augustine of Hippo, *The City of God*, xv, 22.

2. 'To love is to will the good of the other.' Thomas Aquinas, *Summa Theologica* (1273), pt. ii, q. 26, art. 6.

具共識，對於美感問題則評論不深且差異頗多，這是因為道德所涉的現實利害遠勝於美感，其考量的因素既明確又重大，故同感較易出現，何況良心使人富有辨別善惡的直覺，無需費神爭議。美寄託於形式，而形式不決定美醜，人之美感且不如良心作用之強，審美實有賴於敏感的心靈或深刻的知識，其功利效益也非顯著（審美錯誤對生活影響並不嚴重），故凡人大都不重視或不察覺美的道理，其勢造成惡性循環而使美感標準更形錯亂。人對美的追求有所失誤，這一方面是因物質世界本不完美，人無法於此體會完美卻難免受不美誤導，另一方面是因審美其實是知識活動，人無悟道之知便無感受或創造美的足夠能力。簡言之，只有上帝為至真至善至美，然則人無論如何不能為完美，人必須求道，這已證明人永遠美中不足。若說美的事物無所不在，這其實是說所有事物均有美不美的問題，因為完美為無限而事物為有限，美的事物是世間之體，無所不在者是美而非事物，事物引發美感，美感超越事物，然美感與事物的結合顯示美感受限，這是天性不足者的處境，也是人心可以提升的環境。美以其義理與價值不明而受人忽視，但美普遍存在又使人難以忽略，因此美感問題的重點常是人對美的任意解釋與濫用，而非由此所致之衝突，這表示人若不透過小事求知，則必因曲解小事而自我蒙蔽，美是最普通的真理，不能細查美的問題將反受其迷惑。美所含的真理性甚微而不易辨識，其引人分心遐想而離經叛道的因素則甚多且強，善惡之別昭彰，美醜之別模糊，因此敗德遠較失色更受警戒與非議，但人對美的失察誤解也有違背真理之處，此惡有如危害健康不大的慢性隱疾，在長久疏忽之下便成為無可救藥的禍患，整體而言恐影響更鉅。美是真理啟示之一情，其義雖不豐富，但其量眾多可能

引發質變，同時美的問題富有感性，可與理性相輔相成而激發求道者的熱情，以減少其教條化（正經八百）的習氣。真善美是一貫之道，知識、道德、與藝術是真理表現的不同領域，其道相通，求道當事事關心而胸懷大同之旨，由此可知美是治道之一事而非問道之餘事；可惜凡人並非全才，其智能不高而善意不強，所以教化大事在於知識傳授與道德訓誡，藝術涵養非其所重，結果「美的非真理性」反成流行的錯覺，可謂顧此失彼。總之，美非真理大義，但亦含有大道，人不能識美本因人無力得道，然美既居真理層次之末，其不可了解的問題乃更嚴重，畢竟人難以求全則有所偏重，美受漠視（無法兼顧）誠然是原罪所致，何可救濟。

　　美是上帝使人對事物產生好感的印象，例如「夕陽無限好」的美感是人原來受之於神對夕陽景象所具有的先天性喜愛，在目睹其實情時作用的效果，此種天賦條件愈符合經驗條件則愈令人感覺美好 3，反之則愈為醜惡。簡言之，美感是天人合一的一種表現，上天已先決定美的條件或要素而灌注於人心，後天經驗順應此心的程度便是事物美感反映或呈現的多少。所謂「色不迷人人自迷」其實不意味人是美感的決定者（唯心主義），卻是表示外在事物並非造成美醜的主因或為美醜的本身，人是審美者乃因其具有判斷或感受美醜的能力，而此種能力是

---

3. 人喜愛「外脆內軟」的食物其實是由於人「預先」被如此設定，而非經驗所造成，所以並不是所有外脆內軟的東西人都覺得好吃，因為所有的美味感受都是神對人預設者獲得應驗的結果，而此種預設所涉及的條件極其複雜，常呈現為因人而異或因物而異，亦即每一個案均有其特殊的狀態，所以僅有某一條件的作用未必能使人感到可口（例如外脆內軟一情表現於肉類、蔬菜、與麵食上所致之美味感受好壞甚不相同）。

天性資質（亦即為本能），所以人有「自動」感覺美醜的反應，
同時其認知有相當的一致性──否則美感根本無法溝通──於
是美醜方才可能成為一個課題或問題。誠如人有良心故能從善，
人有美感故能審美，良心是天賦而美感亦然，但良心與美感俱
是不足的真理認知（僅為基礎的神識），而善與美的發揚均有賴
知識的增進，所以善心與美感皆可能由學習而提升。愛美是天
性，審美是依天性，人之天性是不充分的神格，有此條件人乃
可以並且應該充實天性，故審美能力可能「進步」，品味可以改
良，然亦因此美感的提升有限，限於神意的設定。神使人覺得
美人即稱美，神使人覺得不美人即稱醜，此事一方面是指人對
事物的感覺是上帝隨時的安排，另一方面表示人的美感是源於
神的事先設計，不論何者，人實在不能自由決定美醜，所以「海
畔有逐臭之夫」（天生個性），但愛醜惡美則無可能，不然則是
自我糟蹋。正常的審美是人依天理判斷事物的美醜，此即神使
人覺得某些素質美好，而這些素質一旦出現於事物中，人即喜
愛此等事物或感其美好，然此種素質有強弱之別，故好惡亦有
深淺之異；同時天理的感受可因求知而強化，美感於是得以趨
於精深，這可能使心靈由渾沌轉為敏銳，而對於美好的事物愈
為感動，但亦可能使人因此愈加發覺事物的醜陋，而增加厭惡
之感。由此可知，歡喜是美感的作用或反應，卻不是審美的目
的或必然結果，因為美的感受是天人應和的現象，而人當從天，
探索美是為追求真，發覺事物不合於真理使人不喜，這是理所
當然之事，審美的失望不可視為失敗。美出於真，審美或藝術
創作是求道行道之舉，知識的增長或實踐為其宗旨，快樂非其
動機或目標，雖然快樂常伴隨正當的作為而產生（副作用）。如
此，美感顯然有其止境，因為人對真理的了解畢竟有限，識道

與審美實為一體，人若棄道而求美，必定失落或墮落，承認真
理的超越性反而有助於審美的正確性與神聖感。總之，人應經
由求知促進其靈性，以此增加美感的深度，如是人乃能進一步
掌握世間的美好，而對事物的不美好能了解其因且改善其情，
至於令人無可如何之處，這不是超越性問題所致即是人間原罪
所然，不必耿耿於懷。即因人之美感受制於神之籌畫，並非愈
有品味者愈感人生美好（例如音樂家可能因為好音樂而心曠神
怡但也可能因為壞音樂而深覺不悅），人間為不完美的世界，美
感高雅者於此往往陷於無奈，審美的愉快既是「人逢喜事精神
爽」，也就如好運一般可遇不可求，雖然人確實可以相當程度自
求多福。再者，美的道理既為天機，其義乃非完全可解，理性
標準在審美上不能高度奏效，所以藝術評論常缺乏說服力而有
黨同伐異的成見，或招來敵友兩極化的回應；然審美如問道，
盡人事乃可聽天命，美感探討須力求知識的說明，不當訴諸直
覺或以不可言為高，於是能盡量形容即為有理，此非好辯而是
傳神。不論如何，求美無法獲得完美，畢竟有所求即有所不足，
完美不是不完美進化而成，而是超越美醜的渾然天成境界，上
帝使人無法盡善盡美，人豈能超凡入神。

　　神為完美，或說真相絕對美，世間不完美故有美醜問題，
然則美非完美而是接近完美，人之愛美顯示雙重的原罪，蓋愛
是需求（欠缺）而美並不完美 4。美若無等差，或者醜不存在
以與美相對，則人根本無法產生美感，美感是有所讚賞有所失
望之情，完全的美使人無從察覺美的素質，而只得以唯一之理
視之，亦即將美與真相等；這並非意謂美無法獨立存在或真理

4. 'Love is simply the name for the desire and pursuit of the whole.' Plato,
   Symposium, 192e.

為相對，而是表示人處於不完美的世界，故世事的表現不是絕
對之相，一切事物均含缺失，於是好壞之感出現，愚者乃以為
美因醜而在，其實是醜因美而存。諷刺的是，人要有美好之感
確實需要不美好的現象為之襯托乃成，或說上帝欲令人有美的
感受，所以置人於不盡理想的環境中，這證明必要之惡是真正
之善的附屬物，其用處是啟示真理，並使人在求道時不僅存有
希望而且享有（一點）快樂5。由此可見，需求與追求可能為
一線之隔，由需求之苦領略完滿之義便能產生追求的理念，反
之，由需求一事產生成就動機便將造成自滿或自卑而視追求為
競爭；需求是為滿足人慾，追求是在發揮天性，同樣是處於困
乏而有充實之圖，需求是惡而追求是善，乃因需求迎合原罪而
追求超越原罪，其下達與上進之別甚明。世間的不完美可能啟
發人的善心（清者自清）也可能助長人的惡意（濁者自濁），君
子以不完美為暗示完美之兆，小人以不完美為否定完美之據，
然以神意而言，由醜思美、因惡見善、自假探真當然才是正道，
因為上帝造人絕無必要愚弄或腐化生靈，雖然凡夫墮落之勢確
是上帝的安排。愛美是人的天性，這表示人有善根（所以肯定
美）也有缺陷（所以需求美），然人若知美為善而愛美為求善，
則此愛便由需求提升為追求，愛美即從情慾變成理智，當虛榮
改為尊嚴，貌醜心美，更令人欽慕讚歎。醜是缺點而美是優點，
優點多於缺點即為美，反之則為醜，然醜從屬於美而不單獨存

---

5. 人間雖為不完美的世界，亦有美好之事，其一即是義利兩全。若世事
皆為義利不一，則人間必是全惡之境（義利相反而不並存將使人理性
錯亂或者善人盡滅），若世事皆為義利兩全，則人間乃是全善之域，
此二者俱非事實，而實情是義利有時衝突有時相合，此情本身即為不
完美，這是有善有惡而非至善無垢的世界中當然之事。

在，所以再醜的事物皆有其美，吾人於此若注意其美便覺其醜
似有格調而頗具美感——先天不足而後天改良者尤有此效——
其實是醜為原罪而克服原罪令人生敬，有敬則愛而醜可改善，
故人可能喜愛尚不完美的事物。在不完美的世界裡，美非無瑕
而醜非無望，美醜互動而不固定，所以人對美好的事物常擔憂
其折損消逝，對不美好的事物則時時期望其漸入佳境，尤其美
醜的本質是精神因素，物質條件的不良未必造成醜惡之感（例
如由破舊走音的鋼琴彈奏出幽雅清揚的曲調可能使人更為感
動），追求完美而力不從心反映人格的高貴，於是醜成為美的背
景，反而更彰顯美。美是從天而降的想法，人間無完美的事物，
所以美感常「報喜不報憂」，引人入勝而不發人深省，因為完美
使人自慚形穢，有害於求生，而不完美含有美，可以鼓舞人心，
況且求美即能去醜，注意美而忽略醜並無大礙（雖然美醜之理
實為同一）。總之，美是啟示真理的一個常態神蹟，人之愛美是
最平凡的求道表現，美所含的真理與從道德及知識所得者相同，
求美本非背離真理，美的極限且可引發天道的思索，但因凡人
不辨本末高下，常為美而犧牲善與真，輕則玩物喪志，重則美
化邪惡，於是美的啟示性轉而變為誤導性，此乃心術不正者務
美的危機，難怪自古以來傳道者常有「抑美」之言（如柏拉圖
貶損詩人）。愛美是有求於完美，有求於完美則永不能臻於完
美，愛美者應知完美之感象徵終極真相的存在，期望完美與追
求真理當為同義，然則人可以有媲美於天之志，卻不當有比美
於人之念，因為人不完美乃應接近完美，而不完美之人豈可相
互競賽以樹立美貌的典範，畢竟美不如善而善不如真，大美應
以德性及知性認定，不可停留於美感之內加以宣揚。

　　美的概念是出於天理，而事物之美有託於形式，故美感融

合理想與現實，天人合一乃為美，純粹的天性之美人無法領略，全然的人性表現絕不為美，物質條件有符合精神真諦者方可激發美感，如此美感體會必為有限，不僅受限於真理的超越性而且受限於現實的有限性6。美不是以人為本的感覺，但人既為審美的主體，違背人格或不為人心所接受者不是不美便是無法被認知為美，例如美感的形式要素之一是比例和諧，而比例和諧對人的意義包括安全（感），因此搖搖欲墜或令人備感威脅的情況不能造成（高度）美感，至於為何比例和諧使人覺得美，此種天賦本性是超越性真理的問題，人無從理解。美感可謂是天撫慰人的一種心理設計，這不意謂人受神服務，而是神欲使人自愛自尊，故有此機關，人所以為萬物之靈的條件即含美感一項；然而上帝無需討好人，亦不可能使人成為全能，所以人從美感上所得的精神力量不能為無限或至大，由此人獲得一定的天賜，但不得盡知神機。人既是不完美的生命，人能享有的美好感受自亦不全，以天道而論這是人無資格參天，以人道而論這是人可自立為主，蓋人若具有神力則人與神相同而不能以人自命，人有美感故有審美的地位，於是美醜分別成為人文活動，人在享受美的同時可以批評不美之事，彷彿人為美之本，殊不知人受限於自己之力，以致無法體會超然之美或掙脫美醜的影響。美出於神而斷於人，人之不見至美實與人無法知曉真相一樣，不得因此以為「人是衡量萬事萬物的基準」(Man is the measure of all things.)，不識高美而自戀者有「野人獻曝」之行，察覺「太美使人不知其美」者方可增加欣賞的能力。品味低劣之人可能較美感高尚者更富有審美之樂，然其樂必多由於

---

6. 'Pure and complete sorrow is as impossible as pure and complete joy.'
Leo Tolstoy, *War and Peace* (1869), bk. xv, ch. 1.

誤解或縱慾，亦即情理不一而好惡隨性，此種審美既不正確乃
有害於性靈，迷戀愈甚則道德愈為沈淪，可謂溺愛而斃；反之，
美感敏銳之人可能因完美主義而時感不滿，但其見識合理而有
益於心神，且可深入他人所不察的悠遠勝境，更得妙意絕色而
有過人之喜，可見美不可以濫情得而可以真知獲。美感是上帝
嘉惠於人的處世好感，故美雖為有限，卻兼具天人二性，而使
人可於審美中同時愛道愛己或結合養心與惜物，達成義利兩全
或情理合一之美。上帝示美於人的最顯著而普遍之物是「大自
然」，事實上原始及傳統的藝術即是以模仿自然為美，於是可見
美的呈現有自然與藝術二途，自然必美而藝術未必美，自然為
天工而藝術為人工，但人欲通天，故藝術企圖超越自然，只是
經常失敗。自然既啟發美感又限制美感，蓋上帝創造自然與人
類，祂注入人美感的原理，且於自然中安排符合此原理的素質，
於是人可以從自然獲得許多美好之感，然同時人卻難以脫離自
然的條件而產生美的知覺。入世不利者常以返回自然尋求安慰，
這證明人有喜愛自然的本能，其所以如此乃因自然為美而人有
審美的天性，但流連於人為世界者亦多（今人尤多），此情又顯
示自然之美不足以使人滿意，超越自然可能更美，雖然其失敗
之例反而更醜。人為自然的一部分，實無法全面超越自然，藝
術創作也需藉助於自然的條件，而非全然的人工，可知神賜予
人美感，此禮不可能任人予取予求，人所得自於天者是其力所
能承受者，超出此限則人接收不到，何可稱喜或抱怨。自然不
含充分的天性，故自然雖美亦非完美，藝術不成於完全的人性，
故藝術可能為美但也不可能為至美，美之理是天成而美之物由
人感受，人既無法得道，審美難以透徹，藝術更受限制，如此
人只能以問道求美，合於理者乃有情趣，講理而可享樂，豈不

美哉。

　　人的美感受人本身的條件限制，人為有限的生命，居於上帝與萬物之間，不亢不卑，所以人的美感不愛繁複誇張也不愛簡陋貧乏，而有含蓄中庸的趨向，此勢與真理一貫之性相似，且有反璞歸真的願望，彷彿天人合一的平和境界，如此美感顯有止境，因其不堪「極端」的氣象7。美源於真而愈美愈真，本來求美者與求道者相同，應無所不用其極探求至理真相，但因人有原罪缺陷，無法得道，故追求完美難以用力且艱困重重，於是維持上達之姿而採舒緩之態成為求全之計，此如以安步當車之意登山，似有力與美結合的優越性，最受讚賞。事實上，此種美感是上進不得而「退一步海闊天空」的心情所致，畢竟人非完美，以不完美之資尋求完美之境自然深有挫折之感，天人交戰是緊張的心情，於此精神備感壓力，美感無從發展，故以美為重者常以和為貴，或忽視知識而強調感覺以求自由，藝術家的「瀟灑」其實是無法面對現實與理想而自外於人世的心虛傲氣。愛美是求善，求善為問道，圖美須相當講理，但美為真理體系的下層，務美不是求道要事，耽溺於美者於大道必有所逃避，因此喜愛藝術的人大都具有相當的知識又有反智的傾向，其世界觀既合時宜且反俗套，總是孤傲卻不獨立。如此，一般的美感兼有社會化與反社會兩種性質，常處於入世出世之間而落得避世不成之狀，總之是無法講究終極絕對義理之情，這即是「簡約」成為美感要素的緣故，蓋真理真相深奧，凡人

---

7. 'The sublime and the ridiculous are often so nearly related, that it is difficult to class them separately. One step above the sublime, makes the ridiculous; and one step above the ridiculous, makes the sublime again.' Tom Paine, *The Age of Reason* (1795), pt. ii, p. 20.

求道無力便有簡化問題之勢，多轉而以人為本論道，自我安慰。美的追求實非易事，上達不成者欲維持美感常以「化繁為簡」比附「反璞歸真」，將天性與人性混雜而自覺是通貫之道，其實有情無理，伸張個性而缺乏價值，然因美的問題是小事，在此作怪妨礙不大，所以求美失敗所致的反其道而行並不驚人，旁觀者且常藉此暗中合理化其自身放縱之心。對常人而言，美的功用是抒情，能抒發群眾人性者固美，驚世駭俗之作以不近人情而不為美，然美既為抒情則美的問題不必嚴肅看待而可各別處理，個人不覺美者對其作者與愛好者卻頗具抒情之效，難以統一的標準否定其美，何況在審美上若人人彼此「尊重」則所有人皆受益，故美感世俗化是藝術的原罪。一般人無能問道也不喜沈重辛苦之感，美是低級的真理，於此人既不覺有論道的必要也不感到克己的意義，輕鬆似為大眾美感的第一義，使人產生不舒服感覺的藝術即使不是醜也不是流行之美，然因人性所喜愛者必非天性所認可之大美，所以藝術家常以不受歡迎而更加自尊。單純為美而簡陋不美，豪華為美而繁複不美，隆重為美而嚴肅不美，此因真理真相純粹而無缺乏、高貴而不裝飾、莊嚴而非刻板，可見人之美感含有天性，但天性反映人性不善，無能者乃欲迴避完美一義而求自在，於是美的精神淪落，完備降為妥協、活潑降為任意、清秀降為簡單、神聖降為虛玄、祥和降為平安，然美感是求生行有餘力才能注意之事，故藝術的標準絕不可能極其鄙陋粗拙，不上不下的普通美感乃成為富裕社會的文化表現。真理具有超越性，達成真理的藝術本無可能出現，或說美感無法得道，世上極致之美是最能體現真理的藝術，而此美非常人所可知，因此通行的美感是含有喜悅與欽羨之情的審美觀點，其對象必具相當的造化之功，使人心生自信

以及敬仰之感。總之，人所察覺的美是不足的真，一般美感是
假性的天人合一感（自欺欺天），完全為個人所能掌握的事物不
能令人深覺美，反之亦然，所謂「曲高和寡」顯示「天上之美」
人無法接受，而「庸俗之美」也不能盛行，蓋愛美若導致自卑
則無人愛美，所以凡人受不起與瞧不起者均無法被視為美。

　　美醜之辨是最細微的真理問題，其實效功用亦不巨大（間
接影響則極深），故美雖有普遍性，但卻易於受人忽略；此外，
美感有賴感官作用乃能產生，甚受經驗性條件限制，其溝通傳
達難以精確，缺乏權威而令人無所適從。美的因素不是理性而
已，猶有強烈的非理性特質（神格），非物理或科學所能輕易解
析，物化不美、標準化不美、中庸化不美、正常化亦不美，由
於美的道理不明，人們對美的誤解與扭曲乃特別嚴重。常人所
謂的天才常是關於少涉人性或現實性之事的優異能力，藝術才
華便是其一，即因美不與俗氣相稱，藝術家多特立獨行以自我
標榜，個性與天分似為其生命力，彷彿美是無可理解或訓練的
事。美感體認確需靈性，然靈性實為犀利的理性，審美終究應
用知識而不可憑空冥想，只因凡人靈性甚微，總覺靈性是毫無
根據的想像力，於是美的探討常流於感情用事而蹂躪理性。美
是小道，然「雖小道亦有可觀者焉」，美需以大道解釋方能見其
好，只是愈小的道理愈不易說分明，勉強為之常反而有強詞奪
理之失，所以智者對愚者的美學教育行多於言，只求潛移默化
而不求心開意解。美是真理的一環，而求道即是求知，故知識
有限則美感有限，人不能達到大美原來是求道無法完成其功的
問題。人有原罪，原罪不美，然則人之求美注定抱憾，何況美
之理不如是非善惡明確，而多數人的美感品味不佳，美的公論
與集議必非至美之見，這更使人間極致之美無法與社會開放並

進（美沒有「現代化」的問題卻受其加害）。美的原理是天道，經驗對美感可能助益亦可能誤導，此因理性（屬於天性）不強則經驗妨害求知之情恐勝於其利，不能善用經驗將反為經驗所惑，所謂「得不償失」是也；美從天而降，符合事實者未必為美（絕非盛美），經驗主義的美學難以成立，凡人不進學當然美感惡化，所以「真理越辯越不明」的狀況在美的問題上最為顯著。為美之道既不明，大眾化的歷史趨勢自然導致美感人性化（世俗化），於是藝術家的美感與一般人的美感又相似又相左，蓋現代創作者亦縱情於個性表現而忽視永恆義理，並難免迎合時尚世道以求市場接納，但其自尊心卻欲強調與眾不同之見地，因此令人「賞而不悅」的反常（違背常情常理）作品竟成上乘風格，顯然現代藝術的矛盾性極為強烈，而其患畢竟是人性所致，因為歸屬感（認同感）與獨特感（優越感）俱為凡心俗念。美的追求總須訴諸天理乃可提升，唯真理為完美，不求道而脫俗則難以深入美秀之境，刺激人慾的藝術例為醜陋之作，高雅的美富含真與善，非一般直覺可識；美感實是知識的作用，無知者以學術論美乃流於形式化與合理化，造成粗鄙無恥的美學論調而與群眾所趨合流，現代藝術的普及性為史上最高，這顯非良緣吉兆。美與善的關係較美與真的關係親近，此即美感受道德因素影響的程度強於受知識因素影響，善惡問題常使人輕視（無法兼顧）藝術美感，而暗示終極真相的壯美 (the sublime) 啟發崇高感，卻因其異乎人性需求而不受歡迎，可見凡夫消受不起「太美」，美的中庸化實為自然。美與愛契合，美感深受好惡影響，令人感動者人覺其美，而抒情乃是最常見的為美方法，所謂「唯美」(aestheticism) 絕非美極，蓋排除真與善而專務美感必然有失，人心既不純粹，美亦非單純而獨立，

所以美不可特意追求，可愛者並不可溺愛，美可能造成困擾正因美不是真理本身且是居於真理體系之下層。總之，美是超凡入聖的靈性好感，以人為本不是醜而是未為大美，人為審美者，故美超越人而存在——雖然人具相當的美德——不能認識此義則將抑制甚至破壞美，文明末世的美術「術而不美」（正如文明末世的學術「術而不學」），皆因今人以今非古以致其所創作者無非自美之物，而人原有不易的缺陷，欲蓋彌彰更顯可悲。

第二節　藝術創作的限制

　　真善美三者均有知與行兩面，美之知為審美觀點，美之行為藝術創作，知行應為合一，審美觀點與藝術創作亦當一致，於是知之有限造成行之受限，審美不能直探終極真相，藝術也未得創作無礙。唯有全能者能創造事物，人非全能故無力創造，人之創作實為天賦的應用或神意的作用，而非獨立自主的設計，誠如人只能「發現」而不能「發明」，藝術是美感的實踐與體現，而美感出乎天，藝術畢竟不是人為的創作 8。人具天性而欲效天，藝術創作在現象上是人的發明創造，即使其實不然，此事確富有神聖的意義，因為學「上帝所能」（非「上帝所為」）不僅是應當且是偉大，藝術大師米開朗基羅重視雕刻勝於繪畫正是以此，柏拉圖認為藝術創作只是模仿之舉，其意亦如是。

---

8. 藝術是「人為的創作」，此一定義所以流行實因美無法形式化以致藝術竟不受美的形式規範，藝術本來求美，但才高者少，一般創作者需求自尊又見識淺薄，在此輩相互標榜與妥協之下，藝術成為創作的行為及產物，而不涉絕對的標準以定高下，故凡是人為之作形式上皆屬藝術之林。

藝術創作的最高義既為「人學神創造事物」，則藝術創作必為有限，此因人不如神（根本不能與神相比）且美非大道，何況上帝可以無中生有，人卻依賴現有條件以製造，物質世界的限制性即是藝術創作的受限性，雖然精神有超越物質的動力。人定亦不能勝天，此種「非戰之罪」乃是原罪，不是機會或形勢的問題，事實上人如可勝天則人不人而天不天，其情更有害於人，所以藝術的可愛在於人將天局部落實，而非在於人由此得以自成一局（自我陶醉）。美的觀念成於天，審美是求道，藝術創作是行道，美的發揚有其根據，因此無法自由，而完全的自由確是完美，有限的自由實非自由，所以亦不美，藝術家崇尚自由而不知人無真正的自由，其創作乃難以精進，反而可能淪於作怪獻醜，更為不美。傳統的藝術格調不外乎自然主義、寫實主義、與理想主義，寫實者必為自然，自然者須是寫實，此二者相輔相成而師法造物主之所示，然事實不及真理而現實不盡美好，故藝術家追求至善乃需於自然寫實之餘佐以理想，方能接近完美，所謂「藝術改良自然」(Art improves / helps nature.) 即是此義。自然是天然，天然是上帝所造的物理，自然必美但非至美，正如物理合理但非至理，真理超越自然物理，美的提升自當突破現實條件才好，故藝術創作的基本工夫是複製自然之象，其進步則是發揮超自然的天性感覺以求傳真（不是逼真而已）。下等的藝術創作表現經驗，上乘的藝術創作展現理念（美學之辯主要是經驗主義與理性主義之爭），不論經驗或理念，藝術只能於世間從事，創作不過是實業，而精神高於物質，超越物質的觀念無法實現為藝術品，或者已躍入善與真的層次而為知識創發（著述），如此藝術創作注定停留於「美中不足」的缺憾裡，有為者不得不另謀高就（否則玩物喪志）。相對而論，藝

術是情而知識是理，情理一致即為天人合一，然天人合一是人之從天，情理一致是情之成理，藝術創作有賴知識指導，知識是對真理的了解，知識不能完備，藝術創作當然受無知妨礙，更遑論物質牽制精神所致的「力不從心」問題隨處皆在。總之，藝術創作是人的擬神作為，神為全知全能，其創造無遠弗屆，但神所造之物不然，人既為有限的生靈，其仿天之思僅得為「現實中的想像」，虛而不真，尤其時空的限制使藝術大都為視聽之物，知性缺乏，顯然人可以學神卻不可以做神，學神而不做神雖非徒勞無功，但結果必是能登堂而不能入室，此乃藝術的極限，不可如何。

人是思想的生命，常人的行為儘管可能錯誤，卻無法為錯亂，不含意義的舉動非人所可為，雖然人未必有此察覺；**藝術不論優劣皆為意識的產物，人無思想則不可能創作，所以藝術創作的限制甚大，因為人的想法極其有限。**無知覺的行為不可視為創作，創作必有理念，而理念出於思考，有思考之需者必非全知，好的藝術是嘔心瀝血之作，這正表示藝術創作的障礙頗大。藝術家常期待靈感助其創作，或說藝術佳作有賴靈感啟發乃成，這不僅證明人之創作需有所憑藉（不是胡作非為），而且證明此種憑藉實為知識，因為靈感靠悟性獲得，而悟性是了解的能力。創作需要理念，理念是知識的觀點，偉大的藝術必具高明的創作主題，正如精深的著述必有重大的問題意識，知識孤陋者難以成就可敬的藝術，用功的藝術家無不努力從宗教與歷史課題尋求啟示（宗教畫與歷史畫是繪畫中的極品類別），「守株待兔」畢竟不是創作之途。與道德一樣，藝術的根基是知識，而致知的因素在經驗之外雖又有理性，然理性是有限的天性，且受現實條件所困，故藝術儘管有超現實的趨向（音樂

與繪畫相對於建築與雕刻尤有此勢），其成果總無法脫離知識的範疇，而常引人感慨世俗的煩擾（超現實主義的藝術甚無超越現實的效力）。藝術的目標是美，美是天理，然則藝術的目的應為得道與弘道，但藝術事實上無法解脫現實，以藝術求道的效果遠不如以治學為之，因為藝術較學術更受物質因素束縛。藝術的「空靈性」或非現實性頗不少，這是由於藝術在本質上是精神活動，但因藝術創作甚需物質條件以為工具，結果便深染俗氣而難以維持清雅之姿，藝術的商業化即是其明證，由此可見藝術不僅知性不足，其感性也不純粹。一般人重視功利而輕忽理想，藝術企圖超越功利而展現理想，所以藝術即使不能開化心智也能怡情養性，只是識見不高的作品對人格的陶冶亦不深入。審美者與創作者並非截然二分，能審美則能創作，欲創作則必審美，審美是知而創作是行，知行互動，故人人皆可為藝術的鑑賞者與從事者，世間的文化乃亦影響主客二方的美感表達，藝術的理想性與現實性也因此難免交通混合，而趨於人性化（如藝術史之所示）。如此，藝術的現實目的竟為凡人所奢談，似乎藝術創作與商品製作並非絕對相異，能帶來快樂的東西都被人賦予價值，藝術使人產生好感，當然也就有其用處。藝術創作的初步是反映現實，而「一般藝術家」創作的理念是呈現外在世界的真相，於是現實主義成為藝術思想的基礎，大眾也常以辨識藝術作品中符合一己生活經驗之物為可喜，這導致藝術定型化或風格化 (stylization)，畢竟所謂現實是眾所周知之情，創作而能有創意乃是難得之事。藝術家務美，多未能領略大知，因其意念不深而創造力有限，往往在上達不成時轉而強調個性，表現主義 (expressionism) 其實是「無話可說卻伸張言論自由」的貧嘴藝術，這是在創作困境下「鹹魚翻身」所致

的喧擾而已。廣義而言，一切人事均可視為藝術，因為創作是思想的行動，而人無知不舉，所有的人事既含意識也具美感；然人有天性而求完美，乃不以少美為美（而為醜），故不甚美之作不堪稱為藝術，平庸的創作者不可名為藝術家。由此可知，藝術創作所以有窮是因人相當有能而非萬能，知識使人自尊又使人自卑，人人均有藝術天分但少有創作大才，故愛美者比比皆是而造美者寥寥可數，既然人可學而不可知，藝術創作也是可行而不可達。

　　美出於善而善出於真，美所以為美是由於其中的真理性，而知識是對真理的了解，故藝術創作需從知識出發，雖然藝術家的創作目的可能不是表現美（但任何事物皆有美醜的性質）。美與真的層次相去頗遠，理解美之道甚為困難，因為知識易於判斷大是大非卻難於掌握小節細情，美所含的稀薄真理性並非一般知識所能解釋，於是藝術創作實際上極為自由──不受各種原則原理規範──似乎美並無道理。能將真實事物逼真呈現的藝術甚有美感，但不真實的表現未必不美，合理者既美而不合理者不必為醜，美的標準模糊以致藝術創作常顯無跡可尋，美為見仁見智之說因此盛行，藝術家自負也極自然；其實美絕非無理而是其理幽邃隱晦，並且真理具有超越性，美所含的真理一方面是細微而不易把握的知性課題，另一方面則是超越理性而無從學習認識的天象，故美不可理論化而為美之術缺少憑據。如此，藝術如真似假而皆可為美，創作既消極模仿且積極表現，絕非單一之方，美術不一而足實因道通貫一切，固執某種創作風格者必有技窮之時，藝術的美好乃成於眾手而非一家，尋芳者不偏愛，求美者不守舊，在藝術的世界中萬教優於獨門，所以藝術家最怕（恨）專業化。雖然，藝術創作的自由畢竟是

一種缺點而非優點，因為世間終究沒有真正的自由，人對自由
的感受愈多愈是因其依託太少，而不是因其能力強大，藝術的
自由其實是創作的根據闕如，窮人以無憂所失而敢於逞強並非
真勇，藝術家的自在竟是孤寂無聊。超越性乃為不可克服者，
美來自真而有可知（知識性）與不可知（非知識性）的同一根
源，然則藝術僅能由知識加以提升，而不能靠非理性加以改良，
藝術需有完美主義或理想主義乃得進化，但可遇而不可求者人
不能等候，所以創作的準備工作主要還是求知與技法練習。偉
大的創作確需才華與靈感，然天賦固為有限且不任人控制，藝
術天分仍有其道理可言，才疏必因學淺，創作的精進只能以盡
人事之法為之，而其所可成就者當然有限，因為藝術家總不如
學者有知。求道者必知美不如善而善不如真，求美而有心得者
必進一步求善，求善而有心得者必進一步求真，如此從事藝術
有成者必感不足而更思上進，其不能者只落得藝術家之名，其
躐等者縱使成績不顯也無遺憾（寧為牛尾不為雞首）。藝術總為
小道，創作是藝術家的大事，卻是問道者的小事，孔子「述而
不作」不僅不是缺陷，反而是其境界高超的證據，可見藝術的
憑藉太少與藝術的目標太低是同樣的問題，亦即美為真之餘事，
故難以有為。正因藝術創作缺乏定律，偉大的作品難獲共賞，
裝神弄鬼或標新立異之舉則可能譁眾取寵，於是藝術史上的獨
特性與開創性常惡多於善，其所致之扭曲與限制往往多於開導
與解放（現代主義的藝術尤然），遠不如傳統藝術所具有的大同
精神，這顯示藝術本來不是恢弘的道業，不能守理創作則無補
於事，反將敗壞人心而喪失藝術的美意。創作本於觀念而受制
於實物，音樂的受限性小於繪畫、繪畫的受限性小於雕刻、雕
刻的受限性小於建築，然愈不受限者其含意愈是模糊，反之愈

為切實者愈是受限，但其含意則較為具體清楚，藝術亦是道行或道學而有得道之圖，於是受限固為不善，限制少以致意義不明亦非好事，此為藝術的靈性原罪，絕無化解之道。在藝術創作上，合理不是最美而無理不是最醜，有憑有據可利於施展，但標準嚴格則礙於發揮，美有其理而其理不盡可知，故審美有如霧裡看花而為美有似水中撈月，藝術家不能以此為自主之境，因為完全的自主絕不受限，而愛美者豈能不為美所圍或不為愛美所惑。

　　藝術創作不僅受限於精神也受限於物質──雖然藝術創作亦可說得力於精神與物質──知識不足使藝術不精，器具不良使創作不利，而技術的純熟兼需心物二條件，這使練習的問題成為藝術創作生涯中最耗時的事。**練習是為使意念的執行精準順暢，亦即達到隨心所欲的表現良效，練習的需求顯示藝術創作具有結合理想與現實的企圖，因其本務是以心役物，故練習一事所反映者反而是精神受制於物質的窘境，這使藝術創作注定不能「揮灑自如」，因為知行合一已是得道的境界。**求知是理性應用經驗的學習，於此理性雖為主宰但亦有賴經驗的啟發方能促進知識，同理，練習雖是以意驅動，然施行的實效回饋於心乃得改善作法，所以練習原本是精神的活動，但絕無法脫離現實條件而進行，其所受限制（或所獲助力）同時來自心物二方。相較而言，練習中的困難主要在於力不從心而非想法貧乏，蓋精神在物質之上，人欲實現其所思無不需適應環境，現實既然不及理想之優，「心使物」自當重於「物使心」而甚費力，況且見識不高者也不可能深具自覺以致懷憂喪志，其練習工作乃與高手一樣是求實踐自我而力有未逮。練習是由理性所施展的經驗，理性有失則經驗不佳，然不佳的經驗可促使理性反省其

失，而調整練習之道或增加練習之量，如此「得心應手」乃可
提高創作的素質；然而天資不優者理性能力不強，不論其如何
努力練習，技巧可能進步，意境卻難以提升，於是拜師學藝成
為凡人步入創作之途所需，「附庸風雅」畢竟不是壞事。在藝術
上有樣學樣也是長進，「知其然而不知其所以然」實是一切創作
的極限情狀，「依樣畫葫蘆」雖缺乏創意，但無能者為美未嘗不
可循此，事實上藝術的傳承不如知識有效，因為藝術的可理解
性遠低於學術，故創作上的模仿頗能成功（例如學習書法均應
臨帖），只要其所效法者確為優秀。治學是為求真，創作是為求
美，求真應超越成見，求美則須持守舊貫，蓋美遠不及真，知
識的探索欲達真理真相，必當立於文明傳統之上乃可近乎道，
而藝術創作是道學的感性體現，因其受限程度甚強於求知，且
其盡美之道早已出現於史上——藝術進化的極限頗先於學術而
發生（米開朗基羅的時代甚早於康德與愛因斯坦）9——故求
美者應恪遵古法。藝術創作需要長時的練習，這證明人具原罪
而處於不完美的世界，「心有餘而力不足」固然使人無奈，但
「有勇無謀」是另一種不幸，創意（知）與技法（行）是成就
偉大藝術的雙重條件，而知高於行卻未必可行，創作的難處不
是心巧手不巧便是手巧心不巧，藝術家總無法智勇雙全，因為
此種全才即是完人，並且大才不小用，偉大的創作者終將捨美

---

9. 藝術的極致格調是古典主義，而古典主義出現於希臘羅馬時代，此後
二千餘年，這個藝術正統傳承不墜，直到十九世紀後期現代主義的流
派興起，藝術界才出現異端（尋求自尊而非至尊）；然現代主義藝術
既遠不如古典主義之美，其生機活力且更有所不及，事實上當現代主
義取代古典主義時，藝術史的末世已然到來，畢竟美的標準不可能有
二（故東方藝術未曾「現代化」）。

求真，於是藝術界只得為世間的「不安淨土」，充滿過客游俠
（學藝而放棄者甚夥）而居士躊躇滿志（藝術家爭相入世求
名）。生命是變化的過程，練習是以過程圖謀變化，即使大量的
練習可達出神入化的技巧，生命的老化不免折損藝術家的創作
能力，求知可以與時俱增，求美竟不能隨時遞進──智者常為
老者而老者常非巨匠──藝術的物質性終究使其作品難以永垂
不朽，這正是立功不如立德與立言重要的範例（道德與知識以
其精神性甚強於藝術而可垂範久遠），也是創作不得比擬於創造
的證明。

　　藝術的精神是探索真相之美，亦即追求完美，然世間無法
臻於至善，而人為萬物之靈，可謂現實中的至美，因此藝術難
免陷入人本主義而受創作者的自我限制耽誤。有說上帝以其形
象造人，這表示人實以其形象造神，蓋人不能知神，上帝賦予
人神貌一說是人對其像（人像）的高度自信反映，世上神像莫
非人形，這既表現人的自尊也顯示人不知有高於人格的靈秀。
人自視為自然界中最美之物，這是「不得不」的想法，因為世
間只有人能審美，能審美者必有天生麗質之處，其不能自棄乃
為當然。生命個體必自我肯定，否則無法求生，人既求生且求
美，二者雖不必盡然相符，但求生的本能使人基本上自愛，而
愛與美一致，人既須自愛，也就須自以為美。易言之，人有天
性，天性使人自我喜愛，然人之天性不足，卻又具備完美之想，
因此人在自美之餘猶有自慚形穢的憾恨（心虛）。如此，藝術藉
著人格的美好資質而得以發展，但也由於人性缺陷而無法一直
進步，誠如人應自愛而不可自戀，藝術創作的「本錢」是人具
美感（人美又知美），其障礙則在於人的美感有限。相對於知識
與道德，藝術「為人而存在」的程度最高，所謂「愛美是人的

天性」其實意味人以自我美化為天經地義而不覺「害臊」，美服務人的情形與人效忠善與真之景實為強烈對比，殉道乃是為德而死，若有為美而死者則是自嫌貌醜，此非「殉美」而是「殉己」。在藝術史上，人像是最早的作品主題，創作的原始意圖無非是「自我表現」，人物形象的禁絕 (iconoclasm) 則使藝術活力大減，創意與美感也嚴重流失，顯然藝術若全面抽象化，創作的動機與目的恐無處著力，因為人不能自重則不能自覺，不能自覺則對外興趣缺缺或茫然失意，如此求生已是消沈更遑論求美。藝術是美的創作，美為天德，但為美者是人，所以就事實層面而言，藝術確是人為之作，且凡夫以個人好惡論美，不識美之天性，在相互認可之下，藝術的社會性隨大眾化而興起，終至於生活本身成為一種藝術，而「藝術服務人生」的原則也成為民主政治的文化政策，只有個人主義與集體主義之別，而無天人交戰的問題。正如宗教是出於生命問題而超越人生課題的宇宙觀，藝術原本發於人的感性自述，然其演化早已超出抒情的層次而達到問道的境界，因為真善美一貫通同，藝術不可能停留於自陳心情的狀況，創作也不是以技巧競賽為旨趣；美是有待人突破的優點，而非值得留戀的好處，蓋「盡美矣，未盡善也」，美既非大事且無法周全，務美至相當地步後須轉而求善乃可改良本質，否則必受不美之憾拖累而難以有為甚至每況愈下，此理是人應務本而不可求全。真理超越人而存在，人有求道之事而無得道之情，這在人而言彷彿真理是為人而存在，因為人在發覺終極真相之前確實不乏無知所致之自由，同時問道者又可蒙受進學得知之嘉惠，真理對人有益無害，是可謂真理為人而存在；美為真之一義，學藝亦是學道，於是人也可自認為業主而以「反求諸己」創作，然此道絕不能通用到底，畢

竟真理是人所以為人之理，不是人生的工具，藝術可以由人本
立場出發，卻不能以此告終，因為人是不完美的性靈，不堪自
豪。總之，道超越人，人不能自我超越以求道，藝術是道術，
創作者無法脫離人文以為美，人的靈性使藝術自然產生，其靈
性有限卻使創作難以變通。

第三節　美術發展的末路

　　美的意義在史上早有闡發，但美學 (aesthetics) 興起於真理
信仰沒落之時（十八世紀以後），此因美向來被視為天道的「副
屬性」，其理與形上學及倫理學相仿，地位並不崇高，故無庸另
闢專題特別研究，而可於論道弘義時連帶解說；近人拋棄一貫
絕對之理，知識專業化盛行，乃於為美之道亦「別出心裁」，另
有主張，其說反對「法天」一義而強調人為的創造性，可見美
學獨立是美由道術轉為學術的惡果，藝術創作因此由合理變為
無道，豈能不一起敗壞。藝術是造就美的創作，因為任何事物
均有美醜問題，藝術不可能與美無關或刻意為醜，同時不論美
醜的藝術是漫無目的的創作，根本難以從事，所以現代的藝術
定義為「人為創作」，這其實是美學理論化或形式化的表現，不
意謂現代藝術以不美為高尚，也不表示現代藝術更具純粹性。
現代的藝術創作者即使反對傳統美感標準，亦不可能反其道而
行以獻醜為業，有此行徑者其實是反對藝術而非反對美，亦即
反對某種文明型態而非反對文明本身，所以現代藝術（也）自
認為高明的創作。於是，美淪為藝術而藝術未必為美，現代藝
術雖不反對美，卻反對美的高下分辨，也就是反對關於醜的批
判，這實在是自相矛盾而自鳴清高，如此人們避談醜而認為世

上無醜可言，既然不醜即是美，所有的事物皆為美，其中含有人為創作成分者即可稱作藝術，藝術因此大都不美。人間為不完美的世界，一切事物均有美有醜，藝術是為增進美感而非增加醜態，此乃當然而無庸辯說，唯有不信真理者以為美是虛構想像或無通義至理，由是藝術僅指為藝之術而無關美醜，但各人對藝術的美醜觀感卻是此輩無法否認者，所以藝術竟成為富有價值判斷而「不可說」的技術，創作者與審美者的關係愈形疏離，甚至有敵對之勢。藝術失去美感標準即成為「價值中立」的文化，於是藝術與生活方式一樣沒有優劣可論，人人均可謂為藝術家，但藝術家已非超凡的創作者，這使藝術生活化（「生活藝術」成為流行用語）或行動化（有所謂「行動藝術」）而一般美感漸趨庸俗，居住環境的醜陋顯示凡人缺乏品味，然大眾的共識與滿意反而使「高雅」成為一種偏見甚至是歧視，藝術的反淘汰顯然是文明末世最普遍的是非顛倒現象。現代的藝術論所以去美，並非今人不愛美，而是因為美的意涵微妙深邃，難以定義解釋，為使各人保有其美感立場，美成為現代美學中存而不論的觀念，這不是「眼不見為淨」便是「眼見為憑」的態度，實際上將美的絕對性取消，以成全眾人的自信心與平等權，因此實用主義（或實證主義）與存在主義的多元美學觀是主流思潮，其理在於現代權威必需容許各行其是。「有容乃大」不是龐雜而是無限，現代美學的錯誤是將醜合理化而將美虛無化，當美醜的一貫性消失時，美不為本而醜不為末，於是論醜無據，醜不為醜乃因美非真實，但不醜不得以此變作美，而凡人在此卻仍傾向於肯定事物之美而非注意其醜或保持無言，這實是因為「人無信（仰）不立」，虛無主義或懷疑主義是學術遊戲，不可當真，悲觀而消極可能致命，今人樂觀而積極至少享

有無知的活力（其實是無賴）。美的落實包羅萬象，但美的真諦純一不混，藝術是表現天道之美的創作，藝術品因此而有貴賤，就現象而言這是分殊繁富，就精神而言這是唯一純粹 10；事理若無標準則反對事理也無可能，現代美學將藝術與美分離，形式上似可促進藝術的自由與豐富，實質上卻造成藝術創造力的匱乏，得不償失甚矣；畢竟無所遵循與不知所措相近，良知若無動，解放與放縱便無差異，而人的創意是天性的作用，無天則無法，藝術的知性美感一失，創作的力量當然大減。

美的價值或地位不如善與真，而其道理隱約細微，所以為美之方為人所知者不多且早已定型，這即是古典主義歷久不衰與限制嚴格的緣故，其道確保了藝術的正統「美而簡」的深厚素質。傳統的藝術能優美而不易是古代奉神信道的文化使然，今人醉心於自由的權力，真理信仰式微，其藝術乃由美的闡釋改為創作的施展，個人意念的表現遠勝於神聖精神的傳達，因此現代藝術的風格屢變，以新為貴，然創意無法源源不絕，「黔驢技窮」的窘況不久即出（現代主義運動為時不過百年）。這顯示真理通貫一切，道之氣象千變萬化，以此創作藝術乃有蓬勃活潑且深刻精彩的生命，而萬變不離其宗的本質且使古典主義藝術在言之有物之餘，能出入不同的形式與方法而無迷失之虞，此所謂「遊於藝」；蓋「對」是什麼或許人不能知，但「錯」是何物則甚清楚，只要人遠離錯即可接近對，於是終極真相雖不可盡知，求是的作為「怎麼做怎麼對」（相對於「動輒得咎」），又有多方入手的機會與條件，甚是自由。反之，若人以反對真

---

10. 'One of the most striking signs of the decay of art is the intermixing of different genres.' Johann Wolfgang von Goethe, *Propylaea* (1798), Introduction.

理為務，其受限程度將大增，因為真理具有超越性，求道須「無
所不用其極」，於現實之情當「看透而看開」，不受其困擾（雖
難免受其打擾），而反真理者必以現象或事實為重，深受塵緣俗
物所累，且道無所不在，故意背理而行實非自然或輕鬆，這便
是現代藝術難以為繼的困頓來由。傳統藝術的要素包括義理與
美感二者，其實則為一，因為美有其道而非無理，藉理創作有
跡可尋，且美感標準明確，亦可依循，所以古典藝術雖難於學
成，卻實實在在而不致徒勞無功，其承先啟後的意義尤其廣大
深遠；現代藝術以表現創作者一己的思想為主，其理缺乏普世
性而美感亦非所重，表面上精神單純，事實上標準凌亂，於是
無能者亦可側身於其間而自詡有藝，然個性的潛力有限，自述
式的創作既單調且貧弱，無法發揚光大。不論就理念或技巧而
言，現代藝術均不如古典藝術，固然理念的深淺不易立判，但
技巧的優劣一見即知，現代藝術的美感或精緻度顯然不及古物，
而現代藝術家自慰或自欺之法是強調「藝術即是創作」的理念，
以「道不同不相為謀」之說掩飾其技巧之拙劣，其意是表現獨
知是創作的目的，故藝術作品不容以美評比，各抒己見是為藝
的權力，創作則是各自的本事。雖然，藝術家總是自命不凡，
創新成為現代藝術的動力與成敗標準，而因反真理的點子甚為
有限，現代藝術的創新很快變成作怪、作怪很快變成搗亂、搗
亂很快變成破壞、破壞很快造成毀滅，所以現代主義捉襟見肘，
早已陷入危機11；從印象派發難開始，後印象派、表現派、野
獸派、立體派、抽象派、未來主義、達達主義、超現實主義、

11. 'Another unsettling element in modern art is that common symptom of
immaturity, the dread of doing what has been done before.' Edith
Wharton, *The Writing of Fiction* (1925), ch. 1, pt. iii.

超寫實主義、以及普普風等等，此起彼落，各領風騷，無一長久，至今現代主義只成為一種精神象徵而非信仰力量，其後果是無為與不治。真理具有永恆性，永恆超越新舊而可視為常新，因為舊本於新而出，真理是萬本歸宗之實，故應稱為新而不當看作舊，求道者「苟日新、又日新、日日新」乃非喜新厭舊而是應變尋常；現代文化以變為常，以不變為舊，以求新求變為高，因此藝術改以創作為本而創作不以弘道為美，這使藝術佳作失去典範的地位，反而成為新作推翻的對象，如此自噬當然只有衰亡而無法成長。藝術以變為美，但美有真理常道而變發乎永恆之性，變所以為美乃因真相超越現實經驗，「橫看成嶺側成峰，遠近高低各不同，不識廬山真面目，只緣身在此山中」，人不知全豹卻有感其片面故覺美，然則捨道求美必失手，其創作力亦將不繼，這便是現代藝術忌諱的病情。

　　在眾多的現代藝術派別中，流行最廣且久者是包浩斯 (Bauhaus) 風格，其精神或特色是「簡約」，這顯示現代藝術是附庸風雅不成而偽裝新式貴氣的一個流變，因為包浩斯風格的簡約主義其實是寒酸而非含蓄，此乃平民化、物質化、與實用化的文化趨勢所致，並非出於處心積慮的反傳統革命，卻是仿古無力之下遷就現實條件而美化當代俗氣的適應行動。包浩斯風格反對美術與工藝的分別，或說主張美術與工藝的結合，其本意不在於提升工藝的美感，而是提高工藝的地位，也就是降低美術歷來的菁英性或權威性，使工藝可以登入美術之流而化身為上層文化；此道雖確實可能增進工藝的素質，但其代價是犧牲美術的優越性，有如以合併貴賤之法去貧，既無良效且甚不義，何況當體用雜混而雅俗中庸化時，上乘之境終將消失而不為人知，然則工藝拖累美術的結果必當自害。包浩斯風格所

以能盛行實是由於民主化與工業化的時勢，因為大眾品味不高而科技進步令人傾心，所以利用新技術與新材料所製作之物，常被認為「美觀又實用」，兼有器具與藝品的價值，此種創作與生產合一而義利兩全的製造業得以出現，乃是現代消費者需求自我肯定的心理所致，在「上下交相欺」的文化市場中，賓主盡歡既為共識，修飾醜事便是社會通謀，故士庶之別不能強調而師父與師傅當然不分。包浩斯風格產生於建築，建築是傳統藝術領域中最具實用性與科學性者（相對於繪畫、雕刻、與音樂），這顯示包浩斯風格的藝術性原本不強，其與物質生活的關係則極為密切，故此風由建築業迅速延伸至所有日常器物的設計（尤其是家具）而廣受歡迎，因為今人一般的學力與財力均勝於古時，然其知識與家產則遠不如古代貴族，所以現代的鑑賞者需以「新速實簡」之義相互標榜，乃能自覺美感幽雅而免才淺勢薄之譏。包浩斯藝術以維持所用材料的原始性為美，此非必然有誤，但美有高下，自然固為美卻非至美，科技材料之美有似自然之美而常不如，故不論使用天然或人工的原料均不能保證創作的素質，而包浩斯風格又以樸素簡單之情為尚，更使藝術的意義不彰，難怪其說強調「力與美」相合（有功為美），彷彿創作只是發揮物性而已。事實上包浩斯主義是為藝者無能的藉口，其簡約格調若非「偽美」亦是醜陋，蓋藝術是「以美釋道」或「以道成美」之作，這絕非簡化一途可達，誠如真理為一貫，但通貫萬事萬物者精粹而非簡陋，反璞歸真是不失赤子之心的大人勝境，豈能以無為為之；藝術創作需有見識，見識即為創意，若無創意則不能超越舊局陳規而更得妙美，簡約的主張與創意獨見相左，甚有物理定則的限制性而妨礙靈性的思索，顯然不利於藝術的精進，卻頗有助於凡夫審美的自信，

可見包浩斯主義與其說是美學新論不如說是民俗復興運動。諸多現代主義藝術流風無法久存，而唯獨包浩斯一派欣欣向榮，這表示現代藝術確是文明末世之象，因為包浩斯主義不持唯我獨尊的美感立場，卻有肯定古典且迎接現代之意，其態度是傳統既然無法延續發展，則順應新局而善用現狀乃為必要（「識時務者為俊傑」），當代已無再創古時高尚文化的條件，今人理應「自我作古」另闢蹊徑，可以懷舊而無需復舊，此想含有失敗主義卻以務實精神為號召，似覺自尊可以救濟自卑，甚是可憐。包浩斯風格的愛好者並不仇視古典主義，事實上此二者常有並存共榮的表現，這證明包浩斯風格是「不得至愛退而求其次」的作法，故其追隨者在餘裕出現時，往往又有兼採古風甚至重返古道的行為，由此可見包浩斯主義是正統藝術的敗家子而非其挑戰者。

美是真的變化，藝術是天道的應用，現代文化放棄真理信仰，玩物喪志的情形處處可見，「為藝術而藝術」(art for art's sake) 即是其例，此為道衰與藝絕的雙重危機，蓋真理不存則人可為所欲為，但恐人之所為皆將因此失去價值與意義。若藝術創作不具理念根據，則為藝術而藝術的創作也沒有依憑，根本無從進行，若藝術可獨立於文明之外而自有一套理路，則為藝術而藝術之說並無出現的可能或必要，可見此說絕不合理可行，其提議只是叛逆之心的表達，竟無改革的作用。雖然，為藝術而藝術一說的出現確實造成巨大的影響，其權力意識與反智態度對於追求自由的民眾深具啟發性，一個美學觀念竟能鼓動社會風潮，這顯示現代藝術的世俗性甚高（純粹性不強）而今人的思想不深不淺卻頗多偏差。正如「為愛而愛」不能感動歡喜，「為藝術而藝術」不能創造美好的事物，只能增加創作者的安

全感，而安全感不是美的重要因素，故其後果可能是增加藝術家的孤獨感。為藝術而藝術的創作本無可能，無知者秉持此念從事，所得必是劣等的成品，因為其作當（仍）含有稀薄而不佳的道理，並非單純無邪，且美感與技巧不為所重，結果自然不甚可觀；然作者既自認為藝術本身而作，美醜善惡對錯皆不在顧慮之內，因此不覺其作需承受他人品評而有「自在」的地位，此種「不足為外人道也」的態度可以保護作者的尊嚴，但也使其人難以長進。如此，「為藝術而藝術」可謂是拒絕美感標準而故步自封的立場，於此藝術既然不能以理討論，則任何創作均可稱為藝術而無價可評，這保障了最壞的創作擁有藝術的地位，也反映了現代藝術以無恥遮掩無能的窘境，故現代藝術家之高明者好辯如昔而不以自得其樂暗示才華。簡言之，「為藝術而藝術」的呼聲一出，藝術歷史的末期即現，畢竟藝術創作不是人人皆有的能力，當以各人為主的藝術觀念出現時，美的普世性被人權的平等性取代，藝術便成為所有人都有的創作權力，於是藝術素質的低落前所未見，畢竟不是人人皆有創作的興趣（無關懷即無才能）。美不是眾人同意的事，美感能力有如智力，不是人人相等也非人人相信，藝術無法深入人心，卻因大眾化而淪落市井，現代藝術的商業化情況嚴重，而商業的原則具體明確，這使美的標準隨之固定且普及，於是為藝術而藝術一說不攻自破；顯然藝術與學術一樣是菁英的事業（不是專利），當凡夫成為藝術的贊助者 (patron) 時，社會次序已不符合宇宙次序，文明的亂象乃層出不窮，其一即是「美化」作法的風行，這表示美已失真，人們競相妄言而彼此討好，終究還是愈遮愈醜。總之，美不能美言，而須以智取，真善美合一乃為完美，將美孤立益難得美，有知便有德而有德便有藝，雖然創

作需要練習，但練習也是靠知與德指引而非無心之舉，如已盡心盡力卻仍難以盡美，這是原罪，無可如何，然有此體認何嘗不美。

第十一章

政治的末世

治世與辦學的協同與衝突：
香港大學一景

第十一章　政治的末世

第一節　政治的惡性與侷限性

　　政治為必要或必然之惡 (necessary evil)，此因人間為不完美的世界，不僅人性有其原罪，物質條件亦有不可改善的缺陷，而政治是人的物慾表現或是人在物質世界中的交涉活動，故政治有其惡性與侷限性，不僅不可能臻於至善且甚為不善 1。政治是人際關係的行為，亦即社會性事務，而大多數人資質平庸，其所關心者以求生及生活享受為主，因此政治雖不必限於物質文化或經濟問題，但事實上政治富有現實性，唯物主義傾向為政治歷史的特質。政治的精神性在古代的表現甚強於現代，這是保守主義或菁英主義從古至今逐漸消減的作用，因心在物上，貴族重視精神的程度高於平民，故當社會平等化日益開展，政治的物質主義乃隨之強化。再者，政治的精神性態度常自物質條件出發而缺少理想，政治的文化政策多以安定社會或鞏固政權為目標，而常人的政治性格是權力慾望與虛榮心的呈現，凡此皆是物質主義的取向，罕有超俗求道的精神，故唯心主義的政治觀點常被視為「非政治」（例如凡人不覺柏拉圖的共和國主張為政治學說），而「不切實際」主要是政治性的價值判斷用詞。政治既富於現實主義與物質主義，其惡性自然不少，蓋物出於心而現實源於理想，或說物為心之本而理想為現實之主，

---

1. 'Conscience has no more to do with gallantry than it has with politics.' R. B. Sheridan, *The Duenna* (1775), ii, 4.

主從本末的關係是善與惡的對應，善為真而惡為虛，惡為善之不足而以善為宗，政治取法乎下，當然充滿罪惡錯誤；同時，政治以其立意不高而深受限制，因為愈接近真理愈為自由自在而廣大永久，愈遠離真理則愈多缺失，其有限性亦以此遞增，政治是大眾之事，凡夫不是政治的主人也是政治的主力，所以人性化是政治發展的趨勢，政治何有登天的功能。人具惡性，且為社會性的動物 2，而多數人重利輕義，因此政治為無可避免的壞事，這並不表示世上不可能出現德政，然常態之下政治絕非文明的要務，其情遠不如學術與藝術高尚，而在人類得道或普遍開化之前政治必多醜聞。人的資質高下不一，常人平庸而智者極少，故群體互動或社會化的結果是大眾性而非菁英性的發達，這表示政治是惡化人性而非增進天性的事，政治為必然之惡的情形實與政治的累積一齊加重。在凡人的經驗上，政治是使人「見多識廣」的歷程，然此種經歷主要是關於人性與物質的課題，於此靈性的問題不僅稀少，其不為公眾所重的狀況使人更輕視其義，所以政治在增廣一般人的見聞時，其實常造成知識的狹隘與淺薄，就求知而言誠為得不償失或量多質少。政治為必要之惡一說不常為政治中人所用，這顯示政治是缺乏反省批判的社會交際事業，事實上政治的妥協性甚高，此情證明政治有惡化人心而加以合理化的反教育效果，易言之，政治具腐化的本質或常處於墮落的危機，而人不能誠實面對政治的原罪總使政治之惡多於其原有，亦即逃避「政治的惡性」必導

2. 社會性亦為惡性，蓋至善者獨立自主而不需依賴社會，人以入世合群為德，乃因其無法自立，可見社會性是社會成員能力不足的徵象，而惡為有失，亦即有缺，此與無能相同，故社會性是惡性，雖然此為原罪且為人改善其質之所資。

致「惡性的政治」。政治的原罪深重，史上從無「完美的政治」
之說，所謂善政或良政 (good government) 只是技術性的小惠，
而暴政 (tyranny) 卻有實質性的大害，因為人民不識大體高義，
其於正確的政治僅能感受實效，而錯誤的政治則令其身心俱疲，
認知因此歧出；即使政治可能為善，其善亦非大善，而普通的
政治順應人性，惡常多於善，於是「無為而治」一見早已成為
政治的理想——不是理想的政治——其意以為延緩或減少政治
活動可以少造孽，但因此非人事的常情，故無為之治需要有為
之志促成 3。總之，政治為必然之惡，自然主義與人為主義均
非為政之道，蓋「必然」是天而「惡」在人性，人當節制惡性
以應天命，政治不能成道而行道須以去政為的，惟政治無法消
滅，故治政理應保守，持正而已矣。

　　政治所以為必然之惡是因政治性格是人的原罪，而政治又
是改善人文的必要憑藉 (手段)，但其效無法徹底成功且常適得
其反，這使政治改革成為永無止境的問題；由此可知政治反映
或包含人的惡性與善性，在天人交戰下人不從善則必為惡，而
人性畢竟不可能為完善，各方立場也不可能一致，所以政治決
策恆有兩難的困境。政治是人際關係的事務，而人可能為少數
人、多數人、或全人類，於是政治的決議有不同的考量與目標，
其好壞善惡不定，因為少數人的意見未必正確，多數人的觀點
卻絕不高明 (常為錯誤)，只有全人類同意之事必定無誤，但此
情事實上不可能出現，即使有之，亦是無關宏旨的小事，所以
政治爭議常為少數人與多數人的對立，其性質是精神與物質何
者為重的辯論。簡言之，政治上的人事之見主要是「小我與大

---

3. 'It has been the great fault of our politicians that they have all wanted to
　 do something.' Anthony Trollope, *Phineas Finn* (1869), ch. 13.

我」、「菁英與大眾」、或「自由與安全」的取捨問題，大眾的價
值取向是安全，菁英則偏重自由，大眾的大我觀念不是普世之
義卻是集體（多數人）之利，菁英的小我觀念並非個性主張而
是公私一體的天使思想（替天行道），政治的左右路線其實是求
生與求道的不同方向，其辨呈現於所謂「公論」的差異，在此
小人以眾為公而君子以大為公。政治是人性的現象，人性有善
有惡，政治本來未必惡多於善，但政治之出是人性之惡的後果
——政治是人的需求而非追求所致——若人不以善性為政則政
治之惡當然多於其善，而世上積極為善者遠少於消極為惡者，
亦即求道者遠少於謀生者，所以政治總是一股惡勢力，難以清
明，古時政治較現代良善正是因為古人較有真理信仰，其從政
者的菁英性甚高於今日。雖然，政治是公眾的事務，人人皆有
其重要性與影響力，而且信仰不可勉強，權力卻應尊重，在政
治問題上是非經常顛倒，君子有時必須忍受小人，對錯的判別
即便正確也可能無法實行，顯然史上惡政多而善政少，此景所
示似乎是決策並無兩難的困局，其實小人當道必需鎮壓君子，
這即證明政治的對抗縱使不是正邪或價值觀念分殊的問題，也
必是少數人與多數人的對峙之情，畢竟世人不可能態度皆同而
統治卻要求全體服從。政治以務實可行為尚，不完美的現狀是
政治所可包容者，然政治又號召事情改善的希望，因此政治富
有內在的緊張性，這一方面是指任何政情必有令人不滿的因素，
另一方面是指主政者對不完善的狀況既須接受又須反對，前者
可能導致人民的分化，後者可能造成政府的分裂，此種鬥爭的
情勢實為政治常態，其所以如此乃因政治不以真理為標準而以
維持優勢為務，故對立是政局所固有，反對者的存在甚至被認
為良政之保障。真理為一貫，信道則無二元思想，政治的現實

主義使輿論永有相反之見，而施政者必須顧慮雙方立場，這不僅是利益的問題也是道義的問題，因為社會衝突有害於政權的強化，而統治者亦需自信其政有德以合理化其行所含的必要之惡，如此政治的兩難窘境既是世間原罪所致，也是為政者忽視原罪所致（問道則知事物的輕重緩急而少為難）。然而聖人執政也不免兩難的處境，蓋真理之上猶有上帝，以理施政尚且不足，還須考察神意方可為正當，而人事不合理之情即是上帝所安排，故求道者不能「得理不饒人」而行，接受現實且力圖改善必有無奈之處，此乃「為善必須為惡」的宿命，至此可知政治的兩難困境其實是政治本質的呈現，亦即政治的原罪。

　　政治既有兩難的問題，政治思想（含政治學與政治哲學）自是複雜卻不深奧，因其討論永遠限於一事之兩面，結論常似是而非或為不令人滿意卻勉強可以接受的「中庸之道」，顯然政治實際上是「妥協的藝術」，不論過程如何紛擾，結果總是了無新意。在政治問題的處理中，人慾與良心的不諧常引發糾纏不清而枝節橫生的錯綜狀況，但現實的要求或決策的必要使政治問題即使難解也都有勢在必行的答案，雖然這極可能是暫時或簡化的作法；由此可知，政治是暴露人生原罪的最大緣故，因為政治是公務，公務須以公義處置，而公義是真理的體現，所以論政難免論道，於是天人交戰之情出現，人心的醜惡與世俗的缺陷隨處可見。如此，政見優劣的標準在主政者眼中是其可行性，在上位者可能不恥下問，卻意欲人臣「卑之，無甚高論」，此種有所探討又不願深究的態度造成議政總為理性不足，而多意氣之爭與邪佞之謀，同時從政的成功竟可能成為其人卑鄙無恥的證據。「政治性的對」既不合理，實用與流行的政見多非正義，所謂「御用學者」若非思想媚俗之人即是與當權勾結

的文士，此輩不能完全以陰險阿諛一語斥之，因為議政本來不能高談闊論，其務實重利乃人之常情，而且政治是權力鬥爭的競場，於此各憑本事求勝也是政治冒險家所無法否定者，雖然這不表示政治的道理應當寬於其他。古代的政治思想遠較現代恢弘，其涉及真理天道的程度使今人質疑其「專業性」，而不覺史上有純粹的政治理論，事實上政治學若不是現代社會的產物也是近來興起的顯學，此因古代政治多為專制而現代政治趨於民主，專制是菁英主義而民主是平等主張，貴族政治的理想性高而大眾政治的現實性強，於是古代政論看似不切實際，這實在是由於現代政見太過低俗；同時現代學術以實證或功效為準，在專業化與科學化的趨勢下，政治學乃脫離傳統倫理學而獨立，並且改採民主的立場而反對「人間天國」的神權思想，畢竟菁英主義有唯心論意向而難以理論化，平等觀念則可以唯物論證明而易於落實，所以政論若欲成為一門專業學術，其取向不得不為左傾，這既可強化知識的確定性（可信度）且可展現思想的革命性（迎合時勢）。古代政論與現代政論其實絕不相反，因為政治是社會實務，論政不能講理而不講情，古今政見的差異不似古今信仰改變之大，政治的妥協要求使政治思想永遠是當代文化中最為世俗化者，所以「老成」在文藝中是一大缺點，而在政治中卻是一大優點，關於「中庸」的誤解扭曲也是以政治意見為甚。政治是人事，人有原罪，故政治無法淨化，而多數人均非可教之才，統治者即使為菁英，政治的改良也甚為有限（其實只是延緩惡化），並且君子以蒼生為念，絕不一味尋求自我實現，所以政治思想不論古今皆非「一面倒」的意見，而常有顧全大局的道德呼籲。政治探討總涉及「一方面」與「另一方面」，此即心與物、義與利、公與私、理想與現實、目的與

手段等衝突，既然圓滿周全為不可能，「最好的作法」乃是議政的目標，其基本原則應是善超過惡，但這未必是大多數人的利益所在；只因民主化是政治歷史的趨勢，「多數決」終於成為政治問題定案的不二法門——亦即唯一的「正當化」依據——這使政治的疑慮（兩難困境）大為消滅，然而政治的無道卻更形嚴重，人們對此事的忽略且為患於政治之外，難以估計其害。古代的政治思想是上層文化的表現，現代的政治學是大眾文化的表現，古者崇天而今者事人，天人交戰的問題顯然古多於今，議政的為難在形式上日漸減少，其實則未曾或消，因為政治的兩難是善惡取捨之事，真理若存而原罪若在，權衡選擇的苦處豈有退除的可能。

　　政治出於必要之惡而為必然之惡，政治的目的因此不僅不能光明正大而且缺乏目的性或終極性，質言之，政治的目的應是政治的消滅，亦即人性之惡的消滅，所以政治並無進步可言，而原罪既無可能由人消除，政治也不可能由人消滅，然則政治可謂沒有目的，畢竟目的不可為惡，而短暫的良善目標終究不是目的。政治是人際活動，求道是個人行動，政局是人際關係，道義是天人關係，人雖是社會性的動物，但生命卻是孤獨的性靈，人人皆有其社會責任，然到底是要自我負責或對天負責，探索真理及改善人格需面對個人的天資天命，政治儘管是人生的環境，其價值僅是求道行道的條件或工具，實非善之所在。現實的政治是醜陋的人性表現，即使吾人不可因此認定政治的本質為惡，然政治絕不是由人的善性所促成，或者聖人的世界不需要政治，政治顯然寄生於人的缺陷，所以文明愈提升其政治性理應愈少（惜乎政治性似為人格中最頑固的惡習而難以剪除）。原罪雖不可消滅，但人的惡行可能減少，因為人在惡性之

外尚有善性，發揚良知天性即可為善弘道，而僅存原罪之惡；同理，政治雖無法消滅，但人的政治態度可以改良，當人唯義是圖時，政治便成為多餘，其形式猶在，但內涵實質已失。不論如何，政治與人共存亡，人的弱點使政治成為必需，而其惡意使政治無法清廉，惡人的政治充分顯露人的政治性格與人事的政治性，善人的政治則呈現人得以免除政治的程度，由此又披露政治的原罪性與非必要性，但因社會是人生的處境，集體生活一事猶在，政治便無法去除。如此，政治問題與生命問題類似而相關，正如人生的目的不是永遠生存，政治的目的也非永久施政，人應修身求道而隨時行善，其目的是得道或歸返上帝，然政治是人反璞歸真之前的生活事務，故政治的最佳作用當在於體現及協助人之修道，否則政治必助長或反映人性之惡，不為良緣即成孽緣。簡言之，政治是人未臻於至善時的處世課業，一旦人超凡入聖，政治即失去存在的精神性理由，其事若仍不亡，這只是因為聖人也有肉體，其生存尚需依賴社會的運作，可見政治是人亟欲解脫的「業障」（政治的物性甚強）。政治必具惡性，政治的發展與人格一樣應以自我改進為務，然人生有超越現世的終極目的，政治卻只能停留於不完善的人間，所以政治的目標若不是政治的自我消滅，其實務應當是盡量減少政治之惡，也就是消除政治的必要性。政治是人的作為，然精神高於物質，人事終將消滅，僅有其意義可能永恆，政治大都是惡，政治之善者不是出自政治本身的性質而是真理，所以政治速亡，而值得懷念的政治是為政者的精神，其實並非政治之道。政治的成就是人間事功，此種事功的極致是由「立功」展現「立德」乃至「立言」的意義，然則政治的成就竟不是政治性的事，其領域乃屬於文化，故政治的目的不是建立一個大

國甚或一個偉大的國度，因為物質性的大甚為有限，而精神性
的大超越現實，政治只能「為他人做嫁衣裳」，無法自我成就。
政治含有原罪惡性，所以政治的目的不是自我實踐，其實政治
根本不能有目的，政治有似人的身體，求道者應加以治理卻不
當視作歸宿；然而政治既為必要，良善的政治只能減低政治性
的惡而不能取消政治，故政治雖無進化之義，但無政府主義
(anarchism) 也絕非正本清源之謀。政治沒有目的，但政治可以
改善，政治的歷史雖無進步卻富有教訓的價值，只要問政者心
術純正，為政著實得以為善，近代自由主義興起而政治益亂，
這正是因為自由不是政治的目的而行善不能不信真理，可知承
認政治不具目的而堅持政治的實在德行，才有可能造就最好的
政治。

　　政治是人際關係的運作，人慾於此是使他人服從自己的意
志，所以高層次的政治即是統治，然則政治性含有主宰性，政
治次序的型態與宇宙次序類似，而最大的政治權力彷彿上帝的
力量4，如此政治所反映的人性是不足的神格，政治所以為惡
是因人不完美，而政治可能為善是因人有法天之意，但整體而
言政治不能達成至善，因為人性終究與天性有異。政治是必要
或必然之惡，此因政治出於人性而人性不完善，然而人性亦有
其善，故執政可以行善，但行善不能不付出代價或有所犧牲，
亦即行善乃需為惡，並且人間無法由改良臻於完美，所以政治
必有惡質，何況好政者大都不善，其為政常惡多於善。簡言之，
政治是人性表現，依理這不意味政治必為「過大於功」的惡事，
然實際上政治確為如此，這是凡夫不求道不上進的報應，其內

---

4. 'To be omnipotent but friendless is to reign.' P. B. Shelley, *Prometheus
　Unbound* (1819), II, iv, 47.

情是常人多以惡性從政而不以善性為政。人可以學神之所能，卻不當學神之所為，因為人應企圖達於全知全能，然上帝的超越性使此事無法成功而神意無法盡知，由此可見即使人完全以善念為政，政治也必定不克全功。僅就善的方面而論，政治可謂為人效法神的行動，或是人變成神的試驗，但「學做神」畢竟有違真理，故政治終將功虧一簣。神為唯一而人為眾數，人不能為神僅以物質因素或形式條件而言已可充分顯示，但精神上人欲為神，這既是天性所致也是道德上可許之事，所以政治中的天道理想不可輕視，但也正因此其事絕無法徹底實現，所謂「天無二日」是也。政治的慾望是權力的追求，權力與能力不同，全能者不需要權力，能力不足者乃需輔以權力，可知政治權力不論如何強大均無法與上帝的能力相比，政治的迷失總是權力的迷失，即因從政逐權者既知「人定不能勝天」卻又奢想至上全能的地位。雖然，一般人並無政治的野心，其政治性格大約限於人際關係中的成就感，亦即常人不求統治大權而求參與政治之權，於是民主政治隨專制式微之勢而起，平等成為政治原則實非人之政治性格所致──政治力量乃是支配力量──而是政治欲求無法滿足之下退守可得權限的共同主張使然，這證明政治的有限感是常識。所謂的政治人即是公民，公民既不是理想的人也不是有能力的人，而是具參政權的國民，人人在此可以自覺尊嚴不輸於他，然尊貴之感則難以產生，這暗示「人人有權而人人無力」的困窘。常人多有「輸人不輸陣」的認同感，這也是政治的無奈心態反映，蓋凡人均有比較心或好勝心，政治性格使人圖求優勢，而勝少敗多，一般人不得不承認或接受其劣勢，但過度的挫折感或自卑心非人可忍，於是自解之道是相信個人可能有其缺點或厄運，然其本質條件不可

能屬於劣等——如所謂「二等公民」或「低等人類」——而此
事可由群體對抗之情證實，故小我可以認輸，大我則不容投降
（民族主義的心病或心機即在此）。政治的優勢使個人慾望較他
人更能獲得滿足，然慾望的滿足不是人性的完成，也非天性的
實現，唯有天人合一，慾望的滿足方才成為好事，而在天人合
一的情況下政治絕無地位，所以政治力量不用作替天行道的憑
藉便是惡勢力。政治的優勢體現於權力的強盛，然權力的主張
其實有力而無能、有法而無德、有情而無理、有利而無義、有
手段而無目的，權力終究虛而不實、有且似無，例如法律兼有
平等權與自由權，然有平等則無自由、有自由則無平等，二者
共存顯然自相矛盾或互相抵觸，無法真正落實推行；但就本質
而論，權力的性質或意義是自由而非平等，因為自由是能力而
平等為非能力，有實力或勢力才有權力，所以人能搶得自由卻
無法（沒必要）「爭得平等」（爭勝不為平手），然而有上帝則人
無真正的自由或完全的能力，權力畢竟為有限或不實，政治的
優勢只是人間的現象或文明的假象。爭權與奪利不一，大利為
義，大權在神，人可逐利但不可做神，政治以求權為主而以求
利為次，可見其無道與不利5。人有天性與人性，政治當然有

5. 「人權」(human rights) 是政治性的觀點，不符真理，其證據是人權
　主張的申明缺乏對象，人權宣言不應也不是對神表達，又不可或不必
　對人自己表達，更無需對人類之下的萬物表達，可見人權之說是人的
　「喃喃自語」，不知所云而莫名其妙。事實上人權主張是文明末世的
　亂象，蓋文明的基礎或出發點是人文主義，其方向是通達天人之際，
　而人權的要求產生於人類與萬物比較的優越意識，其說又以平等原則
　保障各人的生存權益 (e.g. Americans with Disabilities Act, 1990) 且抑
　制「強出頭」者，這是「高等的動物性思想」，不是上達的觀念，實
　為反淘汰而矛盾的人為（假性）公道（例如同性戀者結婚與領養子女

天有人，這表示政治不是純粹的事，政治學既非科學亦非藝術，而是有待改善的人文思想，然政治既為人際公務，妥協乃成必然之惡，於是理想與現實混雜而曖昧不明（例如投票權的年齡限制表現質量相權卻無適中道理的「姑且」作風），所以政治家縱然有心師法神之治世，也必有力不從心之迫。

　　政治的優勢是支配他人的權力，所以政治可謂為征服的技術，而最原始或根本的征服憑藉是暴力，這顯示人有動物性本質，然人為萬物之靈，人際競爭不必訴諸武力而常以智力為之，故政治實力的基礎固為暴力（武力），其運作的主要依據卻是法律，由此可知政治性是惡性而政治的成就絕不宏偉，因為以力服人既野蠻又困難，而以德服人的價值或效果也甚為有限。若說「人是政治性的動物」，這表示人具有群居性與動物性，但人又具有天性，所以政治是既合作且對抗的緊張關係，亦即人與人既是敵人也是朋友，互動微妙；然社會若得穩定存在或人類求生若能大致成功，這必是善多於惡的作用結果，可見政治得以維持安和乃是因為人在其政治性格之外尚且發揮了善良的本心。政治對一般人而言是自然平常且不難了解之事，這顯示政治性是人的本性之一，從政一義若非做官則無甚意義，因為人人皆生活於政治中而有政治的表現，故高尚的為政不需從政，而惡劣的事蹟也是政情。人的獸性使人爭權奪利，此事暗示權利有限而凡人無法離群索居，人際關係顯然是和諧之中有衝突，且因人有良知，並不一概以暴力決事，於是政治便油然而生，其法是以文代武，可講理則不動粗，但無法以理處置者仍由優

之權顯有「存人欲去天理」的錯誤），難怪各種源於人權理念的扭曲性新權力不斷湧出 (e.g. women's rights, gay rights, animal rights)，彼此對抗抵銷，益增社會衝突，且惡化道德人心。

勝劣敗的「叢林法則」決定之，這便是法律及法外（非法）行
動共存於政治世界的緣故，「先禮後兵」也是禮的道理亦在此。
凡人都能相當講理，但又不盡講理，政治由此產生，其情難免
虛偽矛盾，然偽君子仍優於真小人，政治不可能天真無邪，卻
也不是殘暴無理，政治為必要之惡，其惡顯非全惡或大至人無
法忍受的地步，當然這也表示政治之善必定美中不足而不能改
造人性。法律寄生於政治，政治利用法律以興，政治的實力源
於暴力，而法律是暴力的替代物，所謂「法律是強者的意志」，
就政治而言這確是實情。法律雖有反暴力的部分，或者法律也
有道德的精神，然法律是政治的產物（法律需有主權乃能施
行），其善其實是義利兩全的反映，此因人性善惡兼具，政治性
雖是人之惡性，但人在政治中的行為不可能毫無善意，故法律
時有崇理的表現，雖然法律的目的或宗旨絕不高尚。法律是政
治的工具，政治不能得道，法律亦然，姑不論法律與政治的惡
緣，僅從法律的缺點即可知法律不是大道，如「合法化」有損
合理性，「法治」需求「人治」，「好訟」不是好事，法律的形式
主義無情無義，法律的推行終究依賴暴力，凡此皆證明法律的
原罪深重，而執法乃是行政，即使法律無辜，政治之惡也必使
法律犯罪，可見法律與政治一樣不可靠（有理未必無罪）。法律
的缺陷呈現政治的惡性，然法律已是美化或柔化政治的方法，
若法律不能奏效，政治的為害將更為嚴重，此即政治的暴力本
質將化作行動而傷害更烈，其極端惡果便是戰爭。戰爭是政治
性的行為，因為人固然有施暴的本能，但正常的人性希求省力
致效，動武即使不令人不安也使人辛苦，而大規模的動武需要
人員訓練、運籌指揮、命令推行、物資供給、後方配合、乃至
作戰理由的提出、與馭眾的思想灌輸或心理建設等等，這些都

不是私事而是政治問題，可知沒有政治就沒有戰爭，雖然政治的用意可能是避免戰爭（故有謂戰爭是外交的失敗）。人為萬物之靈，所以人不必以蠻力謀生，但人也因此能利用物力造就最強大的暴力，政治與暴力的關係可疏可密，這取決於人的善惡意念變動，若人親善則政治的野性消滅，若人向惡則政治的蠻性增加，只是政治與暴力總脫不了干係，不論如何開化的政治皆含有用武的因素，此乃政治的永恆醜聞。政治無法去武，這是政治的原罪，而政治若得去武，這也不是文明的最高目標，蓋人之可貴在於其知，而知之極致是了解真理，不用暴力僅是小德，去大知猶甚遠；正如錢象徵且刺激人的物慾，取消錢雖有克制物慾的意義，但世人不用錢也可交易，其物慾依然旺盛，人格的提升畢竟是靠求知，物質條件的改變實非文明盛事。政治出於原罪，善政也不可能有善而無惡，為政之道在於減少惡而不是消滅惡，然去惡的原理與首務是增進善（惡為不善之果），而致知才能有德，故為政應以教化為要，使用法律禁絕暴力並非重點也無良效。

　　政治是人性的表現，尤其是人的惡性表現，所以人性愈強者愈有政治性格，或說政治對於俗心愈重者愈有吸引力及影響力，政治力量是世間最大的權勢，這即是由於一般人的天性太弱而心念甚濁，然而政治的勢力也因此虛而不實、廣而不大、長而不遠、久而不深，畢竟良知不以華為貴，而惡意使人永不臣服，可見「現實政治」(realpolitik) 或「強權政治」(power politics) 所能成就者極為有限。人若不信真理便無甘心遵從或真心信仰之事，因為沒有真理則任何事皆可肆意而為，同時人的獸性將使人爭奪不斷，所以政治優勢不能永保，即使常人少有推翻造反之舉，其內心對於當權者也大都不以為然，所謂「天

高皇帝遠」正表示權勢不是心靈的支配力量，至於愚民政策所
致的崇拜心理究竟是淺薄的迷信，亦無真正改造精神的作用。
世人常歌頌政治領袖或軍事將領，史上的思想家也以務實者或
從俗者較為著名，這其實是凡夫的拙見交流而已，或是假性的
「英雄所見略同」現象，絕非少數人改變多數人的真實例證，
因為思想平庸者不識高明之理卻有自我肯定的需求，其所受啟
發必來自同類或境界相似者，故「人性化」是最受歡迎的主張，
引領時代風尚者常為反映一般人心的俗眾代表，這並不是真正
的影響。真理超越現實，人不免懷疑，然符合現實者不令人崇
敬，超越現實者又教人不信，因此基於社會標準建立的豐功偉
業最能廣受認可，但「普遍」與「普通」相近而少「普及」的
意義，人之天性使其不覺俗世成就具有永恆價值，於是「流行」
反而成為格調低劣的徵象，玩世不恭的心態常出現於成敗興衰
變化無道的時代中。政治所以為人間最大的勢力只因人是政治
性的動物，「僧多粥少」造成搶手之情，但為僧是為求道而不為
爭食，粥少不能妨礙僧多，政治的影響不能深入人心，實是因
為人為萬物之靈，獲得政治特權可能使人驕傲，政治地位卑微
卻不使人自貶，畢竟政治是出自人際關係而非天人之際。最強
的社會勢力來自政治，而人又自知政治不是正道，所以政治的
當道者必假借公權力以自我美化，但常人只要心智成熟或是老
成世故，便對於政治宣傳或官方說法抱持「憤世嫉俗」的看法，
幾乎不受誘導，這顯示政治不僅是自欺欺人的遊戲，也是上下
相賊的詭局，因為在位者固然裡外不一，但在野者也不懷好意，
「政治使人腐化」一說其實證明凡夫未享權力就厭惡官吏，而
一旦得勢就玩法弄權，此為「當局者迷局外者清」的人性原罪。
政治性是人性，統治者與被統治者在政治性格上無多差異而本

質相同，所謂「御用學者」未必為掌權者所驅使利用，卻極可
能是與統治者政見一致而主動為其宣揚的民間文士，然則政治
對立是黨同伐異的人性常態，其所涉及的問題多非高深或神聖
的觀念，政治控制予人的精神教導作用自然也不可能深刻。政
治的現實性使政治趨於物化而忽視靈性道理（例如政治立場重
科技而輕科學），因其與一般人的價值觀相符，故政治勢力確實
影響民生甚鉅，但論及終極關懷即可見政治對人只是生活的事
而非生命的問題，人在思考最後真相時幾無以政治為答案者（包
括社會主義），顯然政治像趕集，熱熱鬧鬧卻一哄而散、人各有
志卻心不在焉。政治權威人人想要但沒人信仰，政治勢力人人
受制但沒人受用，慾望擁護權力但良心拒絕威勢，好勝心使人
主張「成者為王」，但嫉妒心令人憐憫「敗者為寇」，政治的得
勢者往往自以為是，而其失勢者必要否定時政，似乎政治是一
切為人虛偽的理由；政治常有標準不一（雙重標準）的問題，
這是因為人性有善惡兩面，所以投降主義足以摧毀所有的政治
教條主義，此即「虛榮」不敵「虛無」、「顯赫」莫若「顯明」，
當政治汲汲營營而無目的的醜態窮相暴露時，權力的追求便成
為「自討沒趣」的事；由政治擴張壯大所含有的「失落性」危
機可知，政治是人逃避真理而自設公論的社會運動，其道並非
一無是處，但隨時都顯窒礙難行，最終更是莫衷一是，為免政
局瓦解乃有民主眾議的妥協方案，這使政治原罪隱匿也使善惡
之別不彰，誠可謂因小失大。

第二節　國際關係與政治原罪的惡化

　　後天的惡來自先天的罪，政治為必要之惡，其罪雖是天然，但其惡卻是人為，且因人們以政治之惡為無可避免，乃更加缺少罪惡感而擴大政治之惡，可知政治固然有其本惡，而實際上政治之惡常是政治原罪的惡化，早已超出其「必要的」範圍。在理論上政治是必要之惡，但事實上政治之惡遠多於其原罪所必然，所以人應視政治為「必然之惡」而非「必要之惡」，以自惕所為可能假公濟私（藉機發洩）而為惡愈甚。政治實務所造之惡所以更甚於政治的必要之惡，這是因為原罪對人而言是一種哲學概念而非實在的隱患，常人不是不知原罪便是不以原罪為罪，故政治一落實即造成罪惡，使人受害而有切身的感受；此外，施政者不論是否警覺政治具有原罪，都缺乏防止罪惡擴大的意識，蓋不信原罪的政客自然認為政治本身無惡而多有妄舉，有原罪認知的人則總以為其政所致之惡乃是注定而失於防患，這當然惡化政治之惡。再者，不唯政治有其原罪，世上所有事物皆有缺陷，施政是以政治立場處理事物，政治行為牽涉各種現實條件，其罪惡便包括政治與非政治二者（等於全部），如此政治實務之惡自然大於政治本質之惡。原罪是惡性，惡性化成惡事乃經由作為，所以人若無為似可不為惡，然時間既在而人需為生，無為絕無可能，並且無為本身亦是惡，因為無所事事是拒絕為人的責任，這是道德性的錯誤，可見人生在世必須立功補過方為善良，其理是善多於惡即是善。政治是社會性的人事，含有集體營生的重要意義，因此政治無由得免，所謂「無為而治」既不可能且不利於生民，但其說暗示政治是必然之惡，此為良知，只因除惡必需行善，徒善不足以為善，戴罪

立功或將功贖罪才能有德，故欲治則須有為，政治雖有必要之惡，但為政可能成功成德。雖然，有此見識者實非凡夫，喜愛政治者大都是惡人，所以史上的政治幾乎全是敗德的事情，政治中人有原罪感者極其希罕，其行集合人類原罪、個人原罪、政治原罪、與事物原罪，實為「作惡多端」，根本無從奢談淑世。從政者總有「人在江湖身不由己」之說，這是推卸責任的託辭，因為所有的人皆是獨立的生命，良心可以自主，自由從此出現，豈是人人都受制於社會，事實上社會是「他人」，而自己也是他人眼中的他人，「近朱者赤、近墨者黑」，然個人對別人而言可能正是朱或墨，怎能總說「形勢比人強」，何況政治強人多稱「英雄造時勢」。慾望不節制即放縱，惡事擴大則惡性彰顯，然善惡有互動關係，惡可以醒心，原罪未必使人惡多於善，反而使人有為善改進的條件，至少是增加自制的戒心與誠心；原罪其實是表示世間不完美的一種說法而非其成因（上帝為第一因），所以為惡者少有原罪之見，以原罪為藉口作惡者，其惡不可歸屬原罪，或為「滔天大罪」，豈止於原罪。政治為必要之惡一說雖非至理但為良言，然此說在政治界絕不流行，由此可見政治人物缺乏反省，掌握權力者不知自察，有如把持武器者不願自律，其害不堪想像，政治之惡實情更壞於理論，顯然是因執政者不欲正視政治的原罪。「實惠」一詞的使用遠較「實害」為多，這顯示理想常難以實現而現實常令人失望，同時人之受害是切實之感，而其受惠常體認不足（故期望實惠），原罪作用之真實強烈與不為人知由此可見一斑，政治所涉的原罪問題既廣且深，而「人無遠慮必有近憂」，政治之害溢於原理，竟是因為不勝「近憂」之擾者實不知有「遠慮」一事。

　　政治性格人人有之，然政治事務不能出現於個人一身，而

需至少二三人乃能產生，亦即政治形成於人際關係中，或說政治的環境是社會，脫離現實人世則政治無活動的「舞臺」，而因常人所能認同或參與的社會大約限於國家的範圍，所以政治與國家密不可分，若政治為體則國家為用，政治與國家總是一體的兩面，這顯示政治的現實性與侷限性在其與國家結緣的情況下更形嚴重。一般而言，國家是政治運作的最大基地，這並非表示政治的地域（地盤）止於國家，但因政治作用的強化乃需憑藉權力關係，而主權 (sovereignty) 是權力的法律根據與最高標準，所以國家（主權施展的領域）便成為政治的強勢範圍，而國際政治的效力則遠不及一國之政。政治是舉世皆有的事，然政治力量發揮的極限常為國界，這證明政治的普及性雖高，其普世性則極低。文明初始的政權是城邦，史上最大的政權是帝國，近代主流的政權是民族國家，今人認為帝國主義是不義的作法，然大同世界無法出現，國際政府也難以建立，於是國家成為政權的正常單位，愛國至今被視為重要德行（愛國思想不足以構成主義卻強於一般主義），顯然政治的擴張極其有限，這不是因為人的政治性格不強——所以城邦相互兼併的結果竟成帝國——卻是因為人的政治性格太強，以致政治的認同對象不廣造成政權的單元不大。政治上有大同觀念，統治上則以國家為限，政治運作範疇的有限暗示政治性是惡性（大同觀念其實來自天性），因諸惡相抗，所以政權的規模難以擴及天下，或因凡人的政治認同乃出於情感，而情不以理提升則必相當偏執封閉，故凡眼以為「非我族類」即是「國外」，殊不知「同文」勝於「同種」，有志一同便為國人。政治是人際關係，關係的持續不以情即以力，政治關係不發乎認同情感便出自權力控制，統治不受人民接納則不得長久，而國家既是世俗所能認可的最

大政體，則國際政治當然欠缺政治的實質或完整性（霸權不如主權嚴密），這顯示政治既然是人性的表現，其拓展又可觀又不足觀，因為人性雖普遍，人心卻極狹隘。人非完人故有所歸屬，聖人通天故無類別，世人聚家為國，君子胸懷世界，政治是凡心俗念的動作，自當小氣而不大方，政治與國家的塵緣更使其地方性（parochialism）十足而故步自封（小國寡民的獨立政權始終存在且為人嚮往），本位主義本來不是政治的原罪──人慾有蓋世之志──然政治歷史卻充滿「大小」對立的情勢（自治與中立似為政治之德），可見政治的侷促性是人性與現實雙重缺陷所致。政治實務之大者是治國，治國即是治民，民以食為天，經濟乃為政治的平常首務，而經濟問題深受物質條件限制，所以政治可以大展身手的餘地實在不多，易言之，一般人對統治者的期望不高，或對政治所能造就的改變總覺不多，人們關心政治與其說是來自希望不如說是來自擔憂，因為善政的實利微少而惡政的妨害甚鉅。國家所以惡化政治一方面是因現實不盡理想而事實困擾理論（質），另一方面是因國政遠較家政繁複沈重而國人遠較鄉人眾多紛雜（量），原罪與惡舉相激盪則禍患愈大，人多事繁則衝突愈深，國務使政治之惡從概念化作實情、從局部轉為全面，這雖不意味政治原為無辜，但正如慾望未受誘惑則所害不至徹底，政治與權力實體一結合便似尖刀舞動，不成好事則壞事必大，而思及凡夫心術便知此事不妙。政治之惡固然有原理與實情之別，但政治畢竟是俗事，其物質性遠多於精神性，政治不可能只是心思的活動而無實際的行動，所以政治與國家的孽緣不是政治受國家污染，而是政治惡性具體化的過程而已，雖然國家確實以其格局造成政治之惡的擴大（但這也是一般民意所趨使然）。總之，政治有其本質之惡，政治的

實行當然產生惡事，國家只是政治推展的工具或成果，論心定罪即知政治是罪心而國家是罪行，論者不當刻意討伐「以國家為政權」之非計，卻應注意政治性質愈濃其為惡愈烈，這雖未必表示國家愈大則政治愈壞（盛功成於天意），但以大國為政治目標則必危害慘重（野心乃是政治性格）。

　　以國為家的政治思想即是民族主義，易言之，國家觀念便是民族主義，國家對政治的惡化或國家與政治的勾結乃由民族主義推行之，這並非表示民族主義是政治之惡的本源，而是表示政治的原罪常體現於民族主義、或因民族主義而隱藏與美化。政治為必要或必然之惡一情常人大都失察，而政治與國家結合是自然之事，以此國家的正當性也少受質疑，同時民族主義是尋常的國家認同情感，所以民族主義幾乎是政治性格的替身或化身，而因民族主義在人而言平實且純真——反對民族主義須有超越鄉土的鴻志正氣——故政治的原罪不易為人所警覺（正如凡人少有反省），或說政治之惡所以受人忽略實因人性有自滿傾向。人性有政治性，政治性的強力作用需藉由國家之體，若人對此有所認識，當較能發現政治之惡，然因民族主義是自然的政治情緒，大眾不覺國家是政治的為惡工具，卻以為國家是民心所望的最終成果，所以國家的罪性少有人知，這可說是民族主義「介入」政治與國家的關係以致混淆其真相的結果。人非完美，以知識而論此即人非全知，然則政治性乃是無知之性，民族主義為普遍的人情，此與一般人的愚昧無殊，所以民族主義掩蔽政治惡性之情識者極少，何況民族主義主要是情感而非理論，以知識觀點批判民族主義有如揮拳落空，總是造成刺激而難以使人清醒。民族主義近乎天然災害，因為上帝造人有種族 (race) 之異，不能深思者順從情感自然以種族為宗親，其稍

有省思者認為超越血統而以文化融合的民族 (nation) 已是理想的為國之眾，加以不同族群的競爭抗衡，更使以民族建國的立場成為最適切的政權創設基準，於是國際衝突不絕皆由民族主義變成愛國行動而起。相對而言，民族是國家的靈魂而國家是民族的軀體，國家本無先天性的價值，但因人的政治性需有活躍的領域，國家乃應運而生，而民族本無先天性的標準，但因國家成立的需求，民族乃成為國家附著的對象，於是民族產生政治的定義而有確定的範圍，如此民族與國族相同而國民即是政治性族人（同一種族分別立國將造成不同的民族），政治之惡也滲透於民族主義及國家意識中而著實造孽。國家原本無需以民族為界，但民族終究成為一般國家的歸屬範疇，這表示凡人均感肉體不如精神重要，因為以血統造成的種族畢竟不似以文化造成的民族能獲得政治認同，然而由此亦可知民族主義的錯誤較種族主義的錯誤更受忽視，因為民族主義的政治性遠高於種族主義，而其「中庸之道」的形象使人難以嚴正反對。民族主義的合理化說法頗多，而其與政治的關係甚深，這顯示人對民族的認同感實為上帝設計的誤導性因素，若人不能有此警覺必然迷失於其中卻自以為合情合理，須知政治性格是反求道的性向，以此為根據所建立的價值觀必定偏差，民族主義固然有情有理，卻是情逾於理的淺見，其感情用事之患嚴重，尤其在不同民族相激相盪之下，將錯就錯的危害莫此為甚（兩次世界大戰均是民族主義的惡果）6。即使民族主義是適當（合用）的政治思想，這也是極其受限的觀念，蓋民族高於種族，但人類高於民族，而人類在宇宙中絕非居於主宰地位，可知以民族

---

6. 'Patriotism is the last refuge of a scoundrel.' James Boswell, *The Life of Samuel Johnson* (1791), vol. ii, p. 348, 7 April 1775.

為尚的想法甚為幼稚，其見且阻礙人文主義的發展，有反文明之實。民族主義大約是人性的取向，然則民族主義的害處反映人性之惡，但因人性本善而凡人不察原罪，故合乎人性的民族主義常被視為政治的善意良謀——相對於帝國主義或神權統治時尤然——由此政治原來的惡性竟隱匿不現；同時國際社會的形成（不論敵友關係如何）使民族主義更為鞏固，國家意識的不當既已為人所忘，附身於民族國家的政治活動反而顯得必要且合理，至此政治、國家、民族已結合為惡性的三位一體，互通聲息而彼此掩護。國家是政治的園地，民族是國家的天地，國家與民族皆因政治而出，故國家與民族相為表裡或互為因果，然國家與民族的親密關係使二者與政治的關係複雜化，其實國家與民族只是政治的產物或工具，二者在世間所造成的亂事俱是政治之惡，由此政治發展的困境清楚呈現，雖然其原罪可能因國家與民族的擔錯頂過而更為不明。

政治的虛偽性質甚強，此因人性兼有善惡，而政治使人常處於公私之際，面對天人交戰時服從良心者不多，但公然明白作惡者亦少，故政治行為的裡外不一常有，其顯著之例是內政與外交的行徑相違，由此可見政治擴張必造成政治之惡加劇。政治是人際事務，各人的思想或立場不同，政治必需妥協，對此未能體認權宜之義者自當有所不滿與不安，但其表現難以坦然，故虛偽是一般人的政治性原罪。如此，政治規模愈廣或政治性質愈深則政治原罪的問題愈大，於是參政者的天人不一作用愈強，亦即其虛偽性愈增，所以從地方政治擴展為全國政治、或從一國政治擴展為國際政治時，政治的醜陋及內在困頓乃隨之惡化（通常官位愈高心態愈傲慢），雖然在「虛偽的需求」之下其表現可能正好相反。政治的格局小則權力的影響小，所以

共識較易達成，人際衝突既不大，壓迫與矛盾的事也就少，反之，政治強化則各種人性險惡的表現便多，例如親友關係不深者在難得相見時態度格外熱絡（應付一下便過去），但若相處多時此種熱情絕無可能延續（長久忍耐並非人性），於是各種利害好惡的問題逐一出現，世情冷暖的改變令人寒心，至論其理則驚訝者實甚少。地方自治所以受人重視即因政治是權力鬥爭或是分權之術，全國統一而大權獨攬並非易事，各自為政可以自成一格，既得維持民情又可保護權益，可謂人和與地利兩全。然而政治性格是一種慾望，慾望愈得滿足愈是激烈，兼併擴張是政權的本能，地方政治終究無法獨立，政權的極限所以是帝國，這是因為政治性格人皆有之，以致造成彼此牽制之局，如此天下一家並無可能，民族國家乃成常態，而其武力尤強者則可吞併他國以為霸主。國與國的分別意義是權力互不干涉與文化取向各異，在此政治之惡因內部意見的統合而有固定之勢（不再惡化），然國際競爭卻使政治又有發展的餘地，於是政治的虛偽性便呈現在對外政治與對內政治的異同，「以鄰國為壑」是自然的政策，這是「人不為己天誅地滅」在世界政治中的體現。政權需有「立國精神」乃能鞏固與美化，而各國的立國精神不同，其衝突難免，於此各國一例責怪他國，國際對抗使政治之惡超越國界而有更廣闊的舞臺，似乎人類不全面犧牲，政治的惡靈絕無善罷干休之一日。國際政治惡化政治的最嚴重問題在於戰爭，常人對於外戰的「接受度」遠高於內戰，以外患為由備戰或以自衛為名開戰總能獲得大量國民的支持，這顯示政治是集體的意識，既然「歸咎外在世界」是一般人失意時的態度，國家敵視外國也是非常狀況下的正常立場，只是所謂非常狀況其實任憑政客解釋。如此，外交的陰險乃是本質而非特徵，爭

霸與睦鄰可能同時進行（美國），自由黨政府（英國）或社會主義國家（蘇聯）對外可能執行帝國政策，天主教國家（法國）可能聯合異類攻擊自己的信仰友邦，對內推行自由市場的國家對外常採取限制貿易的作法（各國），類此雙重標準之例不一而足，以致「英國沒有永遠的盟友、沒有永遠的敵國、只有不變的利益」一說成為國際政治名言，因為這其實是世界性的國政，而非英國的特殊外交傳統。自由主義者 (e.g. Woodrow Wilson) 以為，各國皆以民主原則施政則國際外交即可清明合理，事實雖非相反，但其勢絕無改善之兆卻有惡化之跡，若說這是民主的缺陷所致，不如說是政治的惡性所然。政治之惡來自人性之惡，政治活躍即是人性放縱，傳統的貴族外交優於現代的大眾外交，即因政治愈保守愈少犯錯、政權愈開放愈多弊端；相對於古時，民主時代外交的重要性與秘密性降低，國際衝突卻愈演愈烈，這便是由於政治活動大增而人性盛行，同時知識卻因大眾化而扭曲變質。總之，人不發揚善性則惡念氾濫，為政是辦公，於此私慾橫流則惡以權行，假公濟私當然虛偽，良心不安可能導致虛偽更甚，蓋人皆有羞惡之心，不能改過則將文過飾非且作惡愈多，其念常在塑造自我的獨特性以消解罪惡感與挫折感，所以虛偽是政治的警訊與人性的病徵，減少刺激可以減少虛偽，減少政治活動便減少人性刺激，然則虛偽的政治即可減少，此乃政治的良性循環。

　　政治是以人性為法則的事務運作，人性不完美而人際標準絕非理想（僅可達中上之等），所以政治不能得道根本是因政治不以真理為原則或目的，然則政治是社會性優勢的競爭，其勝利者頗有能力卻又不是偉人，故政治發展必導致稱霸一情，帝國主義 (imperialism) 乃為自然的政治精神，其有理而不盡合理

之狀令人不滿，在得勢者與挑戰者不斷的對抗之下，真理愈為
不彰而政治愈為渾濁。比較心與好勝心是最普遍的政治性格，
權力慾望由此成為主要的政治動機，然人之本性善多於惡（惡
念多於善念仍為可能），所以政治競爭不完全是弱肉強食式的禽
獸惡鬥，而是「萬物之靈的俗氣較勁」，於此愚者少有機會而智
者受「反淘汰」迫害，唯有「中人之上」方為英雄，只因其非
至高無上，故有「彼可取而代之」之志者不少，造成政治混亂
與是非混淆。政治競爭是依社會標準進行，社會標準絕非平庸，
但超越平庸不多，所以政治競爭的結果雖非社會全面惡化，但
絕不是文化的重大改良，然因政治宣傳對此之美化，至善的素
質在凡人心中遠不及真相，於是政治競爭總是排擠超俗卓越之
流，甚至推翻完美主義而將「尚可」變作「優秀」，使真理永遠
埋沒。雖然，政治上的當權者並非泛泛之輩，且其不可一世的
社會地位難免使當事者自以為了不起，乃至自認承受天命7，
因此政治優勢常造成征服與同化的動力，這即是帝國主義的心
理，不論其所欲支配者是個人或民族。簡言之，政治權力所反
映者是相當的能力，這造成「強權即是公理」(Might is right.)
的錯覺或標準，從而使政治產生自我合理化的力量，「以成敗論
英雄」便成為從政者必需接受的遊戲規則。政治是人性的活動，
人性不正，所以政治富有奸邪之事，然人有良心，不容以似是

---

7. 上帝主宰一切事物，人人有其注定的命運，如此帝王將相確實可以自
認受命於天而有不凡的恩遇，然上帝在則真理在，人不能只考量神意
而忽視道理，當知精神在物質之上而求道勝於求生，統治的價值乃低
於教化，權力的作用實小於知識，神恩之大者降於悟道之人而非從政
順利者，由此可知享有龐大權勢者絕非偉人（人若以為不然必是受政
治誤導所致）。

而非為善，故政客必然自欺欺人，而其互欺之勢常增加政客的
自信，於是假性的使命感頗流行於政界中，政治性的傳道為害
甚烈。政治慾望在於得權，求權是求利而非求義，然利不得義
支持則難以廣大，故求權者常以理念號召，此種義利兩全之情
迷亂人心，終究使政治強人都顯得有德有能，或者令人不得不
相信其擁天意。政治之惡因人際競爭而顯，更因國際競爭而彰，
「成者為王、敗者為寇」的擴充是「強國有理、弱國無道」，政
治人物需要自解，國家也需要自是，而因無一無失，競爭之下
的贏家並非典範，投機主義便成政治的捷徑，此如游擊戰是兵
力不足者取勝的希望，縱使成功也不能自我光大。霸道與王道
不同，優勢與優等有異，政治以求勝為生，其過程可能是進步
但絕非進化，而優勝者既非無誤乃需美化，美化必然曲解真理，
但其陰謀識者不少，益增叛亂之機，由是政治鬥爭總給人「狗
咬狗」的印象，難怪虛無主義 (nihilism) 與政治的姻緣甚深。政
治之爭為求權力，權力使政治更無是非，而政治愈民主權力愈
解放，權力愈普及思想愈多元，思想愈不一是非愈不明，所以
古時王道與霸道的相符程度高於現代，現今政治的虛偽性顯然
遠多於古代，因為政治總需合理化而大眾政治之無理更甚於貴
族（菁英）政治。政治性是人性，而帝國主義是政治的本性，
所以帝國主義自古即有，然帝國主義一詞出現時已是當今的「新
帝國主義」(the New Imperialism, 1870–1914)，此因古代政治較
為合理，於是「天經地義」的政治觀念無庸加以強調或解說，
亦即古人面對政治原罪的態度較今人誠實，而帝國主義既為自
然乃為當然（反帝國主義之說罕見），故無特別立說的必要 8。

---

8. 同理，保守主義一詞出現時已是「新保守主義」呼之欲出時，此因保
守主義為政治的天性，自古以來罕有反對保守主義的政治思想，然則

相對而言，古代政治鬥爭為權，現代政治鬥爭為理，這實非因為今人較古人講理，而是因為現代政治較古時虛偽，或者今日民主平等之制使政治鬥爭減少爭權的意義，然其「鬥嘴」的戲碼卻造成各式反對傳統政治的「意識型態」叢出，迫使保守主義與帝國主義等固有政見（二者實為互通）現身說法；如此，當保守主義與帝國主義之名初現時，其說已為完整而深刻的成熟理論，但這竟也是此類傳統政見衰落以至結束之際，可見政治鬥爭惡化政治，而政治鬥爭愈是藉理為之則政治惡化愈速，畢竟政治原不合理，將政治合理化而從事文鬥更使真相模糊，其「不無道理」實為末世的文化特性，徒增爭議而乏教益。

　　政治是人性的活動，所以具有天倫意義的家人關係是政治性較少的事情，易言之，家庭是世上各種社會團體中最不政治化者，然政治發展與認同感相關，故越家之上人需更有歸屬對象以為政治之環境，而因政治有好大喜功之念，最終國家便成為常態之下最大的政權範圍。國家是自然的政治單元，這表示政治的認同感難以超越國家，亦即一般人對外國均感疏離隔閡，甚至懷有戒心敵意──「仇外」一詞早有而「媚外」一說晚出──所以國際關係的競爭性通常多於合作性，而競爭惡化政治，國際競爭是世界性的政治惡化，尤可反映政治的原罪，雖然先進國家可能逼迫落後國家在外交上趨於合理。國際政治只是人際政治的翻版，即使其情可能較一國內政更為溫和有禮（有如熟人之間的客氣程度常低於陌生人），但追究其實常可見國際政治所呈現的「政治本惡」問題愈加顯著，這一方面表現在國際

保守主義者並無特殊的自覺與自我明志的必要，故當十九世紀初反對傳統政局的自由主義興起時，保守主義乃有定義的需求，其見因此形諸於名稱。

戰爭的殘酷與嚴重，另一方面表現在和平外交的虛偽與缺失，前者所示是政治之惡必隨衝突而擴大，後者所示是政治原罪無法以規範防止，此情從國際法及國際主義的缺陷可清楚見得。政治慾望使人尋求舉世一國的全面政權，然同惡相抗，國家終究成為一般的政治疆界，於是大同主義不興而國際主義代行，國際政治不可能較國內政治更具善意，政治上的大同主義其實是極致的帝國主義，此事既然無法實現，退而求其次的國際主義並非「小德」而是「受限之惡」，其議常是為德不卒而應和霸權的設計。國際主義與國際法均是接受政治現實的改良性政見，立意未必不善，但政治原罪於此未受正視，其局部或技術性的改革意義不大且成效不佳，而其務實的立場簡直主張政治之惡為必要，更使政治永無澄清之日。國際政治協商是「盜亦有道」的作法，絕無根本革除政治弊害之想，由是強權的思想無形中獲得合理化，小國的劣勢難以藉此突破，事實上國際法是列強的共識，其推廣且有賴霸權的擁護，所以國際法並非世界性的政治理想，雖然其道確有可取之處。強國的對外政策不比弱國更為野蠻無理，因其義利兩全的機會更多而受惠於現狀的程度更高，所以國際法的失誤不能一概歸咎於大國，只是政治的價值觀是成王敗寇而政治的倫理觀是權大責重，大國也不能以超然的理論自我開脫。國際法只是（大）多數國家的公約，國際主義也非普世的真理觀，二者成立的憑藉既是強權也是眾議，而不盡然是強權或眾議，其說介於情理之間，無一國滿意，無一國概不接受，這顯示國際法與國際主義是現實政治的調整嘗試，缺乏政治本質的檢討與政治目標的認定，故國際法常有利於大國，而國際主義常為小國討伐大國之所用，二者似乎對立，但又無必然之情，因為政治總是虛實真假不定，國際關係可能

使政治更陰險惡劣、也可能使政治較正大光明。國際關係既合
作且競爭，其實不過是妥協與對立之別，然政治之心求勝而不
示弱，且物質世界為有限而政治的物性極強，故國際政治必以
爭勝為本，不論和戰。戰爭是政治所致，最大的戰爭是國際戰
爭（所謂世界大戰畢竟是國際戰爭），可見國際政治即使不惡於
內政，也是政治為害最烈之所在，政治的國際化顯然弊多於利。
由於政治的征服性，世上「落後國家」永不消失，「政治獨立」
的意義既具體又空洞，「國界」不斷變化而其定型意味帝國擴張
的結束，同時「國籍」的重要性大增 (hence 'stateless person')，
「世界公民」的精神惡化，「少數民族」則成為各國共同的內患
(minorities problem)，於是「國際標準」的出現使統治者一方面
藉以抗外、另一方面用以平內，而實際上無任何國家以此設政
立教。「國際」是以國為主——誠如「人際」是以各人為主——
因為政治講究實力與權力，國際不是世界，既無主權也無武力，
甚至缺乏本體，所以國際政治是霸權運作或萬國雜耍，總不是
正義的推行，畢竟政治不可能有「禮失求諸野」的表現。古時
有國際政府之實而無其名，現代反是，此因古代政治的理想性
高於現代，而現代的國際互賴性強於古代，國際政府是「超國
政權」(supranational authority)，缺乏國力與信念則難以有此宏
圖；但即使國際政府名實相符存在，這也不是政治進化的徵兆，
畢竟政治的目的既非立國也非結盟，政治的善謀是自我工具化
以促進文明9，然則世界政府仍不是理想的政權（德政必專），

---

9. 例如「學術行政」應是為協助學術研究而設，不是為「學而優則仕」
提供出路，「官大學問大」一說的流行顯示俗見以為政治高於文化，
這是「政治化的文化」或是「文化的政治化」表現，總之是誤認權力
為權威或誤以勢力為實力，對於政治之惡性曾無認識。

何況是國際政府。

第三節　末世的政治困境及危機

　　政治是人性作用，人性是不足的天性，人性改良則為天性，故政治與惡性同在而無法提升，或者政治的提升（天人合一前政治猶存）無法達到至善，因為至善之境無政治，而當此情暴露後政治更無革命或重大改革，所謂政治的現代化其實正是這個「反高潮」(anti-climax) 的過程。政治的產生是由於人的缺陷或惡性，雖然為政可能出自人的善意，但政治無論如何改進，其本質之惡仍根深蒂固而不能剷除，易言之，政治只有大惡小惡之別，世上並無絕對的善政，原罪存在則政治存在，極佳卻不盡完善的政治是人可以抱持的最高期望（史上從未出現），而其美中不足的缺憾正表示政治是一種不幸（可知良政只是「不幸中的大幸」）。政治的改進如同人的修身，可能相當有效卻不可能完全成功，人的惡性尚存則修身功課即在而政治活動亦以持續，顯然政治是人的行為，人不得道政治不了。可悲者，凡人不信真理，從政而行道者幾希，政治歷史的發展趨勢更朝向無神信仰，因此政治在近代不進反退，其證據是政治活動或文化中的政治性於今尤烈。政治性是惡性，政治改良是減少惡性而無法消滅惡性，況且惡性一消政治即滅，政治的極致是政治自我消滅，這不是邏輯的矛盾而是真理的奇妙。古人信道崇德，其政治較現代良好，然文明進化一方面使政治必需相應更張，另一方面使民眾逐漸啟蒙而更有參政的意念，於是傳統政治漸進改革，以至近代民主革命爆發，而一反常態將政治變作「人權」的事業，其結果是政治的惡化與氾濫；蓋政治容許改善的

餘地其實不大，畢竟「江山易改而本性難移」，政治中的政治性不易降低，而文明進展亦為有限，史上政治改革可行者殆已推行，其長久未改者不是善策便是人性之惡，所以革命性的政治運動必造成政治的革命性敗壞。近代自由主義與社會主義的政治行動促成大眾政治，大眾一旦「主政」，社會的價值觀必隨之改造，於是平等成為政治的最高原則，以此政治的改良似乎頗有可為之處，這其實是假性的政治進步，因為此種政治改革是建立於錯誤的政治觀，愈改愈壞。古代政治改革者不多，現代政治以改革為進步，彷彿國事如麻而百廢待舉，然而經歷二百年的民主化改革，政治的疲態早已呈現，其「無可如何」的狀況為有識者所共見，只因民主政治的「負責度」甚低而政治野心家的慾望無窮，以致「為改革而改革」之事層出，穩定的發展變成固定的除舊，了無新意。政治上的「革命」(revolution)意義發皇於法國大革命，隨後傳統政治改弦易轍，逐步轉變為民主制度，在此過程中保守主義固然深受打擊，但左派路線也趨於右傾，革命政權的保守化成為慣例，政治思想的激進性大減，「中庸之道」終究是現代政治的主流，統治者的更替僅為人民表達其自主意識的儀式，革命的成果竟是無命可革的窘況，這證明「政治本無事，庸人自擾之」。近代的政治革命及改革運動難以論斷其成敗，因為政治原不易改變而此事需經政治改變的企圖乃能體認，其有限的改變程度也需經此方得實現，所以近代的革命與改革雖無徹底的功效，但其影響確實引發後續如期的轉變，只是這也顯示政治改造有其內在的理路與長久的趨向，不是社會運動所能宰制。政治既然出於人性，以人性改變人性實無可能，政治的改變大約限於人格差異所致之戰場，所謂「歷史重演」幾乎盡指政治事件，顯然「人同此心、心同此

理」，心同可能互不敬愛，理同才可相知相惜，政治所以鬥爭多實因惡人相嫉，此為同心而不同理之患，故「提防朋友」是政治警覺。總之，政治舉世皆同，絕非大有可為，古代菁英政治猶有「英雄造時勢」的機會，現代大眾政治卻無「時勢造英雄」的美事，平等化與制度化實已抑制政治發展的生機，在民主原則之下政治的平庸性無以復加，而安全與穩定卻又未得由此確保，此因人性有怠惰的一面也有放肆的一面，所以政治淪於無所事事時也可能製造危機（例如軍隊無事可做時尤有「不安於室」之變），政治歷史的末期正是「有為還似無為卻總惹是生非」的亂世。

人做任何事若無真理信念必不能持續改進，政治尤然，因為政治是由人性出發，所以從政不懷行道意念將使政治的「必要之惡」惡化，造成許多「非必要之惡」，如此具有上帝信仰的保守主義乃為正確的政治觀，而其沒落則是政治逐漸敗壞的徵兆，這正是歷史長期發展的情形。真理不存則事無善惡好壞而人可為所欲為，不信道者其行事無改良之需，或者其人僅以效用考量作為，並無終極目的，然則事情必定惡劣而混亂，因為各人所欲不一而長久的進步或提升須是合理乃為可能。政治是人之惡性所致，其改良實為補救一途，於此唯有發揚善性乃可以致效，否則政治的原罪性可能使人特別姑息惡政，反而造成政治為惡的合理性，彷彿政治倫理是道德的例外。政治特有腐化的傾向，而此事為上帝的設計，所以防止政治腐化需有強大的信仰精神，無神論者主政為害必大，現實取向愈重者其政策愈壞，因為政治是誤導心靈的陷阱，有對抗誘惑的力量才能避免政治之害，以政治實情為施政的根據是惡上加惡，誠非務實之義。政治可以改善的程度極低，而政權的擴張與權力的開放

必惡化政治，因此保守主義是最佳的理政立場，其「看守」的態度節制人的政治慾望，其貴族政治延緩民主化的進程，其天道觀念反對革命暴動所欲之巨變，其菁英思想維護正義的實質。「必要」是真理所致，政治之惡若為必要，政治當深含神意，統治者不信神便將以己為天或挾眾自重，其政策不堪檢視；「世俗化」是歷史的趨勢，在政治上這即是由神權統治轉為王政體制再變成民主共和，政策的物質性逐漸增強，道德精神則日趨頹廢。在此過程中，無政府主義的可能性愈來愈小，國家主義持續增長，政治鬥爭擴及民間，階級制度名亡實存，愚民政策的內情由誘導變成欺騙，解放未能造成自由而平等不促進安全，正義淪為社會正義而社會正義卻不普及社會，政治成為大眾文化而大眾心態更加政治化，於是政見暴起暴落而政客此起彼落，政治使人的永恆感更降，而永恆感少使政治更難以淨化，自作自受顯然是現代政治為民主的證據與報應。傳統的政治思想為保守主義，近代自由主義與社會主義興起後，三者不久即同時式微，於是政治的敗壞與政見的散漫一齊呈現，這正證明真理不存則無事不可為而無事值得做，政治以其惡性潛伏而尤需理想指導，故當保守主義一去，政治便如脫韁之馬胡亂奔跑而四處破壞。「政治現代化」的一大徵象是憲法取代宗教成為立國精神之所依，或說憲政主義 (constitutionalism) 流行而政教關係疏離，如此政治中的人性日長而天道日消，人道的意義竟愈來愈接近人權，所以政治性的公平成為分配的問題，政爭的焦點常在程度而不在理念，似乎所有的政務都可以數量分析及處置。生命與信仰實無法分隔，政治即使不是大我的生命也是牽涉眾人生命的大事，所以為政不應無所信仰，事實上現代政治也充滿神話（例如「天賦人權」一說），今人的政治狂熱可對應古代

的宗教迷信，民族主義與法西斯主義皆因其為政治性信仰而得以盛行 (亦因其非深刻信仰而治國無方)，羅馬教宗的政治意向深受矚目且富有外交影響力亦暗示此理，甚至政治宣傳也以人民的英雄崇拜心理或國家神格化的需求而成為例行公務，可見政治無法完全人性化而可以活躍。政治需要信仰是因政治無光明希望即有自殘之危，這反映政治本身具有信仰的性質，蓋政治有醜陋的一面，又有自我尊大的本能，於是正當化 (justification) 為政治所必然，此即政治信仰自我且需求更多信仰，猶如人須自信又須信神，然政治性格違背真理，故政治的信仰必非正道而需外來信仰加以開導。保守主義是天道信仰下的政治思想，而非以政治為首的世俗教義，其舉可能入境隨俗，但其見取決於神意，故保守主義一方面維持傳統，另一方面順應新潮，並非絕對守舊；畢竟人之惡性應加以控制，其善念則應加以發揮，創意乃為善而非惡，時勢之改無可避免，可知保守主義的沒落亦為神意，而政治的腐化既為注定，其無可救藥已是可測之事。

　　文明末世的政制是民主，因為民主是權力解放至極的政局，而且民主 (理論上) 是無可推翻的制度，蓋民主政治的害處雖巨，但其惡並非最大──不至於「暴虐無道」──何況在「人人有責」的風險分擔之下，民主之惡既不能成為革命的理由，也不會導致全面的不滿或反感，政治的原罪於此暴露無遺，反而使人有安於事實的「雅量」甚至徹底肯定民主的必要 10。政治的歷史本是權力開放的過程，此事雖漫長但其勢甚明 (東西

---

10. 'Man's capacity for justice makes democracy possible, but man's inclination to injustice makes democracy necessary.' Reinhold Niebuhr, *The Children of Light and the Children of Darkness* (1944), Foreword.

皆然），然則民主之制早已注定是政治發展的結果，對此古代聖
人（如孔子與柏拉圖）有所察覺並深感憂慮，故延緩民主化速
度是文明先賢的共識，而這與出於人性的貴族專制古風正好契
合（義利兩全），所以民主運動興起極晚，卻一鳴驚人。政治性
格人皆有之，古代政權控於少數人手中，此乃高度競爭下的自
然局勢（未必是人之獸性所致），而政權開始擴大，參政者隨之
增加，此情發展至最後當然是「全民」與政；古時共和
(republic) 是權貴聯合統治，現代共和是平民大眾當權，前者切
實可行而後者華而不實，然以政治鬥爭的觀點而言，民主確為
終極的社會關係，因其參賽者最多而戰利品最均。古代政治不
是「以德服人」便是「以力服人」，現代政治則是「以法立人」，
既不講求真理也不主張蠻性，其實是假借「程序正義」進行權
利分割，表面上吃有吃相，暗地裡虎視眈眈，缺乏禮教觀念，
強擁資本主義，政治的意義無限擴張，目標卻只在快樂的生活。
民主是最多人參政的政體，而政治是人性之惡的產物，如此民
主顯然是最壞的政治格局，這不僅是因民主政治污染大眾的心
靈或使人們惡性大作，且因民主排斥菁英，使文明逆向發展，
更增社會的混亂與不義。政治學與民主運動一齊興盛，這是因
為傳統的保守主義政治以天道議事，此非科學所能探討，政治
學乃為社會科學，其知識建立於物化的人性觀，故民主成為政
治學必需支持並且可加以解釋的政情，蓋大眾行為果與動物相
似，而民主的規則化使學者易於分析與推論。政治本已含有強
烈的物性，民主政治以凡夫為主，其物化傾向更盛，這顯然是
人文主義的嚴重挫敗，而常人對此少有認識或者有感不安，故
「人本」與「人道」之說成為人文主義的新解——亦即取代人
文主義的原意——其實不過是人際平等一見，至於人為萬物之

靈一理早已拋到九霄雲外。既然民主是政權分配最廣的制度，不論民主之惡多少，其政必安全無虞，畢竟人人負責則無人負責，也無人可以大加歸咎，於是法不佳則修法，執政者不良則重組政府，「多數決」的作法可使政權更替，卻無法使政制變成非民主，此情令人以為法律是宇宙最高的標準，而依法得以變法，民主的缺陷至此竟像是其優點，這表示凡人率以穩定和平為社會至德，而對政治改良期望無多。一般人性是適應現狀而非突破現實，民主制度的建立雖曾經歷革命運動（革命並未直接造成民主），但民主政治一施行便成為反革命的守成立場，況且民主是參政人數最多的政制，新猷已無從再創，而大眾也無自我推翻之理，所以民主使人接受由此所致之一切政情；這並不表示民主令人滿意，然其本質上的缺失卻成為人們必須認可及忍受的政治原罪（誤解之處所在多有），顯然民主是抱怨者眾而反對者少的末世政局，因為此後的政治改革不僅規模不大，並且只限於技術性問題（可見民主與自由實不相容而民主的選擇也非寬廣）。民主之惡所反映的人性之惡甚為「均勻」，於此個人的政治惡行相對於史上暴君之所為並不特別或劇烈，但其制度性或結構性弊害卻可能是鋪天蓋地，為禍深遠，此種「受害於法」的現象顯示民主政治物化人事的嚴重災情，然民自為主而有此人禍，又可向誰呼救 (cf. ombudsman)。法西斯運動 (fascism) 是此難之尤大者，因其道是基於民主原則的英雄主義，兼有進步與反動的思想，物質上肯定現代化而精神上意欲復古（工業化的原始價值觀），頗有平民登天的盛氣豪情，故法西斯政權的覆亡代表民主政治進化的失敗。正如經濟大恐慌使資本主義安全化（自由度降低），法西斯之禍使民主政治中庸化（革命性大減），現代社會的創新力量薄弱而調解成為要務，其制度

法規齊備但未必良善，可能不易適應卻終究可以習慣，即使長
久施行仍不足以形成傳統，人如有怨也無力發威，因為大眾一
旦作主，政治便有頭無天，而各方勢均力敵又怎能共創公義。

　　民主為末世政制的一個輔證是其毀滅人類的潛在威脅，此
即世界大戰的可能發展，蓋戰爭為政治產物，大規模的戰爭含
有高度的政治性，而全面的戰爭 (total war) 出自全面的政治，
這表示民主是唯一可能引發世界性戰爭的政局，故民主時代的
國際政治要務是維持世界和平，政治的目的甚至因此出現而社
會價值觀也為之調整，「為活而活」的態度大張，文明的意義益
為消沈。二十世紀所見的兩次世界大戰雖非普及全球各地的戰
爭，但精神上確有世界大戰之風，人們所以對此「言過其實」
正因其感受已有遭逢世界末日的驚駭，可見世界大戰不是虛構
之事，尤其二次大戰較其前者破壞更鉅，而二次大戰後的新武
器更有全面毀滅的威力，雖然此時的區域性戰爭仍繼續使用傳
統武器（這正證明核子武器戰爭是人承受不起的災難）11。民
主是大眾政治，大眾重視物質而輕忽心靈，故民主時代的文化
是科技掛帥——民主化與工業化同時發展一節可以此解釋——
如此民主與戰爭的惡化又加上另一層關係，因為科技發明向來
立即應用於軍事（故空軍晚於海軍而海軍晚於陸軍），戰爭的惡
化與武器的「進步」如影隨形，既然民主的價值觀著重物力，

11. 「第一次世界大戰」之名乃因「第二次世界大戰」出現而起（一次大
　　戰過後人們也不可能得知其為「第一次世界大戰」），這表示二次大戰
　　方為確實的第一次世界大戰或公認的世界大戰，而有鑑於其勢慘烈可
　　怕，世人不敢再啟另一番世界大戰，何況因為新武器的破壞力巨大，
　　其戰必較二次大戰更具毀滅性，可見「正常之下」第三次世界大戰不
　　可能發動，若然則人類將因此滅絕而不知有此一事，所以「史上」當
　　無第三次世界大戰。

民主政治對世界大戰顯有推波助瀾的作用。第一次世界大戰結束後「戰罪」(war crime) 之說出現，同時裁減武備的運動興起，前者是精神性的反戰而後者是物質性的避戰，如此無所不用其極的「和平攻勢」暗示戰爭是現代社會的公害，並無一方可以戰勝者的立場享受榮耀與報酬；顯然在全民政治之下戰爭的產生與民族主義情緒息息相關，於此戰爭的危害波及全面，而其傳統利益已消失殆盡，所以反戰是上下一致與各國皆然之情，「冷戰」所以出現可謂是今人削戰的成果，而非列國開戰的準備，雖然嚇阻性的用武是無可避免的行動。民主所引發的戰爭風雲是前所未見的憂患，然大眾對戰爭的畏懼遠甚於古人，因此和平的價值在現代政治中普受推崇與高估，幾乎有勝於一切之勢，於是媾和 (peace-making) 成為一種事業，和平主義 (pacifism) 成為一種學說，似乎政治的目的即是使人享有「免於恐懼的自由」12，若此非可得則及時行樂便為正業，其求生心情簡直重返原始人類的處境，而求道問題則無影無蹤。民主思想熱愛科學，科學導致武器發展，武器精進造成戰爭惡化，戰爭威脅使人提倡和平，和平至上則道德沈淪，道德敗壞代表真理信仰低落，信道不篤則文明不振，而文明不前則科學不進，顯然民主政治具有內在的衝突，所以自陷於如此的惡性循環中。和平不及太平，相同不是大同，國際並非世界，安身莫若安神，以「集體安全」(collective security) 或「勢力均衡」(balance of power) 造成的國際持平之局，既不是大同世界也不是天下太平，畢竟政治不是推進文明的動力，人類盛世更與民主之道無

---

12. 免於恐懼並非自由（'freedom from fear' 意為「免於恐懼」而非「無憂之自由」），人既有恐懼之因便無自由之實，免於恐懼確可慶幸，但這絕不是自由的獲得。

涉。民主之道不一，因為人心多變而自私，末世的競爭以至戰爭危機使「非政治化」成為救世的一種方案，例如中立國、「不結盟運動」(non-aligned movement)、「綠黨」(green party)、「非政府組織」(non-governmental organization)、超國界的慈善團體、甚至「非營利組織」(non-profit organization)、跨國企業、與「全球化」(globalization) 趨勢等事物，均有促進民生福利的貢獻，雖然其價值有限而害處亦在，且其活動即使不是主流的政治行為也仍富有政治性質。政治若有好處主要是在便利求生，然求生不是人生目的，而不合求道意義的求生既為不善乃必有害，民主與戰爭的糾結便是一例，其理是義利不一則利不能久存，所以民主之病須以高於政治的文化思想革除之，而不是以非政治的行動改良之，畢竟政治是人性的作為，政治幾乎無所不在 (非官方不等於非政治)，人性則只有提升一途而無迴避可能。民主的格調太低，且各地民情不同，民主政治的推廣未能造就世界同化，卻使國際化與本土化同時進行而兩皆不成，顯然「天下定於一尊」是真理通行，若圖以人性合作，必然適得其反，因為「同惡相濟」不是惡人互助，卻是惡人成人之惡而彼此加害。

第十二章

經濟的末世

科技與自然的對立：
雪梨的「綠建築」

第十二章　經濟的末世

第一節　經濟的物質性與價值問題

經濟的出現是由於人的原罪，這不僅是指人需憑藉物質為生，並且人的物慾使其以謀生成就為榮，顯然經濟的物質性遠多於精神性，故經濟是嚴重受限的事，其價值絕不高尚，雖然一般人對經濟無比重視。求生本為滿足肉體的需求，而人為最高等的生物，其所需不僅繁多而且涉及心理期望，故人生實無可能自給自足，分工與交易則為不得不然，經濟乃成個人與社會必要的業務。人需營生，而人際互助有利於營生，所以經濟的規模大小皆有，個人、家庭、國家、乃至天下均可為經濟活動的範圍，這使經濟看似有無窮的潛力生機，但其實不然，因為物質畢竟有限，且物慾不應放縱，經濟是考驗人對心物權衡取捨的課題，以營生為最高原則者既侷促且鄙薄。人之有身是一大困窘，身體的保養費時費事，而精神的追求才是生命可貴之因，所以經濟的價值止於養生，亦即提供人求道的物質性基礎，高估經濟價值者必玩物喪志，反有傷身之虞，因為肉體有其極限，物質享受稍一過度便成危害，人豈能不防。物質世界的最關鍵因素是時間（有時間才有空間而有空間才有物體），為生需不斷滿足身體的需求，而無法「畢其功於一役」，於是長期的準備或打算成為必需，這使經濟複雜化，其中變數動態與利弊得失難以估計預測，各種投機安排及損益衝突隨之出現；似乎探索經濟問題是促進民生樂利的要略，結果卻經常相反，原

來經濟無法以物理觀點掌握（人性不是物性），而思考經濟趨勢往往刺激貪念妄想，故經濟問題不能以經濟理論解決，勸善的愚民政策須重農抑商，經濟若受普遍重視則民心必定浮躁不實。人為萬物之靈，所以人應「靈化」而不應「物化」，經濟是營生之事，自非人生目標，看重經濟有如「為生活而生活」，這雖使經濟精神化，畢竟是錯誤的「以道殉身」，實為反文明之舉。經濟問題富有挑戰人性的意義，正如物質對於心靈或經驗對於理性兼有好壞的作用，若人於此能拿捏輕重而不迷失，便能體會且實行大道，否則即陷溺於感官之樂而敗壞人格。求生的困難使經濟為人所重，然求生本是原罪而經濟是原罪之下的救濟性作為，如借貸與儲蓄所呈現的青黃不接與未雨綢繆問題，皆顯示人生原有不幸，悲觀應是經濟思想的心境 (hence 'the dismal science')，然事實上經濟學竟為樂觀的知識，而今人處理經濟大都懷有「進步」的信念，難怪商場多欺騙之情，「為富不仁」大約是自古以來的通例 1 。求生是人共同的問題，而自給自足既無可能，這更強化經濟的集體性，於是經濟的政治性隨之而起，其謀生的本質早已為人性慾念或權力觀點所掩蓋甚至污染，故以生存為由的經濟冒進行為殊不可信。易言之，一般人並不以滿足基本的生活需求為經濟限度，卻常以「超越物質條件」的態度看待經濟，因此「名與利」或「權與利」密切相關的想

---

1. 「為富不仁」一說有二解，其一是以不仁的手段致富，另一是發財者沈溺於物慾而失其仁心，此二者互為因果而彼此惡化，雖然致富不必以不仁之道達成，但致富不是高貴的人生事業，即使為富有道亦必損及求道成德的生命本務，其害小則玩物喪志、大則誤導人心，豈是「天生我材必有用」的實現（以致富為天命自許者既不知天且不識命）。

法流行，將商場比作戰場的說法亦盛，顯然經濟問題含有人際競爭與比較的心思，亦即凡人常寄託其成就感於經濟事務中，所謂「企業精神」(entrepreneurship) 其實是以謀生成功的地步所建立的優越意識。不論如何，經濟本來出自求生的處境，有求生的必要乃是一種弱點，經濟既為原罪所致之補救性措施，當然無法成就偉大之事，何況求生的要務是取得肉體所需之物資，經濟的物質性已注定其為「鄙事」，人對此事的美化或提升均是「心為物役」的表現，實為精神沈淪，雖然此舉也暗示人對物質頗感不足而有加以超越的願望（可惜作法錯誤）。

　　人活在物質世界中，經濟因此產生，但人也活在精神世界中，文化由此出現，**精神高於物質，所以經濟問題應以文化思想支配之，此即經濟與物質的關係當決定於心而非受制於物，然正確的經濟觀念不是經濟而是哲學，經濟終究是拖累精神的因素，不可視為目的的本身。**生命是心與物結合的活力，心雖高於物，但心物結合不是完美的生命（有高下則不純），於是心難以控制物而常為物所限制，這便是經濟所以存在的原由；經濟是人對物質生活的安排，這固然呈現心控制物的優勢，但也呈現心控制物之不易，蓋心之役物若無困難則經濟無存在之必要，且此心已是天心，何必為物費心。人如與動物無異，求生一事便為自然之舉，如此經濟無由而生，可見經濟是人為活動，兼有物質與心靈二條件，而以物質條件來看，人的生存能力顯然不佳（遜於許多生物），故需以心靈改善之，其籌畫即是經濟。經濟起於人的物質性，而成於人的精神性，亦即經濟所處置者是物質，而處理經濟者乃為心靈，所以沒有思想便沒有經濟；「醉生夢死」雖是不善的經濟行為，卻仍是心支配物的表現，而「餐風宿露」雖是求生的行動，卻少經濟的性質。人以

求生困難乃有積極營生的需要，這造成經濟是人在萬物之中所獨有，然經濟常不限於謀生而涉及自大，或者人對生存的基準看法不一，以致經濟的限度無法統一；然而在人性相互刺激之下，生活的標準有升無降，於是經濟的發展或重要性不斷增加，使凡人深感求生不易，至此經濟不但未能改善反而惡化人的生存問題。不論價值，人確是動物，在求生問題上，人應以動物性標準為主，此即經濟的目標當設定於維持生命，而非促進生活享受，因為人心不修養則縱慾，生存所需的物資在君子眼中甚為有限，在小人心中卻是無窮，所以經濟應是「能省則省」方為正道。簡言之，經濟所以為有限一則因物質有限，再則因有為者志不在此，企圖擴大經濟終將失敗且腐化人心。經濟產生於人有肉體的原罪，然人又有精神理想而心物無法兩全，故經濟本身已為有限，人且為心靈追求而須將物質需求降至最低程度，如此經濟實為雙重受限，強調經濟的重要等於反對為人的價值。經濟究竟應多大，這一方面與為生的物質條件有關，另一方面又與各人認為為生的物質條件為何有關，前者是絕對的標準，後者為相對的觀點，然後者反映真理信仰之情，並非無絕對標準可尋（循），而不論如何經濟的重要性顯然不是至大，因為此事乃由人認定，即使唯物主義者也高於物質的地位，經濟豈可能重於思想。如此，經濟範圍的大小未必與物質文明發展的高下相稱，卻與人們的價值觀念密切相關（經濟活動與宗教信仰的關連早為學者所注意），貴族與士人的經濟立場以農為本，中產階級與大眾則偏愛工商，古時經濟不如現代繁榮，這不僅是因為科技逐漸發達，更是由於天道信念日趨式微。經濟態度暗示天人之際的看法，重視靈性者持保守立場，重視物質者提倡開發一途，其關鍵性差異在於「生活必需品」的認知

不同 2 ，經濟論者迴避道德問題而視所有商品為必需品——只是「必需的程度」有異——道德論者反對經濟擴張而認為令人利欲薰心的東西概為奢侈品；姑不論孰是孰非，經濟範疇可大可小一情證明經濟的價值甚為有限，蓋需求本為缺陷，減少需求乃是改良，經濟的拓展與需求的增加並進，這表示最簡單的經濟才是最佳的經濟，正如累贅必不合理而多餘實為失當，為生所需的物資愈多愈是無能，無能必然有誤，故大市不是好事。總之，經濟只是人生的工具，人固然不能去物求生，卻能為道殉身，可知經濟是文明的手段，其價值是協助求道，以經濟為尚的思想是本末倒置的人生觀，畢竟是「不經濟」(uneconomical)，因為人必須「看天吃飯」，經濟既無法由人創造也不是天理的重點，傾心於經濟實在是浪費生命。

　　經濟是「支配物質的藝術」，由此物質變作物資，其有限性以精神因素的加入而顯得寬弛，但實際上人無發明之力，「質變無法造成量變」，物質的有限注定物資的有限，以心制物猶不得自由，經濟（學）的好處只是厚生利用而非超凡入聖，執著於此便是執迷不悟。物質若是無限則經濟問題不存，物質有限方才造成善用物質的意義，經濟一詞的本意是節約，這意謂經濟原不尋求開創而是意在保重，簡言之，經濟乃圖「物盡其用」，這是體認原罪問題之下的物質觀，可謂善知識。物質其實多於

---

2. 軍需品是否為必需品，此問之答案與人心開化之深淺相關，人愈野蠻愈物化或愈以物為神，故必需品的定義不當以大多數人的意見為準，流行事物是否為必需品一題亦應如是觀之；然則「智慧財產」(intellectual property) 一說絕不可取，因為智慧是對真理的認識，此為絕對必需或高度必需，不當加以商品化而視為財產，可見經濟性的必需其實價值不高而非必需。

物資，因為物資亦屬物質，而物質之不可用與未經使用者猶多，物資是為人利用的物質，其尤獲重用或善用者富有物資之義，但物資不因其發揮物力而產生物質，故「省一分便是賺一分」(A penny saved is a penny gained.)，這不是增加什麼而是避免損失，可見所謂節約其實是不浪費。節約若為美德，這不但表示資源有限，而且顯示人有忽略物質有限的通病，何況物質即使無限，人亦有愛物的義務，蓋「萬物各得其所」乃為天道，人不能任意用物，因其為萬物之靈，須上承神意而下理眾物。經濟的觀點是「半個天理」，重視人對物的支配力卻輕視神對人的主宰性，其於善用物質可能有功，但對物質之不可濫用卻缺乏領會，故經濟上的善用一方面是充分利用物力，另一方面則是盡量利用人心以增進物資的價值（實為價格），二者若無矛盾乃因人在物上，其實終竟錯誤，因人不應藉物自美。萬事萬物在宇宙中均有其定位，善用物質不限於資生而可以為啟智，事實上大部分物質並非為人之生活而存在，卻是為引發人之思想而呈現，經濟的立場將物質人性化，只求享受而不圖釋義，戀物而不愛物，其用僅及俗務，誠為暴殄天物。正是因此，經濟觀點的物質既是片面的也是不純粹的，這是說大量的物質因缺乏市場價值而受人忽略，同時流通的物資因含有世俗意趣而失其物性，經濟的物質觀顯然是選擇性的看法，於是人一方面拋棄眾多物質，另一方面卻加工於少數物質，整體上實是扭曲物質以自我壯大。精神若需利用物質，這表示精神猶有缺陷而物質絕非完美，然則心對物的利用應當成全精神的追求，而精神的追求應當有超越物質的期望，故帶有物慾的精神態度必非正確，經濟若使人自尊卻以物為榮，這顯然是征服物質而非應用物質的觀念，其結果必為失落，因為物質有限而人心亦是有限（慾

望無窮一說嚴格而言實為錯誤）。由此可知，所謂善用物質確有
中庸之道，此即「以物濟心適可則止」，需求滿足是為追求得以
進行，慾望一出志氣便衰，因為慾望是不滿的需求而非待發的
追求，人不上進即將墮落，而墮落正是物慾的發作。經濟是求
生之學，求生以便求道，故經濟不可過於興盛，否則妨礙求道，
這不僅是指以求生排除求道，而且意謂將求道認作求生。經濟
的誤導性是在於其便利生活之效，以及由此所展現的人性靈慧，
因為求道者必須求生，經濟間接有助於求道，卻可能直接為害
於求道，此即適當留意經濟可以減少問學的後顧之憂，但過度
關注經濟則使知識誤入歧途；顯然經濟一事的好壞決定於「程
度的問題」，而此題又決定於人識道的情況，既然人不得道則無
法正確判斷輕重緩急，經濟的態度還是以保守為宜，畢竟飢寒
有提醒作用而仍得以補救，飽暖則有迷亂影響而難以掙脫。人
為萬物之靈，所以物力頗受人力控制與發揮，但此事有其極限，
人不能以為物力決定於人力，正因人為萬物之靈而非天地之神，
以致人口得以大增卻將自陷於生計無法維持的窘境，可知人須
與自然建立某種和諧的關係才能自利，而人際關係亦然，然則
「平均」與「救濟」是經濟的要事，支配物質的藝術必含人的
自制乃為高明。

　　經濟是心靈活動而其處理對象卻是物質（包括視人如物），
如此經濟的價值不能超越物質的價值，並受物質主義的誤導而
敗壞人心，所以經濟發達不僅有限而且有害，同時經濟改良之
道也難以掌握，因為受物質腐化的心靈已是理智不清，何況物
象與人事均由天意安排而無法預測。經濟的產生是因人需物質
以為生，然經濟思想往往超越生存問題而涉及社會性成就，亦
即經濟本應根據需求而作，事實上卻常由慾望推展而變成邪術，

然混淆心物是心靈之失，物質並不因此可以增加或容許超越，經濟終究受限於物質，不論人如何巧妙使用物質。物質的真實性不容忽視，其限制性亦無法否認，人若以求知精神治物必可提升心靈，若以牟利態度理物則必小看物質而深受其妨礙，蓋心在物上，能善用此道即能受惠，否則受害，經濟開發物力有其價值，但以開發物力為目的的經濟必定得不償失，因為道德有反物質性而物質對人僅有工具性，物性與人格難以兩全，人做不了物主便要淪為物奴，其關鍵實在於良知作主與否。人心並非完美，所以人心可能為物質惡化，或說物慾是人心之惡，物慾逞強則人耽溺於物質享受與心理快感，可見人可能受物質污染也可能污染物質，二者實為相同。健全的經濟是心支配物，病態的經濟是物牽引心，然物無心，不能動人，人之物化畢竟是人自腐化（色不迷人人自迷），而此情所以常見是因凡夫的靈性太弱，故經濟能維持心物平衡之狀已甚可貴，而能以心役物者大都不重視經濟。人性有善惡，善性是理性，惡性是反理性，而經濟出於人生缺陷卻轉為人性進取之圖，其旨原為自救，實情竟是相殘，善惡交錯而義利混雜，因此經濟學難以物理化也難以倫理化，既非科學亦非人文，美其名是通貫心物，其實是以物治心，有「削足適履」之狂。由此可知，經濟受限於物也受限於人，而人若過度發展經濟必摧殘物也傷害人，經濟學的非科學性顯示人不能自我物化，經濟完全為人所控一事乃為錯亂之情，因為人徹底物化方能產生物理般的經濟行為，而人無萬物之靈的優越性又怎可了解以至控制其經濟活動。經濟本來是保命之道，後來卻成為競爭之勢，人不講理才有變質的經濟，此種變質的經濟因普遍流行而成為常態的經濟，於是經濟從物質（物理）問題化作精神（心理）問題，經濟學與價值觀的關

係名亡實存，其曖昧反映人心不安，故世上經濟始終不能安定，
這一方面是因人沒有確定的經濟目的，另一方面是因人無法控
制經濟的變化。物質本身並無天賦或固有的價值，物質的價值
是人以萬物之靈判定之（猶有絕對標準），所以物質主義不是物
質的原理而是重物者的思想，同理「愛物」與「愛財」不同，
前者是宇宙觀的表現，後者是價值觀的表現，而價值觀不符宇
宙次序則為錯誤，愛財並無宇宙觀的根據，可見其非正義；好
論經濟者未必愛財（事實上大多好利），但經濟學不以宇宙觀為
其知識基礎或學術方法，由此可見經濟學必與真相真理相去甚
遠，其說當然不善而且經常無效，然經濟學的存在與大受歡迎
暗示某種價值觀的盛行，此即唯物主義，只因凡心粗俗，故唯
物主義雖破綻百出卻仍屹立不搖。由於心術不正，經濟從求生
實務變為賭博遊戲，於此運氣不可測與事情難以掌握造成刺激
感，投資與投機相似，野心與志氣無分，冒險有如賭注，籌畫
含有陰謀，發財與破產常為一線之隔，「成者為王、敗者為寇」
的蠻橫興替與政治鬥爭之情相同，顯然經濟是人自稱霸的物質
性文明，其有限性來自人本立場，而人性善惡兼有，以致經濟
學可能文武雙全卻非才德俱備，故不能一舉兩得（義利兩全）
而常顧此失彼（情理分歧）。

　　正如歷史與歷史學難以區分，經濟與經濟學也不易判別，
此因人事含有人心，事與人無法二分，有經濟行為必有經濟思
想，故經濟的有限是物質與心靈俱為有限所致，尤其心以物為
思考對象更使精神不能恢弘，經濟與人生的親密關係注定經濟
限於人性，欲振乏力。經濟是人事，哲學亦是人事，然經濟產
生於人際，而哲學出現於天人之際，經濟是求生之事而哲學是
求道之事，經濟的物質性雖非諸多人事中最強者，但其精神性

不足的情況在對比哲學時極為顯著，此種心物摻雜而偏向物理觀念的言行最有似是而非的扭曲問題，因為人時有天人交戰的處境，人以「高等動物」自滿必定陷入「講歪理」的邪道中。經濟學是社會科學中最富於科學性的課目，這使其成為社會科學中最具有「可信度」者，然缺乏說服力的社會學科使人不在意，其人文性因此可能受到注意與檢討，而富有效用的經濟學畢竟不是自然科學，其誤導性甚為嚴重，既令人價值觀念偏差，且使人知識素質低落。正確的經濟態度是人文主義，人文主義一方面強調萬物之靈的意義，另一方面追究天人之際的奧理，於是「士志於道而恥惡衣惡食者，未足與議也」，然則經濟不至於成學，或者經濟學不是要務，其人文性本應甚濃，故君子周學即可心生正當的經濟觀念，而不必專注（鑽研）其說。人皆欲有所成就，「求好心切」其實反映人性本善卻非完善，如此人之成就當求完美，但因完美難達，退而求其次乃有社會性「立功」的期望，此事與求生問題結合便出現以經濟能力為榮的想法，於是養家成為起碼的人生功勞，進一步累積財產而傳承家業成為更可敬的成就，若得建設鄉里乃至國家則為「了不起」的功業，這便是凡人以為「有用」的標準。此種思想並非不亢不卑，卻是又亢又卑，亦即缺乏認命的精神，而富有「比上不足比下有餘」的自慰態度，但因其「以利為義」的觀念相當程度義利兩全，故無可厚非，所謂「人之常情」是也。這表示財產與人性的關係既自然且密切，人需求生而求生有成又可引以為傲，所以財產似乎可為德能的證據或象徵，於此公私兩便，自私竟成經濟的原理與動力，社會主義的公有主張不易流行正因私有制可以展現個人的生命成就與價值，而公有制常使義利相違，令人失去求生求名的活力。錢的出現便是經濟的人性取

向表現，錢的使用固可解決以物易物的不便問題，然其應用地步顯然早已超過實用性，而有將物質精神化的作用，藉此賺錢不僅是為求生，更涉及成就感，不能隨便 3；故「夠用即可」的賺錢態度常被斥為不切實際，而其見並非全然錯誤，因為在金錢的經濟世界中，錢的價值多變難測且人的價值與其有錢程度相彷彿，這當然已是將錯就錯的看法，但其影響力千真萬確。常人亦頗感慨經濟像是數字遊戲，其意實為經濟是金錢遊戲，這顯示經濟往往超出求生的範圍而變為心理作祟的社會賭局，如「通貨膨脹」(inflation) 在正常的經濟狀況下亦難以避免，此情所反映者乃是人對「愈來愈有錢」的本能般要求，因錢多而不符實質使人需求更多的金錢，如此惡性循環造成錢不值錢而人更加愛錢，可見經濟性的精神絕不純粹或高貴，卻有心受物累的窘態。須知生活與生命不同，誠如壽命與生命有別，人生在「量」的問題上應順其自然，而在「質」的問題上則當尋求改進，亦即身體大約無礙便可，靈魂必須勇往直前，傾心於物是謂求死；經濟理當為文化服務，由此人格方能提升，否則人口大增對人有害，而壽命的延長只改變死法與死因，可見經濟發展的困難實出自人的貪得無厭，因為這般的經濟畢竟是自作自受的活動。

---

3. 'The universal regard for money is the one hopeful fact in our civilization, the one sound spot in our social conscience. Money is the most important thing in the world. It represents health, strength, honour, generosity, and beauty as conspicuously as the want of it represents illness, weakness, disgrace, meanness, and ugliness.' G. B. Shaw, *Major Barbara* (1907), Preface.

第二節　經濟發展的有限性與道德問題

　　經濟是謀生之計，人類謀生需開發物力，所以經濟牽涉人與自然的關係，自然既包含人又任人處置，或說人為自然的一部分卻可能控制自然，可見人是萬物之靈，一方面受制於物性，另一方面能利用物性，人類之上顯然尚有造物主，故人發展經濟時須顧及天道而不得為所欲為。自然不僅是物質世界，且是物質之理，易言之，自然包括大自然與自然法則，所以自然不是自然而然，而是有其所以然的道理，此為天然；天然成於真理與神意，而真理為上帝所設，故自然有其物質性也有神聖性，人雖可以高度理解與支配自然，卻無法置身於其外或完全掌握之。物有物理，所以物為可知，然物理無法解釋一切物質的問題（例如物質的生成或歸宿），此即人之知為有限，故人類只是優於萬物而非超越物質，即因人亦是物，人對物當有同情，人之用物乃不可無節。人為物之極，神為人之極，人為萬物之靈一節乃由上帝決定，利用自然是神授權於人者，但此非自由之力，因為人的物性使其無法宰制所有物質，同時真理神意是人所必須探索與服從者，故人有循道接物的義務。物理是低級的天理，人有物性更有神性，所以認識自然有助於人自我了解，但以自然之理塑造人格是貶抑人的價值，人在自然中的地位既是統治者又是看護者，其自然知識（科學）一方面應呈現物理，另一方面應暗示天理，於是人對自然的態度當兼有愛與敬。人體是動物之軀，人之求生原與動物一樣，乃以取用於自然為務，故農業是經濟之本，只是人應用物的能力強大，以致工商發達而成為凡人謀職的主業，但無論如何農業不可能為工商所取代，並且工商也是基於物質開發而產生，與農業同為利用自然之事，

可知經濟需與自然共存，而不能以犧牲自然推展。經濟是人為之舉，物質有自然之性，經濟支配物質乃是人為涉入自然，難免有所衝突，此為原罪問題，無可避免，但其適當性應加以慎重考量，亦即人利用物的情況必須符合人為萬物之靈的意義，否則便有濫用之虞，因為物慾是獸性，而獸性無惜物之心。人居於萬物之首，但不居於自然之上，人與自然的關係應當和諧，惟此事不意謂人與萬物一定要和平共處，因為人既是萬物之靈而世間無圓滿之法，所以成全文明不免要殺生毀物，只要其理向善，處事自當貴人輕物。換言之，自然有上下次序，人在自然之中地位崇高，其主宰萬物實為神命，不能以平等原則安身立命，然真理指示精神高於物質之義，人之用物是為求道，故經濟不可無限發展，在求生無虞之下人應「代天理物」而非盡情享用物質 4。物若無理，利用自然實無可能，有物有理，所以利用自然必須從道，經濟得以發展是因物質合理而自然有法，其中「看不見的手」(the invisible hand) 出自上帝，人不配合其勢便無得利的機會，但欲清楚確定其勢卻也無望，可見在經濟問題上人當順應自然而不強求，這便是「隨遇而安」的生活態度。真理為超自然，自然之道也不盡是物理，人與自然的關係不只是人與物的關係，更是人與真理甚至是人與上帝的關係，然人不獨立於天道之外且須求道，故人與自然的關係應是「人藉自然為生為道」，於是經濟的角色當為提供便利的物資而已，至於其知識啟發的作用實甚微小，因為經濟所示不過人性問題，而人能反省即可自知其性，何必以治產體認俗心。

　經濟是人生原罪所致，其事是需求而非追求，不可視為善

---

4. 'O immortal gods! Men do not realize how great a revenue parsimony can be!' Cicero, *Paradoxa Stoicorum*, Paradox vi, 49.

而可視為惡之消除，蓋需求的滿足只是不幸的減輕，並不是道德的建樹，人欲轉禍為福將經濟變成善行，則須以求道的態度求生，或以經濟為致知行善的工具，此乃將功贖罪的表現，若將經濟視作善事必定為惡而難以補救。正如身體需經鍛鍊才能健康，不運動是惡，但運動不即是善，運動是養生之舉，養生是為做事，而做事須為善且發揮個人天資，故運動過度或將運動「目的化」均非善事；經濟的功用與運動相似，若人不治生，其做事的條件必然不佳，但經濟狀況良好卻無所作為實是雙重之惡，因為經濟僅為行事的憑藉，「為經濟而經濟」是為活而活的獸行。不運動不理財皆是不負責任的行為，然肉體當為精神效力，只圖健康富裕是忽視為人的意義，將健康富裕認作人生成就是錯誤的價值觀，而富裕遠較健康更易誤導人心，故經濟的道德問題是養生中的大事。人需強身有財乃能正常生活，這顯示養生確是為人的功課，能好好活著已頗有德能而相當可敬，但常人所可成就者必定超越此事，否則文明無法維持（更遑論發展），故「進步」成為眾所肯定之事，而生命的目的顯然不是繁衍後代，雖然生養子孫確實需要擴充既有的條件。經濟應求中庸之道，人生觀則不然，蓋「身心平衡」為有益，但知識品行不進則退，妥協守成是精神性的怠惰，而人通常愈老愈有錢卻愈不需要錢，故經濟的價值不當與生命一起成長，求生與求道可能一致也可能衝突，這決定於道心對物慾的處分狀況 5，不圖天人合一者其純真無辜的年華大都在求學時期過後便迅速結束。凡人在年輕時求生與求道較可能義利兩全，此因物理出

---

5. 'The highest perfection of human life consists in the mind of man being detached from care, for the sake of God.' Thomas Aquinas, *Summa contra Gentiles* (1260), iii, 130, 3.

於真理，生存與永恆不違，初淺的事與高深的道有關，求生所
需解決的基礎或根本問題不可能背離求道，而人性本善，其腐
化不是在少不更事之時，所以幼者求生得以認識現實之情與合
理之方，這是求道的準備工夫，或是不與道異的生命體會。然
而當人對於是非善惡已頗有體認之後，其心不正則必邪曲，此
時求生的學習意義大失，求生與求道漸成殊途，義利不一的問
題叢生，以致營生有成者往往無恥，甚至求生常成為無行的藉
口，可見經濟的道德問題隨人成年而惡化，難怪童蒙教育甚少
以經濟為主題。經濟並非與道德無涉或抵觸，但經濟確實不易
表現高尚的節操，畢竟求生與求道不能一直互長共進，而求道
愈深愈不依賴求生以活，故經濟的德性有限，難以弘道。簡言
之，人可以在經濟行為中表現道德，卻不能以經濟提升道德，
道德（尤其勤儉誠實）可以促進經濟，而經濟竟常敗壞道德，
蓋人為物之主，「人能弘物，非物弘人」。貧富與善惡無一定的
關連，然「大富由天、小富由己」，有才必有財，有德必有得，
君子豈是「不食人間煙火」，聖人絕無可能窮困，因為經濟亦為
真理之一環，求道者不重理財，但能理事且能自立，而不貪則
不貧，得法即得利，有知怎能無餘，何必專事經濟乃可為生。
求道在求生之上，然求生之法當與求道頗為吻合，而求生有窮、
求道無限，經濟達到某種程度之後便成多餘，問學與行善則可
不斷推展，如此求生所致之害可以求道彌補，甚至功勝於過而
淑世厚生，遺愛人間。經濟是求生之事，對於他人外物必有傷
害，然則人需更有所為乃可嘉惠於世，不圖此而將經濟道德化
更加作亂，自誤誤人，因為經濟是原罪產物，可以改善而不得
美化。良好的經濟也只是小道，「雖小道，必有可觀者焉，致遠
恐泥，是以君子不為也」，經濟的道德僅為小德，而「大德不逾

閒，小德出入可也」，經濟顯然「不可大用而可小知」，專注於
此不唯小器且有自大之虞，因為凡夫大都重視經濟發展。總之，
經濟與慾望一樣應加以節制，人生無法十全十美，本末倒置使
現實愈壞而理想愈窮，文明的末世崇尚經濟成就，此為反文明
之風，故景氣興衰俱是害，兩害相權則寧可經濟衰敗，因為「自
古皆有死，民無信不立」。

　　經濟是求生之事，求生無法追求永生，並且求生應為求道
的憑藉而不能自成一格，所以經濟發展缺乏終極目的，這表示
經濟發展的有限性與經濟的道德性不足是相關之情，因為永恆
與完美相等，不善必為不久。有求生之需乃有缺失，有缺失則
不可能改善為完美，所以求生無法臻於永生，亦即不能達成至
善，不以至善為宗旨便是缺乏終極目的，其價值或角色應是作
為成全得道的工具，而經濟是求生之務，其目的性欠缺為無可
否認，忽視此義必玩物喪志。對人而言，存然後有，不存則無
有，但依理「有者存」，存不決定有，或者存與有相同，真正的
有是永恆的存，而人非永存，其生時得以辨識有無，死則不然，
故以為生死重於有無，此即存先於有。經濟不以哲學為意，其
念在於求生順利，因此經濟的人生觀是「以存求有、既有致
富」，然而真相不因人無知而改，存與有為同一事，有不為存而
生，經濟思想中的「富有」其實空虛短暫，絕非永存。求生是
一生之事而已，不能以永恆的觀點策劃，並且生存所需的物質
條件不多——苦修者的生活可為證明——經濟的用處實甚受
限，若人以慾望的滿足為經濟目標，這也無法提升經濟的價值，
因為肉體所能消受者有限，而縱慾亦非良善。論者有以快樂或
福利為經濟之目的者，這仍不足為訓，蓋快樂不能單純以物質
因素定義，或者快樂的物質條件各人所見不一，其內涵究竟是

精神問題，以經濟手段追求快樂未必有效，又常違背道德而成
為墮落之舉。事實上，經濟學自命為科學而不喜快樂論或福利
說，其「價值中立」態度一方面維持學術尊嚴，另一方面卻減
少民間好感，始終徘徊於理論與實用之間，總沒有明確的方向。
求生無法成就永生，求生者乃轉而注意生活素質，然生活素質
屬於精神性意義，非物理可以認定，可見求生的障礙甚巨，經
濟（學）無論在質或量方面均無法真正成功。實際上經濟活動
引人入勝之處是其「無理得利」的可能，這表示凡人可以在理
財獲利時以有德有能自詡，而在投資失利時以「非戰之罪」自
慰，同時又對發財的運氣寄予厚望而充滿「翻身」的夢想，此
種似賭非賭而似工非工的賺錢專業給人作戰般的刺激與報酬，
其不合理之情暗示經濟發展可不循正途以達，而手段與目的一
致方為大行，經濟可能走偏鋒，自當不是一個善始善終的大業。
經濟與政治相似，均常有「急流勇退」（見好就收）而得以名利
雙收、或躊躇滿志以致身敗名裂的事例，這證明經濟與政治一
樣富有人性作用而缺少理性效用，故投機之事最盛行於經濟與
政治二者，而近代政治與經濟過從甚密 (hence 'political
economy')，使其更加速惡化。終極性是完美性，不善則不永，
不永者豈能純一，經濟的求生性質注定經濟無法功德圓滿，而
其邪謅勢利之氣造成經濟局勢多變無常，益增凡夫的貪念亂心，
當人短見無識，經濟更少長計，如何可以安家治世。人是不完
美的生命，而人生必須求道，然現實不如理想令人失望，故生
命苦多樂少，有感不苦即可引以為樂，似乎苦為本而樂為末；
若論本質，至善為樂，有道無苦，苦為樂之失，不樂即是苦，
然則樂為主而苦為從，至此可知天道與人道不同，人欲無憂唯
有天人合一。依理，生活享受只是現象而非真相，快樂在人間

即使可能為事實，也不是純粹的事情，因此追求快樂既無效且有惡，而經濟不能為快樂主義，這不僅是道德問題也是知識問題。如此，所謂「經濟的人格」其實是不求甚解的致勝心思，追根究底的經濟觀點必然呈現謀財的意義令人迷惘，因為求生不難（尤其現代），於是「多一事不如少一事」，而積極的經濟行為暴露人的無聊與不智，例如工作權與罷工權同時成為要務、失業問題與休閒活動一齊受到重視、「挖洞然後回填」只為有事可做、爭權奪利以便圖個清靜、追求名聲又要求隱私、賺錢卻苦於不用，凡此矛盾之事不一而足，顯然人不求道便要求勝，而愚昧的人性相互影響乃使自大的蠢行成為社會壯舉，看來經濟不能「就有道而正焉」，人們營生之勤終究還是白忙一場。

　　經濟的基礎是物質，物質有限，經濟當然有限，經濟發展可能以人的智能促進，但人終究無法創造物質，所以經濟發展只是延長經濟的生命，而不能使經濟變為永恆，其不幸並不在於努力的失敗，卻是真相的誤解或扭曲，蓋物質雖有限，仍較人生更長久，這使凡人感覺物質文明無窮盡之時，於是錯誤觀念叢生，其害更甚於經濟困乏。物質的有限是人的常識，此事與其說是經驗所致，不如說是天生的觀點，因為在物質條件上宇宙浩瀚而個人渺小，人不僅無法經歷一切事物，而且難以想像時空的極限，心頗無奈於物；大自然似乎取之不盡而用之不竭，即使某些物質有消耗殆盡之虞，人又有替代與調適之道以應付，何況一般人對此問題並不關心，而科學上「物質不滅」之說且使人感覺經濟的危機絕不出於物質之窮；由此可見，人對於物質有限的認知實來自天性，凡人的天性不強而人慾旺盛，所以物質有限一理常止於概念而無妨於市場，感慨人生短暫者則往往傾心於及時行樂，更有追逐物質利益之實。精神雖在物

質之上，然世間人心終究受制於物，並非完全自由，因此物質的限制固可以心靈追求略微解脫，但其有限性畢竟無法超越，易言之，人可能發揮物力，卻不能創造物質。學者認為經濟發展得以智力促進，此說不誣，然而此情絕非無限，這一方面是因物質無法由人力生成增加，另一方面是因人之智謀創意亦為有限6，且人性趨樂好名而短視近利，少有永恆之圖，所以經濟發展既受限於物質也受限於精神，不論精神的清濁勇怯（宏志不牟利而小氣難興業）。人生有限，無需大量物質以養，故物質有限乃無害於人生，「弱水三千吾只取一瓢飲」，善於利用物質者並不巧取豪奪，而是以最節約的方法滿足需求，不知養生的適當性者將求多餘以為富裕，其實無非虛榮，竟還自視有功於社會之進化，誠為敗壞世風的禍首。在實際上或感受上，經濟的發展可能為無限，但物質既然有限，經濟不可能無限發展，以現實效用治生或許有利，竟是不義，而多行不義必自斃，末世的經濟災難不是發展停滯，卻是奢求發展以致思想迷亂而道德墮落，此因不真則不善、不善則不美，人不依從真理行事總要受害。人性對經濟發展有所促進也有所阻礙，逐利之心可以開發物質文明又可能限制之，蓋文明追求精神的提升，物質文明是精神文明的產物並且輔助精神文明的發展，沈迷於物質之利不能光大物質文明，「經濟主義」對於經濟發展的作用利弊均

---

6. 「人造的」(artificial) 事物其實皆取自大自然，也就是「間接的天然」，僅此一點即可知人力有窮，未得以此創造無限的經濟發展。今人迷信科技，乃對工業進化懷有幻想，由此生意源源不絕，商業似可永續經營，然真理真相超越知識，科學有限，科技豈為無限，何況不符人性需求的科技難以盛行，商業顯然不能憑藉科技進步而扶搖直上，經濟發展因此也非人為設計所能控制。

在，畢竟人兼有良心與物慾，理想不高貴則實惠不深遠，「為經
濟而經濟」是「以物易物」，其實自我愚弄，難以開闢天地。人
需物質以生，經濟因此發展，然物慾不能善使物質，故經濟無
法永遠進步、亦不當作為人生首務，人若不悟此理，經濟不僅
發展不利且必惡化人心，反而得不償失；經濟與人性需求結合
乃得興隆，但變態歪曲的人性使經濟華而不實，經濟發展應「見
好就收」，不過度推進，此即正常的經濟有賴清明的理智維持，
不然人便迷失。於是經濟發展應以「足夠」為標的，而足夠一
義涉及心與物，故「知足」是最佳的經濟觀念；肉體所需既為
有限，心理感受乃是影響經濟行為的主因，若人有正確的價值
觀，經濟實無進步的必要。所謂進步只是物質標準下的改良，
未必是文明意義下的增長，經濟一事介於心物之間，小人以「進
步」期望經濟，君子以「安定」處置經濟，所以傳統文化不重
經濟，而現代政治首重經濟，當進步觀取代進化觀，精神的萎
靡乃為必然。顯然現代經濟已經發展過頭，近來物質生活的改
善不是微少便是以腐化精神生活為代價，古今經濟的差異除了
生存便利之外乏善可陳，儘管勞力與勞心層次有別，然用心不
當猶不如不思，而費力勞作則絕無迷惘耽誤，經濟的原始主義
(primitivism) 固然有誤卻較開發主張為佳。總之，安全與自由
不能兩全，經濟的價值本是維護人身安全而已，今人視經濟為
自由之資，此乃謬見，畢竟人既不自由而自由也非生命目的，
藉機行道才是人生任務，故經濟是有限的工具，創造財富非其
本事，樂觀精神與之不調，資源回收可為常規，保守立場方是
財政，因為求生是為求道而求生與求道皆無法求全。

　　經濟發展的領域不外「士農工商」四業，此景在古代早已
出現，至今改動無多，可知經濟發展本有限制且其限制頗大，

現代經濟的特質僅在於資本主義，而資本主義為提倡經濟無限發展的「唯商主義」，因其不符宇宙真相，故甚空虛而危險，由此經濟發展的結果竟是金錢遊戲一場，角逐者若非樂極生悲也必醉生夢死。民以食為天，以農立國是霸道也是善政，古人以為有土斯有財，這是務本的態度，亦是求生的思慮，誠為天經地義的經濟觀，由此可見自然主義必相當合理，縱使其見不甚高明。有農必有商，因為徒農不足以養生，或者個人無法自給自足，而商業以物品交易為務，有農產則有販售農產的商業，於是農商不諧的問題即刻出現，公道在經濟活動中原是難以成立的事。務農較從商更具有面對「天人之際」的問題，農業是「看天吃飯」的處境，而商業中的人際關係顯然甚多於鄉間，如此農民的老實程度常高於商人，古代的統治者不論就利或就義乃須推行「重農抑商」的政策。然而在物質文明進展之下工商必然活躍，其於國力的提升助益極大，故當政者面臨農商衝突時往往捨義取利而追逐商機，於是「法律賤商人，商人已富貴矣，尊農夫，農夫已貧賤矣」，此乃「形勢比人強」的經濟趨向，難以歸咎任事者。與農業的生產性質相近者是工業，工業本來有助於農業開發，然農業改進的需求程度或可能性遠低於工業，高度發展的工業對於農業利少而害多，同時商業卻可利用工業而大興其道，反之亦然，這使工商逐漸合為一體而共同凌駕於農業之上，成為現代經濟的主體。農業受制於自然條件的程度高於工業，而工業受制於自然條件的程度又高於商業，如此經濟無限發展的可能乃以商業為最，但這種遠離自然而不近真理的取向最為不善，故現代經濟之惡主要是商業的危害，其患甚至傷及學術而使知識「商品化」，由是士人（知識份子）成為商業的從犯與信徒，競相鼓吹資本主義的世界觀。士原為

四民之首，如今商業掛帥，學術竟成經濟的工具，可不哀哉，此為文明末世的衰相。士為商徒之一例是現代學子以從事「服務業」(service sector) 為樂，此與古代文人統治天下的領導氣象大相逕庭，足見世道沈淪之深。事實上服務業是現代工業發展遲滯之下新興的一行，其所含有的人性因素（人格弱點）甚多且強，當工業革命難以為繼而致經濟不振時，服務業──可謂「侍奉性的商業」──竟能造就景氣復甦以延長民生命脈，現代經濟的虛榮與虛假由此可見一斑。社會主義以為真正的財富出自物質與勞力，資本主義並非反對此想，但卻「更進一步」將價值認定為人心所欲，而以刺激需求助長經濟，由此商業的重要性大增、農工的地位相形見絀；於是經濟發展似與人之慾望一樣有無窮可能，發財成為最普遍的夢想，賺錢成為最「客觀」的成就標準，眾人皆醉而舉世皆濁，經濟早已不是營生之所需（超過所求），卻是建立尊嚴的必要條件。資本主義其實不排斥重商主義 (mercantilism) 而是意欲擴大且超越之，以使經濟發展能掙脫物質因素的限制，這顯示「心為物主」的信念，頗有人本的精神，但其意缺乏求道觀念，終究只是一種野心而非理想，反而更令人沈迷於俗慮之中。如此，資本主義與其說是最高級的經濟體制，不如說是經濟極限出現後的變質病態，窮奢極侈為其走火入魔的徵象，「買空賣空」可以致富正顯示其為邪計歪道，事實上當經濟原則變為資本主義時，經濟發展已成「死馬當活馬醫」的情況，趨之若鶩者不知其所務實為鬼趣，甚是可悲。資本主義是「飽暖思淫慾」的表現，這是求生有成而無所用心的惡果，亦即求學不進則退的轉變，資本主義對經濟活動似有促進之功，對文明演進卻為害深重，由此可知經濟發展本有窮途末路，硬是要求物慾滿足實在不是人消受得了的。

經濟絕非沒有價值，不幸的是經濟的價值總受人高估，以致經濟之害常多於其利，此情在現代尤然，蓋理財不僅便於為生且符合道德，惟關於身心健康之事中庸為正確態度，過度為生活問題著想實為精神自殘，經濟發展的偏差即源於此。未來不可測，所以儲蓄不可免，財產不只供養生之用也為應付急需，故財產超出一生所需實為常情，但危機感太重是心理不正常，認命的精神在負責之餘當隨時預備，因而理財的態度應從乎求道立場而非經濟專業，以身養德是正當的物質觀，見利忘義則是物化的人生觀，經濟的意義於此已失其本旨（經世濟民）。價值觀決定於知識，適當的經濟態度不是簡單的心物平衡觀念，而是盡力實踐各人在世使命所需的生計考量，其情因人而異且依時變化，不能一概而論，然各人在確認生命意義時經濟顧慮即隱含於其中，無須另加打算，所以為人處事不應以物質條件作為首要的觀點，方不枉為萬物之靈。近代經濟發展的錯誤是將經濟的價值置於文化之上，或是將經濟視為文明成就的目標，此為本末倒置之失，以萬物之靈的能力證明萬物之靈的地位，其舉實為自我戲弄而罔顧大道。人高於物，單就經濟發展而言，人可為之處確實甚多，但價值一義的存在顯示價值非一而有高下，世事不能圓滿，選擇乃含犧牲，故發展經濟有過於基本生活水準時必以精神折損為代價，雖然基本生活為何頗乏共識（此因各人開化程度不一）。生命不能成長不衰，事實上人生衰老之時多於成長，人致力於養生也不免一死，而其進學修行卻因此大受阻礙，須知飲食對身體亦有所傷害，做事必然消耗生命，人生不能以求生為主而須以求道為尚，推崇經濟等於敗德，到頭來仍將落空。精神可能長存而物質不能永恆，此乃天賦的觀念，人人有此直覺，奉行者卻極少，可見人性脆弱邪曲；物

質主義在近代所以突然大發，乃因禮教道統一旦失守，人之物慾便全面浮現，故經濟至上為末世文明之道。中庸絕非精神正義，然人具原罪，身與靈不諧而身靈和諧亦非大善，所以養生的問題應採中庸之道，正如求道者應肯定物理（科學知識），如此方能減少（不是消除）後顧之憂而注力於精神追求，就人生整體而論這並非中庸之道，可見經濟在文明中的地位只當處於中下。經濟當行中庸之道，分工合作、市場規模、價格報酬、投資儲蓄、消費享受、乃至政府規範等等均應適可而止、不為已甚，簡言之經濟當如健康一事，不覺不適則不需嚴加注意，或者吾人應提防經濟成為一種誘惑，使其止於單純的需求問題，以免旁騖分心、誤入歧途，畢竟人欲之中善惡皆有。經濟發展與真理探索初始並無二致，但心物之理絕非相同，當精神要求與物質標準無法（不再）共存時，經濟發展便應放下，這是文明的立場，所以經濟的極限出現時文明早已頹廢（進入末世），因為文明的主張是中庸的物質生活，如此經濟豈有可能推展至極。

第三節　末世的經濟困境與亂象

經濟是謀生之事而文明是務道之業，在傳統菁英主義之下，學也祿在其中，凡人學而優則仕，君子憂道不憂食，執政以教化為本、不以開物為先，如今民主當令，人心好利，經濟變成政治首務，二者糾纏不清，政風敗壞而經濟混亂，義利常無兩全。為政以德，王何必曰利，經濟雖是必需卻非首要，公務尤重大義而恥言市道，故傳統政治向以經濟為私事，不多過問；現代社會通行大眾政治，凡夫重視實效、嗜利輕義、少有理想，

民主專事民生，經濟發展乃成政績良窳之關鍵。大眾化與經濟掛帥的關係兼有精神與物質二層面，蓋俗念愈強者愈有物質主義傾向，而汲汲營營謀生者愈多市場愈大、市場愈大則經濟的價值觀愈壯，如此心物互動，市井愈加繁華而風氣愈趨市儈，兩者相得益彰，物阜民豐，人心卻一直腐化。保守主義的經濟政策是無為，自由主義的經濟政策是放任，所謂「管得越少的政府是越好的政府」，意指政治應與經濟分離，以免市場政治化而政治商業化，致使政治與經濟彼此牽制而一同毀敗；此說出現於近代資本主義興起之際，其思想實為自由主義而非保守主義，在此道德不是重點，功利才是要義，難怪政治介入經濟隨即成為勢不可擋之風，因為自由主義造成民主政局，而民主輿論要求以政治發展經濟。政治使權，經濟圖利，權與利絕不相斥而極可互通，然二者既與道義時常相違，權利整合恐為惡緣，其害尤在於政治之亂 7，因為權的行道力量勝於利，權為利所污較利為權所染更為不堪，例如「徵稅」是權在利上的表現，此事無可厚非，而「官商勾結」則是利在權上的作用，其情至為不德。工業革命與民主革命同時興起，資本主義與自由主義一齊流行，經濟成為政治首務是歷史末期的潮流，於此大眾化與物質化如影隨形，世風日下具體可見，尤其社會主義繼自由主義而發，更令經濟性史觀擅場而「拜金主義」風行，在繁榮的市面下乃潛伏著險惡的罪孽，人人皆知光鮮亮麗的風頭總隱藏黑暗冷酷的情態，「紅塵」確以塵重而變色。現代經濟的榮景

---

7. 'It has been calculated by the ablest politicians that no State, without being soon exhausted, can maintain above the hundredth part of its members in arms and idleness.' Edward Gibbon, *The Decline and Fall of the Roman Empire* (1776), vol. i, ch. 5.

可說是由大眾高度參與工商產業所致，這是「團結力量大」的
社會性運動，不是「人定勝天」的創造性成就，因其活力需要
全民支持，故老闆必須關照勞工、高官必須體恤平民、富人必
須救助窮人、資產家必須扶持消費者；於是社會福利措施——
尤其濟貧法 (poor law)——的推行成為所謂「雙贏」(win-win)
的謀略，其實是「上下交征利」或「上下交相賊」的詭計，此
為經濟性的政治契約，其「社會正義」觀點已取代天理公道，
所以有人受害而沒人無辜。經濟學反對傳統的道德治生觀念，
並且主張科學性的財務與世俗性的利害，故經濟學必然採取資
本主義立場，否則經濟學絕無用武之地；資本主義是自由主義
的經濟政策 (經濟自由有賴政治自由)，自由主義又為政權解放
之議，其競爭理念與階級對抗結合，導致大眾勝利而民主成功；
於是經濟快速政治化，市場規模激增，多數人的生活確實有所
改善，但經濟平等顯然不如政治平等之盛，畢竟人性重權而獸
性重利，以政權助長物慾當無消減貧富差距之效。總之，政治
是人性原罪的產物，經濟亦然，人若為完美則無需求生，人類
求生須協調互助，所以經濟與政治必定有關，但二者既然皆出
於人之缺陷，其關係理當盡量疏離以免「同惡相濟」，至此可知
大眾化是文明末世之兆，因為俗人掌權將以物質享受為念，這
便是政治與經濟通姦的亂局。

　　經濟是補救缺失的事，所以保守主義是正確的經濟觀，任
何提倡經濟價值的企圖均非良謀，共產主義所以失敗而資本主
義所以受困皆是因此，然而共產主義與資本主義亦由此妥協，
共創安全與自由可以兼得的假象，更使現代社會失去文化的純
粹性與節制精神。古代經濟不發達不僅是因物質文明不盛，並
且是因宗教信仰堅定，「餓死事小而失節事大」的觀念既強，營

生自然可以默默從事但不能伸張招搖，從商賺錢不是光彩的事，由販入宦乃為晉身之途，如此經濟思想上的兩極立場——主張平等的共產主義與強調自由的資本主義——皆難以出頭，唯有倡導道德理財的保守主義能立足於世。事實上共產主義與資本主義的經濟觀點在歷史初期即已出現，此二者均非艱深複雜的思想，而是出於人性的平常念頭，然因現實條件尚不合宜，財產共有或利益競爭之見皆不得勢，可見十八世紀以來資本主義與共產主義的興起暗示了文明取向的巨變。在近代，資本主義先共產主義而興，此與古時情況相反，因為資本主義流行的環境必較共產主義富裕，史上共產主義思想的產生當早於資本主義，然則資本主義在歷史後期的出現證明物質文明的發達，同時共產主義較資本主義更「不合人性」一情也於此暴露，雖然「合於人性」未必為善。共產觀念早出卻難以盛行，乃因貧困使人彼此憐憫且圖合作以克難，但社會稍一掙脫貧窮，人性自利之心即現，於是競爭成為經濟原則，「一分耕耘一分收穫」的圭臬產生，既符合道德上自我負責的要求，且與勝者保全所得的私慾相應，可謂義利兩全，因此共產主義僅為人類初衷而不為太平定案。雖然，資本主義並不能在原始共產主義沒落之後興盛，畢竟古代社會經濟條件不豐，且其文化思想崇道，不容牟利企圖正當化，亦反光大「取財有道」之議，所以經濟自由尚未能成風。在倫理上共產主義較資本主義良善，在效用上資本主義較共產主義為佳，共產主義反映純樸的人性，資本主義顯示靈巧的人心，二者各有利弊得失，固非完計，這表示經濟本非美事，理財只是救難，無法成全。如此，當保守主義的經濟觀式微時，物質文明必頗為進步而宗教信仰必已世俗化，此際資本主義以其文化底蘊契合時勢，乃能應運而生，然後經濟

競爭之惡擴大，同時民主革命有成，共產主義（或社會主義）
便廣受歡迎。易言之，資本主義與共產主義皆是現代化的產物，
現代化是文明末世的先驅，資本主義與共產主義的流行顯然是
一種文化病態，其唯物思想或經濟至上觀念是文明精神扭曲與
沈淪的表現，因為物質主義不是物質而是意念，這需建立於精
深的學術（包含科學知識）之上，然其「以心役物」的作為竟
淪落至「心為物役」的下場，可見當中必有人之惡性作祟，此
即物慾。資本主義與共產主義皆需現代科技與政體支持乃能推
廣，或說個人主義與集體主義在高度文明中更可深入，例如產
業不論私營國營均需先進的技術才可有效運作，此情使資本主
義與共產主義出現甚早但至今方盛；然經濟沒有周全之方，顧
此失彼是為生難免之事，資本主義與共產主義的價值取向相反
卻同時流行，這顯示經濟的顧全之計必傾向中庸，所以政治上
左右路線之爭終究趨於混同，在此自由與安全似乎兼有，其實
絕非兩全。妥協與節制不同，節制是求天人合一，妥協實為情
理雜交，資本主義與共產主義的妥協是階級鬥爭下的和談（一
則力大數小一則人多勢眾），並非文明最高的成就，所以當今政
局始終在中間偏右或偏左游離，既無定心也無遠見，誠如大眾
要死不活卻圖求快活，將於心物之間徘徊而為錢悲喜。現代物
質文明興盛，以致資本主義與共產主義雙榮，然此二見皆以人
生快樂為的，其理想層次甚低，故二者又對抗又合作，本質不
清、地位不明、而貴賤不分，就文明素質而言僅是中間偏上的
境界，這是因為人若只想做萬物之靈，便要淪為智獸而不能成
為仁者。

　　資本主義是以發展為目的的經濟本位觀點，既不濟事且乏
德操，其「以欲為需」或「以需求為追求」的想法美化且放縱

人性，其「寅吃卯糧」的未來主義行為迷亂當世且危害後代，此種忽視「永恆」(eternal) 而追求「永續」(permanent) 的造物思想是以人為天的妄念，早已將現代經濟化為虛擬的實業，使人陶醉一時而無覺後患。資本主義乃隨文明發達而興起，可說是歷史的必然，其勢所以勝於共產主義，實因資本主義既迎合人慾又含有相當強盛的理性，使人頗感義利兩全而公私兩便，投入者常以為自我實現有助於集體改良、優勝劣敗可促成社會進化，殊不知其道世俗性甚烈而神聖感極微，終究有蒙蔽靈性良心之害。資本主義持人本的世界觀，擁護者咸少天人之際的省思而多有自大的心態，其念一方面堅信人為萬物之靈，另一方面卻認定人際競爭與淘汰為文明進步之途，二者併陳可見其衝突，蓋人為萬物之靈則人非自生自主，然則上帝必在，如此人謀不能成就至善，「以禮殺人」豈無謬妄之處。即因資本主義相信人力萬能而適者生存，其經濟政策乃為放任自由，以為各憑本事求生謀利可激發社會潛能且創造人類生機，於是無限發展由希望變成信仰、由想像變成真相、由需要變成必要，信徒彼此挑戰而互相訓導，共同塑造了一個「安身成仁、養生取義」的物質性宗教。資本主義是自給自足式的真理觀，為使其說完備無失，心物盡皆真實且永恆的觀點隱然浮現，如此精神的層次降低而物質的地位提高，人為保全其萬物主宰的角色乃需強調「榮耀」(glory) 的價值，然人之尊嚴既建立於社會性成就，「名以實為貴」之情使資本主義者的功勳聲譽難以持久，畢竟世事多變，推陳出新更令價值易改。資本主義缺乏靈魂，其精神不過是心理，而可長可久的要求導致資本主義不僅將物質高貴化且將人性神格化，於是人心與物理互通、慾望與理想無異、目標與目的不別、長久與永恆相同，財產的消費用處常低於誇

耀，做事的成就感總強於責任心，權力的掌握不為推展謀畫而為顯示威風，經濟的促進不圖其他而欲自我標榜，總之資本主義的心靈即是虛榮（vainglory）。虛為不實，但非空無，故愚者以虛為真而不愁其假，似乎虛之為德是不受制於絕對之義，可禁得起各種標準檢驗而無損，亦即虛固為不真不實，但確為有，然則虛竟兼具真實之性而勝於空無；此想終是詭辯歪理，蓋虛為真相欠缺之情，或為不足之實，介於真假之際，故所謂「虛虛實實」乃是虛而不實卻非既虛且實，真假虛實既有一致之理，虛當是欠佳而非良好，更非獨立之體。資本主義既不徹底現實也不全然超俗，正是虛實不明而其實為虛，這使資本主義彷彿具有無限適用的可能或不斷引伸的功能，然事實上資本主義是一場精神玩弄物質的遊戲，其精神絕不崇高而物質終究有限，豈能由此造就生生不息的事業。資本主義的長壽秘訣是在於人有無窮的求生意志，因人可能不顧一切自我成全，過去與未來乃皆得為現在犧牲，及時行樂雖非資本主義之要旨，但其「創造永恆」的理念不得不無所不用其極以實現，這包括以後代為代價振興當下經濟，此種「瞻前不顧後」之舉既忽視後果且輕視後人，若由今古之爭擴及今後之爭。如今生態破壞與物資匱乏已為世人所共睹，但資本主義並無退縮之勢，顯然人慾一旦成為最高的價值依據，唯我獨尊的心態便與平等權一同普及，如此「人不為己天誅地滅」，求勝於今又何必著想於後，難怪環境保護的工作難以落實，而藉環保工程圖利之事卻盛況空前 8。

---

8. 時下垃圾分類的教育意義常重於現實效用，故大都未能徹底執行，先進國家或大國皆然，這不僅因為此種小德難以灌輸於人心而盛行，且因科技信仰（科學宗教）又使人們認為物質的問題可以物質手段解決，精神無須為此擔憂或調整，由此可知現代文明含有自相矛盾的謬

共產主義是唯物論，與之對抗的資本主義卻非唯心論，二者差異僅是重視物質的程度有別，相對而言共產主義以為「物為人之本」而資本主義認為「人為物之主」，但以「神為人之尊」一見闕如，資本主義的人文觀實有物化之意，故末世的經濟以資本主義為宗而有浮華之病乃不難理解，因為人不求道便將以求生為道，於是良心不安只能以樹立功名撫慰之。

　　經濟可以相當進步，但無法永遠發展，為求經濟不斷成長，今人以心祭物卻不能滿意，反而在「飲鴆止渴」的危險中深感享樂有窮的無奈，縱慾的心理於是成為贏得「精神勝利」的武器，自殘竟用以證明自主有力，文明至此顯已不能更進，因其反文明的作用恐顛覆所有成就。人為萬物之靈，無由為物所敗，但因人命兼具心物，其心又非全善而含有物慾，故「人為財死」有似「鳥為食亡」，雖然君子可免於此難。人非至善，所以人控制物質的程度有限（唯有造物主能完全控制物質），經濟本為便利生存之計，其發展竟可能殘害人生，這不是「物變」而是「心變」，因為物不能驅心，心為物所傷實是心為物而自傷，此即靈性沈淪，無可歸咎於外物。正如科學可以厚生，然心術不正使用科學則將害生，經濟本無罪，經濟犯罪是人假物為惡，「水可以載舟亦可以覆舟」，其害實因行舟違背水性所致，非水有溺舟之意，以此可見人若不自愛卻愛物必將自沈。經濟是人生工具，應當服務人生而非支配人生，因為人為萬物之靈是神意所囑，所以用物利生乃為求道，「以道殉身」若非天人合一即是玩物喪志，不做物主便為財奴，有「騎虎難下」之災者原有「養虎為患」之過，豈是突遭殃禍。物慾本來不是大惡，然利欲薰心一久邪念必出，此時人一無所信，而神若不在則是非失據，於是

見與惡性循環的隱患。

人由物主變成物霸，無惡不做尚不盡興便要魔化，如此物慾已成奸心，非同小可。文明開化是心物俱進，當其極限來臨，精神無法提升，物質卻猶有開發餘地，因為心高於物，先達止境者當是人文而非物理，於此人若不守節應物，難免轉而寄情於遊物以求快心，精神事業乃可能毀於氣餒而靈魂一反常態投奔異端。如此，經濟不扶持文明便陷害文明，人不以中庸精神治物則心靈貧弱，「不患寡而患不均」不僅慈悲（待人）而且正直（接物），然原罪缺陷既在，經濟不必尋求圓滿，貧富差距應當減小但無可消滅，以均產或富足為尚是小題大作，實在耽誤正事。經濟的歷史經過「正反合」歷程後即不當改造而應守成，心物、公私、奢儉、苦樂、緩急、常變、利害等事在經濟問題中皆應終於中庸（例如所得稅累進之法不能推展至極），以使人不疲於安身而可致力於立命，故「小康」是適當的生計與財力，大富與赤貧均非良好的生活條件，因其誤導人的心力於治產中而使之難以正確求知。經濟政策以節制為重、以安定為要，「經濟大恐慌」(the Great Depression) 不會再現，這不僅是因歷史教訓帶來警覺與新知，並且是因物資有限的問題日形嚴重，使人無法對經濟抱持全面樂觀的態度，此事顯示物質文明愈進步則其極限愈為迫近，於是居安思危的戒心更可能產生。再者，當物資匱乏之情顯露於世時，國際互動互賴的關係必已極為密切，此時窮者不滿而富者不安，己足而人缺不僅有虧於道德並且危機四伏，因為末世的求生者較史上的亡命之徒更乏罪惡感，所以「含蓄」（今人謂之「低調」）是資本主義者必要的經濟德行。物力有窮，尤其人若不知發揮智力以提升物力則物力更貧，故人口與人力不相等，人口暴增是末世之害，乃因今人無知而多慾；而減少人口增加之道竟是使人致富，經濟發展可養活更多

人，但其結果卻是人更求享受而不欲生育後代，現代文明的扭曲於此暴露無遺。人類的未來不能靠「消費主義」(consumerism) 維持，因為缺乏真理信仰的物質觀是一種破壞的心態，其消費造成消滅，無興隆生意的本質，只是虛榮的力量半心半物，一時似可支持市場榮景，而掩蔽物資耗竭與創意窮盡的窘境。然真相不以人之漠視而損，末世之民「活在當下」，固可免於為惡的立即報應，但物質性的惡報雖非即時，精神性的錯誤卻自行為罰，亦即自覺不善便受害於知，這若不是良心譴責也是持續造孽的厄運。經濟的末世與文化的末世同時出現，正如無德則無行，心壞則事弊，不幸者文化本應指導經濟，其失敗致使經濟引導文化，更使文化惡化，於是經濟性文化成為末世文明的特質，歷史精神似乎回歸原始生活之情，其實卻深染俗氣而無純樸之心，可見發展經濟有如馴服野獸，人若不能謹記本意，將反而自我野化為獸王，可謂失策失態。

第十三章

社會的末世

商業與文化的結合：
墨爾本的精品店

第十三章　社會的末世

第一節　社會的世俗性與原始性

　　社會是人的群體或是人的相處環境，所以社會性即是人性，社會的進化是凡人的教化，文明提升固有助於社會改良，但文明成就於人類菁英而社會良窳決定於居民整體，故社會進化總遲於文明提升之速，這表示社會具有高度的世俗性與原始性。人的資質有優劣差異，智者甚少而常人庸俗，教育的功用在於提拔英才及管束凡夫，開化所有人是不可能的事，雖然教育的精神須是如此。原罪包含全體性惡質與個別性惡質二者，人類有其缺陷而各人有其短處，社會是集體的人世，兼有雙重原罪，其進化的障礙尤大於文明，因為文明是人類成就的代表，亦即上層文化，所以文明的素質絕對高於社會的素質（下層文化），畢竟文明僅受限於凡人共有的原罪。社會是人世，人世是集體的生活處境，故社會的格調呈現普通平常的人性，於此智者與愚者皆必須適應，而凡夫的「中庸」立場成為標準，儘管凡夫並無此主張。社會的性質不是任何一人或階級所決定，然中上之人在精神上受困於世的程度必多於庸才，而大眾則不得宣稱其為社會的受害者，惟君子具有承擔世間錯誤的認命態度，故社會關係的平等實由仁者自我犧牲以維持，不是百姓努力奮鬥而造就。智者有自知之明，凡人無識才之力，社會菁英超越社會而能關照社會，所謂「民間」正是雄才眼中的社會，此種觀點並不妨礙處世的公正，因為「能者多勞」是義務的體認而非

特權的要求。反之，一般民眾不知社會為何物，或者以為社會是其所建立之生存領域，所以凡夫認定社會公義是人情常態，而非治國者的法政——社會的性質重「民」輕「官」——不論社會是否安定，社會總與民情同義，似乎「現實」便是時下的人心取向，不顧現實即是反對民意。社會所以形成乃因集體求生之需，此為人類原罪，可見社會既有不可改正的缺陷，且其缺陷甚為低級而原始，蓋社會是人類求生的產物，而人在求生行為上頗有獸性表現，故善者所感受的社會常為冷酷無情，亦即社會有似叢林、社會規範如同叢林法則，弱肉強食既是自然現象也是社會現象。雖然，人與動物不同，人之群居不只是為獵食，其合作意義超越生存所具，社會有文化性質，絕非「野外」，但因社會中人以凡夫居多，而凡夫的物慾強烈，在其相互刺激之下，社會果真富有野性，「害人之心不可有」與「防人之心不可無」相提並論一情，即顯示社會風氣絕非清高，不可以文明層次斷定社會動向。社會包括所有人，而社會意向卻成於多數人，多數人是普通人，自不能期望太高，所謂「初入社會」其實是童心面臨俗事的調適過程，這使人天真淪喪，強化成人的成見，自身且化作社會成員，更壯大風俗習慣，而準備感召下一代，於是社會永遠屹立於「成熟的人性」，不因新生者而變，也不為脫俗者而改。聖賢當然不滿於世俗之風，但社會是大家的園地，智者不能強迫他人接受高見，也不能置身事外漠視情實，只得「入境隨俗」暫且配合，而另圖基礎教育或藉機啟迪人心以端正風俗，然此事並無良效，反而可能使人更覺社會標準是普世之法，即使智者改革有成，世道之變在俗眼之中仍屬社會轉型而非人治，看來只要是眾人之事便無眾人自反之事，所以社會永遠停留於平凡的觀點（即民主的立場）。簡言

之，社會應為大我，但實際上社會總是大眾，社會是文明範疇
中進化最慢的一環，即因社會是一般民心發揮的基地，人性安
於現狀而追求快樂，故社會不愛「高談闊論」，經常處於抵制
「出人頭地」的心態中，儘管無人須為此負責，然凡夫互動確
實助長了人的俗念，於此人豈沒知覺而可自稱身不由己。

　　社會是人際關係的世界，在此之外人猶有天人之際的問題，
而人生由天意安排，人際關係應當本於天人之際的省思，故社
會只是現象而非真相、只是工具而非目的、只是歷程而非結果，
凡人注意社會觀感之餘又另擁內心私見，可知社會集結民眾的
外向性，世風乃多表面性，不可深信。正確的群我關係是大我
與小我之連繫，社會是通俗的世間，個人與社會的關係常非全
面，因為各人超越社會標準的天性無法廣受接納，其低於社會
標準的惡念也難以見容於世，所以人人皆未以全心全意涉世，
完全避世與完全入世均無可能，社會其實是無數局部自我的集
合體，而個人外交的態度極其相似，社會格調乃呈一般而缺乏
特質。易言之，常人都以其人格中的社會性處世，這使社會總
是既實且浮，其「實」是人性嗜利重物的一面，其「浮」是凡
夫怕生畏難而懼於與人交心謀道的情態，如此社會被尊為公共
領域，而人們卻強調其隱私權力。天人合一則公私兼得，天人
對立則公私分途，凡人情理不一，故公私皆需而無兩全，這使
社會一方面為人所重、另一方面令人質疑，有為者亟欲貢獻於
世，然超凡入聖竟為冷落，而小人受惠於世且以俗為貴，但稍
有不滿則歸咎外界，自認為世所害。人的社會性善惡均有，然
其惡恐多於其善，蓋社會本因生存所需而起，求生與求道終究
不能義利兩全，故社會精神無法超出和平共存一義，社會性的
道德顯非高風亮節，殉道若非超俗之舉也是反社會行為。現實

經驗不是天生，社會是俗物，自非良心所求，凡人以其俗心處
世並非自然，而是入世時的消極選擇，此因人本有惡性而生存
競爭乃是惡鬥，社會對凡人而言是求生的環境，備有惡意與人
交涉乃成為正當，故世情冷暖所反映者是人心險惡，不是善意
可信。人既有善性，而人之求生且可以互助成功，社會其實不
必惡多於善，但凡人不識道，鮮有以理行事者，故社會交際往
往互探虛實而不真誠，於是利益交換不成便為敵對，友誼所以
重要正因結黨營私是求生的要務。人雖是群居性的動物，但孤
獨是生命的本質，忘己合群一定迷失，天生我材必有用，唯有
確認各人在世的角色任務，方知「人人為我、我為人人」之義，
其社會經驗乃可以利己又淑世 1，不然則假公濟私或同流合污。
人非完美，難以自給自足，所以倚世立己是必要之途，同時協
助他人成就此事亦為各人力所能及的道義，由此可知只要人懷
美意則社會可為美事而未必為戰局；然而凡人善惡相當，大都
禁不起考驗，捨己為人實是苛求，自保自衛公認無罪，社會成
為人性的大染缸，其同化之勢趨於醜惡，這顯示自私之為害乃
由天資低劣。個人是不全之天，社會是不備之公，二者並非前
因與後果，而是一體兩面，其失相同，然社會不是個人的本原，
各人須對天負責而不必對社會負責，社會的改良有賴個人的開
化，而改良的社會卻未必能開化個人，可見社會進化較個人提
升更難，因為社會是集體，其改善需要大多數人受教又需要上
帝垂愛，實非人力所可決定。正是因此，自愛者常與社會保持
距離，自棄者則常抱怨社會加害於己，凡人對外總持戒心，戒
心屬於惡意，大眾挾惡入世，社會豈得和善。社會宣傳總隱惡

---

1. 'Blessed is he who has found his work; let him ask no other blessedness.'
　　Thomas Carlyle, *Past and Present* (1843), bk. iii, ch. 11.

揚善，民情卻未必如此，在大眾的善意不敵惡念之時（之前），群我互動常陷於惡性循環，使惡人愈惡而善人愈苦，將社會指為「人吃人的世界」固然誇張，但這著實是善良卻脆弱之人的處境。總之，社會是常人所見的外在世界，或者社會是個人所知的他人，人不得道則人人相互猜疑，於是信任不免為投機或私通，人際關係只是各懷陰謀的片面交往，其善常為利益衝突所破壞，世風難以全面改進 2；在競爭的局勢下，率先表達誠意者往往成為示弱，效果猶不如示威，以致凡人的社會觀不論敬畏皆非得理，其敬是「成者為王」之想，其畏是「敗者為寇」之憂，憤世嫉俗卻趨炎附勢，異增社會混亂。顯然愛世不以德則害世，淑世是替天行道的作為，不必合於風俗而時常為人所恨，凡此總因文明未臻於至善則社會流連於人情，人情以眾為大，故社會仗勢欺人，人竟不能抗議。

　　社會由人組成而非人由社會生成，社會雖對凡人具有強大的塑造作用，但這畢竟是人的俗心所致，不是社會高於人類的效應，社會有機論的錯誤在於認定社會自有生命卻無造物力量，此為「半神」信仰，自相矛盾且倒因為果，蓋社會其實是人性產物，富有政治性而缺乏神聖性與主宰力。若論萬物產生的原因則上帝為唯一答案，神人之間並無居中仲介者，社會有機論持無神之見，卻將社會神格化，使其具有主導人生的威力，此乃政治性神話，含有中國式或黑格爾哲學式的天人合一宇宙觀，其實充滿世俗性意念。社會有機論的政治意識型態正是集體主

---

2. 'If only there were a way to start a city or an army made up of lovers and the boys they love; theirs would be the best possible system of society, for they would hold back from all that is shameful, and seek honour in each other's eyes.' Plato, *Symposium*, 178e.

義 (collectivism or totalitarianism)，「犧牲小我以完成大我」是其旨趣，此說絕非一無是處，而頗合於保守主義的統治觀念，其愚民政策儘管有失，但其用心與成效甚有善導之性，實較自由主義與社會主義為佳。然而社會有機論避談神意卻強調大我的支配精神，在迷信的影響之外，此種論調常為獨裁者利用以增加其專制權威，由是社會高度政治化，自由思想與文化創意大為蕭條，終極關懷與真理探索若非偏執即是式微，而當個性不為人所重時，社會性也隨之變質，現實趨於超現實，社會似為異域，人際關係更形虛假。如此的社會不使人疏離則令人厭惡，人淪為社會的工具即難以滋養社會，此時社會運動雖多活力卻少，社會空洞化而人們離心離德，終為兩敗俱傷。社會乃是所有人的社會，不是少數人的社會，少數人的社會僅為小團體，其力量或許強大，但不能象徵或取代民意（甚至是輿論），社會有機論常為小眾的社會觀，其說即使優於凡俗意見也無法消滅人性實情，可見社會的「健康」問題是其反映現實的真偽程度，理想的社會並非如此，然不切實際的世態絕不是好的社會。易言之，社會的改進不可「揠苗助長」，而需基於全民均衡教養，菁英創作可以直接提升文明卻難以順勢改良社會，研究可能立即見效，教育則無法馬上成功，所謂「百年樹人」即表示心性不易短時改造。社會是群體，政治是公眾事務，社會與政治息息相關，社會管理即是政治，政治環境乃為社會，人因政治性格而融入社會，亦因社會性格而參與政治，社會與政治均是群情，其差異主要是所含權力關係的多少，這顯示以人性而論社會較政治更為自然，故社會比政治更不需要統一，或說社會較政治更能承受紛亂。政治要求紀律的程度多於社會，政治可謂為強化的社會，所以政治的社會觀重視次序，統治者常自以為

其地位在社會之上，民主社會即使實施平等之法，這仍呈現「政治高於社會」的情況，因為法律是政治手段而平等不是社會常態。有政權則有法律，但社會的觀點——或民間的希望——是不要嚴格執法，社會顯然較政治更保守人性立場，亦即政治的人為化常勝於社會，所以政治的英雄主義常見而社會的個人主義不盛；相對而言，政治是權力競爭的形勢，社會則是共同生活的情境，二者雖關連緊密，但社會的平民性顯示其有反政治的一面，故社會為集體而集體主義卻屬於政治（社會有機論的政治性亦強於社會性）。社會誠如「一盤散沙」，因其由眾人組成，故既不緊密且非超然，蓋大眾雖平凡普通，但個性因人而異，同時菁英在社會上的影響力絕不如其政治或文化勢力，社會其實為「統而不同」，不能自治也不能自主，真正高於社會（人類群體）者除了上帝並無其他，若人不信上帝亦無須遵從社會，然則社會的好壞確是「人人有責而人人無責」。人為社會之本，社會性格是人心所致，人心可能改變，所以社會性格並非不易，如此社會沒有真相，個人本質才有真相，環境決定論是人自我物化的說法；社會性不是「量變造成質變」的表現，而始終是「集體」一義，絕無凌駕人性之機，故人可不受社會控制，世俗是凡夫共識所然，不是外來的高壓力量。社會是人生處境，人生不以生活為尊，社會當然不是人的主人，有為者隨緣行善可以改良社會，但淑世只是行道的結果而非求道的目的，專意於「社會工作」並非淑世正道，而凡夫自私之舉也不可斥為傷風敗俗，因為一般人所為乃與世道相符，可見社會敗壞是君子的惡運與小人自作自受的現世報。

　　社會由所有人構成，但風俗是大多數人所造成，特殊的人格與觀念無法主導世道，因為社會是集體生活的機制，於此互

助與競爭同時進行而不執一，並且生存所需的精神標準本不崇高，所以社會價值觀常為中庸甚至中性傾向，這不意味社會的運作有反淘汰之勢，但上智與下愚確實難以成為主流。社會有大有小，而不論大小社會均為俗世，這一方面是由於常人平庸（或說平庸者為常人），另一方面是由於社會既為群體，社會立場不得不出於眾議，故任一社會的文化風格絕不是其最佳素質的表現，卻可能偶爾流露其最惡劣之處，因為凡俗之人難免有墮落放縱之時。社會是同化的形勢，民主雖是晚近的政治取向，但在社會風氣上民主向來是決定性原則，社會若分為上層社會與下層社會，這其實表示菁英難以影響大眾——亦即下層社會較上層社會更富有社會性意義——所以上層文化是不同於民俗(folklore)的別緻領域，在社會學者的眼光中頗為孤立。君子關心求道，小人專事求生，社會是以滿足生存需求為主的公共關係，其格調當然務實而不高蹈，所謂「公平」就社會的觀點而論自是「有平乃公」，對此社會菁英也不能忽視，畢竟「人中之龍」立足於人間，固不可反人道。人道主義是常情常理的人倫思想，而非堅持正義真理的超世信念，其見只是一般的道德觀點，對普通人性深具同情，絕無成仁取義的要求，但這已是社會上最高尚的精神，聖賢入世也難以更加苛責。人性兼有善惡，善不超過惡則人無法生存，然至善的標準也會「逼死」凡人，所以得過且過的態度成為社會慣例，勉強行善反而令人不安，「得饒人處且饒人」竟是最得人心的長者德望。此外，集體營生所需的人際關係也驅使社會以和為貴，蓋人之求生既需與他人互助又需與他人競爭，競爭多於互助則多數人生存困難，互助而不競爭卻非可行且有害公道（資質不同則難以合作無間），在此緊張的人際關係下，社會的經濟立場只能維持互助多於競

爭之局，大眾以此乃得圖存而強者猶有伸展餘地，其情絕無極端的變化，雖然心滿意足者實甚少（知足遠較滿足容易）。分工與專業化是人生常規，職業分化雖自然卻未必順當，謀職者可能以興趣為尚也可能以利益為尚，工作中有通謀又有私用，完全服務他人與完全實現自我皆無可能，如此人類共生必然致使社會妥協，一意孤行即使是高明之舉仍非眾望所歸，社會的大眾化雖是近代盛事，但其性質早已潛伏於古代世風中。庸與俗幾為同義，社會為俗世，其道當然平庸，但社會與凡夫互為因果，庸俗者常歸咎於社會，卻不知社會因此更為庸俗，社會的受益者大都自認受害，而社會的受害者可能注意其受惠，若此見識差異乃是由於能否超越社會或超越自我。所謂「近朱者赤、近墨者黑」，其意是勸人善擇學習環境，而非表示為惡是「誤交匪類」的結果，蓋人格若是外界所造成，則凡人皆為無辜而善惡不存，事實上社會是人人相互影響的習氣，於此俗人心心相印，不可謂受人引領誘導 3，可知社會在精神層次上絕不高於個人。社會文化即是人情世故，社會標準絕不高峻，社會規範絕不嚴苛，社會性既是群體性，社會要求不至於強人所難，事實上客氣是俗氣之風，驚世駭俗則為社會所不容（所謂禁忌必為社會主張）；優秀乃是獨特——故優異並稱——其傑出素質並非社會全可消受，寬容是社會美德，價值中立是社會科學觀點，社會主流或主流社會不過是中人之上的水準，社會名聲必不及聖賢之實。社會視平常為正常，社會的庸俗是智者所見，而智

---

3. 近人常以為盧梭 (J. J. Rousseau) 是現代思潮的導師，然盧梭之見甚為庸俗，其人性化取向極強，盧梭思想所以流行實因迎合民意，或是大眾心理所持與之相投，如此與其說盧梭啟蒙民智，不如說凡夫所見略同，盧梭的影響若不是現象而已，便是其潛在同志的適時呼應。

者不可能反常，故超凡之人入世既須接受俗套又須改良風俗，這不是矛盾而是忍耐，然求仁者必得仁，社會之無識對世間菁英乃非虐待而為策勵。

　　社會形成的物質性因素是求生，其精神性因素則是認同感與歸屬感，二者均是層次極低的事，因為人固然缺乏獨立的條件，但人確應自強且相當有此能力，所以太重視社會便是太缺乏理想，凡人無此體認，乃誤以為避世是自信不足所致，而社會化方為成長之途，這更增社會的平庸性，或更減個人的完整性4。原罪在世間無所不作，人的身心皆有弱點，一方面人需要物質以維持生命，另一方面人在精神上須自我肯定以產生活力，而人既不完美，其知識乃多缺失，當事者為合理化其人生觀，便常以多數人之見自明，於是流俗觀點成為天經地義，自欺欺人不是詐騙而是互通有無。人需求歸屬感是因其性靈不全，然各人均有主見或成見，不可能與他人全然同意，故歸屬感的增加有賴認同感的強化，在彼此接納與相互標榜之下，認同感促進了歸屬感，從而減少人自覺有失的不安，錯誤的信心與憐憫則同時興起。如此，社會是凡人自我暗示的憑藉，因其主從或主客的關係不明，個人並非受制於眾人而形成一己的處世態度，社會化其實不是人格改造，而是個人融入社會以實現私念的過程，可知在思想上社會的地位絕不高於個人（大我優於小我一說是知識問題）。認同感是從個人出發的心念，歸屬感是以群體為主的意識，二者固有形式性差異，但其實殊途同歸、異曲同工，這顯示個人與社會的精神關係相當平等，一來一往潛移默化而搭配如常，即因社會是民眾心理交流之域，一般人的

---

4. 'Talent develops in quiet places, character in the full current of human life.' Johann Wolfgang von Goethe, *Torquato Tasso* (1790), i, 2.

性格實與世風相去不遠，厭惡時尚者大都是深思之人。正如
「大」與「公」有一致之處，在人文問題上「量變造成質變」
的情況時有，多數人所持未必合理，但其勢為神意所趨，不可
忽視，故社會固然庸俗，也不可一味排斥，而應善加回應（尤
其開導）。凡人無力自足乃結伴成群以相濟，此事無可厚非，惟
聚眾得勢有助於謀生，卻不必嘉惠文明，在精神創作上「團結
力量大」並非定律，自由於此更為重要，因為求道是各人的事
而不是集體活動，以社會為認同與歸屬對象實是自我封閉，且
有惡化群性之害（如民族主義）。個人成長的歷程必先經入世一
節，因為生命自幼發展，求知不得不以承受傳統開始，社會使
人認識現實，此事確有「啟程」的意義，然而「善終」之道是
超凡入聖，參與只是人生初步，獨立才是生命止境，否則以時
推移而與世偃仰終究將自己稀釋於人群中，又使社會的庸俗性
無形中壯大，可謂成事不足而敗事有餘。人皆以母語學文，然
不能超越母語則難以求知及提升母語能力，個人與社會的關係
為良緣或惡緣亦如是，能入世而出世方能淑世，入世而出世不
得是受困於俗，其實為迷失而未真正入世，如此社會不是啟蒙
人心的環境，卻是有待啟發的草野，因為世人大都是陷入凡間
而不知有天的莽夫。社會的功用若僅止於生活機能，則其害不
大但其利亦不大，因人在求生之外又有自大的心理需求，社會
乃成為人慾俗念互通的場合，於是社會的利與害俱深，凡夫以
為社會之利甚大於其害，這即證明社會之害極大；社會標準是
一般人衡量人格成熟狀況的依據，顯然社會化的力量所以強大
是因凡人社會化的傾向強大，不解高下之義者必少內外之別，
其個人觀點將與社會思潮相似，故凡夫有殉國無殉道，此為自
我肯定而非為理想犧牲。人具天性，故有理想，社會是現實世

界，因其要素出自人性，好人與社會關係緊張，大眾卻可安於現狀，此非良能；文明愈進化則大我與小我愈為一致，文明愈原始則個人與社會愈顯調和，二者貌似神離，因為天人合一不損害人，而群我結合必有虧理。

　　社會的本質是人的群居性，而人類群居主要是為求生，求生所需的條件實非精絕，故社會組織一般並不嚴密，社會固有其倫理、制度、階級、及傳統，然這些維繫社會成員團結精神的標準原本相當寬鬆——此即所謂「自然狀態」(state of nature)——只因政治或宗教勢力的整頓，社會規範才變得嚴格，可見社會富有原始性。歷史學者常將人文分為政治、經濟、社會、文化四大領域，社會顯然是其中最乏文明素質者（文化則為最優者），事實上社會在文明出現之前早已存在，而在文明開展之後，社會的進化程度且不如其他範疇，社會所以最屬化外（最不受文明影響）乃因社會是民生的天地，凡人謀食不謀道又偏安於一隅，其勢當然轉變緩慢。社會的改進落後於政治、經濟、與文化，所以各地文明的差異在社會層面上表現最微，如此「人類社會」一說可以適用於古今，因為「人同此心、心同此理」的現象顯現於不同的社會，而上古社會東西近似，現代社會亦然（尤然），並且以大同精神而論，人類應當視為同一社會。凡夫即是大眾，一般人性格相近，但個性畢竟人人不同，況且在大眾之外，猶有特殊人格需要顧慮，因此社會的規範即使簡略疏鬆也必須推行，以使群體關係可維持穩定，此即社會不能沒有紀律，雖然社會抗拒嚴整的控制。官民之別表示政治與社會有異，政治的社會是國家，而社會的政治是輿情，國家要求民意統合，而輿情呈現私心自用，政治教育若成功，國家與社會的一致性便高，然政治僅為人性部分的表現，社會終究難以徹

底政治化。社會與經濟的相關性強於社會與政治，然經濟的發展涉及知識，也有賴政權的推動，所以社會無法與經濟結合而排除文化與政治的因素，這表示經濟的改良可能不普及社會，因為經濟具有相當的菁英性而社會卻充滿草根性。由此可知，文化與社會的關係甚遠，除非吾人將文化解釋為「生活方式」——這其實是下層文化——社會可謂缺乏文化，而人格民心的改變主要是靠知識，故社會的守舊性極強，總是趕不上文化的進步，各地的文化差異亦以此常勝過其社會差異。如此，社會原是政治性不高、經濟性不足、文化性甚弱的民間，其結構鬆散、產業遲緩、品味低俗，直至近代大眾化興起，民主與科技盛行於世（深入民間），社會乃與政治、經濟、文化整合，共同組成單一的生活圈，於是社會性的意義漸形模糊籠統，這是社會的末世而非盛世，因為大眾當令不是文明偉績 5。社會需調和各種人格而保持整體規模，所以社會標準趨於平庸，世上道德少有正義的堅持、制度常與現實妥協、階級為安定公共秩序而設、傳統以延續風俗習慣為旨，凡此皆使人際關係舒緩而穩固，不令常人難以忍受。總之，社會的包容性是社會穩健的因素，也是社會轉變遲慢的因素，人類的社會較其文化在性質上更為單純相似，所以人類與社會可以並稱甚至二詞代換；既然社會是人性的世界，社會的一體性乃易於由一地一國擴及天下，但大同的境界畢竟不是如此而是精神的全面開化，故文化不應

---

5. 古代的階級制度是金字塔型體系，其結構符合人類天資優劣的分佈狀況，於此社會地位與宇宙次序相通，兼具人際與天人之際雙重關係，所有人各得其所（雖然當事者可能不以為然）而無人失散，此一完整性證明其法得當，反觀現代民主制度號稱平等自由卻排擠菁英（貴族政體包含平民而平民主義不容貴族），其錯誤不言而喻。

以社會為尊，社會乃應以文化為首。

第二節　社會變遷與大眾化發展

　　社會是人際互動的生活空間，然因古時交通不便，故社會的範圍不廣，孤立的社會分散四處，民眾的社會意識封閉狹隘，全民的社會仍未形成，僅有見多識廣的人能感受「民間」的存在；此情隨文明開發逐漸改變，民族建國促進人民的同胞感，民主化與工業化尤其快速連結各地關係，使社會規模大增而思想交流頻繁，於是社會的意義或重要性充分呈現，社會的極限也於焉出現。「社會」其實是現代的說法，這雖不表示社會的觀念不見於古代，但確實意味社會意識至今方才普及且趨於一致。社會的感受與個人體認其在大我中的角色地位有關，愈乏「天下觀」者愈少社會感，愈覺人類有集體生存之相愈知社會對個人有廣大的功用，不然則人需增進相互的重視與了解，其社會意識方可增加，而凡人對世界的認識極為有限，故實際上社會的強化主要是由於人際關係的擴張，亦即憑藉經驗而非知識。易言之，社會的完全成形是因為各地人民高度的互動互賴，其密切關係是建立於物質性條件，精神因素乃為其次，或說是以情為主而非以理為要，此種互通性出自人性，知性或靈性的作用不大，故大眾化愈強社會性愈明，「真正的」社會即是大眾社會。傳統的社會是階級社會，現代的社會是全民社會，階級社會的「社會流動」(social mobility) 不盛，其人際關係範圍狹小而固定，全民社會則以平等為尚，各色人等匯聚其間，互通聲息且彼此影響；然社會性終究是世俗性，曲高和寡是社會現象，人云亦云是社會效應，傳統社會的社會性顯然不及現代社會，

亦即階級社會較大眾社會更高雅，社會一旦顯現文明便已退化，此乃人性全面的勝利。社會本是群體，群體愈大社會愈廣，然群體擴大不僅憑人數增加，更需靠共識推展，古代社會所以隱伏不彰，兼有人口不眾與溝通不深二因，現代社會所以為徹底的社會，亦由人數龐大與意見密集所致。人性低俗而人力有窮，世間人口不可能無限增加，而公眾事務之見亦難以突破俗念，因此社會的壯大有其極限，這即是「自由與平等」或是「民主與科學」相提並論的時代，也就是當今的大眾社會。自由象徵能力而平等要求節制，誠如科學反映物理而民主代表人道，二者均有其衝突性或緊張性，自由與科學對比於平等與民主乃是菁英思想與庶民態度之別，如此社會欲擴大實需以上層文化為犧牲，這表示現代社會是文明極致出現後又有退縮的結果，不然則大眾勢力無法成長至足以壓迫上流風教的地步。古代階級社會是良好的社會，因為人才優劣不等，社會本來無法通同共治，然而階級社會是分隔性的社會，其鞏固需憑政治控制，這造成特權而引發不公之譏，於是社會革命產生，平等成為社會正義的最高精神。社會改造的意義是擴充社會的性質，亦即增廣社會的領域，所以社會運動必然主張平等化，因大眾原處於政治劣勢而將擁護平等原則，故社會運動風潮若現，民主趨勢殆無逆轉之可能。社會既是群體，群體的性格愈為一致則社會愈為具體，當凡夫集結為大眾時，社會的發展已達成熟的階段，此事不成於古而成於今，乃因凡夫能薄識淺，其得以組成大眾實有賴外力，此即文明對社會的建設，尤其是國民義務教育與民主政治。社會主義的思想自古即有，但社會主義的流行乃在現代，這也證明現代社會才是社會意義十足的社會，因為唯有在這樣的環境裡社會主義才可以興盛，也才有獲得其歷史定位

的機會；社會主義採取大眾立場而力倡平等，然與其說社會主義造就大眾社會，不如說大眾社會助長社會主義，畢竟大眾社會的勢力遠大於社會主義，而大眾社會當今方有，社會主義則起源甚早。不論如何，社會的文明性不高，社會充分出現並非文明原有目的，而此事確實有害於文明提升，然文明絕不反社會，社會也非反文明，只因凡人意念低俗，以致大眾受益於文明而擴建社會之後，其世俗性造成文明的社會化，這即是好大喜功者精神耗弱的情狀。

　　社會起於人的群聚性，人之群聚是為便利求生，而文明興起之後求道成為文化要義，同時龐大的國家政權樹立，於是社會階層化，貴族與文士據有統治地位而推行禮教，大量人民則散居各處而接受律法；在此金字塔型的社會結構中，人際關係常限於同一階級，上層社會分化繁細，下層社會平等散漫，不同等級者所知之世界頗不相同，包含所有人的社會觀既不存在，所謂社會原是各類的群體（可謂社團）。如此，傳統社會與道統及政統結合，次序嚴謹而改變緩慢，直至大眾化盛行時，社會成為全體人民的論壇，民情乃多歧異與變化。社會的歷史在本質上改變不多，事實上古時社會是各式各樣的交際圈，或是諸多文化性與經濟性的聚落，其統一性既然不強，社會的風貌乃不清晰，難以論究其階段轉變。簡言之，史上的社會變遷其實是社會（今義）逐漸強化或彰顯的過程，若以現代社會學標準討論古代社會，必然有「文不對題」的困窘，甚至有「削足適履」的扭曲，至少也有「以今非古」的問題。現代的社會是全民的社會，古代社會是局部的社會，以今日的觀點而論，古代社會是片面的社會，但以傳統精神言之，現代的社會是人倫亂局，古今不同的社會觀反映人文思想之異，此即古人以君子為

大人，而今人以天下為眾庶。社會是現代的觀念，亦為具有原始性的看法，這是說社會是人人平等之見所造就，此事雖出現於現代，但其情境在遠古初民時期已存在。如此，社會在文明歷史中並非重要的事情，因為社會的主體是平民，而平民既非偉人，自當存而不論。社會是民眾，民眾缺乏精神力量，所以自古社會變遷不是社會自身造成，而是政治、經濟、或文化的因素所致，易言之，社會的改變是菁英對凡夫的影響（上對下的作用），不是一般人的自我轉化，蓋「江山易改，本性難移」，社會改革甚無可能，而社會變遷大都只是滄海桑田般的人事興替，絕非人格因時改換。人性難以改造，更遑論凡夫的人性，故社會變遷主要是時勢之改或是生活方式的移易，此乃文明外觀的變化，並非歷史真相之所在。古代的統治者企圖教化人民，同時又知人民不可教，故其教常為導人安分守己，進一步則使之確認各人在宇宙中的定位而發揮本事，此種天人相應的世界是宗教社會，因其推行者是政府，政教合一，乃有「神權」(theocracy) 之名。天高人卑，以天道設定人道則不以凡夫為重，尊卑有序，社會政局乃無法開放，保守主義以神意治世，神意不顯則傳統是守，而封建制度以主從關係團結各方，權威其來有自故認命即需負責，如此信仰不變則人生依舊，革命即是造反。雖然，菁英與大眾並非二族對立，傳統社會就團體數量而言可謂多元社會，於此大眾為同類，菁英卻極為分殊 6，只是

---

6. 人類以平凡者最眾，平凡乃為普通而普通乃為一致，故大眾數量雖巨卻性格相似，而世上英傑人數微少，其秉性資質則相異甚大，或者才識高明者敏感而自負，故英雄所見僅為略同，「文人相輕」實為難免。如此，凡夫以量取勝，菁英以質取勝，然凡夫之質簡單，可謂一類，而菁英之質殊異，實為數類，所以凡夫易於合作卻不易致效，菁英不

質與量不等，古時民眾合一的社會總不敵菁英分殊的社會，而
菁英不自視為社會中人，故古代社會是不完整的社會。平民等
級為唯一，貴族則階層繁富，換言之，大眾的社會僅有一個，
而上層的社會卻有數個，社會在古代是分化的群體，人民雖為
最大的社會，其力量卻不大，上流社會擁有大權，然其行為準
則嚴明，故古代社會不論上下均（須）持守分際，世變乃是形
勢長久推移的結果，無遽改之情。然而菁英主義的推展必降低
菁英主義的素質或損及菁英的地位，大眾化原是歷史注定的趨
勢，文明教化蒼生的事業最後功敗垂成，當現代社會出現時，
上層社會的分殊性早已減少，下層社會的複雜性則迅速增加，
人情整合的需要愈來愈為迫切；在全民共組單一社會的情形下，
「牛驥同一皂，雞棲鳳凰食」，各色人物交道，各種意見紛陳，
社會衝突雖不似階級鬥爭嚴重，但其混亂則持續不斷，同時政
治、經濟、與文化轉變快速，社會變遷因此激進，其勢有如行
舟於狂潮上人滿為患的緊張關係。總之，封閉的社會較開放的
社會更佳，因為智愚有別，凡人並非皆可教化，分類治之是必
要之計，將社會視為人權運用的天地必混淆是非，適才適性就
職方為正確的人生，社會亦是原罪的產物，理當加以節制；統
治應與教育一致，愚民與媚俗不同，社會封閉有礙少數英才而
無害凡夫，社會開放有害一切俗人而無補聖賢，社會封閉乃有
善良風俗，社會開放則人心浮動，畢竟社會性是人性之合，故
社會愈大愈非良緣。

　　社會變遷不是社會自動而是外力驅使，故社會變遷的動力
頗具文化性，易言之，社會菁英是造成社會變遷的主力，民眾
只是時勢的追隨者；社會契約論是社會壯大的精神先驅，都市

易共謀卻易於自成。

化為社會凝聚的物質因素，生活形態的遞變則使「代溝」頻頻出現，益增社會富有活力的假象；大眾於社會變遷中既乏主動性，其人格自無本質性的改變，可見大眾社會的形成是文明的庸俗化，雖然這確是生活的改善與凡夫的進步。社會性是群眾性，群眾規模愈大世俗性愈強，世俗性乃為平庸，而平庸者能力弱，故社會無能自主，改變社會的力量常超越社會。「時勢造英雄」若為真，此種英雄絕不偉大，「英雄造時勢」一情方才顯示英雄之實，如此凡眼以為英雄為時勢所造，其見若非自相矛盾即是玩世不恭，而高才大約認定時勢乃英雄所造，這雖富有豪情壯志，卻忽視上帝的主宰地位，可見二說均有其病。論究其實，「時勢造英雄」與「英雄造時勢」兩者均不與上帝信仰抵觸，蓋上帝超越現實，其舉蘊含於人事變化中而非直接具體表現，故前二情皆可能為神意安排；然則此二說之差異實為大眾主義與菁英主義之別，相信「時勢造英雄」者並不崇敬英雄，強調「英雄造時勢」者必定輕視凡人，前者之誤甚於後者，因為英雄乃是菁英。社會學的社會變遷之說以大眾為主角，其意趨於「時勢造英雄」，但其時勢觀（時勢即是社會變遷的傾向）缺乏終極性或第一因的探索，顯然有誤，何況「環境決定論」若為正確則此說根本無從建立（有如「知識社會學」無法自我解釋），可見「英雄造時勢」較為接近實情。大眾是凡夫，量大而質劣者難以獨立，豈能創造時勢，有影響時勢之力者必然超凡，所以菁英不重社會而重上蒼；然史上菁英畢竟促成社會的茁壯，正因其舉為間接作用，這更證明社會其實不是人為的世界，而是神意驅動的凡間。凡夫無力自覺，聖人富於靈性，中上之輩優於俗世卻未能通天，常自以為看透紅塵而欲為人主，此即社會契約論的精神層次。社會契約論者不具上帝觀（反對

「王權神授」說），卻有凌駕人性的自信，其說有「人定勝天」
之想，圖以集會結社之道創造自主的生活園地，而不論永恆普
世的真理。社會契約論以群為首，其倡議者自命知人識俗，卻
諂媚凡夫、迎合風尚，正是以英雄求愛於市井，此種不堪之情
不為此輩所覺乃因其志專注於推翻貴族，似乎有聚眾造反而不
攬權的清高風骨，故頗得民心。以社會為高是以人為天，社會
契約論是平民性的集體主義，故大眾樂於接受此見，惟其實現
另需物質條件相助，此即都市化的生活環境，而此物亦為眾愛。
都市化其實是人口集中之相[7]，人際關係密切則社會性強化，
同時衝突亦多，於是社會契約論的原則與精神更形重要且可行，
從此社會契約轉變為政治契約，集體協商的作法愈加具有強制
力，社會為主而個人為從的形勢愈為壯盛。都市化的背景是工
業化，工業化的原因是科學進步，科學進步使凡人的價值觀深
受影響，在物質與精神雙重條件的作用下，現代社會的遞變勢
力強大而普及全面，因生活經驗差異甚鉅，代溝問題隨之產生，
這顯示社會的歷史長久固定，如今才有重大的改變。人文的提
升愈達高深之境則進展愈慢，並且其義理精神古今一致，所以
文明發展至近代實有遲緩跡象，然物質開發之勢反是，中古科
學停滯不前而現代科技發展一日千里，此因真理具有超越性，
人文學遠較科學受限於心靈的力量，易言之，人的智能難以得
道卻足以開物，故科學掛帥的時代即是大眾的時代，這不僅是

---

7. 都市化不必由於地少人多，高樓大廈叢生不必因為平房無法再建，生
   活方式或價值觀的改變才是主因，這是說凡人對都市生活的偏愛（精
   神因素）造成都市擴大（物質條件），而非都市擴大導致眾多鄉民進
   城，所以都市──尤其在都市化之初──常有房屋短缺或空間不足的
   問題，都市供不應求之情證明心為物主。

因二者皆興起於現代，更因凡夫當權則人文不得賞識而物力深受矚目。大眾之見淺薄，其人文知識似有無限增進的可能，而大眾化正當科學昌明之際，科技進步造成物質生活多變，因此大眾社會充滿活潑動態，予人成長有勁的印象；事實上大眾社會的生命力來自其精神幼稚的狀態，大眾成為社會主人是時勢所致，而非大眾自身革命所得，此時文明仍為菁英成就，然大眾可以盡情享受，故世面尤顯繁華。扶持大眾當家者不是凡夫也非聖賢，而是稍優於大眾的人才，其所為本不為抬舉凡夫，卻是為自謀前途，然因其見不甚高明又挾眾自重，結果「養虎為患」，反受控制，此種文明內亂是進化偏差的末世現象，以大眾眼光而言是歷史持續的進步，但就菁英的立場而論實為「尾大不掉」的困境。

　　大眾化趨勢隱含於文明歷史之中，但其興盛乃在現代，故此事可謂遲來而突然，中產階級與社會主義暴起暴落之情，證明大眾化是史上最大且最後的社會變遷，而「知識份子」(intelligentsia) 一名的出現則證實大眾社會顛覆上流文化，於是社會學所呈現的社會真相當然是物化的人間。文明是菁英的創作，然文明愈擴展則菁英人數愈多，於是菁英的標準或素質愈降，同時文明負有教化凡人的使命，而凡人學習能力有限，其受教至某種程度後，不但知識無法提升反而觀念偏失愈甚，可知文明發展隱藏自我打擊的危機，其最大的人事禍患正是大眾化。大同世界是文明進化的期望，然大同是所有人都開化的成果，不是社會平等原則徹底實踐的結果，而人既有原罪且天賦高低不一，大同乃無法達成；不幸無識者以提倡平等淑世利己，又廣受大眾支持，以致民主革命推翻階級制度，社會正義淪為人權均等，上流人士固然受害，中產階級亦未獲公道。資質最

優者絕不主張平等，中上之才比上不足而比下有餘，其初衷本是「見賢思齊」，欲求貴族接納，故中產階級之上層擁護自由主義，平等非其所重。然而「上不去便要掉下去」，未得上流社會肯定者將以貴族為敵，或者中下之才終將倒向大眾以對抗權貴，又有少數文化菁英思想未澈而以公平為尚，此輩亦積極投入社會平等化運動，其看似無私的精神及高人一等的學問，尤令民眾深信政權開放的價值，如此士大夫的優勢在史上長期緩慢減少，直至十九世紀上下階層的均勢出現而隨即崩解，大眾「瞬間」成為社會之主。在此過程中，中產階級扮演承先啟後的社會變革媒介，其歷史角色的擅場時間極為短暫（二十世紀以來中產階級一名已失其正義 8），這表示中產階級象徵大眾化前夕沒落貴族的精神遺緒，其上達未成反而下行的作為終究是「為他人作嫁衣裳」，扶持了大眾而作賤了自己。中產階級是貴族與平民之間的群體，但其政治身份實屬平民，這表示傳統社會是貴族社會，中產階級只是貴族社會瓦解中的投機者，惟初時其意向是投靠貴族，然後轉為獨立，最終則融入民間；中產階級又分上下二層，其對上與對下的態度曖昧不定，上層中產階級的菁英主義顯然勝於下層，然時勢所趨既為平等化，下層中產階級援引大眾的立場終於勝利，這卻造成中產階級的自斃。中產階級原主自由主義，而在大眾化已成定局時，中產階級開始

---

8. 中產階級原為不具貴族身份卻具有貴族般條件的社會菁英，其能力與思想接近上流人士，不與民眾為伍，據中上的地位（故人數不眾），然民主改革盛行之後，階級制度已去，中產階級失其認同對象及政治定位，早為名存實亡；今人所謂的中產階級在學識、權力、履歷、甚至職業上均非特定且不屬傑出，其定義實以經濟條件為主，亦即財力在一般人之上而不及富豪的略有權勢者，此一籠統又庸俗的流行用詞暗示現代社會仍富有階級意識，而其成就標準是有錢的程度。

接受社會主義（社會主義的提倡者本出於中產階級），同時自由
主義左傾而逐漸重視平等，這顯示社會主義即使未能取代自由
主義成為主流思潮，亦是大眾社會必然標榜的價值觀；但正如
大眾難以取代菁英而為社會領袖──若然則社會無法組織及動
員──社會主義在大眾化運動期間雖受推許，此乃精神性需求
所致的口號而已，在民主制度底定之後，施政仍須務實而競爭
仍為必要，於是社會主義亦失其時宜性而迅速衰落。自由主義
與社會主義均相當合於人性又不盡符合人性，或說二者皆相當
受大眾歡迎又不能深得民心，所以他們在「社會現代化」之際
都獲得重要的革命角色，但其影響力難以在大眾化定型之後發
展，畢竟自由主義與社會主義的理想性已超出凡俗所喜。

　　自由主義與社會主義的倡議者皆為知識份子，其所對抗的
傳統貴族亦皆是知識份子，而大眾成為社會革命最終的勝利者
之後，知識份子的地位自是大不如前，因此知識份子反而需自
我標榜以維持其尊嚴。事實上知識份子一詞是今人所發明及慣
用者，古時「學也祿在其中矣」，學者與官宦常兼，貴族必受教
育而知識份子易於入仕，然社會交際重視地位，乃多以政治頭
銜或階級名分互稱，於是知識份子一義隱藏於社會名流之中，
簡言之，有權有勢者既然皆具知識，則知識份子一名的社會性
意義不大，故該詞在古代貴族社會中不易流行。由此可知，當
知識份子一詞盛行時，學者的社會地位必非崇高，在「學而優
則仕」的時代過去後，學者少有政治名銜，而為與大眾（平民）
區別以自顯，知識份子一說乃受採用，雖然此稱在某些學者眼
中乃有自貶之意。知識份子對大眾而言未必可敬，因為凡夫所
重是實用技術而非高談闊論之學，所以「專家」更獲今人青睞
（知識份子本身亦競相專業化），儘管專家大都屬於知識份子之

列。學者自尊之道若是標舉知識份子一名，知識的意義顯然已廣受誤解，蓋人是求知者卻非知識的一份子，而求知是為求道，道為貫通萬事萬物之理，故知識當是對於宇宙體系的全面性了解，然則專業屬於知識，但不等於知識，現代學者自稱知識份子而以專家自詡，可見其見偏差狹隘。再者，專業化是科學研究的需求，卻非人文探討的正途，大眾社會的價值觀顯然趨於物質主義，現代學術在此種環境下發展難免隨之迷失，社會科學的興起尤為一害。社會學是社會科學的原型，與政治學一樣，社會學必然採取大眾的立場，這不是社會學進行價值判斷的結果，卻是社會學宣稱排除價值判斷而以物理研究人文的結果，因為凡人行為若有共同之處必是其物性或獸性的表現，而最為呈現此情者自是平庸的大眾，既然英才所為常為例外，社會學所見其實限於凡夫人性，所以社會學者不知不覺成為大眾主義的信徒，雖然其自信常表現為超然獨立的姿態。社會學的出現及流行反映現代社會的定型，此即大眾化，若非大眾社會則社會學難以將人事視為整體一致的行為模式，同時凡夫的心態又支持科學式的人性探討，二者相得益彰乃造成社會學與大眾化一起發達；研究社會學的知識份子可能以為物慾即是人格，卻多不願自比於凡夫，這證明社會學觀點必有錯誤，然社會學者既認為人是環境的產物，社會學者自身的社會化亦為天經地義，其說乃無法因其人自重自愛而境界提升。總之，社會是群體，最大的社會是全人類的群體，最充分的社會所以呈現強烈的人性，乃因數量最多的人是凡夫，可見純以社會本身為立場的討論並非嘉言，社會變遷止於大眾化，這不必歸咎於凡夫，卻應譴責助長大眾化而不認同大眾的假菁英。

第三節　末世的社會病態

　　人既非自我創造，人生當僅有工具性價值，或者人既有原罪缺陷，則人無法主宰自己及其他，如此社會與經濟和政治一樣，並無其完美境界或終極目的；因為此三者皆是「以人為本」的事，亦即充滿人性或物性，無法臻於天人合一之域，故以社會為主旨之變革如同一味發展經濟或擴張政治，終將失敗且惡化人心。若說政治是人性表現而經濟是求生活動，則社會兼有二者，其群居性包含政治性格與經濟功能，然則社會與政治及經濟關連緊密，實非獨立的人事領域，而且缺乏理想精神。政治上人人有權與經濟上人人有錢相似，既無法充分實現也不是有德之事，同理，社會上人人自由或人人平等並非可能亦非正當，而若人人相同或小我融合為大我，這也是不真不善，蓋生命的個體性或自主性一失，為人的意義亦亡，可見社會與政治或經濟一樣，只能作為各人自我完成的利器，而不可化作人生的標的。每一人皆有其在世使命，或說天人之際才是生命意義之所出，社會由人組成，然社會不是人主，個人方為社會之根，社會是助人成長的環境，卻不是決定人生方向的準據，雖然人應以效勞於社會為人生責任。相對而論，正確的社會觀是個人主義而非集體主義、是自由主義而非社會主義、是存在主義而非實用主義、是「人人為我」而非「我為人人」，易言之，人儘管是社會性動物，但其天性使人意欲超越動物性社會，對天負責才是自我負責，然後方可對人負責，個人雖受益於社會，但可能回報更多，這即證明生命的主體性重於群體的生命力。簡言之，人需藉眾成己，但不可迷失於群，大公無私或公爾忘私是以一己之力貢獻大我，然大我是人類良心或宇宙靈魂而非大

眾，故殉道為合理，殉國則未必。如此，社會是虛構的人世，其本體不明或多變，所謂社會的目的其實是多數人（民主制度）或少數人（貴族制度）甚至是個人（獨裁專制）的願望，終究不是社會自身的意志，社會畢竟不是有機體，社會的生命是人力或神力而非自力，不能思考者豈有目的，人若為社會犧牲實是自愚而死。社會不是獨立更非超然的生命，社會觀是人對社會的態度，不是社會自有的理念，而人具原罪，其良知是求道本能，乃以「與神復合」（天人合一）為的，故人的社會觀（常為一般的人生觀）是低層次的真理觀，絕非真理知識本身，可見個人主義、自由主義、存在主義、「人人為我」諸教即使優於集體主義、社會主義、實用主義、「我為人人」各說，亦均有其失。真理知識是哲學性觀點，以社會為目標的理論是世俗取向之見，僅為意識型態 (ideology)、價值觀 (value judgement)、或意見 (opinion)，曾不足以傳道，卻有自我蒙蔽之虞。社會只有過程性的價值而非實在，所謂的社會目標總是某些人的主意，以社會目標為生命目的其實是為他人而活，有如上當中計，這便是「尚未啟蒙」的狀況，然因凡人相互誤導而不自知，故此情不能視為詐欺與受騙。社會缺乏本體，所以任何性質的社會——如富裕的社會、祥和的社會、團結的社會、平等的社會、自由的社會、快樂的社會等等——均不是理想的社會，事實上人們所期望的社會（包括「烏托邦」）終究是人性世界，絕非至善之境，為此奮鬥實不高貴，須知淑世只是隨緣行善，人生目的不在於人間，改良社會雖為應當，但這不是壯大社會或滿足人慾，而是使世間便利於求道。人需成長乃能有為，社會若發展成熟當然可促進文明，然成長成熟是生理或心理條件的齊備，這僅是求道的基礎而非精神的激悟，社會若能為人準備（提供）

求道之資，便已功德圓滿，吾人既不可奢望於世也不應苛責於俗。總之，現實不是真實，以社會為尊是空虛之說，生命的實質呈現於個體而非群體，人際關係僅為緣分而非道理，公益不如公道而公道來自真理，社會的改善有賴各人的提升，集體化運動若非敗壞世風即無勸世之效；入境隨俗須先入境問俗，而入境問俗的判斷根據是永恆天理，現代社會強調人權而輕視道學，以為協議即是正理，於是民眾彼此污染一齊腐化，然和諧繁榮的假象令人誤信身處盛世，足見社會可取而不可恃。

　　傳統社會是貴族社會，現代社會是大眾社會，貴族社會的精神是菁英主義，大眾社會所重視者則是平等與利益，如此傳統社會的文化性高而現代社會的經濟性強，古人以貴賤識別角色，今人以貧富認定地位，而物質標準簡單淺顯，故現代社會形式上豐富多元，內涵卻單調鄙俗，「到處都一樣」成為末世民情枯燥的徵象。真理通貫萬事萬物，所以道為唯一，然識道者絕非古板乏味，而為多才多藝，熱情洋溢且隨機應變，於此所謂一致性是一貫性，並非缺乏變化，亦即表面多元而其實一元；今人不信真理而強調個性自由，故社會現象五花八門，形形色色的人物與事情均有，但論及素質可見層次低落而觀念相似，這同樣是表面多元而其實一元，只是精神甚為空虛[9]。古代社會的多元化是階級分殊而境界有別，然其文化思想上下一致，現代社會的一元化是法律與物慾所致，人權平等的規定消滅階級，拜金主義的心態造成資本主義規則的通行，於是賺錢各憑本事，娛樂各取所需，只要不違法人人可以盡情自奉，而法律的根據又是民主輿論，並無超凡的標準，所以社會現象儘管活

9. 'There is one great society alone on earth: the noble Living and the noble Dead.' William Wordsworth, *The Prelude* (1850), bk. xi, l.393.

潑紛紜，求利求名的行為動機卻少有差異。社會是人性條件的
建構，其求生因素原來強於求道，然文明進化改良社會，使之
成為禮儀之邦，故傳統社會乃以教化世，於此求生並非不如求
道重要，然以道義營生的理念成為人倫圭臬，民風獲得善導而
不至於伸張牟利之念。凡夫本不可教，然人皆有羞惡之心，可
以相當啟發，尤其庸才常隨俗行事而不敢逆眾，所以社會風氣
對個人頗有影響，治世者若能提倡德育，民情必得美化。現代
社會是人性囂張的世界，向來君子少而小人多，然君子為官而
小人為民，道學雖未曾流行，但其勢足以安眾，如今大眾主張
平等以爭取自由，這是以量制質之舉，亦即以物攻心之行，實
為墮落，而逃避良心一久必顛倒是非，眾口鑠金乃創造了今日
的太平虛相，其偽善可以多數人滿意之情為證，因為大眾不可
能變為君子。凡夫重利輕義，大眾社會的經濟性甚強於文化性，
或者大眾社會的文化觀乃奠基於經濟觀，文化的提升難以顯見
而經濟的興盛易於呈現，所以現代社會繁榮之相其實是物質文
明勝於精神文明的表現，絕非吉兆。物質之理不及抽象之義精
深，然物質現象遠較精神氣象顯著，如此現代社會的經濟生活
多采多姿，這並不能證實其文明境界崇高，反而可能暗示文化
不振或靈感匱乏，何況大眾所思既為庸俗，大眾社會的經濟盛
況必含慘重的代價。大眾缺乏創意及個性，大眾社會的多樣性
其實是人慾全面放縱的表現，作惡多端並非鬼才，諸惡相抗但
其本質無殊，現代社會的一致化是文化困境的反映，豈為凡夫
活力非凡的證據。古時民俗因時因地而異，但人民敬天法祖，
形式不同，美意相同，現代社會到處相似，因為人性大同而科
技通行，並且宗教沒落、傳統式微，以致地方特色消失，生活
方式無異，好壞之別僅在於制度是否健全而人們是否守法，彷

佛天下已成一國，只是各地所受控制弛張不一。簡言之，大眾
社會是無聊的社會，凡人以追求快樂為生命目的，而快樂卻受
限於物慾，縱情於聲色似乎有聲有色，其實不過是感官刺激別
有變化，精神依然無法解放；殊不知物質本來極其有限，心靈
不能假借物質而得自由，大眾的無聊原是無賴，因其所賴不是
神聖之事，結果當然落空而歸於平淡，可見社會大眾化是社會
的破產。

　　社會是人求生所需的群體關係，於此分工是必要且有利的
作法，然分工原為求生而起，而生存所要求的條件並非極其嚴
苛，故分工不必造成高度的專業化，卻有迫使人多方學習基本
生活能力的作用，亦即粗略的分工不僅不降低獨立的重要性，
反而可能更促進自立自強的作為。文明是求道之業而非求生之
事，真理為完美唯一，所以求道者應圖無所不能，然則專業化
絕非良計善謀，只因凡夫求生不求道又好吃懶做，分工乃成為
簡易便利的營生方式，而且此法亦為科學研究必要之方，更令
人以為真理真相將由專業化求得；在此種假性的義利兩全思潮
下，專業化分工在近代愈演愈烈，早已超出適當的程度，以致
現代社會中「隔行如隔山」，完人（全人）理想破滅，疏離感遽
增，人格物化嚴重，一般人不僅見識狹隘而且能力偏廢，有如
巨大機器中的個別零件，難以有為。人具原罪缺陷，不可能完
全獨立，相當的獨立已難能可貴，所以分工為社會必然（自然）
之情，於是適切的分工──必為約略的分工──是救濟「人非
全能」一病的辦法，並不妨礙人追求完美的努力，也不使人得
以免除責任，卻有減少上進者後顧之憂的效果，可謂妙方。然
而人既不完美，其學習難免錯誤，何為恰當的分工標準並非文
明開始發展時可知，也非任何時代的凡人所能齊心同意，況且

知識累積愈多愈難全數掌握，物質生活愈為複雜個人愈難一手
包辦，於是專業化與歷史一齊進展，唯有提倡真理信仰的文化
傳統對此能稍加節制。專業化為物質文明所必需，卻非精神文
明所必要，而一般人最重求生，偏愛科學及實用技術，因此社
會愈世俗化，其專業化便愈有機會發展，事實上專業化的盛世
即是始於十七世紀科學革命，其後工業革命與民主改革使之更
興，至二十世紀大眾社會成立時，專業主義已成凡夫宗教，雖
然一般人是專業能力不強者。面對物質問題所致的道德困擾，
中庸之道可能是最佳答案，這是因為人是萬物之靈而猶有獸性，
所以求道需以求生無虞為基礎，如此物慾既要滿足又要克制，
其適當性乃成為身心健全的關鍵；專業化是物理所趨，亦為凡
人求生之所需，若此事不能維持中庸，則玩物喪志的惡果必出，
易言之，心物平衡是避免人性墮落的形式原則，故專業化開始
為害正當人文學開始沒落而科學開始昌盛之際。「君子不器」，
人文知識專業化使得學問零碎而膚淺，科學專業化固然造就「尖
端」的研究發現，但也令科學家難以獨當一面，而成為合作方
能有為的單兵，失去做人的完整價值與高尚意義；至於凡夫的
專業化更是不堪，因為一般人在此又獲得分工自重的條件、又
承受專長不優的打擊，既不能更有長進且無法另謀出路，只有
在「職業不分貴賤」的錯覺中，尋求自我肯定的相對理由。專
業化含有菁英主義也含有平等主義，因為分工顯示各有所長，
然眾多專業並非難度相當或報酬相同，於是興趣不足以選擇職
業，競爭方為決定入行權力的歷程，全部專業既不構成金字塔
型體系、也非均勻分佈於同一平面，可見現代社會的價值觀不
是一元或多元而是混淆。大眾不是專業化社會的優勢者，卻是
專業的羨慕者，因為專業是學術產物，而大眾的知識能力不佳，

所以專業化社會是凡眼矚目的「資訊社會」(information society)，大眾在其中一方面期望獲得重要信息以致勝取利，另一方面則受無知之害而人云亦云以訛傳訛，散佈謠言且助長偏見，以濫用資訊誤人誤己，這又證明現代社會的知識觀既非高明也非草昧而是迷惘。凡夫不可能為專家，然而大眾社會竟是專業化時代（大眾化與專業化同時發達），其情顯非單純，事實上文明的末世不是文明素質最低的時期，而是文明攻頂不進反退之後的「次優」狀況，在此科學繼續進步但人文頹敗已甚，聖賢不成但民眾普受教育，所以社會上層仍有專家競務物質文明，而社會下層則有大眾讚賞其實業成就，如此上下互通聲息，勝負優劣雖有分別，精神立場卻極為一致。由此可見，所謂「俗尚」原非「以俗為尚」，但「以尚為俗」既無可能，其實必為「俗心所尚」，這便是現代社會「雅俗共賞」的中級境界。

現代社會主張平等與自由，號稱為「開放的社會」(open society)，然平等與自由無法兩全，兼籌並顧實不可能，妥協之下滿意者少，且使各方思想偏執，益增人際關係的扭曲性與複雜性，足見無視原罪的世道更多衝突，不然便更為虛偽。社會是人際關係的世界，人性有無法改善的缺陷，所以社會的平和有賴個人講理自制，君子的互動尚且不能順利無阻，何況小人的社會，大眾以推翻特權為解放之道，結果只是在平均受害的情形下，自信未為人所欺才甘心忍耐現狀，這是所有人的失敗而非人類的成功。自由是全能而獨立的表現，平等則為無法自足者的需求，二者情境截然不同，絕無兼得之事；自由與平等若有共存之情，其實必為放棄自由以促進平等，亦即能者退讓以成全弱者。有自由者不需平等，重視平等者絕非高人，自由與平等實為「兩碼子的事」，前者是神性而後者是人情，但以人

為本論事自然降低層次，故二者本無比較可能，凡人卻將之調
和，實際上則是鎮壓菁英以撫慰大眾；此種反淘汰之法既未「擴
大」自由（自由無多少之別）也未達成平等（平等違反神意），
只以改變心情的手段使人相信或接納事情已經調整，這顯示人
性富有比較心（嫉妒心），社會平等化實以剝奪菁英的自由獲
致。人間的自由乃為虛假或為相對，追求自由其實是權力競爭，
虛榮心使人覺得勢強則自由，勢弱者因此亦以反抗為自由，大
眾要求平等正是爭取自由，於是民主之制以法律保障大眾免於
強者的優勢衝擊，然競爭一事既在，以平等確保自由之法終究
不濟。如此，大眾社會的平等是基本人權的設定，其自由則建
立於機會均等的條件，兩者並觀可見，自由既然無法普及民間，
以推行平等強化凡夫（劣勢者）自由之感，便是塑造開放性社
會的伎倆；在如此不公的世局中，強者相當受害，但因其致勝
之道多是利用現有的「遊戲規則」，將錯就錯贏得優勢，故強迫
強者施捨於弱者的「社會立法」(social legislation) 竟頗為可行，
且有美化現實之效。現代社會兼行自由與平等的方法只是「盜
亦有道」之道，於此大眾固然有不勞而獲之利，但施惠者大都
不具善意，其付出常變為成本而轉嫁於他人，這是所謂「羊毛
出在羊身上」的生意經，強者並未因此吃虧，雖然弱者也獲得
補償。此種「皆大歡喜」之景可能使人認為現代社會優於傳統，
但其內情恐與俗見甚不相符，而且在道德意義上極不正當，事
實上此事是將人性合理化的邪術，其可行性反映凡夫見利忘義
的程度。社會發展的目的不是所有人都快樂，更非大多數人幸
福，而是天人合一的大同境界，亦即人性世界的消滅，然大眾
並無此想，民主之說是「少數服從多數、多數尊重少數」，於是
平等與自由兼容並蓄，其實充滿內在緊張而需雙方混跡偽裝，

故大眾社會常有二元對立卻表面互補的假象，只因凡夫智短而偏觀光明處——號稱「積極思想」(positive thinking)——乃未察其矛盾。傳統社會含有個人主義與集體主義，但二者絕不配合，而盛行於二十世紀的集權主義 (totalitarianism)——即法西斯政權與共產政權——竟可利用民主制度（集體主義）推展獨裁暴政（個人主義），此種怪象只能以大眾「無知而有權」一情加以解釋，雖然地方各自為政的亂局也可以同一理由說明。階級制度一旦因大眾革命而瓦解即無重建之可能，這是「由奢返儉難」的人性問題，然而人亦有爭奪權力的本性，這使社會平等化之時出人頭地的相互較勁仍繼續進行，即使階級不能依法再建，類似之情（如貧富對立）猶在；但傳統社會的標準為唯一，現代社會則主多元取向，於是人際競爭的失敗者常為自尊而強調人格特質，平等化與個性化同時發展的情況乃成為大眾社會又一奇觀，以此類推則不覺婦女運動、青年運動、及黑人民權運動為可怪。凡人追求自由不成便反而要求平等，平等之局既立又企圖從中崛起，然求勝不得則自我異化以維尊嚴，如此亂象叢生於現代實因今人奢談自由與平等兼得之說，而其作用竟是刺激失勢者不斷尋求翻身的投機心態，使社會次序難以合理樹立，顯然大眾化是永遠無法安定的運動，蓋凡夫自視不凡必出亂子。

　　大眾社會是平民推翻貴族之後的新世局，這是凡夫以眾取勝而凌駕菁英的成功顛覆（在大眾社會下菁英格調已嚴重變質），因其精神本質是拒斥文明主流，故此洪潮引發社會關係中連鎖的反叛運動（輕者抗議），例如青年對抗成年、女性對抗男性、黑人對抗白人、學生對抗老師、人民對抗官員、地方對抗中央、少數民族對抗多數種姓、甚至現在對抗過去、社會自我

反對、以及「反社會」等各種局部性趨勢；美其名這是解放，論其實這是放縱，此種「後現代主義」人生觀標舉反對者或另一方 (the other) 的立場，永無止境企圖突破現狀、逆轉強弱優劣的常態，所求實為自由而有活力的感覺（即所謂「自我感覺良好」），結果卻是虛無落空與永不安寧，可見「上帝若不存則凡事皆可為」，然假設上帝不在乃是理性錯亂，而為所欲為的下場是無事可為，畢竟人不能有所肯定又加以否定，自相矛盾即是自瀆。社會本為求生而成立，凡人即使不求道也毋需破壞求生的環境，現代社會陷入自作自受的困境，乃因大眾受一知半解者誤導而背叛傳統，以致文明無法更進而反璞歸真亦不可能，只落得人們相互暗示、彼此催眠，共築一個「無災」的夢想天地，以求肉體快感與心理滿足。在文明歷史的初期中求生重於求道，其後二者並進，然後求道的要求超越求生，但因人性障礙而力不從心，就此陷入天人交戰之局，於是羞恥轉為憤怒（老羞成怒）、惡意變成邪念（尤人怨天），反叛良知竟為最後的自解方法，此即道學末流。簡言之，上進是「克己復禮」或「存天理去人慾」的精神奮鬥，志弱則有掙扎之感，灰心便不管是非，求道不進則退，其退卻非安於求生，而有不堪回首的怨氣，故菁英創作不利，學者氣結，轉而反智，乃有挾眾造反之事，這即是大眾社會形成的文化背景。如此，所謂「大眾的反叛」(the revolt of the masses) 實非人民主動而是菁英策劃，這是失意文士自暴自棄之舉，然其行動利用凡夫造勢，既葬送讀書人的清白又灌輸歪理於無知者，造成無法分說的亂局，當陰謀變作蠻行時，連叛逆的初衷也不得透露傳達，於是中產階級便做了大眾的殉葬者。現代社會是縱慾的樂園，而縱慾不僅敗德並且傷身，社會不健全則無法成長，今人以攻擊傳統價值自壯，這

終究是「蝕本」或「飲鴆止渴」的行為，無以為繼，所以「反社會」一出，社會的實情一方面是僵化（有通俗標準才有悖戾作為），另一方面是腐化，因為慢性自殺雖呈現自主力量，卻是自主力量趨於滅亡的過程。社會發展至反社會階段，這顯然是社會的末世，而社會變遷主要是文化因素所致，可見現代社會是文明的末世；惟末世仍有文明的殘念，就社會現象而言，其例是在人權平等的制度下，貴族觀念猶具體表現於地位與名望的事情中；如此，現代社會畢竟未與傳統全然斷絕關係，其集體自救雖無可能，但各人仍得以超凡入聖歸正，此可謂「萬物各得其所」。

第十四章

文化的末世

物質不永而精神長存：
雲岡石窟的木樓

第十四章　文化的末世

第一節　文化發展的潛力及其極限

　　人為萬物之靈，其靈性表現即是文化，文化有發展可能，因為人的靈性具有潛力，然文化發展有其極限，因為人的靈性只是部分或有限的神格1，如此文化發展的意義是人類精神的發揚，而其發展既為命定乃有終了之時。文化是靈性創作，所以「文化與文明」、「文化與生活」、「文化與自然」皆是值得深思的問題，文化是對比於自然、依託於生活、而定位於文明的人為事蹟，其層次有高有低，所謂「行有餘力則以學文」正是文化的生命發展，求生含有文化、求道富有文化，上進是文化的取向，然小行也表現文化，甚至無為亦是文化立場。上層文化或菁英文化即是文明要素，文明可分為精神文明與物質文明，文化也呈現在思想與行動二方面，人能以心治物便有文化，然其素質乃與知識深淺相仿，低劣的文化不足以稱為文明，但下層文化確是凡俗之人的觀念呈現，這仍與獸行不同而須視為文化。文化之精者為文明，真善美之義也適用於文化，拙劣的作為固不入流，然上流之事不與庸俗之物無關，愈為有道愈為文

---

1. 既為神格則為完美全能而不可能為「部分的」或「有限的」，所以「人具不足的神格」一說似不合理，然真理具有超越性，不能以邏輯標準斷定之，故人之神格不僅不因其不盡合理而為虛假，反而因此更為可信，何況人若否定此事必使精神沈淪而為惡愈甚，神格之說義利兩全，可見其符合真理，亦即為正確（雖非精確）。

明、也就是其文化成就愈高，故人人均可以致力於文化，惟不
當以自成一格或聊備一格為滿。正如平庸的繪畫不被認作藝術
品，低等的文化不堪稱作文化，但這不意味不佳的創作不具藝
術性或文化性，易言之，以形式標準而論，所有的人事均屬藝
術或文化，然若以價值批判而言，拙作劣跡稱不上藝術或文化。
古時文化一詞不用於低級事物，這顯示深濃的文明精神，今人
將所有事物皆視為文化，這反映文明衰敗的狀況，蓋真理不是
物理，以「是或不是」取代「好或不好」其實是不問是非而只
顧利害，現代的文化定義表面上甚為明確而寬廣，精神上卻是
標準低落。不論古今對文化的看法如何不同，這皆表示文化有
發展的潛力、也有其無法提升的困境，古代的菁英主義文化觀
暗示大多數的文化活動近乎徒勞無功，現代的多元主義文化觀
主張任何的文化創作都無令人全面遵從的地位，二者共同證明
所有人皆可於文化上有所作為，但無一文化成就具有普遍的支
配力量，文化既是人文的事業，其未能開化人類全體即是文化
有窮一情的證據。現代文化特別強調文化的交流與包容，這便
表示世上並無可為絕對標準的文化，而以「生活方式」為文化
的流行觀點更否認文化的文明性，使文化創作的價值降至最低，
顯然文化的發展如今已失去重要意義，此非「功成身退」之情
而是「臨陣脫逃」之舉，因為文化本是人引以為榮的表現，將
文化除名實為喪志所致。「順其自然」不可稱為文化，「為生活
奔波」是低級的文化，「化腐朽為神奇」才是文化盛舉，人愈展
現其天資則其文化愈精深，然而文化不止呈現於優秀的創作、
也呈現於日常的生活，所謂「平凡中見偉大」乃是文化境界高
明的表現；文化始於求生、終於得道，但生命尚存則文化進行
不已，故偉大的文化必有平時的行動——粗鄙的文化則無臨時

的壯舉——文化是生活的改造而非生命的裝飾，有德則隨時隨地為善，「造次必於是、顛沛必於是」，文化使人脫俗但不避世。文化在人生中無所不包，然文化既以精神教化為尚乃不著重物質條件，故文化常有別於政治、經濟、社會三者而與學術及藝術同義，由此可見文化是人事中世俗性最低的活動，此即人性表現愈少或天性表現愈多則文化性愈高。簡言之，文化是教養，教養是人特有的問題，這是超凡入聖之事，所以文化終究是一種信仰，天道是文化的精髓，無神論尚具豐富的文化性（否定上帝存在需相當有學），但無神意向顯著的社會必無可觀的文化。高尚的文化即是文明，文明有其末世，文化自非無窮，文明的末世實為文化的末世，只因今人將文化形式化，亦即將文化庸俗化（降格），以致文化在文明末世時似乎另有生機活力；殊不知低劣的文化猶如沒有文化，文化原本含有強烈的價值觀，以價值中立的態度對待文化有如將人視作不具靈魂，這不是善待而是漠視、不是公平而是做作，因為無人自以為無心。

　　文化是知性活動，而人具有天賦的知識與學習能力，所以文化的發展潛力頗大，然知識的極限或求知能力的有限使文化發展受困，隨之而起的問題是文化發展的目的難以維持高尚的理想，屈就現實或順從人性成為文化發展不利之後的趨勢，此時人們卻不覺失敗，反而以為「草根性」的文化才是真實且有活力的文化，可見文化與文明一樣有其末世，只是末世的文化無法有此警覺。文化展現人超越萬物的精神素質，亦即文化是人上進的表現，然則文化原有追求完美的動力（意圖改善即期望至善），而人與動物之別主要是理性探索的作為，所以文化是知性活動，知識內涵愈多則文化意義愈高。知性相對於感性，然人既具有天生理智，其感性表現不可能為單純的感情而不含

知性，並且知性高於感性（人所以為萬物之靈乃因知識而非情感），人之感懷常為觀念所致，故文化不僅表現於知性活動，感性行為亦有文化含意，惟論者必須注意感情的合理性乃能判斷其文化價值。所謂知性未必意指學術之道，精神思索是知性要素，所以凡人不需從事著述亦可體現文化，雖然智識的高低是文化優劣的決定性因素。人人皆應以人格自重，同時應以提升人格為任，文化是人所以高貴的表現，故所謂「文化人」一說殊為不當，因為所有人均應努力增進（自己的）文化，文化並非某些人獨攬或投入的專業。同理，好的文化即為文明，一般的文化雖不足稱道，但其性質當與文明一致，凡人即使無法創作偉大的文化，亦應致力於支持及維護優良的文化，譬如人人都寫字，其工大都未達書法之美，然一般人的字跡亦屬於文化表現，而大家都應肯定字寫得漂亮的人，因為他的成就是將文化提升至文明。如此，文化絕不與文明對抗、甚至不與文明對照，而是與文明協調合作，文明需要文化支撐，文化精進者造就文明，所有人均可貢獻於文化，也就是間接促進文明，文化論者不當仇視文明，因為文明是文化的佳作，而非獨立於文化之外或反對文化的異類。文化是文明的原型，文明是求道的成績，道為「真善美」之理，而知識是悟道的關鍵且為執行道德與藝術的根基，所以文化需以知識改善，臻於文明的文化乃是人類最好的知性事業。文明的極限實與文化的極限相同，然文明是優良的文化，故文化「發揮的空間」甚大於文明，因為有低級的文化而無低級的文明，文明之上已非人力可及，但文明之下猶有文化活動或成長的環境，只是人不應以悠游於文化領域自得其樂。知性是符合真理觀念之性，此即知識是體認真理之見，求知是文明進化之道，亦是文化提升之途，然理性的效

用不是萬能、經驗的作用甚為有限、靈感的出現無法期待，知
識對個人而言似為「學海無涯」，對人類而言卻如「杯水車薪」，
文化之量甚大，其質則不易增長，創意的貧乏是文化發展難以
突破的窘況，此為思者皆知的文明困境，無庸諱言。文化既然
遠較文明廣泛，文化的極限自非凡人皆曉之事，事實上一般人
對超越現實的企圖不感興趣甚至懷有敵意，文明或上層文化的
危機不是社會關注的議題，而見識不高的人尤其於此幸災樂禍，
且多藉機宣揚其反菁英的物化思想，於是大眾文化或下層文化
更為得勢，並與科技成就及工商拓展相互為用，造成末世反文
明的文化欣欣向榮。文明可謂是文化的精華，文明的困乏乃是
文化的挫折，或說文明的失敗預告了文化的失敗，凡夫不覺文
化有其神聖使命，反而以文化的世俗化或平易化為喜，這是「以
小人之心度君子之腹」的自信感，誠為「唯恐天下不亂」的看
戲態度。好的文化是菁英文化，菁英文化即是文明，文明有其
極限，所以「不以成敗論英雄」是道德觀點，也就是開化的思
想，庸俗之人不知此義卻別有文化，以致輿論以為大眾文化是
歷來最後勝利的「常識」，殊不知此一現象正是文化敗喪的證
據，因為文化起於人的靈性，不論成就如何，其目標絕非歸返
物性。

　　文化是人的靈性表現，一般人的靈性雖不強但普遍存有，
此即道德意識，然則道德對文化既有激勵又有約束，道德感使
人展現文化行為，而道德所具之靈性並不充足或崇高、且其要
求嚴格不二，這又限制文化的發展，何況人猶有抵抗良心的惡
念，道德的文化力量顯然有限。動物只有求生機制，人則有求
道天性，即使凡人天性不高仍深受其引導，而加以對抗者必自
招咎，正是因此一般人「寧可」相當程度順從道德規範，以免

苦惱更多。道德使人表現不同於禽獸的「修養」，這是最簡單或最根本的文化，然而凡夫大約認為只要達到基本的德行──其判斷標準實為安心的感覺──便無需更加勉強自己為善，所以道德一方面啟發文化，另一方面竟有阻礙文化之效，雖然這是世人不識道德真諦所致。道德問題的存在是原罪使然，故道德的實踐必有所犧牲而無法促成圓滿，凡人對此困境難以了解其義，乃多不願堅持到底而常停留於「中庸」，這使大多數人都成為「半個好人」或是「有點好卻不夠好的人」，面臨挑戰測驗則終究不德，而淪為壞人。一般人對文化甚乏認識，其文化表現多來自道德意識的驅使，而高尚的道德需有高深的知識「加持」，凡夫自然不可能隨時嚴守道德標準或臨時施行高義大善，可見道德僅為文化的基礎，其保障文化的用處常變質為維持現狀的藉口。人性有善有惡，為人乃有道德問題，小善易行是因其無損大利，若人須承受巨害以為善，實行者必不多，於是不欲從善者為免困擾便曲解道理以自慰，或者憎恨道德有無情（不近人情）之性而主張不需一概服從，此想使人更有「反其道而行」的傾向，以致道德竟成為反文化的實情。簡言之，凡夫上進不成則歸咎外界，抱怨是人自解的捷徑，道德所以能造就文化是因人本來自愛，然而嚴苛的道德在實際上妨礙文化，這是由於人善意無限而能力有限，在羞恥心難以自安的情況下，逃避是唯一出路，所以偉大的道理不是獲得肯定便是受人污衊。再者，道德的義理雖深奧，但道德的行為卻簡單固定，高明的知識落實為善行時「不留痕跡」而平易近人，如此道德對文化的促進即使沒有人性作梗也不能順利無阻，反而可能因行善者教條化或簡化而導致文化僵化，此情並非道德本身的錯誤所致，而是現實世界遠不如理想境界所致。文化的領域也有真善美三

層次，相對而言，凡人富有善意卻缺乏美感與智慧，如此民間
文化最受惠於道德，而上層文化則以學術及藝術著稱，這顯示
道德對文化的助力雖為博大，但其功效絕非精深；事實上由於
大眾對道德的接受程度高於學術與藝術，故凡人以為文化的精
神性質以道德為主，學術與藝術乃為其次，此見在菁英文化發
生弊端或階級對抗惡化時更為盛行，其危害文化之情於是尤烈。
一般人對道德的價值有時高估有時低估，因為道德相對於學術
與藝術更通行於世，所以凡夫可能認為道德是最重要的文化要
素（高估），但同一現象又使人不覺道德是高深的文化問題（低
估），如此世俗之見對於學者為惡一事常有矛盾的認知，或以為
此乃知識無用（道德難得）之證明，或以為道德簡易而能者不
為故甚可惡，這便暗示求知難於行善，由此可見道德對文化的
實際影響利弊兼有。論究其實，道德（善）的意義高於藝術
（美）而低於知識（真），然藝術呈現的技巧及物質條件較道德
行為所涉者更為不易，而治學所需的智能顯較修德為高，故常
人大多能行善而無力創作藝術或探討知識，這雖不意味道德之
理最為簡易，卻足以證實道德促進文化的作用不僅有限而且有
誤，因為凡人對於道德在真理中的定位頗多不解。總之，文化
提升之道主要是進學求知，道德有助於文化發展乃因道德有理，
而其不利於文化之處亦出自凡夫對道德義理的無知，此禍雖終
究是原罪所致，但原罪絕非不可知，若人有此知識則道德與文
化即有廣大的共進餘地可供伸展。
　　文化是人的靈性活動，於此精神必需借用物質乃能表現，
所以物質條件的障礙與缺乏亦是文化不能無限發展的原因，由
精神與物質的關係可知文化「只有相當的可能」，因為人的精神
已非完美又受限於物質，精神雖可透過物質發揮自我，但其文

化成就無法超越現世規模，對此人有自覺，這證明其靈性可以通天卻難以成功。當人發現自己活在時空宇宙中時，便知精神與物質已糾纏不清，而「發現」是心靈的作用（心能觀物而物不能觀心），可知精神在物質之上，然心物在世間既無法截然區隔，精神的自在乃無可能，這顯示人的靈魂有其缺陷，而猶在精神之下的物質更多不善，不幸心受物累，靈性的成就早已注定無法達到至善。物質雖不是完美的東西，但原罪使人需求物質（或說人之不善甚於物之不善），因此物質可能成就美事，人應善加利用，事實上文化便是人展現其為萬物之靈的成績；文化是精神支配物質的表現，人要拒絕物質實無可能，執意為之者無不立即受害，唯心主義有其失誤，禁慾苦行並非正道，反物質的文化必不精彩（藝術貧乏是其例證）。由此可知，上帝令人做萬物之靈，若人忽視此一使命，後果不堪設想。物質之不善非因人而起，文化無法宏大主要是由於人心之誤，然精神的缺點不僅在於天性不足而且在於使物不當，能盡物之性未必能全天之性，但「眼高手低」求道必不能盡人之性，其失敗可能更大於「故步自封」。文化的極致止於精神對物質的徹底善用，這並不是無所不用而是可用則用，應當任其自然者即須住手，蓋心之所嚮乃是真理，有助於此事之物可以利用，無補於此事者不可擅用，否則物質之不善將耽誤求知，亦即誘發精神之病，如此心物兩害並作，更為壞事。文化發展受限於精神力量有窮，又受制於物質因素不良，能知此理方能創作最佳的文化，然通達此理有如得道，故文化常陷於錯誤探索的危機中，而需以記取教訓改進。文化的目標應是全面文明化，也就是使現實近乎理想，然物質世界妨礙精神自由，人之思想常因此偏差，其二極端即是唯心主義與唯物主義，而精神與物質既然俱存，此二

說顯非正義；人所以如此偏執實因「淨化」的需求導致「簡化」，但唯物主義自相矛盾（以心論物而以物為尚），唯心主義掛萬漏一（強調精神以致否定物質），二者相較則不得不說唯心主義接近正理。真理超越現實，人文學「向上」的求知態度顯然較科學「向下」的研究立場正確，但人之概念無法掌握真相，「意會」成為人文學的弱點，其失在於籠統與散漫，而科學以理論貫通實際，此種「言傳」之法精確而有效，然其缺陷是以經驗為宗而忽略神意，可謂因小失大。人文與物理皆無法直通天道，這表示精神與物質皆是有限的文化資源，縱然心可藉物成道，但其功效暗示物質仍有影響精神的作用，為使心靈獨立，學者提出各式「主義」以解釋宇宙運作之理，其說即使不是以偏概全也有「壯士斷腕」的無奈，此即曲解物質的意義以迎合做人的尊嚴。文化畢竟與人格一樣，只能高貴而無法偉大，高貴與偉大均是精神素質，然精神不全才有精神的素質問題，此事在人間可說是物質所致，儘管物為無心；物質存在則精神不充分，或者精神不獨立所以物質有其地位，完美的世界並非有心無物，但心感物累即非淨土，可見文化窮途是「心有餘而力不足」之境。人既有身乃當治身，治身是以心役物，這便是教養，而教養形成文化，所以推崇物質的文化是野蠻文化，但反對物質的文化也不是優秀文化，因為精神可能為完美而物質不可能為完美，物質世界中的文化只當強化靈魂而不需削弱肉體。

　　若不論素質則文化可與人類永遠共存，若以文明為的則文化發展的極限實已到來，這是說人能知曉的最高道理或能實行的最佳創作皆已達成而無法更進（如今反而有退縮之相），前人的成就今人難以超越，歷史遺產竟成為現代的負擔，於此創見減少實因舊說有功，大師不出乃因典型猶在夙昔，顯然現代文

化發展的困境不僅來自人力原本有限，並且由於傳統已經充分發揮人力。凡人常以為現代勝於古時，這是因為大眾不知天高地厚卻傾心於科技成就，所以文明末世的精神現象未受注意，其物質建設卻令人大為讚歎，彷彿歷史的目標即是將生活化作享樂；殊不知人文的極致先於科學而來，物質文明不論如何進步，其知識層次總在哲學觀念之下，而且科學優於人文的假象是上帝所造的誤導性因素，今人為此迷醉正是末世之徵。真理是神為人設定之至道，人為萬物之靈，故人文較物理更接近天道，亦即人文學的境界高於科學，而真理具有超越性，不僅超越理性更是超越經驗，所以人文探討的「空間」甚小於科學 2，科學在人文學極限出現之後（十九世紀）方興未艾，其實證明科學是「亦有可觀的小道」。重要的人文課題是自古便有的「大哉問」，因其義是難以破解的「天人之際」真相，故歷代求知者接力回答而問題至今猶在，顯然文明所面臨的宇宙奧義在範疇與答案上早已呈現，而人智「不大不小」，所能提議與建議者盡出亦不足以解惑，重大的突破恐無可能，唯有末世的求道者可以「通古今之變」完成結論。相對於人文學，科學的累積性價

---

2. 相對而言，人文學的知識立場是理性主義而科學為經驗主義，此說雖有粗率之處但大要無誤，蓋人文知識的目標是真理而科學之旨在於了解物理，真理為天道而理性為天性，以天性探索天道乃為正途，其失在於想像太濫或概念化而未能切實，然此事是原罪所致，並非大錯，可見尋理求是的人文學是問道的體統；至於科學雖非反對理性，但其說絕對不與經驗（現象）相左，因此深受現實牽制，現代科學能昌盛於人文學沒落之後，而且愈來愈有抽象性或哲學性，似乎心物兼通，這其實是由於高深的科學必然人文化，亦即朝向真理論述邁進，故其理性主義精神漸增，同時學以致用的科技更因物質開發之利猶豐而大有可為，難怪科學令時人欽慕。

值尤高，蓋科學上的大知乃是哲學問題，永遠無法解答，此景出現於文明初期與末世，專家常不介意，史上的科學乃以可實用及可實證者為主要的研究對象，於是經驗的累積（包括前人學說的批判）成為科學進步的主因，畢竟現實需要經驗長時考察方可精確把握，所以後世的科學必優於前代（失傳是另一問題），文明末世亦不例外。科學是確定性的知識，沒有「見山不是山」的質疑性階段思想，錯誤的推翻是經由更新更好的證據發現，而非反省之後重新認定原議（無反璞歸真之事），如此科學的歷史大略是「踵事增華」的過程，樂觀幾乎是科學家的專業精神。然而科學逐漸發達的情形並不表示文化有無窮的成長生機，因為文化以文明為美，而文明有其止境，科學即使得以無限發展（事實上不然）也不是文化的盛事，並且科學的物質性取向使人輕忽精神文明，人文的價值在科技奇效的衝擊之下更廣受曲解，此種本末倒置的價值觀暗示著得不償失的實質。科學實與人文學一樣有其極限，畢竟知識不能揭曉真理真相，這是人的天賦不足所致，難以藉後天條件解決，科學只是較人文學長壽卻不是更為健康強壯；相對而言，科學是人對真理的探索，科技則是人對物質的利用，科技僅為科學之傭工，故科學的極限早於科技的極限到來，科技的興盛絕不是文明的希望所在。以通達真理的境界而論，科學至愛因斯坦、哲學至康德、神學至阿達納、藝術至米開朗基羅，大約已達於顛峰 3，宗教只能進化至一神教為止（基督教成為重點），文學以情論理而難

---

3. 'It is absurd...to hope that maybe another Newton may some day arise, to make intelligible to us even the genesis of but a blade of grass.' Immanuel Kant, *Critique of Judgment* (1790), 'Dialectic of Teleological Judgment', sec. 75.

以精進（李白與莎士比亞可為表率），社會科學則不文不武、不上不下、固非大道（韋伯為其巨擘），史學應總理一切知識以展現文明真諦，亦即呈現人類所能了解的最高真相，此事竟非常人所能，不可期於學術之途。如此，大道理已講盡，文化發展至今典範不乏但新意幾絕，昔日巨人仍得借重，然巨人身影更令凡夫畏憚，文明末世不僅為擴張與探索時代的結束，更是數典忘祖以便自我作古的新歲，於此分析取代綜合、累積變成累贅、自由排擠推理、時效塑造永生、逃避偽裝超脫、數量征服考量，文化無法進一步發展顯然不是由於過去的成功，而是由於現代承繼過去時所生之疑難。

　　文化是人的靈性表現，人的靈性產生知識，所以文化發展可謂求知運動，或說文化發展的主力在於知識，知識的窮盡即是文化的極限，雖然這不是文化滅亡之際；此時人若不能「固窮」便將轉而主張非理性的重要，故末世的文化提倡無知識基礎的價值觀，而起源甚早卻一直不入流的自然主義與神秘主義如今也大行其道；此類反智觀點表面上頗富有社會活力，其實是以對抗正統刺激頹廢的人心，這顯示在精神上文化的優越性已經淪喪，因為菁英創作從來不需以媚俗手段宣傳其義。價值觀一意在古代並非不存，然傳統文化是求道之風，其知識觀點與價值觀點相符，而知識屬於「真」的層次、價值屬於「美」的層次，真在美之上，故價值一說不登大雅之堂且非獨立之見，並無大肆鼓吹或另外申論之必要。現代文化重情輕理，感性勝於知性之說不僅流行於學術界而且深植於民間，如此知識探討與價值判斷逐漸分離，學者強調專業尊嚴之法是宣稱「價值中立」（實為隱藏私見而已），凡人則引用「言論自由」之權肆無忌憚表達意見，而所謂「意見」確是（根據哲學定義）與知識

真相無涉的價值觀。菁英始終是社會中的極少數人，古時民眾
多為文盲，其知識當然微薄，但崇道的風氣使人遵從傳統，於
是學術雄才的知識觀化作市井小民的價值觀，下層文化的精神
乃與菁英文化大略一致，其差異主要是深淺問題。易言之，文
化發展雖有知識極限所致的困難，但這並不妨害民俗端正之方，
因為古時凡夫的價值觀乃承受自治世者而非為學心得，此為簡
單的處世態度，自然不為學問上的大惑所動，故愚民政策可以
長期管用。時至今日，人類知識的極限已出，大眾卻廣受普通
教育，文化階層減縮，學者一知半解而凡人自以為是，於是上
下聯手推翻道統，同時知識專業化而價值多元化，二者表面相
合，其實是混淆；蓋知識專業化主要是因分工，價值多元化則
是由於無道，前者雖亦與真理的破除有關，但仍具有嚴密的組
織，後者是思想解放，結果竟為思想空疏零散，兩者相互呼應
只為伸張以人為本的立場。真理信仰既去，知識無著，價值觀
便隨之竄起，無理的意見得以流行，乃因意見不需合理且因道
理已經瓦解，所以末世的文化爭奇鬥豔卻提升無力。文化的極
限不是文化的滅絕，畢竟菁英文化不存並不（立刻）危及大眾
文化，而文化的知識性減少也不意味文化一無是處，現代文化
由求道傳統淪為求生事業，一時之間文化似乎富有變化性與多
樣性，加以科技助長創新的聲勢，人們尚沈湎於革命解放的快
樂中，深信民主之力可以勝天。求知不進則退，文化的極限到
來時極致瞬間即去，正如凡人的潛力盡出而不能成功便生「急
流勇退」之念，近代上層文化發展一失利即開始庸俗化，於是
下層文化地位晉升，幾與上層文化合流，以大眾立場而論這是
文化的進步（故當代進步觀盛行），但以文明觀點而言這顯然是
退化（存在主義是菁英文化的自重遺言）。現代文化去古未遠，

其價值觀雖缺乏知識性，但不盡是空言謬見，然「相當正確而畢竟錯誤」的說法最具誤導作用，此事於今為害尤烈，蓋現代大眾不是文盲卻是智昏，其識字能力造成嚴重而普遍的曲解誤會，使末世文化充滿似是而非的論調；惟現代的文化定義既然是「生活方式」，依此大眾文化乃是史上最繁榮的文化，因為大眾最在乎生活而其方式如「人多嘴雜」一般茂盛，何況現代的文化定義不是出自大眾而是出自學者，此輩掩飾其優越意識以增進平等的價值，更有美化大眾文化之效。現代文化以價值觀豐富見長，但這是知識權威消失的結果，不是創意蓬勃的表現，所以傳統中的異端如今皆有活躍的機會，此非文化盛世的跡象，而是「山中無老虎，猴子稱大王」的怪象（其後必有「樹倒猢猻散」之亂）；如自然主義是以不變應萬變的無神信仰，神秘主義是裝神弄鬼的自由想像，二者可能南轅北轍亦可能貌離神合，其關鍵在於「存乎一心」的解釋，而這正是現代文化的原動力，難怪二者皆得以盛行於科學昌盛的今日。總之，文化必須堅持理想乃能成長，儘管此勢並非永命，然維持最佳狀況是文化的使命，且為人類自救的唯一方法，現代文化「行到水窮處」卻未得「坐看雲起時」，實因其意違背初衷而有倒行逆施之圖。

第二節　文化發展的趨勢及其危機

文化是人為萬物之靈的表現，此種表現有優有劣而非定型定性，其優劣之別即是人超越萬物的程度大小，也就是靈性強弱的差異，所以文化發展一方面是指「普及」（量）、另一方面是指「提升」（質），並無特定的形式標準以為成敗依據；然文化發展是質佳乃得量大，影響力不鉅則難以推廣，當文化的層

次與時俱進，其流行範圍隨之增加，惟其素質一旦超出「雅俗共賞」的限度，上層文化與下層文化之分即出，直至大眾當權，世俗風格便成主流，文化的發展終於陷入反淘汰的厄運。「人為萬物之靈」一說涉及三層面，此即物、人、靈，而有靈即有神，故此說顯示人類介於上帝與萬物之間而具神性，然則人可以上通天聽、也可能下達地獄，因為無靈之物無需負責，萬物之靈不上進便要犯罪造孽，其下場自當不如物質之「灰飛煙滅」4。文化有好壞即因人格有高下，最低級的文化是求生之智，其上者是求生之德，這不表示知識的地位在道德之下，而是意味人之靈性原本甚優於萬物，人與禽獸鬥智實為「勝之不武」，故所謂求生之智僅是營生的技巧，甚至只是謀生的作法而已；而求生之德則不止於「吃有吃相」的修養，更包含人對萬物的慈悲態度與承擔精神，因為「上天有好生之德」，人需殺生以自足，豈能以「弱肉強食」之道合理化，而不省思萬物之靈有賴萬物以生的道德含意，故「替天行道」更可解釋人需求生的處境5。由此可知，文化起於求生問題而終於求道問題，這是說人為萬物之靈，一方面人仍有物性而需謀生，另一方面人又有靈性而應求生有道，由此進而追求真理以解脫物性而歸返上帝，其間

---

4. 'They that deny a God destroy man's nobility; for certainly man is of kin to the beasts by his body; and, if he be not of kin to God by his spirit, he is a base and ignoble creature.' Francis Bacon, *Essays* (1625), 16: 'Atheism'.

5. 求生之舉當然不等於替天行道，求生與行道有關乃意味人有原罪又有神格，故人生在世需以殺生自存（吃素者亦然），同時必須立功補過（將功贖罪）更有德行，善多於惡才足以為人，而人所以能有此條件或待遇即因其受命於天，既具靈性且承神令，可見「為所當為」即是替天行道，這包括人不得不為食衣住行而犧牲萬物。

以求生支持求道是必要的認知或階段，故文化發展當具理想並應忍受現實缺陷，不可以「足食」為滿、或以「事非純粹」為病（淨土之前乃為濁世）。正因文化起於求生問題，故古代文化質優而後勢大，蓋文化不優則其解決生存困難之能（包括宗教信仰）不佳，這使人難以信服追隨，其征服力當然微弱，易言之，史上早期的文化發展頗有義利兩全之情──亦即求生與求道共進──強勢的文化兼具精神與物質二方面的優點，而「以心役物」的成就決定其優勢之大小。如此，傳統文化自然步入求道之途，同時菁英主義的階級社會成立，益使文化發展循著優勝劣敗的常規正軌進行，這便是文明歷史的「古典」精神或「正統」脈絡。然而求生所需的條件實非精良，基本生活的維持並不十分困難，所以精神文明與物質文明一齊增進的情況不能永遠持續；當溫飽大約無虞的物質條件可以確保時，人心的清濁開始受到考驗，此時專注於求生問題者必玩物喪志，轉而求道者方不枉為萬物之靈；於是文化開始分途發展，菁英立命而庶民安身，上層文化繼續探索真理，下層文化首重傳宗接代，民眾猶未離經叛道乃因政治權威仍強。君子求道、小人求生，菁英志在文化、凡夫心在經濟，賢者為「士」與「農」、俗家務「工」從「商」，然文明推展教化而物質生活隨之改良，終至於大眾問政而營生成為社會首務，當民主制度出現，人心不古而人性當道，知識的價值變為牟利，世風已無向化之機。文化發展由俗入雅又自雅還俗，此勢顯示凡人難以啟蒙開化，而文化的目標是文明，文明的理想是完人，完人的世界是大同，故文化不能歧視凡夫，卻有提攜弱者的義務，這使文化發展注定無法達成全功，此非失敗而是「知其不可為而為」的宿命，只是求道原不壓迫求生，而求生竟然排斥求道，這才是末世的文化

冤情。

　　文化發展除了上層與下層的對立之外，又有上層內部的分化或主流與偏鋒的對峙，亦即正統與異端之別，這是「英雄所見『略同』」的菁英內亂，也是「曲高和寡」之情向上延伸的必然現象；此種「高等歧見」顯示真理永遠無法成為文化界的共識，而最具高見者難以獲得普遍的肯定與了解，大眾且因此更加懷疑或歧視「書生之見」，使文化的提升最後功虧一簣，形成各說各話的亂局。超越性真理本已不是人智所能領會，而人智又有無盡的高下之別，如此最為知道者必不為其下之流所識，這注定文化發展至極即有「反進化」的危機，不論大眾社會是否興起。一般人的資質平凡無奇，優於大眾的菁英相當具有同感，此即「英雄惜英雄」，而菁英中的傑出者既稀少且不合，這是因為真理深奧、難以確認及明說，實證之法於此無用，識道尤精者乃不易令人信服，何況高手各有心得、難免自以為是。知天者實皆蒙受神啟，並非努力學習即可得，而天賜多少人人不同，絕非一概相同，所以天才亦有全偏大小之異，其能互通但非相等，然則最知天機者乃是最得神恩者，此可謂上帝化身，凡人無以認識或發掘（故有謂「高處不勝寒」）。人上之人不為眾所周知尚非不幸，可悲者乃是「一般菁英」不識終極真相卻頗具相似的觀念，這使真正的英才常為學者文人所誤解，更增下層小民對高人的漠視或對上層文化的排斥，然而這是高等文明內部的「反淘汰機制」，實不必歸咎於凡人之無知。即因「大眾」與「小眾」均不能「慧眼識英雄」，偉人的歷史地位或社會影響力其實來自天意安排而非世人認知，於此政治權威的擁護乃是神命作用的表現，以致「聖賢文化」總被無識者批評為政教同謀下的愚民方案，這實在是「中智」對「上智」的誣告。

簡言之，大眾眼中的上層社會是智能與慾望同樣敏銳的群體，
因其意見時有不一，使憤世嫉俗者常覺真理不存或知識無用，
這不僅阻礙社會教化的進行，而且破壞上流文化的正常發展，
因為富有政治野心的社會菁英確實不少，其見不免與俗交流而
污染士風。由於天道渺渺而見識不同，文人相輕是文化一情，
其中智能尤高以及平常者是正統的支持力，看法奇異卻非精深
的偏智者則形成異端，而民眾在教育政策的引導下大約趨於認
同正統，此即傳統樹立之由，但性好獨特之人往往附和異端，
使反對主流的「次文化」在史上始終活動不絕。凡夫不持異議
而隨波逐流，其遵從傳統乃依世道而行，並非個性所趨，眾人
對其所追隨的「教條」既然領略不多，上層文化的分歧意義亦
非廣為人知，故道學中的「基本教義派」(fundamentalism) 與
「傳統教義派」(traditionalism) 皆可能成為一時一地之正統，而
信徒卻不察其間差異之要理，雖然後者較符合人心且較具歷史
價值（亦即較富含神意）而流行更廣。上層文化之爭涉及高深
的義理，此非大眾所悉，亦非凡夫所重，加以傳統的統治者不
欲民意分裂而提倡「正見」，故古時真理觀念的衝突在實際上影
響民情不巨；近代以來文化的上層與下層距離漸減而互動漸增，
於是士人糾紛的社會性禍害惡化，一方面大眾更失神聖的信仰，
另一方面菁英中的俗儒挾眾自重，更誤導民意。凡夫本不可教，
善導民眾之方是對其灌輸聖賢之說而示以有識者所見皆同之
狀，古代學風大致若此，故民風純樸善良，小人不能自覺亦能
守法，世風不能自清亦能敬賢；如今大道既失，禮教崩解，在
上者見解分歧以致在下者無所適從，知識份子內訌使世俗觀念
更為得勢，尤惡者學者與庶民聯袂造反鬥爭，斯文掃地，真理
信仰愈不可即。真理無法確知而真人無法受知，此為上層文化

終有亂勢的緣故，然「半部論語治天下」，導民於善不需全才，高深的道理不明並不妨礙人情世故的改良，只要信道之心篤實虔誠，人生困難大都可以化解，而得道高見也能逐漸脫穎而出；末世的文化所以混亂乃因大眾無知與菁英失信，下層文化的壯大與上層文化的紛爭有關，而庸俗戰勝高雅的惡事不僅發生於社會大局也出現於學術領域，其由實是菁英的自毀而非大眾的侵襲，蓋文化原本出於豪傑，匹夫豈能攘奪其志。

　　可觀的文化是智者的創作，然文化是所有人的事，而事涉群體者必有政治力量介入，因政治是世上最強大的權威，故文化與政治的關係常是政治作主，這使文化發展在受惠於政權支持時，更受其破壞與扭曲，畢竟政治所含的原罪之惡遠大於文化。原始的文化呈現求生態勢，高尚的文化表現求道思想，求生是所有人的問題，而求道雖非多數人關心者，卻是人人均應投入之事，所以不論現實或理想，文化皆是「大家的事」。政治與求生的關係遠勝於政治與求道的關係，政治的動力來自人的權力慾望，然權力也是人自我神化所需的條件，而「學習上帝」有惡有善，所以政治雖醜陋，亦可能成為改良現實的因素。如此，政治與文化實有相似的性質，只是文化的善性多於政治，而政治的勢力強於文化，二者必定相關互動，其情是政治支配文化，但文化也影響政治。相對而言，文化是人開化的表現，政治則為人的獸性作用，顯然文化應當作為政治的導師，但人的原罪深重，若人不能高度開化，其善性不足以使人長期為善，因此史上政教關係其實多是政治對文化的利用。簡言之，文化與政治的糾纏有如天人交戰，一般的表現是良知受制於人慾，這表示在文化臻於上乘且深入民心之前，文化與政治的關係實為孽緣，亦即政治總惡化文化。雖然，政治若要發展恢弘也需

光明的理由，人欲美化其權力慾望必要自信替天行道，至少政
權要鞏固或社會要安定，則當揭櫫及宣揚合理有德的統治觀念，
這使政治對文化持有某種認同，也就是說政治須採行相當的文
化以便遮醜與壯大；於是正統與道統二說出現，正統是政治性
的文化觀，道統是文化性的真理觀，二者關係頗為緊張，然正
統說含有統治者向化的良心，其見與道統觀不可能絕對相反，
只是在認真的求道者眼中，正統說總是惡念多於善意，故須以
道統說反駁其誤。政治對文化的態度確是「來者不善」，畢竟求
權者若非義利兩全則不求道，所謂文化政策不是虛偽便是膚淺，
如憲法之類的立國精神呈現常華而不實，禮儀的推行常為強化
既成的優勢，宣傳的工作多為政治教育而有害於民智啟蒙，思
想的箝制缺乏批判異端的學力卻有以強權為公理的蠻氣，務實
的作法阻礙理想的追求而刺激凡夫的俗心，權威的強調表示政
治高於一切又暗示成者為王而敗者為寇（然則暴力才是高於一
切），總之，政治化的文化是一種愚昧的歪理，缺乏說服力，但
可能腐化求學者。文化以真理為的，固有普世精神，政治以權
力為限，總出不了國門，所以政治的文化立場必成民族主義，
民族主義若非「井底之蛙」即為「夜郎自大」，其稍佳者將各國
文化「一視同仁」而不辨優劣高下，於是文化交流成為政治最
高貴的對外政策，其實是藉此謀求國際上一席之地以自我肯定，
難怪國際化造成全球化而非大同世界，這是全面的大眾化，亦
即人類文明淪為世俗文化。古時政治與文化的關係集中於政權
與文士的關係，現代政治與文化的關係主要是政府與大眾的關
係，以教育為例，傳統教育是菁英教育（有大學而無小學），當
今教育是國民教育（高等教育幼稚化），教育普及使真理愈辯愈
不明，而當權者的保障則由能力轉為法制，這表示主流文化的

素質因民主化而降低。政治欲求控制，文化企圖開導，控制不重個性，開導因材施教，政治涉入文化必使文化形式化與平庸化，因為形式標準適用於全體，而平庸程度是大眾的格調；同時政治既為強權指揮而文化只應任人接納，故政治與文化相處必成政治脅迫文化之勢，這如「秀才遇到兵，有理說不清」，其交涉結果恐怕不是兵成秀才而是秀才成兵。政治趨炎附勢，文化超凡入聖，政治的現實性強而文化的理想性高，所以政治目標的達成易於文化目標的達成，亦即政治的改善必遲於文化，蓋求道雖難但必有所得，求生雖易但成就必微 6。既然歷史實情是政治凌駕文化，政治的惡化必牽連文化，最壞的政治危害文化最烈，所以現代民主是文化之大敵，若現象看似不然，此乃由於凡人政治化（而形成「大眾」）以致不覺文化受此傷害，更重要的是民主初現之時是文化發展達於極致（極限）之際，現代文化原來「資本雄厚」，故能承受現代政治的摧殘而仍有生存的活力，這便是文明末世「死而不僵」的特徵與怪象。

　　文化的精髓是知識，知識的建立主要憑藉理性與經驗，而理性與經驗皆為有限，所以文化發展至最後必面臨知識無法增進的窘境，此時人性作用勝於知性，文化開始人性化，因其滿足凡人自大之心，故文化發展的危機普受忽略，其變態竟被視作「現代性」而更盛行。文化是人為萬物之靈的表現，文化的人本主義初時並無問題，然人若優於物而非自主自生，則人之上顯然又有更高生靈，這即是神，可見文化發展至高級階段應當產生上帝信仰，此時人本主義變為人文主義而相信人有神格，於是文化的企圖乃成天人合一，人的自尊則不再是最高義。文化的精神先是以人為本，然後以神為本，但人本思想遠較神本

6. 做錯事而成功未得使人驕傲，做對事而失敗猶可滿懷自尊。

觀念自然，亦即信仰上帝需有超自然靈感，此非凡夫所有，故
文化發展在長久的正常進化歷程之後，因無法突破而轉向追求
自由，其反文明精神使文化「中性化」而成為各式的生活態度，
無分好壞對錯。人的本性有信神傾向，知識的增長使人發現多
神信仰其實指向上帝的存在，隨後神學提升一神信仰的理念，
確立人類最高層次的宗教，從此信仰只能傳承而無法更加深入；
然科學的進步與物慾的誘惑誤導人心，加以近代歷史（尤其是
世界大戰）所呈現的天理不彰現象打擊士氣，宗教的世俗化成
為趨勢，無神信仰雖未大興，輕慢的態度卻暗中蔓延；如今各
地文化交流而平等寬容之說甚囂塵上，宗教變成民俗之一種，
信仰自由納入人權的項目，表面上宗教獲得尊重，其實卻受到
貶抑，因為「道為多頭」則真理如同私事。信神則信道，古代
宗教興起之時哲學也開始發展，哲學追求真理，所以最早的哲
學與宗教及科學關係密切──可謂三位一體的道術──然知識
的增進使哲學學術化而與宗教疏離，同時科學發展的遲滯使科
學哲學化而難以獨立，這使哲學家自信是最好的求道者；此後
哲學步入理性化與專業化的窠臼，超越性真理的探索淪為形式，
宗教的刺激一方面使哲學教條化、另一方面使哲學更減信仰性，
而科學在中古之後異軍突起以及另立門戶，則使哲學的內容更
為貧弱，同時其人文精神卻因科學式的知識立場而無從提升；
哲學是直接探討真理的學術，故知識的極限立即障礙哲學的發
展，尤其近代真理信仰式微使哲學進退失據，上求大道既無可
能，下理雜務乃成主業，現代的哲學以其他學科領域自我分
割7，又以感性主觀之論取代知性客觀之見，顯已歸化於時尚

---

7. 如政治哲學、歷史哲學、科學哲學、教育哲學、社會哲學、經濟哲學
等等，均是缺乏一貫之道（互通性體系）或是觀念境界不高的哲學分

流風而不問道。與哲學的理想相似而作法不同者是**史學**，因為
史學的對象是一切事物——包括時間所致之變化（這使史學超
越哲學）——其最高的研究成果應當是通貫性見解，此即真理
觀念；然史學需以事實為憑論述，故蒐集與紀錄的工作是古代
史學要務，「通古今之變」的結論則有待後日，這使史學常陷於
「技術化」的業務而忽略宏觀解釋，且其觀點深受當代文化取
向左右；如此，近代科學昌盛而人文學沒落、多元價值流行而
信道風氣衰微，史學隨之沈浮，其知識益為粗俗零碎，早已失
去論道的理想，就反映時勢而言現代史學並不失實，但這正證
明史學已沈淪至無力自省。宗教是超越性真理觀，哲學是學術
性真理觀，史學考量一切，故為終極的真理觀，然不能超越時
代的史學無此見識，現代史學以反傳統為務，只知有今而不知
有道亦不知有終。

　　相形之下，最不受知識極限與時代變遷妨礙的文化事業是
文學，此因文學的內涵情理各半，可靈活權變以應付外來衝擊，
並且各地語文不同使文學富有區域性，而較不受世界性趨勢的
牽引，故文學的生命力似乎特為強韌；然真在善之上而善在美
之上，知識的價值高於道德與藝術，文學集抒情、寫實、論理
三者於一身，卻無清楚的主從思想，這使文學變成「樣樣精通
樣樣疏鬆」的知性藝術，其免於末世文明重挫的優點乃反映體

業，此與傳統哲學上下層次分明的知識觀（知識論與形上學高於倫理
學而倫理學又高於美學）顯然不同，似乎真理可以專業化而不失本旨
原意；事實上萬事萬物固有通理，但其地位與價值各不相同，論道者
應掌握輕重本末，示人以宇宙結構，並呈現上帝的作用，乃能證明真
理的絕對性、永恆性、普世性、乃至超越性諸義，哲學原來已有忽略
神格問題（存而不論）的缺失，如今又放棄通釋一切課題的宏圖，其
沒落實為得當。

質之處；文學的知識性不強使文學難以提升，而其偏重感情與
經驗的特質使文學易於流行卻甚乏普世性意義，現代社會的迅
速變遷與反理性事態雖使文學創作更為得力，卻也使其頹廢氣
息大增而素質更降，可見反智不能成理而能敗事8。較文學更
少知性而更多感性者是藝術，雖然，藝術卻較文學更受現代反
智風潮的影響，此因藝術並非無理，只是其理不明，故長久以
來藝術風格依循正統觀念成立而變化不大，直至近代知識觀點
遽變，非理性主張崛起，藝術創作失去傳統的依據，乃需另闢
蹊徑；於是個人認知取代外在真相或普世標準成為藝術呈現的
目標，其法不是強調無理卻是反對真理，結果當然是錯亂紛紜
之象，暴起暴落的藝術流派只有實驗性的價值，創新者眾卻無
一能樹立永恆典範，這證明美的本質是善與真，無道而有術即
使可能也不可觀。傳統的藝術理念不外寫實主義、自然主義、
與理想主義，其精神是由體會現實進而探索天道（歷史與宗教
課題乃為主流），因成美的道理隱約幽邃，故創作經常陷於教條
化或形式化（有如信仰的流弊），但這是求道困難所致，絕無反
知識的意思；現代藝術從道統中解放，創作觀點變成個人主義，
但具有創意者畢竟不多，能自我表達而寓有深意者更少，因其
表現不以美為尚，若乏理念則益加不堪入目，於是無能者競相
標榜「為藝術而藝術」以免受公論批評，如此藝術的獨立淪為

---

8. 語文的演化早已結束——「國文」的出現為其徵象——當今之世白話
　　文盛行而方言沒落，一般人不識典雅的古文，其口語頗為粗陋而行文
　　極不通順，顯示不可教者受教之後的蹩腳狀態；同時「世界語文」提
　　倡無功，英文則藉政治強權與經濟強勢之便普行於世，這又造成「非
　　英語地區」母語與外語雜錯而一同惡化之情，可見「知言」實為「知
　　道」，無知豈能有文。

孤立，真善美皆喪。與藝術格調相反者是科學性質，**科學**以可
實證為真確，固無浪漫之情，然科學所求是物理，物理是人所
能認識的基礎真理，而此事竟不如想像一般簡易，所以科學也
有「大而無當」的求知迷惘（例如古希臘科學探討「基本物質」
之風）。早期的科學富有求道之志，因其成就極其有限，科學不
是投靠哲學便是轉向實用之途，後來科學在長久的知識累積之
下體系漸明而自成一局，其物質性色彩也愈加深濃；然而科學
的理論含有真理要素，科技的成效且嘉惠民生甚鉅，故科學在
近代反理性思潮興起之後，頗有取代哲學與宗教成為宇宙觀典
型之勢，深獲各界景仰。科學的實證要求使其堅持理性標準而
不可能採取反知識立場，這使科學一直穩定發展而未出現人文
性的精神危機（自我反對），在文明末世時猶能一枝獨秀、繼續
進步；然科學亦有知識極限的困境，惟物質尚存則科學不止，
科學在概念上或在真理的呈現上實已不能更進，但在實際上或
在細節與技術問題上仍有研究餘地，這使科學顯得活力無窮；
不幸的是科學的為害正是在此，此即科學萬能的迷信導致末世
之人不覺文明有病，並且沈溺於生活享受而自以為實現了萬物
之靈的精義，殊不知這是「小德役大德」的無道。科技昌明使
現代出現史所未見的休閒產業，娛樂竟成一項專業而有賴研究
(leisure studies)，快樂主義的哲學含意知者甚少、但執行其道者
卻甚多，這顯然是教育普及而知識扭曲才有的事情，因為文化
不發達則凡人無暇胡思亂想，然大眾能過好逸惡勞的生活必定
由於學術不求道卻有掌握物力的高見9。

---

9. 'The thing which is the most outstanding and chiefly to be desired by all
   healthy and good and well-off persons is leisure with honour.' Cicero,
   Pro Sestio, xlv, 98.

第三節　末世的文化亂象

　　末世的文化亂象以「後現代主義」為首謀，蓋後現代一說本於現代，而現代一說出於歷史進入完成階段的判斷，然則現代化應是文明大功告成的過程，但因原罪缺陷無法消除，現代文明即使是歷史發展的極致成果，其內在缺失令人猶有革命之欲，這即是後現代主義出現的緣故，也是其說荒謬之處，畢竟吾人不能以「最佳」仍非完美而加以推翻，何況後現代主義者絕非完美主義者。顧名思義，後現代主義以反對現代文明觀念為業，其見絕無獨立性或永恆性而僅有相對性，事實上後現代主義一直「不願」自明，因為這將使其失去反對者的立場，而暴露孤貧的本色、甚至因此自取滅亡，可見後現代主義僅能證明文明有其末世（雖然此非其意），而無法提出取代性方案，其持續的叫囂只是「鬧場」的性質。後現代主義不是哲學理論（不符理性）也非政治學說（無法當權），而是一種籠統的意識型態或文化價值觀，其見觸及各種人生問題，卻不能適用於科學及任何事關重大利害的實務，這表示後現代主義是不正經的思想，其抗議性論點固有發人深省的作用，但因缺乏全面性與積極性，終究不能擔起改造文明的任務，只能像「打游擊」一樣發起突襲、破壞秩序、製造恐慌。後現代主義者是作怪份子，此輩生於亂世乃有活躍的機會，他們絕非天資過人或性格單純，卻是一群受過教育而無力超越前賢的二流文士，在挫折感與怨氣的刺激之下，「挑毛病」與「唱反調」成為他們發洩情緒與偽裝瀟灑的慣技，此種作為相當程度義利兩全，因為末世的文化確實充滿弊端，而自由又是此時的風尚。現代若亡則後現代無以寄生，後現代主義受惠於現代文明卻極力攻擊之，這不是道德性

的背叛而是知識性的矛盾，然因後現代主義者無法面對理性辨
覈而仍堅持己見，其道德乃不免沈淪；但此情似乎不是人所共
見的實況，後現代主義常受時人肯定而擁護者不斷出現，這是
因為後現代主義賴以為生的工具性條件——尤其是平等與多元
性——正是現代文化所提倡者，故其說頗得正當化。易言之，
後現代主義一方面是反現代的運動，另一方面卻是現代所滋生
的「次文化」（不是新文化），其與現代主義的對立性有如現代
主義的內在緊張性，並不達到嚴重衝突的地步，這證明文明原
有其無法克服的缺失，而此種缺失尚不致命。後現代主義的錯
誤並非不為人知，此說的批判者頗不少，這包括鼓吹者自身（非
因反省而因作對），然後現代主義不因此而衰，卻有流行不絕的
跡象，可見現代文化有自我玩弄的病態（但還不到自我否定的
瘋狂），同時人類並無另一出路可去。二十世紀以來的文化實非
史上最佳者，但因大眾社會缺乏真知灼見，其所認定的最佳文
化恐怕非當代文化莫屬，顯然文化的上下層次隔閡至今仍在，
於是後現代主義者（屬於上層社會）更可大張旗鼓批判現代文
化的失誤，卻不注意其所抨擊者實為經過大眾化傷害的傳統遺
風，這顯示後現代主義的問題意識缺乏正確的歷史感或脈絡性，
其術實為末世文化本身所孕育的淫學。不論如何，後現代主義
對當代文化的批評並非空穴來風，其說雖非末世觀，但所論確
實反映現代文明捉襟見肘的窘狀；尤其後現代主義的文化觀表
面上主張價值多元，其實則以上層文化為對象發言立論，而不
與大眾計較（一般見識）；這表示高級的文化才值得重視，而現
代文明所以應當討伐正因其展現優越的姿態卻非真正高尚，雖
然其病因不為論者所了解。總之，後現代主義是文化的末世性
表現，而非末世的文化性趨勢，因為後現代主義不是現代的主

流思潮，卻是文明原罪在歷史末期的裸露，只是其揭發者無此認識，而自以為所事不僅「濟弱扶傾」並且「撥亂反正」，此想絕非正確，畢竟現代文化儘管問題重重，但這已是「最大多數人所認為的最大幸福」，後現代主義者既出身於此又怎能「尚未過河便拆橋」。

　　後現代主義的態度雖不是顛倒是非卻是推翻權威，其心術不正的表現在於將腐朽說成神奇，如此所有的文化要素仍在，但其次序已亂、體系不清、結構零散、而事情一塌糊塗，此景實非後現代主義者一手造成，卻是文明極限出現後歷經二百年偏差發展所致，其中文化與文明的分離、人文與科學主從關係的顛覆、以及非理性因素的著重，特別引發現代文化的反進化趨勢，甚有精神自殘的病情。人具天性，故正常的文化發展自然是改善一途，於此展現天人合一境界的心物狀態逐漸彰明，無道者不是淘汰便是貶抑，即使其過程緩慢，從無不合理者反而成為文化主流之例。反抗真理即是反抗良心，此非尋常之舉，除卻少數「怪胎」之外，凡人皆有服從正理的本性，故史上並無背道而馳的文化傳統，在一神教不流行的地方，甚至魔鬼的說法都極罕見，可知後現代主義是末世現象。後現代主義不是以劣為優──然則優劣的高低地位在原理上並未改造──而是反對維持優劣等級的體制，有如永處於王國已經推翻而新法尚未建立的「臨時政府」時期，其統治是革命家掌權卻乏革命性政策的「類無政府狀態」，有解放之名而無自由之實。為了破除正統的觀點，後現代主義破壞是非善惡的基礎，古今、先後、高下、大小、輕重、本末、中外、體用種種天經地義的對應關係（化成實際則為老少、男女、師生、主客、朝野、官民、貴賤、買賣等各類社會關係）均受否定，甚至時空觀念也有遭受

拋棄之勢，其意是要所有約束人心的價值體系皆去，但因此想
本身即有「中心理念」而且物質標準無法剷除，故後現代主義
終究伸展不開，只能不斷以旁觀者說風涼話的方式詆毀文明大
道。廣義的後現代主義自啟蒙運動之後即已出現，這是傳統菁
英文化發展困難所激發的變態，其道不過是強調過去所不強調
者，亦即將「次佳」捧高以與「最佳」互別苗頭，起初提倡相
對主義，最後主張多元主義，此非窮變而通的勝績，卻是迴避
挑戰而投機取巧的詐術。從文化創作的素質而論，今人相比於
古人實有自慚形穢之感，而天人交戰不進則退，現代文化既然
上達無力，只有標新立異以自我肯定，因其念符合一般人性，
故頗受大眾喜愛，如此後現代主義乃與社會主義一樣，是上層
人士為廣大群眾發明的精神鴉片。文明是絕對的菁英主義，文
化是相對的菁英主義，這是說文明是文化去蕪存菁的結果，而
文化是人格提升的所有嘗試（優劣均有），高級的文化即是文
明，然普通的文化也可存留以待改良（正如非市場主力的作物
品種仍應保留）；只因現代世界已達文明極限，各地亦已高度交
流，於是不佳的文化難以為繼，但最佳的文化也不易維持，所
以次佳的文化成為優勢，至此文明的說法不得不竄改，其定義
乃與一般文化無異，以便次佳的文化變作最佳的文化。文明與
文化的互通性由上流含意轉為下流，這是「形式革命」，自此文
明與文化因價值不分而為相等，人文與科學也因標準物化而成
一體，其實則為科學凌駕人文、或是社會科學同化人文學，因
為人不做物主便淪為萬物之一，人文地位不優於科學方有二者
融合之事，吾人不能以「科學掛帥」是人事現象而認為人格無
損。科學是物理的探索，人自有其物性而可以科學了解，但人
為萬物之靈，其天性更不可忽視，一旦人將心物等量齊觀或分

別看待則人即有物化之虞，畢竟人非完美的生命而原罪的心理作用是物慾，若人不能精神振作，其物性便化為獸性，結果必成萬獸之王的惡行。由此可知，非理性因素的強調看似與科學不違，甚至需要科學證據的支持，然其說實為科學之濫用與人心之自瀆，因為人有肉體，身軀健康是配合物理，但人所以為人的關鍵乃在於靈性，靈性與理性同源（皆為天性）而心重於物，強調非理性等於強調人的獸性，況且科學不採價值觀，其說不可能主張人應信仰物質主義（如科學的相對論所欲呈現者是絕對的真相，而不與人文的相對主義通同）。末世的文化備感做人的艱辛而欲尋歡，其法是接納現實而放棄理想，故功能主義、實用主義、經驗主義、唯物主義等次佳的思想（史上早有前例）如今皆成正義，殊不知此類物化的理論都是精神表現，以物非心實為自相矛盾，錯誤的觀念在歷史悠久的世界興盛，這顯然是反進化的形跡，頗有「狗急跳牆」的悲哀。

　　文化發展至今已有山窮水盡的困窘，然現代文化以迴避正道鋌而走險之法突圍，其偏鋒性質與傳統異端同中有異，此即道統為「正」、異端為「反」、而現代文化為「合」，今人頗覺其道是超越前賢的後見之明，事實卻是現代文化為文明追求至善失敗後否認敗績的曲說，依循古來進化路線所面臨的絕境如今猶有嚴重的困擾，可知現代文化絕非新猷而是舊貫，或說是新式的傳統弊端。「正反合」之說實不正確，因為天道絕非循環而正理乃為一貫，此說是以人為本的天人合一宇宙觀，沒有超越性，卻充滿人性；正是因此，此說甚獲無神論者的喜愛，一方面它滿足人慾，另一方面它提供假性的神聖感與完整感，可以減少良心不安或掩飾鄙陋。不論深淺，古代文明是求道文化，正統的強調常為教條化的表現而非虛偽之情，所以異端不必是

與正統真理觀直接或完全違背的說法，卻極可能只有局部的差異，因古道堅持絕對之義，稍有偏離者便被指為異端。易言之，古時異端在精神上與正統相反，但在實質上則與正統相近，因為史上異端只是持有異議的非主流真理觀，而非反對真理之說。現代文化在精神上與傳統相反，但在實質上仍與傳統相近，這是因為真理為唯一，並且人對真理的觀念極為有限而相關，即使故意反對真理也難以脫離「無道的模式」。現代文化與傳統異端的差別主要在於宣稱上帝或真理不存、以及提倡自由隨性的思想，這其實是忽略正道而非顛覆天理，畢竟人無法以反理性思考或以無理為法，現代社會亦需規範以運作如常，其道不道，但非全然無法無天，亦即「亂中有序」，不是有亂無序，而這正是論者以為現代高明之處。現代文化的病態可謂為古代異端的集大成，蓋所有離經叛道的信仰觀點如今皆為合法而有用，所謂開放即是寬容異類，其意是消除真理的「強迫性」，使眾人不必從一而終，似乎各界合作的目的是各行其是，以免文明定於一尊。簡言之，今人接受真理之名而不接受真理之實、接受少數人求道而不接受多數人同道，如此信仰自由的權力才能保持、而真理不能成為政治權威。反對真理之說須為真理式的論述（例如無神論亦是一種信仰），否則無效，然而人不論如何推翻真理，結果均是另立真理，亦即主張沒有真理實為一種真理主張，可見真理必在而人駁斥真理之舉皆是真理存在的（間接）證據。現代文化的各種反真理作法其實暗示真理之真，而其術根本未能超越傳統的異端或道學，但為防止「真理的擴張」，今人用盡心機推廣「多元真理」之見以減少真理的壓力，結果不管有效無效對人皆有重大傷害。推翻真理實無可能，今人逃避真理的方法之一是發明新信仰以自我誘導，現代神話的迷信程度絕不

下於古代，其超越性則大不如前，在科學昌明之時假借科學潛力進行幻想（例如「幽浮」與「外太空文明」）、或反其道而行更加強調非物理的超自然奇蹟（例如「水怪」「野人」「鬼魂」等），尤其是墮落、邪僻、虛偽、且荒誕之事，因為此類說法具有某種理智，而其無理處又被「影射」為超越性境界，這顯然是唯有在文明末世才可能創造的「高級鬼話」，更有迷惑人心的惡質，卻少有啟發想像力的美感。同樣為了避免真理迫人，現代文化重資訊而輕解釋，累積資料卻存而不論，彷彿事實自身即是真相而數據統計最可說明道理，結果卻是訊息「太多」造成結論困難，而定見既不易得，偏見乃為常情，於是溝通普受強調，辯論幾成目的本身，其實已陷入惡性循環，人只得以發表己見為樂。末世的文化不主一貫之道，其思想乃乏純粹性而多雜錯之況，現代興起的「意識型態」本非哲學理論（不探討真理），而是關於社會問題的綜合性看法，其說與時更改又相互妥協，早已面目全非，如十九世紀以來立論的保守主義、自由主義、社會主義等，至今皆經數變而有新保守主義、新自由主義、新左派諸說，但其「新」為何恐難以究問，實際上亦少有追查者。總之，現代文化是傳統文化的變體，在古道實現理想不成之下，今法以反真理尋求自在，但真理無法脫離，故現代文化只能以歪論替正理而自得其樂，結果實為耽誤，向來未得解決的問題如今依然作惡，道德的憂患與知識的迷亂乃更甚於前，雖然今人不知史而無此感覺。

　　反對真理實無可能，現代文化的反真理運動是選擇性的作法，其目標是感受上的自由而非實質上的新知，所以現代文化的矛盾現象甚多，可行性卻似未因此減少，這顯示現代文化的本質甚為虛浮；此情尤其可以多元主義與大眾文化並存共榮一

事證明，蓋二者所見均頗膚淺通俗，但大眾文化的單調卻與多
元主義在精神上迥然不侔，其合謀乃出於推翻權威的共同目標，
可見今人的價值觀名繁實簡。無真理則無是非，無是非則無善
惡，無善惡則無美醜，如此一切事物皆無庸介意，也無法判斷
其好壞得失，這使人完全落空，根本不能生存；由此可見，真
理無法顛覆而有此企圖者所為不過是逃避，其法絕非全面性反
叛，而是片面或局部的作亂，此種虛偽不實使矛盾相當無害。
現代文化的快樂主義為有史以來最盛者，快樂主義是價值觀而
非知識觀或宇宙觀（雖然較為深刻的快樂主義必以道理申論），
其目的顯明，但方法因人而異（各人引以為樂之事不同），沒有
理論體系也無必定思路。現代文化的反真理立場主要是基於快
樂主義而非學術發現，其思想渾沌而態度絕不認真，投機之意
甚強而堅持之念不多，故成就極少，但挫折也非沈重，「無所
謂」的心態簡直是社會共同的精神建設。今人的「隨遇而安」
不是認命而是敷衍 (happy-go-lucky)，因乏真理信仰，所以只要
不造成巨大的利害問題，怎麼樣都行，其合理化說法便是多元
主義。人為萬物之靈，萬物雖多，但以人為貴，這是一元思想，
如今多元主義盛行，其人文精神當然嚴重衰退，於是人與萬物
的差異不為人所重，然人之自尊終究不能拋棄，故平時「大而
化之」的態度其實是敷衍，待衝突出現時人們斤斤計較的表現
又是一絕。多元主義必含人之物化，其學術立場乃為社會科學
而非人文學，蓋人文學科目有高下主從之別，社會科學則專業
分工且不為價值判斷，二者性質之差異原本甚大，但常人（包
括學者）對此所知極少，這一方面是因現代的人文學已深受社
會科學同化，另一方面是因真理信仰淪喪殆盡，多元主義已成
正統。一元主義須通貫多元事物，這包括解釋多元主義的定位，

多元主義則排除一元主義，而正確的真理觀必為單元思想（一元主義實為狹隘的術語），可見一元主義較多元主義周全完備，而多元主義既非正理且敵視真理10。依理多元主義應將真理主張視為萬象之一而加以包容，但此事將使多元主義的內在衝突顯現，同時多元主義的知識基礎不當一情也將暴露11，所以多元主義者從不嚴格論理，而有鄉愿之心。事實上多元主義是人性化的思想，因為凡夫缺乏獨見卻苦於服從權威，所以多元主張可以解放標準，使大眾免於傳統的約束，而生命獨立之義在此又似得發揚；然人們大都庸俗而少特質，多元主義推行的結果是人慾表現的強化，其價值觀念的雷同或思想貧乏簡單的窮相顯而易見，至此多元主義的社會性格及知識假象已昭然若揭。多元主義的提倡竟造成觀念的單一化，這證明「凡夫都一樣」，蓋名義上人人不同，但使人真正獨特的因素實為知識，所以菁英的差異甚大於一般人際（英雄所見略同而已），而傳統文化的豐富性遠勝於現代文化，今人強調個性主見卻無傑出之學可表（有思想自由之權而無自由思想之力），其結果自然是形式五花八門而精神大同小異，例如賺錢的方法千奇百怪但愛錢之想人人無別。多元主義的心態其實是相對主義，亦即反對真理而容許其他，然真與假相對，所有錯誤之事均為同類，而凡人的缺失亦極其相似，不真則其假如一，故多元主義在推翻道統的革

---

10. 'It is impossible to conceive of many without one.' Plato, *Parmenides*, 166b.

11. 多元主義無法以經驗為準而建立，因為經驗不足以形成知識，並且經驗變化不止而數量不定，如此多元主義應以理性為本而樹立，但理性推論必含因果觀或次序觀，這又顯示多元主義在知識上乃為錯誤，可見多元主義其實是一種不符真理真相的價值觀。

命成功之後，其表現實在乏善可陳，畢竟多元主義並無特殊之見有待提倡，而大眾也沒有多元理念可以實現。不幸者，大眾人多而想法類似，多元主義對凡夫的教育意義不大，而倡導多元主義的人原優於凡夫，卻不正視其特長具有一貫之理與通天之性，如此多元主義用於無需者又誤用於需求者，這雖不是暴殄天物卻是玩人喪德。

　　大眾文化的性格既簡單且平凡，但人性有不甘於平淡的一面，所以同中求異又是現代民情的特徵，然凡人並無真才實學，其創意不足以自成一格而卓然成家，因此迅速變遷的流行文化成為時勢；於是，少數稍有才華或勇於作怪的人引領風騷，多數無知且無聊的人則隨時跟進，共創一個人妖化的不老社會，其時間感與歷史意識一同消失，不僅傳統已去，連自己的年紀也存心遺忘；此種「寧鳴而死、不默而生」的精神無疑是末世的文化氣息，因為生存早已失去超越性的目的，而引人注意竟成避免反省的求生手段，人之物化在其自身精心策劃之下成功，文明的意義夫復何言。多元主義造成複雜而非豐富，雖複雜卻不深奧，其質畢竟單一，而相同太過引起自我認知的危機，於是凡人在同化之餘圖求異化，自以為兼得，其實是善性未發而惡性放縱。個性的強調若為良善，乃是「天生我材必有用」的實踐，然此事之行須先認命，認命是探問神意，信仰神意則相信真理，如此強調個性即是執行各人在世的使命12，這豈是欲「自我後現代化」的現代文化所認可之事。雖然，凡人總有自覺，至少不喜與人樣樣相同，而現代的文化發展既然流於時尚興替，追隨新潮幾成必需，但自我標榜也是必要，為此「結黨

---

12. 'Each person must tend to the business that accords with his nature.' Plato, *The Republic*, bk. v, 453b.

營私」是最簡易的方法，故主流文化之外猶有分流文化，其實絕非多元而只是相對，甚乏主體性。現代的大眾文化 (mass culture) 對應於古代的民俗文化 (folk culture)，然而民俗文化之上是博富的菁英文化，大眾文化卻無與其對立的上流文化，現代僅有大眾化程度不同的文化，而缺少反民主的流派，所以大眾社會的菁英遠不如古時才俊富有理想或特色，一般人則既乏個性又不老實。現代文化絕不精彩，其物化取向使日常生活便利而不伶俐 (例如放假漸多而節慶喜氣漸失)，精神上愈來愈少希望與寄託，所謂「次文化」(subculture) 其實衍生自盛行的風尚或制度，既無獨立性也無永恆性，未能增進整體文化的素質，反而可能促進其僵化；如「青年文化」(youth culture) 是對抗成年文化之方，當其從事者年長之後大都融入老成的社會而不再輕狂，這只是證明當代社會變遷快速，其文化性格卻單調貧乏，故年少者因得自由而多有叛逆之舉，然無知則無行，其勢終究難以為繼而須返回「例行公事」的常態 (routine)。大眾文化的變化性其實不大，現代社會的定型在西方國家早已呈現，世上各地的生活方式趨於一致，所謂先進不過是吃喝玩樂的條件更優，思想則相去不遠，連好惡都極其相似 (例如對犯罪事蹟的好奇與對運動競賽的興趣)，這顯示現代文化沒有超越現實甚至超越現況的精神目標，但人心的滿意卻又不足，可見其努力只為「不落人後」。有自由而無主見，結果必是呆滯或是作怪，現代藝術乃為明證，因為藝術特別著重自由與創意。現代藝術的風格是與古典主義 (classicism) 相對的現代主義 (modernism)，但其精神實為後現代主義，蓋古典主義為完美主義，與之對立則自甘墮落，為自我美化，現代藝術家乃強調「人各有志」的心靈意向，然見識不深則少靈感創意，反對知識或真理必自陷

於孤立之境，所以現代主義藝術的發展是愈來愈醜的形象與愈來愈拙的觀念，最後只能宣稱為創作而創作才是純粹的藝術，這已是「死鴨子嘴硬」，不值一駁。「達達主義」是反藝術的藝術、「普普藝術」是普通的庶民性藝術、抽象藝術是簡化思想的感性動作、工藝化的包浩斯路線 (Bauhaus School) 成為流行全球的「國際風格」('international style')、音樂不以荒腔走板為意而以「無調」(atonality) 為尚，凡此皆是美學末路的亂象，更遑論以商業利益為念的廣告型藝術淫狎人心，而「為新而新」的前衛藝術更使人誤認美感與權勢乃為相通（例如汽車定期的造型更改）。總之，現代文化充滿衝突，更壞的是其相對主義造成人們對錯誤習以為常，這是萬物之靈不求上進卻自居老大的惡相，因為人類無其挑戰者，人不欲自我超越便將對其缺失又遮掩又招搖，此種彆扭心態即是「人妖」，人妖無神，只能以欺負萬物自尊（例如人妖化的寵物），可見「天非虐，惟民自速辜」，末世的到來不是因為文明失敗，卻是由於世人拋棄文明。

第十五章

結論：文明末世的永恆性意義

求生有如求道：
瓦拉納西的朝聖風

第十五章　結論：文明末世的永恆性意義

　　文明是人類獨有的問題，文明的末世雖非人類滅亡之時，卻是為人價值無以復加而僅可能消逝的死局，所以思考文明的問題必須反省人生的意義，而人之自省必有障礙，因為人無法超越自己[1]，由此可知文明有其極限。人與物的差別其實來自人與神的差別，蓋上帝創造萬物而人為其一，人力既然不能決定物性，人所以為萬物之靈絕不是人征服萬物的結果，而是由於上帝專予人神格；萬物雖與人類有相似之處，但這只是現象而非本質，易言之，人與萬物之別不是「量變造成質變」所致，或說人絕非由物質演化而來，因其精神原本是從天而降。人為萬物之靈但非萬物之秀，亦即人是「神之流」而非「物之首」，所以人在本質上與萬物不同——人與萬物在性質上的程度差異實為上帝所設計的誤導性現象——即因人非由物類進化而成、亦非萬物之上品，故人雖為一類，然人類並非同格而是等第有差，各人資質不一乃定於神意，可見每一人都是獨立的生命個體，應當對天負責而非以人際規範為尊。人之材性高下有別，然此情無損於個人自尊、或不致人格淪為與物等同，人類顯然不可物化，其智愚差異表示各人在宇宙中皆有不同的定位，但總是高於萬物。人應對人「一視同仁」之外，亦當珍重各人的

---

1. 'There is so much good in the worst of us, / And so much bad in the best of us, / That it hardly becomes any of us / To talk about the rest of us.' Anonymous.

特質，尤其是特具天分者，蓋人屬於人類卻與人類有別，愈有
神格的人愈有為人的價值，而人人均有天性，故應推崇別有天
資者。聖人是人類之英，凡夫若為人類代表，則代表之意絕非
「傑出」而為「反映」，此說並非不可，但人有善性，其所欲認
為代表者理應是優於自身的才俊，所以聖人不是仇人，而可為
凡人的代表。人類相對於萬物，如同聖人相對於凡夫，人類不
是萬物進化所得，聖人也非凡夫開化所然，萬事萬物皆是上帝
所為，但聖人可以代表上帝而凡夫不可，這不是因為聖人足以
呈現上帝的優點、或反映完整的神格，而是因為聖人必須當仁
不讓以知牧民，且其替天行道的使命受諸上帝，固不待大眾授
權，何況凡夫不具神思，未能傳道。文明是人生之英華，非凡
夫所可造就，更非萬物所得成就，誠如生命所以可貴是因其展
現靈魂高貴之道，而非因其長壽不死或脆弱不堪，文明不只是
人類的活動，而是其中特別值得人類本身尊敬的表現，這並不
表示人是衡量萬事萬物的基準，卻是證明人有良心良能，故能
有超出求生的偉業以及肯定他人如此壯舉的善意。簡言之，文
明是天才的努力，不是一切人類生活的事蹟──雖然天才的生
活有賴於凡夫的努力──天才的能力仍為有限且為命定，所以
文明終有末世，畢竟人生不是天心的寄託。

　　文明是人的靈慧表現，人具生命，故文明亦有生命，文明
的生命即是「人之大我」，易言之，文明與歷史共存（繫於人
類），而文明的歷史是歷史的精華（人之大我），小我於此可能
變為大我；然歷史是時間因素的作用，時間是現實世界中最不
受限的事物，但現實不完美，時間畢竟有其限制或缺陷，可知
歷史為有限、文明亦為有限 2，雖然文明歷史已超越一般人事

2. 'Time then has come into being along with the universe; that being

而侷限性大減。生命是一段成長的時光，生命為可喜（人不得
不作如此想）、成長亦是好事，然則時間之善甚大於其惡，時間
是限制人的一種條件，但憑藉時間人可以突破或超越世間種種
事物的限制，這有如「水能載舟」的價值必重於「水能覆舟」
的危險（否則根本無造舟一事）。人活於時空之中，本來無法批
評時空的好壞，但時空是物質性因素，而人在肉體之外更有靈
魂，故人能訴諸其神性以省思時空的完美性。時間在真理真相
中的層次高於空間，空間的具體性多於時間，或者時間的抽象
性強於空間，這表示時間的現實性小於空間，其受限程度亦然，
凡人對空間的了解能力或接受度大於時間（例如喜得廣大江山
而氣惱在位不永），由此可知時間較空間更富有超越性。時間可
謂空間之本，無時間則無空間，時間出現方使空間成為可能或
必需，人對空間需要時間加以體會乃能產生認知，亦即空間感
是時間性產物，沒有時間則無法感受空間，而缺乏空間卻不妨
礙時間感的存在（例如回憶），可見空間其實寓形於時間之中。
相對而言，時間似精神而空間似物質，生命的時間性意義顯然
大於空間性意義，人格與時間的關連理當勝於人格與空間，正
如文明與歷史的關係甚強於文明與地理，所以求道者應深思經
由長久時間呈現的真理風情，而對於「一時」或（即）「一地」
的現實狀況則不必專注死守。時間為「不斷」而非「永恆」，但
它卻是展現永恆之義的媒介或條件，易言之，「變」暗示「不
變」，這不意謂「無常為常」，而是表示常在變之上，吾人不應
將實情視為真相，雖然現實與真理必有關連。時間的人文表現
即是生命，生命問題造成哲學研究與宗教信仰，二者皆由探索

---

generated together, together they may be dissolved, should a dissolution
of them ever come to pass.' Plato, *Timaeus*, 38d.

生命的處境進一步追問真理，可見時間是最接近真相的物質性因素，而思索時間所展示的人事變遷之義（亦即史學）最可認識真理。時間使人抱持始末、先後、因果等觀點，又令人期望超越時間而臻於無限之境，然未能體認時間對於「終極」的啟示，則人將陷入無所追求的生活，亦即「活在當下」而不知當下為何。正因時間是發人深省的要素，因果論是知識建立的主要理路，而後見之明是確認真相的最佳憑藉，所以歷史是求道最重要的學問，文明則為道學的最大課題，因為傳統史學（記大事而不記小事）所欲表達者正是文明的演進。時間為主而空間為從，此義在文明歷史中的一大作用是使「世界」終於清楚呈現，這是說文明原來在世上各地分途發展，最後「世界史」出現，人類整體的境遇及成就於是揭曉，此事是由時間促成，否則渺小的個人深受空間限制，實難以見識世界之大。如此，個人與人類有異有同，「藉眾成己」才能使各人真正自我實現(self-realization)，這包括認識自己（內在世界）與他人（外在世界），以及「己立立人、己達達人」，有此成就即是將小我化作大我，其精神意義正是「天人合一」。總之，人生在世甚為受限，然人具天性、又有近乎通天的時間條件以為資助，實在極有可為之處；何況「人上有人」，一己無力仍得藉助於往聖先賢，個人無識猶可求知於文明歷史，如此「應有盡有」豈為無奈；即使人力有其極限，但極限之域為止境，止境乃為極致，臻於極致而未達至善是原罪注定，並無損於人之高貴。

　　文明是人求道的創作，既曰求道又曰創作似有矛盾，其實不然，此因真理超越現實，追求真理（天）與發揮自由（人）並無衝突，但這表示人為創作不論如何優良皆不及至善；而且既有真理則有上帝，神意存在則人事乃為天數，文明已經注定，

當然無法自成一局而永遠生長，惟求道之作既是依憑真理神意而出，其價值與意義必具永恆性，無可忽視。文明具有生命，但求生不是文明的目的，文明生命是求道的力量，然追求者必非自足而有缺失，故文明不能永生也不能臻於完美。雖然，文明的原罪不使人放棄求道或趨於無為，因為原罪是深奧的真理問題，文明原罪的顯露乃與文明發展共進，未達極限之前人不能深知原罪作用，而原罪充分呈現之時文明末世已臨，況且上帝予人天性良知，使有「知其不可為而為」的精神勇氣，故原罪絕無癱瘓人心之害，這也是人「在事實上」享有自由的緣故。若人無所不知則無所追求，有所不知所以有所追求，然則自由的實情是出於人對其受限之事無法盡知，故頗有「初生之犢不畏虎」的率性隨意可能。文明所以為創作，即是由於人有所追求而未得知其追求之真相，乃能盡情發揚所知以實現理想，此非盲目任性的作為而是近道入神之舉，因為追求理想是天性所致，不是人性所趨。真理具有超越性，因此求道無法得道，然真理若無超越性，則求道之事無法存在（正如物理一經了解即無再問的必要），而求道是生命價值之所繫，故人有所不知顯然是一種福分。易言之，上帝令人發展文明，所以文明不可能創造完善（唯神為全），而上帝若不存在，文明便無永恆義理為據，然則文明即非文明而不能出現。文明的價值是人所不能否定者，因為文明本身正是價值觀念的表現，人要反對文明便是反對價值，若人無法不以價值設想則必須擁護文明，如此文明即使有其缺陷，也絕對是「瑕不掩瑜」。虛無主義、相對主義、懷疑論、無神信仰、以及一切反真理的思想其實皆寄生於道學，若真理不存則所有質疑均將失去其著力點而落空消逝，如此無道者更加失意，可見真理至少也有「相對的好」；此義是求道雖

無法得道，但可改善一切現狀，文明雖不能達成終極目的，但
能提升人生價值，末世的存在是必要之惡，其象反映真理之實，
這不意味是非對錯為相對，卻是證明完美遠比凡人的想像更美
好。所謂必要之惡乃是人間的觀點而非超凡的真相，蓋必要須
是完美而完美豈為惡劣，以絕對的道理而論，必要之惡一說實
有矛盾性，然此說在求道問題的探討上甚為有效，這顯示其見
絕非邪異；事實上此說令人不懌的因素是其衝突感或緊張性（而
非矛盾性），此情正是原罪所致的現實缺憾、或是世間不盡合理
的困境，亦即得道（天人合一）之前有待克服（超越）的暫時
缺點，故謂必要之惡。如此，真理不是理性可以掌握、更非邏
輯可以推定，人相當有能但非萬能，其知可以致果、其不知可
以發心，求道而無法得道並非無理且為有益，文明有其極限亦
屬正常；然而文明的極限未必成為末世，若人堅持情操則文明
的極限即是其極致，但因世間原罪之一是智者少而愚者多，無
知則無德且求道不進則退，故文明盛極轉衰而陷入末世。追求
真理則固執正義、信仰上帝則服從命運，神意不令真相大白，
這無妨文明精神，然不究天人之際則人之自愛必陷於自大，末
世的出現非因凡人深感困頓，卻因大眾自覺重要，論者不可視
此為命運而應評判其非義。

　　人間既然不完美，不完美者不永恆，故人生當有結束之時
而文明亦然，況且不完美而得終了未嘗不好，畢竟這是轉機或
是苦難的停止，不然亦是真理神意的如數作用，絕無不當，可
見文明末世是必要又重要的安排；對此人若無法得知終極的真
相，也能在其生平以合理的態度正確活著，並懷有信仰與希望，
享受上帝給人的永恆感與可能意義，只有得而沒有失3，顯然

3. 'To the divine providence it has seemed good to prepare in the world to

萬事萬物無一無理，這包括一切化作空無。「有」為「無」之本而非「無」為「有」之本，此即「有」為真相而「無」為虛相，「無」為「有」之缺失，「少有」或「沒有」可謂「無」4，然「無中生有」為假，「無」若為真則「有」不可能出現、更進一步言則「有無」的問題根本無法存在，可見人只能肯定「有」而不能信仰「無」。如此，文明即使有其極限，這不意味文明為虛無，卻證明文明為真實，蓋有與存互通——故曰「存有」——文明既然存在即不可能為假（好事尤然），文明的缺陷暗示文明不是「全部之有」而是「不足之有」，且缺陷一義表示好多於不好或值得忍受，故文明乃為可喜，其末世絕不造成文明弊大於利或其實消失。上帝為完美而世間不完美，此情不是矛盾而是神秘，其理可能有二，一是上帝所為別有用心，二是上帝所為實為完美，二者絕無衝突，合而觀之便知一切狀況皆屬「最佳之道」或是「不得不然」，神意設計巧妙，人若改動任一現有因素便將發現結果更不如人意，也就是「行不通」，由此可知人對世事的抱怨只是出於無知。世間不完美使人追求完美，這是善緣，而探索完美使人發覺上帝，這是良機；若人為完美，則人與神無異，此為錯亂，並且為人的意義全失，若有實無，更為悲哀。上帝不存則事無可知者，上帝既在則人只能依從神意為人，這表示人所有的言行均是證實（直接或間接）真理的表現，

---

come for the righteous good things, which the unrighteous shall not enjoy; and for the wicked evil things, by which the good shall not be tormented.' Augustine of Hippo, *The City of God*, i, 8.

4. 人以少為無（例如一般人所謂「沒錢」是錢不多而非一文不名），此想似不合理，但這正證明人有追求「充分」或「完滿」的理想，以致未符所望便覺「沒有」。

蓋求道者不論，褻瀆上帝亦是上帝使然，人豈能真正叛道；易言之，人覺得好是好、人覺得不好其實仍是好，文明進化令人滿意，文明退化（甚至消滅）使人失望，但事事有理，而有理便是好，故君子對末世固感不幸卻更覺大幸。求道者追求完美，其在世感受較凡夫更苦，但知識就是力量，求道者亦較凡夫更有承受痛苦的能耐，如此文明是好人的成就，此為一善，而末世了結好人的負擔，此又一喜，加以真相真理在現世之後可能報應求道之人（解惑為要），這更是莫大的幸福，認命的君子豈有失敗的擔心。簡言之，得道是天人合一，然則天意即是己意，所以「怎麼樣都好」，依此可謂「上帝是愛」。「生於憂患、死於安樂」一說亦顯示終極而言「什麼都好」，蓋安樂是好、生存亦是好，憂患雖不好但可致知，並且生存之善遠勝於憂患之惡，故「生於憂患」頗為好，而死亡雖不好但安樂甚好，「死於安樂」是現實世界中最好的生活，何況真理若不在則死亡為安息，可見無事不好5；凡人對於此說必有詭辯之感，這其實是因為只有求道者才可能以終極真相或神意為準論事，不信真理者評價世事大都出於物性或心理，其標準主要在於功利及快樂，乃覺「生於憂患」與「死於安樂」皆為衝突且壞多於好，然好人重義輕利，故覺受苦以識道是好事、無道而無生亦是好事。若有真相必有真理，文明的真相須以真理斷定，然則以前述之論推想便知文明的末世不是宇宙一切事物的消逝，而是真理的彰顯以及正義的推展；即使真理與上帝皆為虛假，求道者的一生也必較凡夫更加高貴而有為，尤其死亡的真相若是空無，則信道者的快樂亦甚大於凡夫，因他了無執著。總之，「真善美」之

---

5. 'I have often thought upon death, and I find it the least of all evils.'
Francis Bacon, *An Essay on Death* (1648), 1.

義表示是非重於善惡而善惡重於美醜，文明末世的知性意義高
於德術與美感，求道者於此關注真相勝於其他，絕無懷憂喪志
之情，因為就知識而言任何事物均有價值，但就慾望而言不如
意的事十常八九6，文明末世是人類最可發現真相之時，當此
智者感動而愚者激動，其差異是相信永恆則（早已）慎始、不
信永恆乃（急忙）善終。

　　在理論上目的高於手段、結果重於過程，然求道者須知手
段與目的無異、而過程不輕於結果，蓋真理超越理性而上帝優
於真理，理論無法裁定真相而選擇必以神意為尊，故手段在精
神上應與目的一致乃為有道、過程須以全心全力對待才是認命
表現而可能有致果之實；此理用於難以成功或注定失敗的事情
上更富有意義，若目的與結果不可能獲致，善謀手段與過程便
更顯可貴且重要，尤其所求為善則努力之舉本身必含有與善果
一樣的精神，極致之境既然無法到達，以追求的經歷體會及發
揚大道乃成首務，故曰「不以成敗論英雄」。文明的發展正是可
為而不可成的大業，其目的與結果遙不可及，所以手段與過程
成為重點，亦即「盡人事」是文明的道德、而「聽天命」是末
世的義務；於此求道者當知累積有其成效而困境有其功用，歷
史的累積形成文明的困境，這不是善有惡報而是惡有善因，末
世實為反映真理的異象，只待有心人察覺；蓋有始末則非永恆，
但始末可能啟示永恆，不識永恆而知永恆性「雖不中亦不遠
矣」，真相與真理有別，人只能探索真理而期待真相，然真相不
可能推翻真理。文明有末世乃因現實有缺陷，人既具原罪，「心
想事成」曾無可能，於是文明進化或人格提升的意義不可「工

---

6. 'This world is a comedy to those that think, a tragedy to those that feel.'
Horace Walpole to the Countess of Upper Ossory, 16 Aug. 1776.

具化」卻應視作「目的性」，亦即真善美的本身即是價值，「好」即使有所不足亦是好，故說「善是其自身的回報」或說「惡是惡的報應」，如此，文明既是善又是改善，這是雙重之美，何必以文明不得善了而斥之為無物。有完美的觀念便不完美，需改善者不能達於至善，人具天性故其天性必不足，反之，以不完美為憾者必有完美性，能改善即具至善潛能，天性不足乃可發覺天性不虛；由此可知文明的最高價值絕不在於大功告成，而是在於追求完美的歷程，這並非意謂問道可以「退而求其次」，卻是表示只有以完美為的才可能改善至最佳成績。易言之，成長是文明的本務，成功則非其所能決定，求道不能得道，但求道是得道唯一之途，而求道不能得道一理實為悟道心得，可見文明雖無法真正成功，然其成長必有所成就。後天的缺陷是惡，先天的缺陷是罪，無罪則無惡，有惡是因有罪，人從世間錯誤發現心物本來的缺陷，這即是原罪感受；此想雖有無可奈何之處，但更有減少痛苦的效果，蓋真在善與美之上，有知便能克服失意的情緒，故原罪的警覺降低惡而增加善；正如認命是進取而非退避的作為，原罪觀是積極而非消極的想法，其害僅可能出於認知錯誤，而這仍是反原罪之惡。原罪無法改良，但認識原罪可以改善事情，所以人不能以原罪為由作惡或無為（此乃消極為惡），卻應以原罪為限將所有事情做到極致，這才是正確的「知止」。原罪使文明不能止於至善，然原罪若不存在則文明提升一事無從出現，或者所有人皆得道則文明將隨之消失 7，可見原罪是使人可能變好的必要與最佳設計；有此領悟便能「善

---

7. 基督教中所有人皆當得救之說 (universalism) 起源雖早，但其興盛乃在十八世紀末以後，而此時基督教的精神已大衰，可見原罪觀若去則信仰意義亦窮，自大終究不能自壯。

用」原罪以自救，這一方面是指人應權衡輕重緩急、為小惡立大德，另一方面是指人應重視過程的意義、而不耽誤於結果無法成功的憂慮，乃能相當成功。因為上帝是全能的主宰，其所為皆是完美正當，人對此不解無妨於此理，「凡走過的路必留下痕跡」，事情總有好的歸宿，人當自我負責實踐其知，這已是自了，何必為外在之惡折損本心初衷，須知惡非完美故不永恆，壞事能暫時存在但不能臨時改變。

真理的超越性令人不得以「理性化」求道，上帝的神秘性也使人不能以「想像」求道，二者之間又有「誤導性現象」困惑人心，這主要不是知性難題而是道德測驗，故君子不為所迷，小人則無不誤解。文明末世充滿誤導性現象，事實上「文明無有末世而有盛況」正是歷來最大的誤導性現象，因為其所引發的觀念是「人定勝天」或「有人無天」，由此人可能「以最大的心力犯最大的錯誤」（「適得其反」只能作惡而不能為善）；若人求道便知人間不是勝境而不幸寓有天恩，文明進入末世不僅是理所當然，且為啟發聖智的絕佳惡運，於是歷史可以「蓋棺論定」，人間真相因此大白，道德成就也得臻於極致，有此體認乃覺文明末世使末世更為文明。凡人受害於誤導性現象，其情與原罪問題類似，亦即「愈不重視則愈受影響」，這證明反對真理不僅無效、而且較未覺真理更為倒楣。一般人所以深受誤導性現象誤導，乃因其「不誠無物」、未能「一以貫之」求知，故多偏見與成見而不感世事可能另有蹊蹺，畢竟不信真理便無誤入歧途的憂心，這使人更易於迷失而不自知。上帝主宰一切，依理神並無考驗人心的必要，此事無法解釋，而人只能相信其義如此方可避免道德墮落，這一方面顯示真理具有超越性，另一方面表示人對其不解之事須以良心處置乃可；由此可知，世間

的誤導性現象有待批判（求道即求知），但吾人更應以自我克制或自我要求的精神待之（以善求真），這可謂敬畏上帝，亦即「不敢向神挑戰」（安分守己）。所謂誤導性現象即是似是而非之情，例如「曲高和寡」的反淘汰狀況或善惡果報不正的問題，此類情勢實不難理解，只因凡人缺乏真理信仰，故多以現實功利立論，乃有自迷上當之禍。凡人大都不絕對服從理性，而真理又超越理性，這表示人即使講理也無法得道，但人若不講理則必為錯誤，無理而有道乃不可能，因為真理超越理性而非反理性；「瞎貓碰到死老鼠」雖是有利卻非有望，然「不足為訓」即非正確，「誤會」可能為美但不能為善，「無心插柳柳成蔭」的行為不合道德，「弄拙成巧」豈可能得道。如此，誤導之事所以存在顯然是因人不講理，而非其事深奧難懂，蓋人若堅持理性，雖未能悟道也不致迷惑，真理雖超越事實，然就事論事或看清事實便無失道之虞；誤導性現象得以作用主要是由於當事者心術不正，其順應或假借「外情」以認定真相實有投機或陰謀的內情，可見「因勢利導」是善導，「趁機作亂」則為誤導。受人誤導者「非愚則誣」，亦即無知與邪念使人跟隨誤導之勢，末世的文明富於此情，所以人們更不察覺當代「積非成是」之惡；此時物質文明的進步既確實且有益，尤其令人信服，然科學掛帥之風實由物慾所使而非知識所致，畢竟大眾也不認為物質的價值高於精神。僅以經濟改善一點，今人便不可能承認其所處為末世，這可說是末世最大的誤導性現象，因為凡夫好利，利多為優則現代當為盛世，此見使人愈為沈淪，並且愈加證實其時為末世，於是有識者的警告不僅不受重視且更增反感，故以道德精神而言人可能惡化末世，雖然末世實為天意安排而無人力決定之餘地。末世的發現是理性與經驗的啟示，亦即根據

歷史知識而得，既然發覺末世是文明進化的一項成果，此事當有其善，所以能面對文明末世應更有所得，否則更將壞事，這即使不是惡化末世也是惡化文明；「天作孽猶可違，自作孽不可活」，今人不正視文明末世的問題雖不至於活不下去，但必自取滅亡，若人不為末世誤導而能深察文明之困，則可「通古今之變」而曉悟歷史的真相，此可謂「得天獨厚」。

　　文明的末世含有歷史的傳統性與常態性，也具有史學的優越性與獨特性，亦即末世是「承先」而來，但此時文明並無「啟後」之用，過去的結束使「現在」的意義更形重要，但「未來」的觀念不清使當代難以自我定位；種種極限的問題皆在末世爆發，因為唯有至此文明的困境才充分呈現，然不治通史無法了解時局，察覺末世需要高度的文明，陷入末世亦曾經歷極致的文明，所以末世的君子要務是求人類之全知而傳文明之至道。古代之民沈默自抑，末世之人自以為是，非經歷史進展則「以今非古」無以成風，今人的無知未必較古人更甚，然其無知包含不自覺且不見怪的矜驕，此非古人常有；因為時下的「文明病」是基於古代相對於現代的落後而產生，今日大眾幾乎棄絕「生不逢時」的舊式感慨，卻有將現代永恆化的強迫性樂觀，顯然末世是「眾人皆醉」的時代。今人的自負不是毫無道理，卻是過於其分，蓋「時代進步」一說確有其實，現代承繼古代，當然後來居上，但今人不知進步是形式上的改良而文明的精神早已受困，末世的喜氣來自民生樂利及靈性麻木，其「天之驕子」的感受實以驕天疑古造成，並非自然的想法。末世是文明發展的困局，於此歷史的成就與失敗俱在，無知者注意其成、而有識者留意其失，前者認為現代文化超越傳統，後者認為現代文化超越傳統之處僅為歷史結論的優勢（後見之明）；愚者當

今以為「現代化」是啟後多於承先的重新建設，智者則覺現代是誤解過去而幻想未來的無恆末世，這不是過渡時期也非太平開創之際，而是人間可以收場的時候，也是治學當有定論的時候。在文明末世中求知的價值與成效遠勝於史上，這是應當有為卻非大有可為的時代，於此探究真理的「立言」事業最為可行，而樹立新典範或創造新成就的「立德」與「立功」已無重大的意義與機會，並且現代的生活情趣因自然環境破壞及社會風尚物化而遠不及古時，今日君子更只得以問學神遊自寬，可見末世的文明之道是省察大勢而不效成俗。末世即是無法再興的頹勢，然盛期未過則人不知盛期是否已達，所以就提升或改善而言末世已無希望，但就知識的確定而言末世能提供最後答案，這便是末世在文明歷史中的最大價值；末世不是萬事萬物滅絕消失之時，而是文明極限出現之後一切尚待上帝收拾的停滯階段，此時人猶在世，可以撫今追昔而總結往事、推定人所得知的生命真相，直探天人之際；即因此一掌握人文全豹的時機是上帝所設，故藉此省思所得在取向上當為正確，易言之，末世所呈現的歷史全盤意義實為神對人的最終與最大啟示，其神聖性與完整性自不待言。總之，末世是最壞的傳道時候，但竟是最好的求道時候，在此人若一心圖求事功恐如對空揮拳、似有威力而實無作用，不若「坐冷板凳」認真學習，藉助於古聖先賢的智慧與現代廣博便捷的資訊，將更可超越時空的侷限而覺悟宇宙萬象的奧旨，這才不枉費人類合力追求理想所忍受的長久苦難。

　　末世可以致知，然知識總有極限，末世的大知使人悟道的程度固得大增，惟不可知者終為不可知，於是人雖無法突破障礙，但「不知為不知，是知也」，一方面何為不可知終於確認，

另一方面由不可知者人可以更加肯定可知之義，從而「推測」
超越性真理或神意；儘管此圖未必有效，人事已盡一義卻可因
此確信，這不僅富有道德意義，並且使人產生認命後的自由感，
甚有獲得解放之實，可見文明具有末世性而末世具有文明性，
求道不得絕非落空，而將有「道不可得」的知性領會，此為人
之神功，絕對足以安身立命。「不可知」不是出於無知而是出於
有知，易言之「不可知」本身不可能自然存在，而是經人求知
受阻之後出現的心得，故凡人所謂「不可知」可能是「未知」
與「不知」，未必為不可得知；然舉世最有知者亦有「不可知」
的問題，可見真理的超越性無法否認，愈是富於智慧者愈感「不
可知」為真實，而藉由「可知」與「不可知」的對照，「不可
知」的可知性似乎可能增加；此說給人的矛盾感其實來自超越
性，否則愈有知識的人豈是愈受「不可知」妨礙而竟成愈無知
的人，須知愈有知便是愈有神恩，愈有神恩則愈近乎道，其對
不可知者的「推想」理當值得眾人信仰。所知愈多愈知所知不
多，此即愈有感於不可知者愈為有知，若人服從有知者，則世
間與天堂相去不遠，惜乎事實不然，凡人服從理性的程度不高，
乃不可能真正服從知識，更遑論服從有知識的人；可見凡夫的
文明末世在歷史早期便已出現，而現代的凡夫對於文明末世毫
無警覺且不在意，這只有更加助長末世亂象，同時證明文明的
極限對一般人而言「遠在天邊」或「高高在上」，彷彿沒有極
限。末世的改革無關宏旨，終極真相的探索方才可為，從此「可
能性」的判斷應是關乎真理而非關乎社會，「方向感」的確定是
為了靈魂而不是為了民意；歷史末期的傳道者並非不淑世，只
因末世之人無可救藥，故其心力集中於揭示真相，執教則當頭
棒喝多於循循善誘，「死馬當活馬醫」總為時不久。隨緣行善是

求道的餘事，這不意謂求道者不關心他人，而是表示善出於真而真出於神，有知方能有行而知識包含神意解釋，然則文明末世難以有為是因天命如此且因人不受教；盡人事者聽天命，聽天命者盡人事，有所為所以有所不為，有所不為所以有所為，天人合一與知行合一相仿，故好事做盡便安好而無事，此為天賜特權，可以自由自在。雖然，無憂無慮實非人權，盡心盡力總是命運，文明末世的君子負責多於人之所託，從不貪天之功以為己力，其不怨天不尤人的雅量展現「以自由殉道」的精神，畢竟生死善惡其理一致，從乎良心則萬難迎刃而解，何有不知所措之困。天堂與地獄絕不似人之設想，但人心若真實則天堂與地獄必存在，此非唯心主義而是人文主義，唯心主義不符真理，人文主義則合於道義，所以相信天堂與地獄即使未得體也將得用，不信者若非超越俗見便要得罪於天，因為反對道德即是反對自我，而反對自我無法解脫卻是自作自受，自作自受絕非自主，可見其為天譴。文明末世之情在理論上並不能（更加）證實上帝的存在，但神意在此卻多有彰顯，由此上帝的存在也獲得間接證明；然而此事對於不信道者實無感化作用，這不是上帝的能力有限、而是凡夫的天賦本來微少，正所謂「得救命定」；人與神具有特殊的關係，這是上帝所為而非人類所有，上帝無庸自成，故天人合一是萬物之靈的功課，人豈可有恃無恐 8。末世的文明立場是人遠離神，文明的末世含意是神接近人，君子於此問道行善、極力呼籲世人覺醒、一無獨知之喜，因為小人也是受苦的生靈，而其苦之至由於無知，有識者既獲天助乃須助人自救，如此末世才可能以文明告終。

8.《論語》〈子張〉：「子貢曰：『人雖欲自絕，其何傷於日月乎？多見其不知量也！』」

課題索引

* 各項課題之後的數字代表「章、節、段」所在，例如 2-3-4 為第
  二章第三節第四段（n 為註釋）。

人文主義與上帝信仰　7-2-4

人文與科學　8-1-1n/8-2-4/8-3-3/
　14-1-5/14-3-2

人本主義對藝術的限制　10-2-5

人本主義與道德沈淪　9-3-2

人生的依賴　1-2-4

人性的悲觀　4-1-1

人性減少的假象　5-2-9

人性與知識　8-2-4

人性與進步　4-2-5n

人的天資與文明的極限　15-0-1

人權之誤　11-1-5n

大眾化　5-3-2

大眾化與社會的形成　13-2-1

大眾化與社會變遷的定型　13-2-4

大眾化與社會的複雜化　13-2-2

士農工商的發展變化　12-2-5

上帝在真理之上　7-1-2

上帝信仰由神注定　7-1-5

上帝信仰的有限性　7-1-3/7-1-6

上帝信仰的沒落　7-1-8

上層文化的分歧　14-2-2

上層文化與下層文化的分離
　14-2-1

天堂與地獄　1-2-3/15-0-8

天堂觀　4-1-7

中產階級的暴起暴落　13-2-4

文化的人性化　14-2-4/14-2-5

文化的知性表現　14-1-2

文化受制於心物關係　14-1-4

文化發展的極限已達　14-1-5

文化與政治的惡緣　14-2-3

文明末世與歷史結論　6-3-4

文明困境與人類危機　1-3-1

文明的目的性　3-2-5

文明的自毀性　2-3-5

文明的時間性　1-1-2

文明的理想性　1-2-6

文明的變態　5-1-3

文明過程本身的價值　15-0-5

文明與文化　5-1-8/14-1-2/
　14-3-2

反社會　13-3-5

反真理　7-2-4/7-2-7/14-3-4

反理性　7-2-7/14-3-2

反智主義　7-2-7

反傳統　5-1-6/5-1-11

反歷史　3-1-4/5-1-11/5-3-3

心物的有限性　1-1-5

心物關係　3-2-2/5-1-9/12-1-2/
　12-2-4/14-1-4

不知與覺悟　3-3-4

「不想活」的念頭　4-1-2

「不確定的時代」　2-3-6

「世界」的概念　1-1-1

包浩斯風格的俗氣　10-3-3

末世文化的反智表現　14-1-6

末世文化的迷惘　4-3-5

末世文化的妥協性　5-3-5

末世史學缺乏自知之明　6-1-5

末世的文明性　1-1-6/6-1-2/
　15-0-8

末世的「反高潮」　5-2-7

末世的史學價值　6-1-2

末世的自覺　3-3-2

末世的假道學　5-2-12

末世的誤導性　15-0-6

末世的歷史巨變　3-2-3

末世為必要之惡　15-0-3

末世為求知（求道）良機　15-0-7

末世與真相　1-3-5

末世與進步　4-2-2/4-3-1

末世亂象的必然性　5-1-1

末世亂象的持續性　5-3-1

末世對好人的意義　15-0-4

末世觀與進步觀的關連性　4-2-1

以「不知」致「知」　15-0-8

目標與目的　1-1-9

永恆感的喪失　3-1-5

史料的整理及其貫通　6-2-4

史學的天人合一性　6-3-1

史學的自我超越性　6-1-3/6-2-1

史學的專業化　6-1-6

史學的極限　3-1-2

史學的質與量　6-2-2

史學與良知　6-2-6

史學與道學　6-2-5

史觀與真理　6-1-3

民主化　5-1-10/5-2-3

民主政治的末世性　11-3-3

民主政治與世界大戰　11-3-4

民主政治與和平主義　11-3-4

民主政治與經濟掛帥　12-3-1

民族主義的政治危害　11-2-3

自由　2-1-1/5-1-2n/5-2-4/
　15-0-3

自由與平等的衝突　13-3-4

合理化　5-2-1

完整的歷史　3-1-1

批判與確認　2-2-3/3-2-4

死亡的觀念　4-1-3

因果論與目的論　1-1-8

多元文化　1-3-2

多元主義之誤　5-2-10/14-3-4

多元主義與大眾文化的共榮　14-3-4

多元價值觀與道德意識　9-3-1

有與無　15-0-4

安全與自由　1-2-5

求生與求道　2-1-5/5-2-12/12-2-2/14-2-1

求知方法與真理知識　8-1-2

求知能力的不足　8-1-1

求知與全知　3-2-1

求道困頓的文明意義　7-3-2/7-3-4

求道困頓的合理性　7-3-1/7-3-4

社會化與人性化　13-1-5

社會主義的暴起暴落　13-2-4

社會有機論的錯誤　13-1-3

社會的交際性　13-1-2

社會的和同性　13-1-4

社會的政治性　13-1-3

社會的原始性　13-1-6

社會的庸俗性　13-1-1/13-1-4

社會的擴充與社會的極限　13-2-1

社會契約論的世俗性　13-2-3

社會缺乏目的性　13-3-1

社會學的大眾立場　13-2-5

社會變遷與大眾化發展　13-2-3

知識民主化　5-1-5

知識份子的出現與上層文化的沒落　13-2-5

知識的素質問題　8-2-1

知識體系建立的困難　8-2-2

東西對立的消失　2-3-4

物化　5-1-8/5-2-11/7-2-5

物質開發由利轉害　5-1-9

物質對藝術的限制　10-2-1

宗教的形式化　7-1-8

宗教的道德化　7-1-7

來世觀　4-1-6

法律的缺陷　11-1-6

制度化的道德運作　9-3-4

事實與價值　9-3-1

近代知識觀的世俗化　8-1-5

科學主義　5-3-4

科學掛帥與知識極限　8-3-3

思想極限與藝術極限　10-2-2

信仰式微與末世亂象　5-1-2

信仰式微與史學末世　6-1-1

信仰困境與文明末世　7-1-1

信道而不信神　7-2-1n

信道與信神　7-1-2

神秘主義　5-2-6

神意難知　7-1-6

美的非理性　10-1-6

美非完美　10-1-3

美兼具心物／天人／情理
　　10-1-4/10-2-4

美感與天性　10-1-2

美感與中庸　10-1-5

美感體認的普遍與困難　10-1-1

政治之惡多於必要之惡　11-2-1

政治改造的最後失敗　11-3-1

政治的目的不明　11-1-4

政治的妥協性　11-1-3

政治的「兩難」困境　11-1-2

政治的影響力有限　11-1-7

政治的暴力性　11-1-6

政治的「擬天」性　11-1-5

政治鬥爭扭曲道理　11-2-5

政治為必然之惡　11-1-1

政治與信仰　11-3-2

政治與國家的結合　11-2-2

政治學的民主立場　11-1-3/
　　11-3-3

保守主義的沒落與政治的敗壞
　　11-3-2

後現代主義之誤　2-3-3/5-1-11/
　　6-1-6/14-3-1/14-3-2

原罪與文明　1-2-2/15-0-3/
　　15-0-5

原罪與求道　7-3-3

原罪與善惡　3-2-1n/9-1-4

原罪感　1-2-1

真理的完全性　7-2-3

真理兼具超越性與理性　7-2-2

真理認知受制於天　7-2-1

訊息與知識　8-2-1

時空的有限性　1-1-4/15-0-2

時空關係　6-2-2n/6-3-2/15-0-2

時間與文明　15-0-2

時間與變化　6-3-2

時間感　1-1-3

時間觀與時間感　3-1-6

恐怖主義　5-2-2

「烏托邦」思想　1-2-3

通古今之變　3-3-1

唯心主義與理想主義　7-2-5

唯物主義／物質主義　5-2-11

教育的流弊　8-2-5

理性的重要　8-1-6

理性主義的有效性　8-1-4

理想主義與完美主義　7-3-2

現代文化的偏鋒性病態　14-3-3

現代化的止境　2-3-1

現代社會的反叛運動　13-3-5

現代社會的單調無聊　13-3-2

現代的停滯　2-3-2

現代的「倫理問題」　5-2-8

現代的歷史優越意識　4-3-3

現代性的崩解　1-3-3

現代性與末世性　5-3-6

現代流行文化的怪異與貧乏
　14-3-5

現代與當代　6-1-5

現代藝術的「人為性」　10-3-1

現代藝術的求變及其失敗　10-3-2

現實主義　5-3-3

專業化分工的弊害　13-3-3

國際法及國際主義的缺陷　11-2-6

國際政治(外交)的虛偽性　11-2-4

庸俗化　2-3-5

階級制度的正當性　13-1-6n

「最佳的世界」　5-2-5

最佳與完美　5-2-5n

「最後」的意義　3-3-3

最後審判與因果報應　4-1-5

為富不仁　12-1-1n

「為藝術而藝術」的敗績　10-3-4

進化觀　2-1-3

進步觀的末世性　4-2-2/4-2-5

進步觀的知識性　4-2-3

進步觀的現代性　4-2-2

進步觀的(反)歷史性　4-2-4

進步觀與末世論的並榮　4-3-4

善惡報應　9-2-3

惡對善的利用(邪惡)　9-3-5

復古　2-2-4

菁英主義的失敗　2-3-5/5-1-10/
　8-2-5

超越性問題與知識問題　8-3-1

超越性與神聖感　8-3-4

超越性與真理性　8-3-2

極限與極致　7-3-3

「愛美」的善與惡　10-1-3

道德困境與利害權衡　9-1-6

道德的社會化與形式化　9-2-1

道德的法律化　9-2-4

道德的知識性　9-1-2

道德無進化問題　9-1-5

道德與人格　9-1-1

道德與文化　14-1-3

道德與神意　9-1-3

道德與原罪　9-1-4

道德標準化與道德沈淪　9-2-2/
　9-2-4

資本主義的敗德　12-2-5/12-3-3

資本主義與共產主義的妥協
　12-3-2

「圓滿」的缺失　1-2-3/9-1-6

「解構」之道　7-2-7

經濟中的人文與自然　12-2-1

經濟中的心物關係　12-1-2/
　12-1-4

經濟成長的要求敗壞文化　12-3-4

經濟的物質性　12-1-1/12-1-4

經濟的能力有限　12-1-3/12-2-4

經濟的誤導性　12-1-3/12-1-4/
　12-2-4

經濟缺乏目的　12-2-3

經濟與人性　12-1-5

經濟與道德　12-2-2

經濟發展無法控制　12-1-4

經濟價值的高估　12-2-6

經驗主義的錯誤　8-1-3

經驗主義思潮　5-1-7

想像的風潮　5-2-5

語文的知識性　8-1-7

誤導性現象　15-0-6

偽善　9-3-3

演化與演進　2-1-4

質與量　1-1-7/6-2-2/7-2-3

價值觀與意識型態的興起　7-2-6

審慎樂觀　5-3-4

衝突中的協調　1-3-4

舉世皆濁　5-1-4

學術化與專業化的得失　8-2-3

歷史的改寫　6-1-4

歷史的演進　2-1-6

歷史終結之道非人所知　4-1-4

歷史終結說與唯心論　3-1-6

歷史循環論　2-2-1/2-2-2

歷史與文明　6-3-2

歷史極限與文明末世　4-3-2

歷史與史學　3-1-3/6-3-1

歷史與神意　2-1-1/2-1-2/6-1-1

歷史難以了解　6-2-3

變與常　6-3-3

藝術的練習需要　10-2-4

藝術創作無規則定律　10-2-3

藝術與美感的分離　10-3-1

權力的虛假　11-1-5

靈性與文化　14-1-1

靈性與信仰　7-1-4